KB058321

百濟城址研究

成 周 鐸

百濟城址研究

成周鐸 著

서경문화사

序

　　필자가 百濟山城 조사를 시작한 것은 1970년 봄부터이다. 山城과 城郭 조사는 실측과 발굴을 통한 現場調査와 함께 출토된 유물 분석을 통해 얻어진 자료를 가지고 그 성격을 구명하는 것으로서 考古學의 한 분야에 속한다. 고고학은 인문사회과학에 속해 있지만, 오히려 자연과학과도 가까운 학문적 성격을 가지고 있다. 그러므로 당시 문헌사학을 공부하던 필자로서는 山城과 城郭 조사가 생소한 분야였다. 그럼에도 불구하고 필자가 이 분야의 조사를 시작하게 된 것은 1968년 忠南大學校 博物館 창설을 계기로 '70년에 百濟研究所를 그 아래에 부설하고 百濟研究를 시작하면서부터이다. 그로부터 지금까지 만 30년 동안 외골수로 산성과 성곽 조사를 통해 30여 편의 조사보고를 하였다. 초기에 보고한 내용들은 지표조사자료에 불과했지만 새 자료에 대한 소개였는지라 그 생명력이 그런대로 얼마 동안 지속될 수 있었다. 그런데 '80년대부터 산성과 성곽에 대한 본격적인 조사가 보다 엄밀한 고고학적 조사방법에 의해 실시되면서, 이 방면 연구가 주요 분야로 학계에 부각되었다. 이후 山城과 城郭 연구는 날이 갈수록 발전하여 '90년대에는 달마다 새로운 자료가 제공되더니, 최근에는 거의 날마다 새로운 자료와 정보가 쏟아져 나오고 있다. 이처럼 산성과 성곽에 대한 조사가 활발하게 이루어지고 있는 것은 이 방면에 관심을 가지고 있던 필자로서 퍽 다행스러운 일이라고 생각한다.

　　흐르지 않고 고여 있는 물은 썩기 쉬운 것처럼, 학문도 발전하지 않으면 낙오되게 마련이다. 부단한 노력으로 생명력 있는 활력소를 부여하여야만 학문의 생명력도 지속되어 나갈 수 있으리라 생각한다. 자기변명이라 할 수도 있겠지만 이런 뜻을 가지고 필자는 「百濟 泗沘都城 研究」를 세 번이나 수정・보완하였고, 「百濟 河南慰禮城」 비정 연구와 「百濟 熊津城 研究」도 최근까지 몇 차례 수정하여 이 책의 第1編

'都城'에 수록하게 되었다. 이것은 새로운 자료가 제공될 경우 내 생각만 고집할 의사가 없음을 의미하는 것이기도 하다. 앞으로도 새로 제공되는 자료를 수용하면서 부단한 정진을 통해 이 방면의 연구를 오래도록 지속하고 싶지만 歲月은 나를 위해서 기다려 주지 아니한다. 내 나이 稀壽를 넘어 이미 5년이 되어가고 있다. 이제는 지금까지 발표한 내용을 모아 한 권의 책에 수록하여 마무리 할 단계에 이르렀다고 생각되어 이 책자를 출간하게 되었다. 第1編 '都城'을 제외한 나머지 글들도 최근의 연구 성과에 의해 수정할 부분이 적지 않지만, 애초 발표한 글들이 갖고 있는 의미도 고려하여 책의 체제 통일을 위한 약간의 가삭만 하여 싣기로 하였다. 이 조그마한 논고가 城郭史硏究의 한 징검다리 역할이 되었으면 하는 것이 필자의 소박한 희망이다.

여기에 수록된 논문이 이루어지기까지 30여 년 동안 城郭과 山城 연구를 같이 해 온 忠北大學校 車勇杰 교수의 도움이 컸음을 깊이 감사한다. 아울러 百濟硏究所와 인연을 가지고 있었다는 이유만으로 이 책을 발간하는데 여러 가지 도움과 학문적 조언을 해준 朴淳發 소장 및 책자 출간을 처음 제기하고 체제를 잡는데 도움을 준 金壽泰 전 소장에게 고마운 마음을 간직하고 있다. 그리고 원고 정리와 도면을 새로 작성하는데 많은 수고를 한 충남대학교 고고학과의 李在旭·李昄燮 君과 日文 번역을 하여 준 山本孝文君 등 주변에서 도움을 준 여러분들과 어려운 사정에도 이 책의 출판을 흔쾌히 맡아준 서경문화사 김선경사장 등에게 감사의 뜻을 표한다.

2002년 12월
錦屛山 아래 선비마을에서
成 周 鐸

祝 辭

　　이번에 우리가 경애하는 先學 成周鐸 선생님이 30년 동안에 걸쳐
硏鑽하신 百濟 古代山城址에 관한 많은 논고를 모아서 한 권으로 간행
하신다는 慶事를 들어 기쁨을 금할 수 없습니다. 선생님이 현재까지
발표하신 수많은 논고는 백제의 고대 산성에 대해 관심을 가지는 우리
도 拜讀하여 啓蒙된 바 많았습니다.

　　선생님에 의한 백제 고대 산성에 대한 연구는 1970년에 시작되었다
고 합니다만, 제가 처음으로 한국을 방문한 것은 1973년이며, 그 때 충
남대학교 박물관에서 尹武炳 선생님의 소개로 성주탁 선생님을 처음으
로 뵙게 되었습니다. 이후 오늘날까지 선생님과의 交誼가 계속되고 있
습니다. 저는 九州大學의 故 鏡山猛 선생님 밑에서 朝鮮式山城이나 神
籠石式山城의 조사에 종사하였으므로 성주탁 선생님의 산성 연구에는
깊은 관심을 기울여 왔습니다. 그리고 福岡縣立九州歷史資料館의 관장
을 맡고 계시던 鏡山猛 선생님을 소개하는 역할을 제가 맡게 되었습니
다. 이후 성주탁 선생님은 鏡山 선생님의 인격에 감명을 받으셔 서로
교류가 시작되었습니다. 양국의 고대 산성 연구가 맺어 준 인연이었다
고 생각합니다.

　　성주탁 선생님의 고대 산성 연구는 백제에서 시작되어 西日本, 그리
고 중국까지 퍼져 나갔습니다. 北部九州의 고대 산성 조사에도 몇 번
방문하셔서 우리에게 백제산성과의 비교 등에 대해서 교시를 주시는
기회가 있었습니다. 성주탁 선생님의 연구에 있어서 중요한 기둥을 구
성하는 한일 고대 산성에 대한 비교·교섭사 연구의 논고들이 이러한
경위 속에서 나왔습니다.

　　성주탁 선생님의 학문에 대한 열정과, 동시에 정이 두텁고 겸손한

성격은 일본에서도 많은 사람들이 호감을 가지며 경애하고 있습니다. 이번에 성주탁 선생님의 논고들이 한 권으로 편집되는 것은 우리에게 대단히 편리하며, 향후 한일 고대 산성에 대한 연구를 지향하는 後學 諸氏에게도 고마운 指針이 될 것입니다. 또 이 慶事를 하늘에 계신 鏡 山猛 선생님도 축복해 주실 것입니다. 이것을 하나의 계기로 성주탁 선생님이 한층 발전하여 後學에게 지도하여 주실 것을 기대하는 바입니다. 변변치 못한 말을 늘어놓으면서 축하의 뜻을 표하는 바입니다.

2002年 10月 　小田富士雄
日本國 福岡大學 考古學研究室에서

祝 辭

　　このたび私どもが敬愛する先學成周鐸先生が，30年間にわたって研
鑽されてきた百濟古代山城址に關する多くの論考を集めて一書を公刊
されるという慶事を聞き，喜びにたえません．先生がこれまで發表さ
れた論考は數多く，百濟古代山城に關心を寄せる私どもも拜讀して啓
蒙されること再三でありました．

　　先生の百濟古代山城に關する研究は1970年に始まるということです
が，私が初めて韓國を訪れたのは1973年で，このとき忠南大學校博物
館で尹武炳先生にご紹介いただいて成先生と初めて面會いたしました
．以來今日まで先生とのご交誼が續いています．私は九州大學で故鏡
山猛先生に師事して朝鮮式山城や神籠石式山城の調査に關係しました
ので，成先生の山城研究には深い關心を寄せてきました．そして福岡
縣立九州歷史資料館長を務められていた鏡山猛先生を紹介する役割を
私が務めることになりました．以來成先生は鏡山先生の人柄に感銘さ
れて交流が始まりました．兩國の古代山城研究がとりもつ緣であった
と思います．

　　成先生の古代山城研究は百濟に始まり，西日本，やがて中國にまで
廣がってゆきました．北部九州の古代山城調査にも再三來日されて，
私たちに百濟山城との比較などについても教えていただく機會があり
ました．成先生の研究の重要な柱を構成している韓日古代山城の比較・
交涉史研究の論考が，このような經過のなかから生み出されました．

　　成先生の學問に熱心で，かつ人情に厚く謙虚な人柄は，日本でも好
感をもって迎えられ，敬愛する人も少なくありません．このたび成先
生の論考が一書に編まれることは，私どもにとっても大變便利であり，

今後韓日古代山城の研究を志す後學諸氏にとっても有難い指針となる
でありましょう．またこの慶事を泉下の鏡山猛先生も祝福してくれる
でしょう．これを一つの機として，さらなる成先生のご發展と，後學
へのご指導を期待いたします．求められるままに蕪辭を連ねてお祝い
申しあげます．

2002年 10月　　小田富士雄
日本國福岡大學考古學研究室にて

실린순서

第1編　都　城

01

百濟 河南慰禮城

1. 머리말

　國家 성립단계와 城郭의 발전은 밀접한 관계가 있다고 보는 것이 城郭史를 공부하고 있는 필자의 생각이다. 성곽과 성곽 안에 들어설 궁전 등을 축조하고자 하면 土築이건 石築이건 간에 測量, 設計, 取土, 採石, 版築, 石築과 建築 등의 여러 과정이 따르게 된다. 이러한 공사를 원활히 수행하기 위해서는 무엇보다 많은 인력을 동원하여 투입시킬 수 있는 조직체계와 그 재원 확보를 위한 수취체제 및 명령계통이 확립되어야 한다. 이러한 조직체계는 중앙집권적인 국가체제 하에서 성립될 수 있다고 보기 때문에 양자는 밀접한 관계가 있다는 것이다. '國家'와 '城郭'이 밀접한 관계가 있음은 글자에도 잘 나타나 있다. 나라 국(國)字는 甲骨文과 金文에서 城牆안에 있는 人口를 干戈를 들고 보위하고 있다는 뜻으로 풀이되며, 『左傳』에서는 國君이 소재하고

있는 都城을 의미하고 있다. 그러므로 문자학자는 고대의 '國'을 '城'으로 풀이하고 있다. 이밖에 나라를 뜻하는 글자로 나라 방(邦)字가 있는데 金文에서 '방'자의 '丰'은 둑 위에 나무를 심고 이를 경계로 삼는 것을 의미하고 있는 바, 이를 封疆이라고 한다. 散氏盤의 銘文에서는 封疆안에 세운 '城'을 '國'이라고 불렀다. 또 邦자의 '阜'는 '邑'의 뜻을 가지고 있는데, '邑'의 '口'는 성곽을 표시하며 사람이 성 아래에서 무릎을 꿇고 있는 뜻으로 풀이되어 성장에 사람이 거주하고 있다는 것을 의미한다. 따라서 나라를 의미하고 있는 '國‧邦‧邑'자가 모두 성장을 두른 나라 안에 사람들이 살고 있음을 뜻하고 있는 것이다. 따라서 이들의 어원으로 보아서도 '國家'의 성립과 성곽의 발달과정은 밀접한 관련이 있음을 시사해 주고 있다.

　『三國史記』百濟本紀 溫祚王條에 의하면 百濟를 건국하였다고 전하는 沸流‧溫祚집단이 지금의 '서울' 부근에 정착한 곳은 "북쪽에는 漢水를 끼고 동쪽에는 높은 산으로 막혀 있으며, 남쪽에는 비옥한 들판이 바라다 보이고, 서쪽에는 큰 바다로 막혀 있는 '河南慰禮城'에 도읍을 정하였다"고 한다1). 이 '하남위례성'의 위치는 어디일까? 이름이 河南慰禮城이요 북쪽에는 漢水를 끼고 있다고 하는 입지적 조건으로 보아 한강 남쪽에 위례성이 위치하고 있었을 것으로 판단하고, 1980년대 초에 당시 국사편찬위원회에 근무하고 있던 車勇杰 현 충북대학교 교수의 안내로 城址 지표조사를 하였다. 이때 송파구 방이동의 夢村土城과 풍납동에 있는 風納土城을 답사하였는데, 풍납토성은 평지에 축조된 장방

---

1) 『三國史記』23 溫祚王 元年條, "惟此河南之地, 北帶漢水, 東據高岳, 西阻大海, 南望沃澤 ……溫祚都河南慰禮城"

형에 가까운 토성인 반면에 자연구릉을 이용해서 축조한 몽촌토성이 아마도 '河南慰禮城'일 가능성이 크다고 생각하였다. 그리고 백제가 국력이 신장할 무렵인 近肖古王(371) 때는 왕자와 함께 고구려 평양성까지 쳐들어가 故國原王을 살해한 후 돌아와 고구려의 남침 보복에 대비해 도읍을 '漢山'[2]으로 옮겼다고 한다. 지금의 南漢山城이 위치하고 있는 '南漢山' 일대일 것이며, 枕流王元年(392) 왕자가 태어났다고 하는 "漢城別宮"은 남한산 아래에 있는 廣州郡 西部面 春宮里(지금의 河南市 春宮洞) 일대와 그 배후에 있는 二聖山城일 것이라고 판단하였다. 이와 같은 내용을 종합하여 「漢江流域 百濟初期 城址硏究」[3]라는 논제로 발표한 바 있다.

그 후, 夢村土城에 대해서는 '84~'89년도까지 5차에 걸쳐 발굴되어 그 보고서[4]가 나왔으며, 석촌동 백제고분도 다시 조사되었다[5]. 또 二聖山城도 최근까지 8차에 걸쳐 발굴조사 되었다[6].

---

2) 『三國史記』24 近肖古王 26年條, "冬 王與太子 帥精兵三萬 侵高句麗 攻平壤城 麗王斯由力戰拒之 中流矢死 王軍引退 移都漢山"
3) 成周鐸 1983, 「漢江流域 百濟初期 城址硏究」, 『百濟硏究』14, 충남대학교 백제연구소.
4) ① 夢村土城發掘調査團, 1984, 『夢村土城發掘調査報告書』.
② 夢村土城發掘調査團, 1985, 『夢村土城發掘調査報告書』.
③ 서울大學校博物館·서울특별시, 1987, 『夢村土城 東北地區發掘報告書』.
④ 서울大學校博物館, 1988, 『夢村土城 東南地區發掘調査報告書』.
⑤ 서울大學校博物館, 1989, 『夢村土城 西南地區發掘調査報告書』.
5) 서울大學校博物館, 1983, 『石村洞 3號墳(積石塚) 發掘調査報告』.
石村洞遺蹟發掘調査團, 1984, 『石村洞 3號墳(積石塚) 復原을 위한 發掘調査報告書』.
金元龍·林永珍, 1986, 『石村洞 3號墳 東쪽 古墳群 整理調査報告』, 서울大學校博物館

이처럼 '84년도 이후 발굴조사된 몽촌토성과 이성산성에 대한 보고 자료를 '83년도에 발표한 논문과 비교 검토하여 수정·보완한 글을 '95년에 발표하였다[7].

위의 논문이 발표된 후 '99년도 말까지 風納土城에 대한 발굴이 부분적으로나마 이루어져 격조 높은 유물들이 출토됨으로써 풍납토성에 대한 위상이 높아졌다. 그리고 이성산성 아래에 위치하고 있는 春宮洞, 校山洞 일대에 대한 본격적인 지표조사도 이루어져 새로운 자료가 제시되었다.

여기서는 앞서 발표한 글들에 대한 개보와 함께 전에 미처 수록할 수 없었던 풍납토성과 春宮洞 일대의 조사자료를 검토하고

金元龍·任孝宰·林永珍, 1989, 『石村洞 1·2號墳』, 서울大學校博物館.

6) ① 金秉模·沈光注, 1987, 『二聖山城-發掘調査 中間報告書』, 漢陽大學校博物館.

② _____, 1988, 『二聖山城-2次發掘調査 中間報告書』, 漢陽大學校博物館.

③ _____, 1991, 『二聖山城-3次發掘調査報告書』, 漢陽大學校博物館.

④ 金秉模·金娥官, 1992, 『二聖山城-4次發掘調査報告書』, 漢陽大學校博物館.

⑤ _____, 1998, 『二聖山城-5次 發掘調査報告書』, 漢陽大學校博物館.

⑥ 金秉模外, 1999, 『二聖山城-6次 發掘調査報告書』, 漢陽大學校博物館.

⑦ _____, 2000, 『二聖山城-7次 發掘調査報告書』, 漢陽大學校博物館.

⑧ _____, 2000, 『二聖山城-第8次 發掘調査報告書』, 漢陽大學校博物館.

7) 成周鐸, 1995, 「漢江流域 百濟初期 城址 再齣」, 『論文集』22권 제2호, 충남대학교 인문과학연구소.

이들에 대한 종합고찰을 통해 필자의 河南慰禮城에 대한 소견을 다시 한번 피력하고자 한다.

2. '83年度 漢江流域 城址 報告 槪要

1) 慰禮城 文獻資料

앞서 언급한 바와 같이 백제의 溫祚·沸流 집단이 정착한 곳은 현재 서울 부근에 위치한 '慰禮城'이다. 먼저 위례성에 대한 문헌자료를 『三國史記』百濟本紀에서 찾아보면 다음과 같다.

> A-① 溫祚王 元年(B.C.18) 溫祚都河南慰禮城.
> ② 溫祚王 14年(B.C.5) 春正月遷都
> ③ 溫祚王 17年(B.C.2) 樂浪來侵 焚慰禮城.
> ④ 溫祚王 41年(A.D.21) 發漢水東北部落人年十五歲以上 修營慰禮城
> ⑤ 責稽王 元年(286) 王徵發丁夫 葺慰禮城…

위에서 제시한 사료A-①을 보면 온조집단이 정착한 곳은 '河南慰禮城'이고, 이곳에 천도한 시점은 온조왕 14년(B.C.5)이다. 따라서 온조왕이 하남위례성으로 천도하기 이전 14년 동안은 河北에 있는 위례성에 근거를 두고 있었음을 시사해 주고 있다. 立國初期의 14년 동안에 어느 정도의 정착사업이 있었는지는 문헌과 유적·유물자료가 전혀 없어 알 길이 없다. 이 '河北慰禮城'에 대해서는 잠정적으로 '中浪川'부근으로 비정한 바 있다. 사료 A-③·④·⑤의 위례성은 하북인지 하남의 위례성인지가 불분명하지만, 사료A-①의 하남위례성은 한강 以南에 있었음이 분명하므로 이들 또한 그렇게 봄이 타당하다. 이에 해당한다고 간주할 수 있는 대표적인 城址는 몽촌토성과 풍납토성으로 집약할 수 있다. 먼저 하남위례성으로 비정할 수 있는 兩城에 대한 당시 보고 내용을 간략히 살펴보도록 하자.

2) 夢村土城

(가) 立地 條件

夢村土城 [사적 297호]은 서울시 송파구 방이동에 위치하고 있다. 한강 남쪽 넓은 들판에 있는 낮은 구릉지대로서, 평지에서 가장 높은 곳이 해발 44.8m이다. 이 구릉은 북－서－남－동으로 이어졌고, 동쪽은 중앙에서 낮아졌다가 다시 구릉으로 연결되고 있다. 성을 형성한 구릉은 서쪽에서 동쪽으로 흘러내려 전체적으로 西高東低, 北高南低의 지세를 형성하고 있고, 거의 중앙에 서쪽에서 동쪽으로 내려온 능선과 북쪽에서 남쪽으로 내려온 능선이 성을 크게 동서남북 4區로 구분하고 있다. 성밖은 동쪽에서 북쪽으로 흐르는 냇물이 한강으로 흘러들어 가고 있어 자연적인 城濠를 이루고 있다. 몽촌토성의 제일 높은 북쪽 성벽에서는 북동쪽으로 풍납토성이 내려다 보이며, 서쪽으로는 三成洞城址가 있었던 것으로 알려져 있으나 현재는 개발에 밀려 완전히 없어졌다. 동남쪽은 남한산성과 이성산성이 위치하고 있는 높은 산으로 막혀 있고, 남쪽에는 넓은 들판이 펼쳐져 있으며 북쪽에는 한강이 흐르고 있다. 성과 인접한 서쪽 石村洞에는 百濟古墳群이 위치하고 있어 이 성과의 밀접한 관계를 시사해 주고 있다. 성의 크기는 대략 남북 길이 567m이고 동서 길이는 324m이며, 북쪽

성벽의 직선 길이는 376m, 서쪽 성벽의 길이는 480m, 남쪽 성벽의 길이는 528m, 동쪽 성벽의 길이는 576m로 총 둘레는 1,956m이며, 만곡된 부분을 가산하면 대략 2,500m에 달할 것으로 보고하였다. 그런데 발굴팀에 의한 실측 결과 전체 둘레를 2,285m로 보고하고 있다.

성벽은 구릉의 정상부 바깥쪽으로 축조하였으며, 능선이 단절된 곳에는 판축으로 양쪽 구릉을 연결하고 있다. 성의 대체적인 윤곽은 남북으로 길쭉한 장방형에 가까운 사다리꼴 모양이다. 성벽은 군데군데 심하게 유실되어 깊은 관심을 가지고 살펴보기 전에는 성벽인지 조차 알기 어려울 정도였다. 서쪽 성벽에는 3~4개의 통로가 있는데, 이들은 모두 좌우의 성벽이 성 안쪽으로 오므라든 곳에 있어서 좌우의 외부로 튀어나온 성벽이 曲城 혹은 甕城 역할을 하였을 것으로 판단하였다. 남쪽 성벽은 민가에 의해 많은 부분이 파괴되어 있다. 이곳에는 2~3개소의 통로가 있는데 아마도 門址였을 것으로 추정된다. 지형이 서북쪽이 높은 까닭에 남쪽 통로 세 곳이 모두 배수구역할을 했을 것으로 보이며, 동쪽 성벽은 2곳의 통로가 있는데 배수구 겸 통로였을 것으로 추정되었다. 지형상 이곳이 배수량이 가장 많았던 지점으로 추정된다. 이 동쪽 통로의 잘려나간 성벽에서 판축으로 성벽을 축조하였음을 확인하였다.

(나) 築造狀態와 出土遺物

당시 성 안으로 드나드는 통로는 남쪽과 동쪽에 있었다. 이 가운데 동쪽 통로는 폭이 10m에 가깝고 성안의 배수도 이곳을 통해 이루어지고 있다. 동쪽 통로로 말미암아 좌우의 성벽이 잘

려있는데, 성안에서 보아 우측이 성벽의 축조상태를 알아 볼 수 있는 지점이었다.

성안의 물은 성벽이 잘린 바로 아래로 배출되고 있고, 그 위로 144cm까지는 황갈색의 점토와 산자갈이 약간 혼합된 층이다. 이 층은 상·하의 土色이 약간 다르기는 하지만 일차적으로 축조되었던 성벽에 해당한다고 할 수 있다. 아랫부분은 약간의 회색흙이 섞였으며, 윗부분은 밝은 황갈색인데, 어린아이 주먹 크기 만한 산자갈이 보이며 토기편도 끼여 있었다. 토기편은 매우 정선된 태토로 繩蓆文이 시문된 것이 있고, 瓦質土器片도 있다. 당시 몽촌토성 남쪽 성벽에서 아주 조그마한 토기편을 수습한 바 있다. 성벽의 윗 부분이었는데 성벽이 삭토로 말미암아 파여져 나간 황갈색의 점토층에서 나왔다. 태토에 石英粒이 섞여 있으며 고화도로 소성된 토기이다. 표면 색조는 회청색이고 단면은 적회색으로서, 파편이지만 높이 2cm의 튼튼한 굽이 달린 비교적 커다란 토기이며 施文된 흔적이 있었다. 굽과 동체부가 연접되는 胴體 最下部에 6∼7條의 陰刻波狀紋이 상하로 있어 대부합류와 같은 백제토기로 보였다.

다음 토층은 두께 10cm 가량 되게 회색으로 진흙다짐된 층이다. 부근의 논흙처럼 고운 니질 점토인데 회흑색이 감돌고 있다. 여기서 다시 30cm는 황색점토의 다짐층이다. 아래층보다 황적색에 가까우며, 산자갈은 포함되어 있지 않다. 그 위로 다시 10cm는 회색의 니질 점토다짐층이다. 여기서 140cm 정도 윗층은 황백색의 색조를 띤 모래가 약간 섞인 점토층이다. 표토까지 차츰 색조가 짙어져 황갈색 내지 적갈색도 띠는데, 이곳은 2차적인 축조에 의한 것으로 생각된다. 모두 335cm에 이르는 층이 이와 같이 대략 5개층으로 구성되어 있으며, 그 가운데에 진흙층이 얇게 있어 성벽 축조가 판축에 의한 방법을 취하고 있는 점이 주목되었다.

城과 古墳은 밀접한 관계를 가지고 있다. 몽촌토성도 예외는 아니다. 몽촌토성의 서쪽에 인접한는 石村洞에도 사적 243호로 지정된 百濟 初期 고분군이 있다. 이곳의 적석총은 日帝때 日人 학자에 의해 소개되었을 뿐 파괴된 상태로 방치되었다가 '74년에 발굴조사 되었다. 발굴보고에 의하면 고구려의 基壇式積石塚과 축조방법이 유사하고 外形은 동서를 長軸으로 하는 장방형이며, 金製瓔珞形裝飾品이 출토되었다[8]. 이 지역 古墳樣式은 封土墳과 적석총이 병존하고 있어 백제초기 묘제는 고구려 계통이면서 다양성을 띠고 있음을 알 수 있다.

이 밖에도 이 부근 방이동에도 고분군이 있는데, 구릉에 축조되어 있는 고분 가운데 3기를 조사한 결과 중앙에 羨道가 있는 橫穴式石室墓(4호), 橫口式石槨(5호), 副槨이 딸린 橫穴式石室墓(6호)의 구조로 되어 있고, 유물은 灰色軟質短脚高杯와 硬質土器甁 등이 수습되었다[9]. 그런데 이 유물들은 6세기 후반대의 신라 토기로 밝혀지고 있어 백제고분으로 보기 어려운 점이 많다[10].

---

8) 서울大學校博物館・同考古學科, 1975, 『石村洞 積石塚 發掘調査報告』, 서울大學校 考古人類學叢刊 第6冊.

9) ① 尹世英, 1974, 「可樂洞百濟古墳群 第一號, 第二號墳發掘調査略報告」, 『考古學』 3輯.
   ② 金秉模, 1977, 「芳荑洞古墳群」, 『考古學』 4輯.
   ③ 蠶室地區遺蹟發掘調査團, 1977, 「蠶室地區遺蹟發掘調査報告」, 『韓國考古學報』 3.

10) 崔秉鉉, 1992, 『新羅古墳研究』, 一志社.

3) 風納土城

백제 하남위례성으로 비정할 수 있는 또 하나의 성으로는 풍납토성(사적 11호)이 있다. 이 성은 서울 송파구 풍납동 한강변에 위치하고 있으며, 동서 약 600m, 남북 약 1,200m 길이의 장방형에 가까운 형태로 알려져 있다. 여기에서는 1925년 乙丑年 대홍수 때 靑銅鐎斗가 발견되었다. 이 鐎斗는 구연부가 넓게 벌어진 동체에 獸蹄形의 三足이 달리고 손잡이는 한번 굽어 옆으로 달려 있으며, 손잡이의 끝에는 용머리가 조각되어 있다.

당시 조사할 때 북동쪽 성벽의 한 부분이 도로로 인해 넓혀져 있었고 동남쪽 굽은 부분에도 도로가 있는데, 이들이 문지로 추정되었다. 이곳의 서쪽 단절된 벽면에는 모래와 뻘흙으로 다진 판축이 남아 있는데, 성벽에서 牛角形把手 1점을 채집하였다. 동쪽에도 문지로 추정되는 단절된 부분이 있다. 서쪽 성벽은 유실되어 남은 곳이 적으나, 북쪽 성벽의 일부는 한강쪽으로 계단상을 하고 있었으며, 안쪽은 높은 성벽을 형성하고 있다.

이 풍납동성지에 대해서는 일찍이 李丙燾 선생이 『三國史記』에 나오는 백제 '蛇城'으로 비정한 바 있는데, 1966년 이 성을 발굴했던 金元龍 선생도 이 설에 동조하면서 '성 내부에서 나오는 토기편의 양이나 기타 건축관계 유물의 성격으로 미루어 보아 防禦用 城이라고 하지만 평시에는 많은 일반민이 살고 있었던 半民半軍的 邑城이라고 생각된다. 이 토성의 정확한 초축 연대는 물론 알 수 없으나 그것이 위례성과 거의 동시에 축조된 초기 것임은 틀림이 없다. 『三國史記』의 기록대로 초축을 1세기경으로 보고 475년 공주로 천도하는 시기의 전후 약 5세기간 사용된 것으로 추정된다. 그리고 蓋鹵王 21년(475)에 고구려군 3만이 남

하, 王都인 漢城을 포위하고 도주하는 개로왕을 잡아서 阿且城으
로 縛送시켜서 斬首했는데, 이때의 기사에 "高句麗 … 帥兵來攻
北城 七日而拔之 移攻南城 城中危恐 王出逃"(『三國史記』권 25)라
한 北城은 王都의 북성으로서 이 풍납토성을 말했을 것이며, 아
차산성을 말한 것이 아닐 것이다. 즉, 읍성으로서 수도인 南城에
대하여 北城이라고 대칭할 만큼 이 토성이 중요했던 것을 알 수
있다'고 평가하였다[11].

4) 漢山 · 漢山城으로 比定한 南漢山과 春宮里 · 二聖山城

『三國史記』 百濟本紀에서 '漢山'과 漢山城에 대한 문헌자료를
살펴보면 다음과 같다.

> B-① 百濟始祖 溫祚王 … 遂至漢山, 登負兒嶽, 望可居之地.
> ② 溫祚王 13年 秋7月(AD 6) 就漢山下 立柵 移慰禮城民戶.
> ③ 己婁王 27年(103) 王獵漢山獵神鹿.
> ④ 蓋婁王 4年(131) 王獵漢山.
> ⑤ 蓋婁王 5年(132) 築北漢山城.
> ⑥ 近肖古王 26年(371) 移都漢山.
> ⑦ 枕流王 2年(386) 創佛寺於漢山 度僧十人.
> ⑧ 阿莘王 4年(395) 士卒凍死 廻軍至漢山城 勞軍士
> ⑨ 阿莘王 4年(395) 王將伐高句麗 出師至漢山北柵 ….
> ⑩ 毗有王 29年(455) 王獵於漢山.

사료 B-①의 한산은 온조왕 집단이 처음 남하하여 '漢山'에
이르러 '負兒嶽'에 올라가 살만한 땅을 살펴 본 위치로서, 이병도

---

11) 金元龍, 1967, 『風納里包含層調査報告』, 서울大學校考古人類學叢刊
第3冊.

선생은 부아악을 三角山에 비정하고 '한산'은 북한산[12]에 비정하였는데 필자도 이에 동의한 바 있다.

사료 B-②는 온조왕이 漢山下에 (木)柵을 설치하고 위례성의 民戶를 이주시켰다는 기록이다. 이 곳의 한산은 현재 남한산성과 이성산성이 위치하고 있는 일대의 산으로 비정하였다. 그리고 한산 아래에 목책을 세웠다고 하는 곳은 백제가 근 5세기 동안 정착한 하남위례성으로서 가장 유력한 후보지로 몽촌토성을 상정한 바 있다. 사료 B-③·④·⑩의 한산은 江北인지 江南의 漢山인지 분간하기 어렵고, 사료 B-⑦의 佛寺를 세우고 10인의 승려를 두었다고 하는 한산의 위치도 역시 그러하다. 그러나 B-⑥의 근초고왕이 고구려군의 보복 남침을 우려해서 도읍을 옮겼다고 하는 '漢山'은 고구려의 남침에 대비하기 위한 것이니 만큼 강남에 있는 한산일 가능성이 많으므로, 현재 남한산성과 이성산성 일대로 판단하였다. 특히 B-⑤의 북한산성을 축조하였다고 하는 기록으로 미루어 보아 한강 북쪽에 있는 한산과 분간할 수 있다고 하겠다. 그러므로 B-⑨의 고구려를 정벌하기 위해 군사를 이끌고 이르렀다고 하는 한산 北柵은 북한산성을 지칭하는 것으로 보인다. B-⑧의 士卒들이 凍死를 함에 회군한 '漢山城'은 한산하의 '漢城, 즉 남한산성이나 이성산성이 위치하고 있는 '漢山城'으로 비정하였다.

---

12) 李丙燾, 1976, 『韓國古代史硏究』, 博英社.

3. '95年度 漢江流域 城址 再齣 槪要

1) 夢村土城

위에서 필자가 지표조사를 통해 보고한 내용을 '84년의 제1차 발굴조사 결과13)와 비교해 보면 입지적 조건 등에서 별로 다를 바 없다. 다만 城 최고지점의 고도가 해발 42.9m이며 대부분의 지점이 30m 미만이고, 급경사면을 깎고 다듬어 급경사와 단을 만들고 城壁 外側 경사면에 목책을 설치하였다고 한다. 이 급경사와 단은 성벽 정상부에서 基緣部까지 2~3회 되풀이되다가 垓字와 만나고 있다. 外城에서는 토성 정상부에 설치한 것으로 보이는 목책의 기둥구멍이 확인되었다. 土壇은 城壁四隅 정상부에 3~5m의 높이로 만들고 있다. 3기의 土壙墓도 조사되었는데 토기 몇 점만 수습되었다.

'85년도의 조사에서는 주거지 3기와 저장공 13기, 토광묘와 옹관묘 각 2기, 土壙積石墓 1기와 木柵시설 등이 조사되었다14). 85-1호 수혈주거지에서는 直口短頸壺, 蓋杯, 器臺, 三足土器, 시루 등과 함께 4세기 전반대로 비정15)되는 金銅銙帶金具가 출토되었다. '85-2호 수혈주거지에서도 直口短頸壺, 風納里式 粗質有文土器, 黑色土器小壺등과 함께 鐵製 말편자가 출토되었고 '83-3호 주거지에서는 삼족토기를 비롯한 소량의 토기편이 출토되었다.

13기의 저장공은 대부분 城內 고지대에 위치하여 있고, 그 형

---

13) 夢村土城發掘調査團, 1984, 주 4-①)의 前揭書.
14) 夢村土城發掘調査團, 1985, 주 4)-②의 前揭書.
15) 朴淳發, 1996,「漢城 百濟의 中央과 地方」,『百濟의 中央과 地方』, 第8回 百濟研究所 國際學術大會 發表論文集, 忠南大學校百濟研究所.

태는 입구보다 바닥이 넓은 복주머니형이 주류를 이루고 있으나 원통형도 있다. 출입시설물은 확인되지 않았다. '85-1호 토광묘 는 抹角長方形이며 퇴적토에서 고배, 풍납리식 조질유문토기와 波狀集線文이 시문된 경질토기 구연부가 출토되어 5세기 중엽경 으로 판단하고 있다. '85-2호 역시 토광의 규모와 반형 삼족토 기 및 소호가 출토되어 5세기 중엽의 토광묘로 추정하고 있다. '85-1호 옹관묘는 출토유물로 미루어 보아 '83-1·2호 옹관묘 와 같은 시기에 조성되었고, '85-1호 토광적석묘도 '84-1·3호 토광적석묘와 같은 시기에 조성된 것으로 판단하고 있다. 그리고 東部에서 조사된 木柵은 東北壁 목책과 같이 1.8m의 간격을 가 지고 있다.

'85년도에 동북구역의 11-17 東西Tr.에서 수습된 중국 西晉時 代(265~316)의 灰釉錢文陶器片은 이 성의 존립연대를 알 수 있 는 중요한 자료이다. 그리고 北門址 제2Tr. 조사에서는 이 성이 2차에 걸쳐 축조되었음을 알려 주고 있다. 또 성내 주거지들은 六朝磁器片(4세기~5세기초)들이 편년의 좋은 자료이다. 이 성의 下限年代는 소위 토광묘로 분류된 것에서 수습된 유물들로 볼 때 5세기 후반까지로 판단되어, 성의 중심연대는 3세기 경부터 5 세기 후반까지로 보인다. 이것은 『삼국사기』의 기록과 대체로 같은 것을 의미한다. 즉, 건국초기의 연대와 성의 시축시기와는 거리가 있으나, 백제가 공주로 남천한 475년의 연대와는 상호 일 치되어 몽촌토성의 성격을 짐작케 해 준다.

'87년도 동북지구 조사에서는 5기의 주거지와 9기의 저장공이 발굴조사 되었다16). 몽촌토성의 위치와 규모, 축조방법, 垓字, 목

---

16) 서울大學校博物館·서울특별시, 1987, 주 4-③)의 前揭書.

책 시설과 많은 鐵鏃, 骨製札甲, 圓筒形土器, 瓦當, 陶製벼루와 다양한 중국 六朝磁器 등을 고려해 볼 때 역시 군사적, 문화적으로 매우 중요한 居城 또는 戎城으로서 백제 한성시대의 핵심지역이었다고 할 수 있다. 그러나 이들 핵심집단이 거주하였을 瓦家遺構는 나오지 않았다.

'88년도 몽촌토성 발굴을 통해 확인된 유물은 토기, 철기, 백제 기와 등으로 다양하다. 이 중 토기에 대한 분석 결과 몽촌유형(백제토기)과 구의동유형(고구려토기)으로 분류되었고, 몽촌유형은 다시 Ⅰ기와 Ⅱ기로 세분되었다. 몽촌Ⅰ기는 몽촌토성이 초기 백제시대의 居城의 하나로서 역할을 할 때의 시기와 관련되며, 몽촌Ⅱ기는 몽촌토성이 초기 백제의 핵심적 역할을 담당했던 시기와 관련되는 것으로 추정하였다. 몽촌Ⅰ기는 대체로 3세기 말~4세기 초 무렵부터 4세기 중엽경에 해당되고, 몽촌Ⅱ기는 4세기 중엽부터 5세기 중엽으로 비정하였다[17].

'89년도 조사에서는 건물지와 판축대지, 온돌건물지, 저장공, 연못지 등이 조사되었다. 이 때 수습된 유물도 백제토기가 주류를 이루고 있으며, 원삼국시대 토기류와 와당 및 塼도 출토되었다. 특히, 남북Tr. 성토층에서 '85년도에 수습한 것과 같은 西晉灰釉錢文陶器片과 六朝靑磁片이 수습되었다[18].

이처럼 5차례에 걸친 발굴조사에서 확인된 몽촌토성의 역사적 성격은 다음과 같이 규정할 수 있을 것이다. 몽촌토성은 백제가 국가체제를 갖추는 무렵부터 공주로 남천할 때까지 한성백제시대의 전 기간(3세기 후반~475)에 걸쳐 중요한 성곽으로 사용되

---

17) 서울大學校博物館, 1988, 註 4-④)의 前揭書.
18) 서울大學校博物館, 1989, 註 4-⑤)의 前揭書.

었던 것으로 볼 수 있다. 현재까지 한강유역 일대에서 조사된 성곽유적으로만 본다면 한성백제시대의 도성이었을 가능성이 높다 하겠다. 도성임을 뒷받침해주는 궁궐지나 관청지 등 직접적이고 확실한 증거는 아직 미확인 상태이지만, '89년도의 조사결과 한성백제에서는 처음으로 적심을 갖춘 건물지 및 조경지로 추정되는 연못지의 흔적이 밝혀진 점이 주목된다.

2) 風納土城

풍납토성에 대해서는 이전에 지표조사의 한계로 깊이 있는 조사를 하지 못하였는데, '94년에 閔德植이 이에 대해 검토한 바 있다[19]. 그는 성의 초축 연대가 1세기경, 2세기경, 1~2세기경 등 여러 설이 제기되고 있지만, 성벽에서 출토된 풍납리식 무문토기가 B.C.3세기경에 출현하였다고 한다면 이것이 성의 상한연대가 될 것이고 하한연대는 방사선탄소연대[20]로 볼 때 3세기가 될 것이라 하였다. 그런데 이른바 풍납리식 무문토기는 중도식토기로 불리우는 것으로 그 상한은 아무리 올려보아도 B.C.1세기경 보다 소급되지 않는다는 견해가 지배적이다. 그러므로 풍납토성의 축조상한은 아무리 올려 잡아도 B.C.1세기 무렵이 될 것이지만, 후술할 성 내부 조사 내용을 보면 대체로 몽촌토성과 비슷한 시기에 축조된 것으로 봄이 적당할 것 같다.

---

19) 閔德植, 1994, 「三國時代以前의 城郭에 대한 시고」, 『韓國上古史學報』 제16호, 99~111쪽.
20) '66년에 조사한 F피트의 주거면에서 채집한 숯에 대한 연대측정 결과 1720±110BP(A.D. 230)의 연대가 나왔다고 한다(金元龍, 1969, 「韓國考古學에서의 放射性炭素年代」, 『考古學』 2, 韓國考古學會, 10~11쪽.)

한편 이 성의 성격에 대해 慰禮城說, 蛇城說, 北城說, 都城說 등 여러 설이 제기된 바 있는데, 이에 대해 민덕식은 백제 때 防戌 등을 목적으로 이웃한 남쪽에 몽촌토성이 축성되어 한성인 풍납토성을 보조하였고 한강 이북에는 아차산성이 축조되어 이성을 보호하였다고 보았다. 또한 그는 결론에서 평지성 중 방형토성은 중국 성곽에서 연원을 찾을 수 있을 것 같고, 부정형 평지성도 중국성과 관계가 있는 듯 하다 보고 있다[21].

3) 二聖山城

경기도 광주군 서부면 표고 209.8m의 이성산에 위치하고 있는 이성산성 아래에는 옛 지명으로 春宮里, 草一里, 廣岩里 등이 남아 있다. 산성에서 바라보면 서북쪽으로 몽촌토성, 풍납토성, 아차산성 등이 한눈에 들어오는 전망 좋은 요지이다. 최근까지 8차례에 걸쳐 발굴되었는데, 이 중 성의 축성시기와 성격 등을 알 수 있었던 '87·'88·'91년의 발굴 조사 내용[22]을 위주로 살펴보면 다음과 같다.

성의 둘레는 1,925m이며 사각형에 가까운 석축의 포곡식산성이고, 면적은 156,025㎡로서 약 42,200평이다. 성벽은 주로 내탁법으로 축조되었으며, 부분적으로 내외 협축을 하고 있다. 성벽 높이는 4~5m이고 들여쌓기를 하였으며, 각 雉에는 閣樓가 있다. 성벽에는 여장 흔적이 남아 있고 성벽안쪽에는 회랑도로가 있다. 성 남쪽에 해당하는 A지구는 저수지가 있었고, B지구에서는 9각 건물지, C지구에서는 1호 건물지와 12각 건물지, D지구에서는

---

21) 閔德植, 1994, 주 19)의 上揭文, 99~111쪽.
22) 金秉模, 註 6-①②③)의 前揭書.

12각 건물지, E지구에서는 장방형 건물지와 9각 건물지 등 다양한 건물지가 발굴조사 되었다. 이 건물들 가운데 8각과 9각형의 건물지는 신앙 遺址로, 12각형의 건물지는 장대지로, 장방형 건물 4개소는 창고와 병영 등으로 추정되었다.

출토유물은 고배·완·합·시루 등 토기류가 주류를 이루고 있으며, 木簡·벼루·철기·석기 등도 수습되었다. 출토된 토기들의 특징들을 고려할 때, 이 성의 사용시기는 6세기 중엽부터 9세기중엽까지 약 300년 정도로 추론하였다. 50점에 달하는 木簡 가운데 '南漢城道使 …'라는 명문은 이 성의 연대와 城名을 시사해 주는 것으로서, '戊辰年'의 연대에 대해서는 성안에서 백제시대 유물이 출토되지 않는 점을 들어 608년(眞平王 30)으로 잠정 결정하고 있다. 또한 이성산성은 南漢城을 비롯한 여러 성의 道使와 村主들이 모여 회합을 하던 이 지역의 중심지로서 신라의 산성이었을 가능성이 크다고 보았다.

沈光注는 이성산성에 대한 연구를 통해, 이 성에서 한성백제시대의 유구와 유물이 출토되지 않고 춘궁리 주변에서도 궁지나 성지가 발견되지 않는 점으로 미루어 신라가 553년에 축조하기 시작해 557년에 완공한 것으로 판단하고 있다. 즉, 신라가 한강유역을 점유하고 新州를 설치하는 553년에 축성이 시작되어 신주를 漢山州로 개칭하는 557년에 완공된 것으로 보고, 이성산성의 원래 명칭은 州의 명칭과 관련된 '漢山城' 또는 '漢城'이었을 가능성을 주장하고 있다. 신라가 한강유역을 점유하고 나서 이성산성을 축조하고 춘궁리 일대에 州治所를 둔 이유에 대해 이곳이 교통의 전략적 요충지에 해당된다는 점, 그리고 성내에 풍부한 수량을 갖고 있고 주변의 넓은 들판에서 수확되는 풍부한 물

자 등이 신라로 하여금 이곳에 산성을 축조하게 만든 동기로 보
고 있다[23].

4. '96∼'99年度의 調査報告

1) 風納土城 發掘調査

풍납토성은 1967년 故金元龍 교수에 의해 조사보고 된 이래
오랫동안 학계의 관심 밖에 있었다. 이후 李亨求의 2차(1984,
1994)에 걸친 보고가 있으면서 다시 관심이 쏠리기 시작하였고
본격적인 조사가 李亨求에 의해 1997년도에 이루어졌다. 이때 조
사에 의하면 城의 둘레는 미복원된 성벽 1,450m, 복원된 성벽
470m, 1925년 대홍수로 유실된 서쪽 성벽 1,300m, 주택 건축으로
파괴된 유실 성벽 250m까지 합하면 총 둘레 3,470m이며, 성벽
단면의 너비는 24∼51m에 달하고 최고 높이는 약 2m∼6.5m라고
하였다[24].

1999년에 국립문화재연구소에서 실시한 성벽 조사에 의하면
동쪽 성벽 내외의 폭은 약 40m이고 중심 토루까지의 높이는 9m
이며, 하부 폭 7m에 높이 5m정도의 사다리꼴 모양을 하고 있고

---

23) 沈光注, 1988, 『二聖山城에 대한 研究』, 漢陽大學校大學院 碩士學位
   論文, 90∼91쪽.
24) 李亨求, 1997, 『서울 風納洞土城〔百濟王城〕實測調査研究』, 百濟文
   化開發研究院. 성벽 규모는 '64년 조사 당시에는 북벽 약 300m 동벽
   1,510m 남벽 200m 정도이고, 서벽은 유실된 부분을 제외한 서남벽
   이 250m 정도로서 2,250m가량 남아 있었다고 보고하였다(金元龍,
   1967, 주 11)의 前揭書). 그런데 최근 국립문화재연구소의 시굴 조사
   결과 유실된 것으로 알려진 西壁도 축조 기초부가 일부 남아 있다
   고 한다.

사질토와 모래뻘 흙을 위주로 판축되어 있다. 평면형은 장방형 내지는 장타원형을 하고 있으며, 심발형토기와 회색연질호, 경질 무문토기, 타날문토기, 회(흑)색 무문양토기등이 출토되어 3세기를 전후한 시기에 城의 축조가 완료되었을 가능성을 시사하고 있다[25].

같은 해 한신대학교박물관에 의해 城 내부의 조사도 이루어졌다. 조사지역 위치는 이 城의 거의 중앙부분에 해당되는 풍납1동 136번지 일대이다. 여기에서는 溝가 돌려져 있는 呂자형의 대형 건물지 및 '大夫'銘 토기·말뼈 등이 출토되어 祭儀的로 성격을 가지는 것으로 보이는 9호 대형 수혈유구와 西晋代의 施釉陶器가 출토되는 유구 등 매우 중요한 유구들이 조사되었다. 출토유물은 4~5세기경의 백제토기가 주를 이루며, 기와·벽돌·꺾쇠·철기류 그리고 이보다 앞선 시기의 중도식 무문토기 등이 있다. 그밖에 중국제 청자와 가야계의 경질 토기 뚜껑, 일본의 埴輪 토기편 등 다른 지역과의 교섭관계를 보여주는 유물들도 출토되었다[26].

2) 河南市 春宮里·校山洞 一帶 調査

南漢山城과 二聖山城 아래에 있는 河南市 春宮洞, 校山洞, 上可倉洞, 下可倉洞 일대는 일찍이 정약용에 의해 河南慰禮城으로 지목[27]되었던 지역이다. 이 지역의 지형은 동쪽에 客山(291m), 서쪽에 金岩山(317.3m)과 二聖山(209.8m), 남쪽에는 南漢山城이

---

25) 국립문화재연구소, 1999, 『風納土城 발굴조사 현장 설명회 자료』.
26) 한신대학교박물관, 1999, 『서울시 풍납동 경당연합부지 유적발굴조사 중간보고』.
27) 丁若鏞, 「疆域考」, 『與猶堂全書』卷 3.

있는 淸凉山(479m)이 위치하고 있으며, 북쪽은 넓은 들판을 이루다가 渼沙里를 거쳐 漢江과 연결되고 있다. 따라서 3方向이 산으로 둘러 싸여 있고 북쪽만이 트여 있는 지형인데 그 너비는 남북 약 4㎞, 동서 약 2㎞이며 면적은 약 8㎢에 달한다.

이 지역에 토성이 있다는 주장이 제기된 바 있는데, 향토사학자 韓宗燮은 대부분 자연지세를 이용했던 것으로 추정되지만 남쪽 부분 토루는 완연하게 식별할 수 있다고 주장하였다[28]. 한편 이 지역을 지표조사한 세종대 崔楨芯은 客山 정상에 망루지가 있다 하고, 여기서 북쪽으로 뻗어 내려오는 능선 자체가 방어선의 기능을 가지고 있는 것으로 파악하였다. 또 명확하지는 않지만 자연 능선 위에 방어의 목적으로 토축을 쌓아올리고 능선의 바깥 부분을 삭토한 흔적이 있다고 하였다[29].

필자는 전술한대로 일찍이 漢山과 관련하여 이 지역을 주목한 바 있다. 그런데 상기한 토루는 사실 백제 것이 아니라 조선시대 것일 가능성이 높은 것 같다. 또 백제와 관련될 것으로 기대되었던 河南 校山洞 건물지는 발굴조사 결과 통일신라 말~조선시대의 유물만 출토되었고[30], 天王寺址도 최근 2차례의 시굴조사 결과 백제 유구는 없고 고려~조선시대에 조영된 것으로 밝혀지고 있다[31]. 그러므로 아직까지 이 일대에서 百濟 것이 확인되지는 않은 셈이지만, 이 지역의 성격에 대해서는 보다 신중한 접근이

28) 韓宗燮, 1992, 『河南慰禮城地의 究明에 대한 硏究』, 23쪽.
29) 崔楨芯, 1996, 『河南市 校山洞 一帶 文化遺蹟』, 250~317쪽.
30) 金武重外, 2000, 『河南 校山洞 建物址 發掘調査 中間報告書('99)』, 畿甸文化財硏究院.
31) ① 韓國文化財保護財團, 2001, 『河南 天王寺址 試掘調査報告書』.
   ② 韓國文化財保護財團, 2002, 『河南 天王寺址 2次試掘調査報告書』.

필요하다고 생각된다.

5. 河南慰禮城과 百濟初期 都城

앞서 사료 A에 예시한 것과 같이 하남위례성은 백제가 온조왕 14년 하남위례성으로 천도한 후 문주왕이 熊津(公州)으로 천도할 때까지 약 480년 동안 백제의 서울이었다. 이 하 남위례성의 위치를 비정하는 것이 본고의 주요 논점이다. 다만 이를 직접 제시하기 전에 먼저 백제가 천도한 熊津城이나 泗沘城, 그리고 백제 도성의 모체가 된 것으로 여겨지는 고구려 都城制度와 하남위례성의 관련성을 검토하여 그 위치 비정에 도움을 주고자 한다.

먼저 웅진성이나 사비도성의 경우를 보면 이들은 모두 북쪽에 강을 끼고 있는 낮은 구릉을 배후에 두고 있다. 이는 다분히 고구려의 남침을 대비해 선택한 지리적 조건이다. 고구려의 후기 도성은 대동강 등 남쪽에 강을 끼고 있는데 백제나 신라를 염두에 두고 선택하였을 것으로 생각된다. 또한 구릉 앞에는 넓은 들판이 있어 도성 즉 외곽성을 가질 수 있어야 하고, 구릉상에는 외침에 대비해 성벽을 축조할 수 있게 되어 있다. 성벽이나 도성의 구조는 판축기법을 이용하고 있으며, 도성의 남북 길이가 동서 길이보다 길고 자오선을 중요시하고 있다. 그밖에 도성이 몇 개의 구역으로 나뉘어져 있으며, 도성 부근에는 반드시 그 시대에 해당하는 고분군이 형성되어 있다32). 이것이 백제 웅진성과

---

32) 成周鐸, 1983, 註 3)의 前揭文, 128~29쪽. 이에 보완된 자료를 김기섭이 아래 논문에서 제시하고 있으나 이 범주를 벗어나지는 못한다.

사비도성이 지니고 있는 공통점이다.

이와 같은 조건을 가지고 있는 한강유역의 百濟初期城址는 역시 몽촌토성과 풍납토성으로 집약된다. 필자는 '83년도에 몽촌토성을 지표조사하면서 다음과 같은 점을 확인할 수 있었다.

백제 중후기의 웅진성이나 사비도성처럼 배후에 강을 끼고 있고 구릉이 있으며, 구릉 앞에는 넓은 들판이 펼쳐져 있다. 또 구릉에는 방어시설물로서 토성이 있는데 성벽이 판축되어 있는 것을 확인하였다. 성벽에는 북쪽에 1개소, 서쪽에 3개소 동쪽과 남쪽에 각기 2 개소 등 8개의 단절된 곳이 있어 이들을 문지로 추정하였다. 성안은 동서와 남북으로 능선이 형성되어 있어 4개 구역으로 분리되며, 중앙고대지를 한 구역으로 볼 수 있다면 5개 구역으로 구분할 수 있다. 이러한 현상과 함께 특히 성안에서 백제토기편을 수습하여 백제시대 하남위례성은 몽촌쪽토성일 것이라는 견해를 밝힌 바 있는데, 그 후 5차에 걸친 발굴조사 결과는 이러한 생각을 보강해 주는 것으로 보인다.

발굴조사 결과 몽촌토성에는 목책과 垓字 시설이 있었으며, 성벽은 판축으로 되어 있음이 밝혀졌다. 또 성벽 4隅에는 3〜5m 의 토단이 부설되어 있으며, 성내에서 다수의 주거지와 저장공 등이 확인되었다. 다만 왕궁지로 추정되는 건물지는 확인되지 않았다. 門址는 필자가 조사한 것보다 많은 9개소이며, 토성 동북쪽으로 270m의 외성이 확인되는 새로운 수확도 있었다. 특히 성내부 퇴적토에서 수습된 중국 西晉(265〜316)代 회유전문도기편은 이 성의 절대연대를 시사해 주는 좋은 유물 중에 하나이다.

金起燮, 1987,『百濟前期都城에 관한 一考察』, 精神文化硏究院 碩士學位論文, 117〜18쪽.

발굴 통해서 얻어진 몇 가지 중요 사실은 몽촌토성의 성격을 규명하는데 큰 도움을 주고 있다. 첫째 출토유물을 통해 절대연대를 추정할만한 단서를 확인하였고, 판축으로 된 토성외에도 목책과 垓字가 있었다는 점도 주목된다. '한산 아래에 목책을 세웠다(사료 B-②)'고 하는 기록과 관련시켜 생각해 볼 수도 있지 않을까 싶다33). 또 하나 중요한 자료는 성안에서 주거지와 저장공은 발견되었지만 王宮址가 확인되지 않았다는 점이다. 이는 사비도성의 왕궁지가 부소산성 남쪽에 위치해 있고 백제 웅진성의 왕궁지도 웅진성(公山城) 밖에서 찾아야 한다는 필자의 종래 견해와 일맥상통하는 것이라 할 수 있다. 그리고 동북쪽으로 외성이 있는 것도 다분히 도성내의 왕궁과 관아 및 민가를 보호하기 위해서 축조한 외곽성의 성격을 가지고 있었을 것으로 판단된다. 따라서 백제 하남위례성으로 비정되고 있는 몽촌토성은 실상 백제 웅진성이나 사비성(扶蘇山城)과 같이 산성의 성격을 가졌던 것이 아닌가 생각된다. 이와 같은 필자의 의견에 최몽룡도 적극 동의하는 글을 발표한 바 있다34). 그밖에 몽촌토성이 백제의 하남위례성이란 심증을 더욱 굳혀 주는 자료로 몽촌토성 바로 서쪽에 인접하여 같은 시기에 조성된 석촌동 고분군을 들 수 있다. 석촌동 고분군은 당시 최고 지배층의 묘역으로 백제 웅진성과 宋山里 古墳群, 사비도성과 陵山里 古墳群과의 관계를 연상케 해 주는 것이다.

다음으로 몽촌토성과 이웃해 있는 풍납토성을 검토해 보도록

---

33) 이 木柵이 기록상의 온조왕대에 설치된 것이라 할 수는 없지만, 일단 문헌자료와 비교될 수 있다는 점에서 주목된다.

34) 崔夢龍, 1993, 「漢城時代의 百濟」, 『漢江流域史』, 民音社, 253쪽.

하겠다. 풍납토성은 성벽 둘레가 약 3,470m이며 동쪽 성벽의 경우 성벽 너비가 40m에 높이가 9m로서, 몽촌토성보다 규모가 큰 백제초기의 토성임에 틀림없다. 이 성은 축조연대는 상한이 B.C. 1세기경까지 올라갈 수도 있지만 대략 A.D. 3세기경에 축조된 것으로 추정하는 것이 안전하다고 생각되며, 중국계 方形土城에 그 연원이 있다는 견해도 있다[35]. 樂浪 治所로 알려진 黃海道 鳳山郡 唐土城과 점재현 치소로 알려진 龍岡縣 於乙洞古城과 상통하는 점이 있다고 할 수 있다. 전술한 것과 같이 풍납토성에서는 대형 건물지 등과 함께 원삼국~백제시대에 걸친 토기 및 중국제 자기 등 다종다양한 유물들이 출토되어 이 성의 중요성을 보여주고 있다. 이에 근거하여 風納土城이 百濟王城이라는 의견이 제기되었으며[36], 또 백제가 이 城에서 건국한 후 371년에 몽촌토성으로 옮겨갔다는 견해도 나오고 있다[37]. 이에 대해 필자는 다음과 같은 몇 가지 의문점이 있다고 생각한다.

먼저 백제 도성지 가운데 가장 중요한 방어시설이 부설되어야 할 구릉이 보이지 않으며, 舟形에 가깝게 긴 평면형의 도성은 고구려·신라의 도성에서 찾아볼 수 없는 독특한 형태이다. 백제는 고구려계 집단이 남하하여 건국한 나라이므로 고구려 문화 전통을 많이 계승했으리라 생각된다. 그 예로 석촌동 적석총과 백제 五部制는 다분히 고구려문화의 계승임으로, 도성도 역시 고구려식의 평지성+산성의 유형이 계승되었을 가능성이 높으며,

---

35) 閔德植, 1994, 註 19)의 前揭文, 111쪽.
36) 李亨求, 1997, 『서울 風納土城〔百濟 王城〕實測調查研究』, 百濟文化開發研究院.
37) 田中俊明, 1995, 「百濟 漢城時代における 王都の 変遷」, 『朝鮮古代研究』, 朝鮮古代研究刊行院, 35쪽.

이 성제는 백제 사비시대까지 이어진다. 이런 점에서 남하한 백제인이 주축이 되어 이 성을 축조하였다고 상상하기 어려운 점이 있다. 이와 관련하여 풍납토성을 王城으로 볼 경우 좌향과 평면형 등에서 '坐西朝南'의 궁전배치이거나 '宮城居中', '左朝右社', '前朝後市'라는 중국식 도성제[38]와 가까울 가능성이 있다. 이에 대한 정확한 성격 규명은 앞으로의 조사에 기대하고자 한다.

그렇다고 해서 百濟人이 이 성을 전혀 사용하지 않았다는 것은 아니며, 하남위례성으로 비정되는 몽촌토성에 근거를 둔 백제인들이 활용했으리라 짐작된다. 『삼국사기』개로왕 21년조에 고구려 長壽王이 남침하여 北城을 침공했다고 하는 기사는 백제 한성시대에 南·北城을 공히 활용하고 있었음을 보여주는 것으로, 고구려의 침공시 王은 南城으로 비정되는 몽촌토성에 있었을 것으로 생각된다.

다음으로 한성·한산과 관련해 필자는 처음으로 한산을 남한산 일대로, 그리고 한성 별궁을 이성산성 아래에 있는 춘궁리 일대로 비정한 바 있다. 그런데 이성산성은 발굴 결과 둘레 1,925m의 포곡식 석축 산성으로서 거의 신라계 유물만 출토되어 통일신라시대 유적으로 판단되고 있다. 출토유물과 유적의 연대배경이 확실한 이상 이 성은 통일신라시대에 조성되었음이 분명하다. 그렇다면 필자가 주장하는 한성별궁과 근초고왕이 '遷都漢山'하였다고 하는 '漢山'의 위치는 어디일까?

이와 관련해 다시 한번 생각해 볼 것은 백제초기의 근거지가 몽촌토성과 풍납토성 등 백제고분군이 위치하고 있는 강남일대

---

38) 成周鐸, 1989, 「韓·中古代城郭築造에 관한 比韓史的考察」, 『百濟研究』제20집, 忠南大學校 百濟研究所.

의 한강변이 확실하며, 근초고왕이 고구려 침공차 출발한 근거지
도 이곳일 것이 분명하다. 또 근초고왕이 고구려의 남침을 우려
해 도읍을 한산으로 옮겼다면, 한강변의 몽촌토성보다 남쪽에 있
는 험준한 지형으로 옮겼을 것으로 보는 것이 순리적이다. 지금
의 남한산성이 위치하고 있는 (南)漢山(晝長山)과 그 아래 춘궁
리 일대가 유력한 후보지로 주목될 수 있음을 쉽게 알 수 있다.
사료 B에 예시한 바와 같이 漢山이라는 지명이 백제초기 사료부
터 나오는 것으로 보아 현재 북한산성이 있는 강북의 漢山과 남
한산성이 있는 강남의 漢山으로 광범위하게 사용된 지명으로 간
주된다. 따라서 문헌으로 보면 하북과 하남위례성을 포함한 '漢
山'이라는 통상명칭으로 이중 사용했을 가능성도 있다. 그러나
'漢山'과 '漢城別宮'은 '남한산' 일대에서 벗어나지 아니하리라고
생각된다. 한산은 漢水(江)와 연해 있는 모든 산의 명칭으로 사
용되었을 것이라는 의견[39]도 이를 뒷받침해 준다. 비록 전술한
것과 같이 하남시 일대에서 아직 백제와 관련된 유적이 확인되
지 않고 있으나, 이곳은 입지상 주목해 둘 필요가 있을 것이다.

끝으로 慰禮城과 漢城과의 關係에 대해서 一考하고자 한다.
慰禮(城)의 명칭이 한강변에 위치한 城이라는 뜻으로 풀이하는
의견[40]도 있으나 백제초기부터 한수·한산의 명칭이 사용된 것
으로 미루어 보아 군이 '阿里', '郁里'에 근거하여 '慰禮'의 명칭을
사용했을까 의아심이 든다. 필자가 주장하다시피 백제초기에 城
牆을 의미하는 '울타리', '울안'의 의미를 가지고 있는 '慰禮城'이

---

39) 金玟秀, 1995, 『漢水의 개념과 고구려 남평양의 고찰』, 九里文化院,
    34쪽.
40) 崔夢龍·權五榮, 1985, 「考古學的 資料를 통해 본 百濟初期의 領域
    考察」, 『千寬宇先生 還曆紀念韓國史論叢』, 88쪽.

라고 하는 용어를 사용하다가, 漢水·漢山에 어원을 가진 '漢城'
으로 광범위한 도성의 명칭으로 발전했을 가능성이 있음을 지적
해 두고 싶다.

6. 맺음말

먼저 위례성의 위치 문제를 살펴보았다. 위례성은 하북 위례
성과 하남위례성이 있다. 하북위례성은 강북의 중랑천 부근설에
잠정 동의하고 있다. 하남위례성의 위치는 처음 비정한 바와 같
이 몽촌토성이라는 생각에 아직 변함이 없다. 판축토성과 목책,
垓字시설, 외성과 출토유물은 이 성의 존속연대와 성격을 보여
주고 있다. 특히 성안에서 주거지와 저장공 들이 조사되었을 뿐
왕궁에 걸맞는 유구가 확인되지 않는 것은 웅진성(공산성)이나
사비성(부소산성)과 마찬가지로서 성 밖에 왕궁이나 관아·민가
등 시설물이 배치되었음을 시사해 주는 자료라 하겠다. 몽촌토성
의 조성시기를 3세기 후반이라 볼 때 문헌에 나타나는 '漢山下立
柵'의 시기와 차이가 있지만, 일단 기록상의 목책 시설이 나오는
점도도 눈여겨 볼 만 하다.

그런데 풍납토성의 출토유물과 규모가 몽촌토성을 능가하고
있는 점이 있어 이곳이 하남위례성인 王城이라고 하는 견해가
제기되고 있다. 이에 대해 필자는 풍납동 토성이 中國系의 長方
形(추정) 土城이라고 하는 점에서 전통적 백제계 도성 양식과는
차이가 있음을 지적하였다. 그러나 어느 때부터 百濟가 熊津으로
천도할 때까지 夢村土城을 南城, 風納土城을 北城으로 사용하였
음은 문헌에서 확인된다.

다음은 漢山과 漢城別宮의 위치 비정 문제이다. 필자는 한성을 남한산성이 있는 (南)漢山에, 한성별궁은 이성산성 아래에 있는 춘궁리 일대로 비정하였다. 발굴조사 결과 이성산성은 신라에 의해 축조된 것으로 밝혀져, 이를 백제 한성별궁으로 비정한 필자의 생각은 재검토되어야만 하겠다. 다만, 몽촌토성과 백제고분군이 존재하고 있는 강남일대가 백제 한성시대의 근거지라고 한다면, 한산의 위치는 그보다 동남쪽에 위치하고 있는 험준한 (南)漢山 일대를 벗어나지 아니할 것으로 믿는다. 漢城이라는 명칭도 漢水(江)와 한산을 중심으로 폭넓게 사용되었으리라고 생각한다. 근초고왕이 도읍을 한산으로 옮긴 후에 침류왕의 원자가 태어났다고 하는 한성별궁은 역시 현재 남한산성이 있는 남한산 부근에서 찾아보는 것이 합당할 것 같다. 이런 면에서 하남시 춘궁동·교산동 일대에 대한 앞으로의 조사성과를 기대해 본다. 그리고 위례성의 호칭은 백제가 처음 국가로서 출발할 초기의 명칭으로 생각되며, 한성의 명칭은 백제의 국력이 신장되어 가면서 광범위하게 통상명칭으로 사용했을 가능성이 있다.(2002. 10 改稿)

百濟 熊津城

1. 머리말

필자가 백제 熊津城에 관한 논문을 발표한 것은 지금부터 20여년 전인 1980년도의 일이다1). 이 글은 關野貞2), 輕部慈恩3)의 저서와 金永培4), 安承周5)의 논문을 기초자료로 지표조사를 하여

---

1) 拙稿, 1980, 「百濟 熊津城과 泗沘城研究」, 『百濟研究』11, 忠南大學校 百濟研究所.
2) 關野貞, 1941, 「公州山城(熊川山城)」, 『朝鮮の建築と藝術』.
3) 輕部慈恩, 1971, 『百濟遺蹟の研究』, 近澤書店.
4) 金永培, 1962, 「公州 公山城出土 敷塼과 文字瓦」, 『考古美術』18호, 考古美術同人會, 199쪽.
    _____, 1965, 「公州 百濟王宮 및 臨流閣址 小考」, 『考古美術』56 · 57합집, 考古美術同人會, 53～5쪽.
    _____, 1968, 「熊津과 泗沘城時代의 百濟王宮地에 대한 考察」, 『百濟文化』2, 公州大學 百濟文化研究所.
5) 安承周, 1978, 「公山城내의 遺蹟」, 『百濟文化』 11, 公州大學 百濟文化研究所.
    _____, 1978, 「公山城에 대하여」, 『考古美術』 138·139합집, 한국미

작성하였다. 지표조사는 尹武炳 교수를 단장으로 하여 당시 학생이었으나 지금은 중견학자로 활약하고 있는 沈正輔·車勇杰·兪元載·李達勳 교수와 더불어 조사하였다.

그 내용은 첫째 웅진성 명칭의 유래, 둘째 웅진성의 역사지리적 고찰, 셋째 웅진성의 고고학적 고찰, 넷째 웅진성의 부대방어시설, 다섯째 웅진성의 제문제 등 포괄적인 내용이었다. 연이어 필자는 「百濟 泗沘都城研究」[6]와 「百濟 初期 漢江流域城址研究」[7]를 발표하여 백제도성에 대한 지표조사를 일단락지은 바 있었다. 그 후 개발로 인하여 이 성지들이 발굴조사되어 새로운 자료들이 추가됨에 따라 위의 글들을 수정하여 再齣[8]과 三齣[9]의 글을 발표하였다.

한편 웅진성도 그동안 공주대학교 연구진에 의해 지표조사를 통한 보고서[10]와 2건의 발굴보고서[11]가 나오고 이와 관련된 논

술사학회, 177~81쪽.

_____, 1984, 「公州 公山城에 대하여」, 『文化財』 17, 문화재관리국.

6) 拙稿, 1983, 「百濟泗沘都城研究」, 『百濟研究』 13, 忠南大學校 百濟研究所.

7) 拙稿, 1984, 「漢江流域 百濟初期城址研究」, 『百濟研究』 14, 忠南大學校 百濟研究所.

8) 拙稿, 1993, 「百濟泗沘都城 再齣」, 『國史館論叢』 45, 國史編纂委員會.

_____, 1995, 「漢江流域 百濟初期城址 再齣」, 『論文集』, 忠南大學校 人文科學研究所.

9) 拙稿, 1998, 「百濟 泗沘都城 三齣」, 『百濟研究』 28, 忠南大學校 百濟研究所.

10) 安承周, 1982, 『公山城』, 공주사범대학 백제문화연구소.

11) 安承周·李南奭, 1987, 『公山城 百濟推定王宮址 發掘調查報告書』, 公州師範大學 博物館.

_____, 1990, 『公山城 城址發掘調查報告書』, 公州大學 博物館.

문12)도 발표되었다. 이처럼 웅진성과 관련된 새로운 자료가 증가함에 따라 처음 발표한 내용을 가지고 보강할 필요가 있다고 판단되어 「百濟 熊津城研究 再齣」13)을 작성 발표하였다. 이 논고는 처음 발표한 글이 지표조사라는 근본적인 한계를 갖고 있어 발굴보고 된 내용과 비교하여 그 오류를 수정하는 한편, 웅진성의 규모와 구조·王宮址·羅城 등 웅진성과 관련된 제반 문제를 제기하였다. 본고는 1997년『百濟의 中央과 地方』이라고 하는 주제하에 충남대학교 백제연구소에서 개최한 국제학술대회에서 발표한 논문을 토대로 작성하였으며, 그 때 토론 등을 통해 異見이 드러난 문제들에 대해서는 본고 웅진성의 제문제에서 제시하고 있으니 후학들이 앞으로 바로잡아 줄 것을 기대하는 바이다.

2. '80年度에 파악한 熊津城의 槪要

1) 城壁 構造

공주대학교 조사단의 조사에 의하면 웅진성은 표고 110m의 구릉상에 石築과 土築으로 축조한 包谷式山城이다. 성의 둘레는 土築이 735m, 石築이 1,925m 총 2,660m이다. 금강이 북쪽 성벽 아래로 흐르고 있어서 남쪽이 높고 북쪽이 얕은 지형을 형성하고 있다14).

---

12) 兪元載, 1986,「熊津都城의 防衛體制에 대하여」,『忠南史學』1, 忠南大學校 史學會.
    _____, 1993,「百濟熊津城研究」,『國史館論叢』45, 國史編纂委員會.
13) 拙稿, 1997,「百濟 熊津城研究 再齣」,『百濟의 中央과 地方』, 忠南大學校 百濟研究所.

웅진성은 동·서·남·북으로 4개소의 門址가 부설되어 있으며, 그 가운데 남쪽에 있는 鎭南樓와 북쪽에 있는 拱北樓가 잘 남아 있어서 목표물이 될 수 있으므로 이를 기점으로 해서 성벽의 축조상태를 알아보고자 한다.

南門인 진남루를 기점으로 西門까지(현재 개축되어 통로로 되어 있음) 약 593m의 성벽을 처음 약 90m의 구간은 1975년도에 개축한 부분인데 사용된 석재는 52×25, 72×26, 65×30㎝의 長方形에 가까운 석재들인데 아마도 이 부분은 무너져 내렸던 석재를 개수할 때 재사용한 것으로 보인다.

그 다음 436m 구간은 자연석으로 축조되어 있는데, 이 부분도 앞의 구간과 같이 무너져 내린 석재로 개축한 것으로 판단되며, 나머지 68m 구간은 무너져 있는 상태로 남아있다.

진남루 출입구 양쪽에 재사용되어 보수한 석재를 보면 대개 28×24, 35×23, 35×25㎝의 정방형에 가까운 석재와 80×35, 64×32, 70×31, 92×30㎝ 등의 正方形石材를 재사용하고 있다. 진남루에서 東門址까지 약 220m 구간은 서문까지의 조사내용과 같이 무너진 정방형 석재를 가지고 1975년 개수한 부분이 있고, 다음 60m 정도는 전부터 내려온 정방형 석재를 가지고 축조된 부분이 남아있다. 이 곳에 사용된 석재의 크기는 진남루입구 양측에 재사용된 석재와 크기, 치석방법 등이 동일한 점으로 미루

---

14) 필자는 註1)의 글에서 土城이 990m, 石城이 1,810m로서 총 2,260m로 파악한 바 있는데, 安承周는 성벽 전체의 길이를 약 2,450m로 보고하였다(註 10의 前揭書). 이에 대해 徐程錫은 安교수의 토성실측 부분에 회의를 제기하고 필자의 실측보고가 사실에 가깝다고 하였다(徐程錫, 2001, 『百濟城郭硏究』, 韓國精神文化硏究院 博士學位論文, 20~1쪽, 169쪽.)

어 보아 동일시기에 축조되었음을 시사해 주고 있다. 이 곳은 內外夾築인지 內托外築인지는 발굴을 통해서만이 알 수 있겠으나 현존 상태로서는 내외협축같이 보이지는 않는다. 이 곳 성벽의 상단 넓이는 약 70㎝ 정도인데, 안에는 白灰를 발라서 성벽의 석재가 무너져 내리지 않도록 축조하고 있다. 성벽 전체에 걸쳐서 백회를 사용하여 성벽의 붕괴를 저지하고 있어 같은 시기에 축조 내지 개수했음을 시사해 주고 있다.

동문지에서 북쪽 공북루까지는 자연석만 사용하여 축조한 부분인데 앞서 조사한 지역과는 석재와 축조방법이 판이하게 다르다. 후자의 부분이 연대가 선행할 것으로 추정되나 정확한 연대를 추정할 만한 확정적인 증거자료는 확보하지 못하였다. 동문지에서 약 175m 떨어진 축조부분에 자연석재를 이용해서 축조된 부분이 무너져 내려서 성벽의 단면을 살펴볼 수 있었다. 석재 가운데에는 무너져 내리지 않도록 다른 석재보다 긴 '힘받이 돌'을 사용하고 있음이 주목을 끈다. 북쪽 성벽의 잔존 부분에서도 '힘받이 돌'을 발견하였는데, 2차 조사시에는 그 돌이 빠져서 굴러 내려가 있었고, 3차 조사시에는 그 석재가 없어져서 성의 파괴 속도가 빨라지고 있음을 엿볼 수 있다.

웅진성에는 북쪽과 동쪽에 이중으로 축조한 부분이 있다. 안승주는 북쪽 靈隱寺 앞 水口 밖에 있는 全長 43m, 城高 7.4m의 外側部分과 東門址 밖에 있는 全長 467m의 外側土城을 二重城[15]이라고 지적한 바 있다.

필자가 재조사해 본 결과 길이는 41.5m, 높이는 5.7~6.2m이며, 양쪽으로 2개의 石漏槽가 부설되어 있다. 이 석루조는 조선

---

15) 安承周, 註 5)-①의 前揭文, 179쪽.

시대 것이므로 축대 겸 쌓여진 성벽도 조선시대 축조내지 개축된 것으로 판단된다. 이 곳에 사용된 석재는 진남루 주변에 사용된 석재와 크기 그리고 치석수법이 같으므로 같은 시기에 개축되었음을 알 수 있다.

光復樓와 東門址를 중심으로 한 동쪽 구간에 토축으로 된 이중의 토루가 남아 있다. 토성의 높이는 1m내외, 성폭은 저변 6m, 상변 3m, 총 길이는 735m이다. 二重城壁의 구조를 熊津城 구조의 특징이라고 할 수 있다[16].

북쪽과 동쪽에 있는 이중성에 대해『輿地圖書』에는 左邊翼城과 右邊翼城이 있는데 좌변익성의 길이는 25丈 37尺 31步이며, 높이는 2丈 3尺 2步半이며, 女墻 30개가 있고, 우변에 있는 익성도 이와 동일하다고 되어 있다[17].『大東地志』에도 같은 내용이 기록되어 있는데 이 이중산성 부분을 지칭한 것인지는 불분명하다.

이상에서 논술한 바와 같이 웅진성은 석축과 토축으로 되어 있으며 북쪽과 동쪽에는 이중성으로 되어 있다. 북쪽 성벽은 조선시대에 개축한 것으로 판단되며 동쪽 토성부분은 백제시대 축조된 것으로 파악하였다.

그런데 이번 조사에서 다시 밝혀진 것은 동쪽의 토성과 석성 중간지점에 웅진성 실측도에서 볼 수 있는 바와 같이 약 41m의 또 하나의 성벽이 있었음을 확인하였다(그림 Ⅰ-2-1 참조).

그 상태는 붕괴가 심하여서 확인하기 어려울 정도이나 門址의 礎石은 '76년 1차 조사 당시에는 성벽에 박혀 있었던 것인데, 2차 조사 당시에는 빠져서 나와 도로에 있었고 다음에 갔을 때는

---

16) 安承周, 註 10)의 前揭書.
17)『輿地圖書』忠淸道 公州城址條.

약 30~40m 밖으로
굴러 내려와 현재 길
가에 방치되어 있었다.
불과 2~3년 내의 변
동에서도 이와 같이
변하였는데 천년 이상
을 지내오는 동안에
성벽의 구조와 변경이
얼마나 많은 변화를
가져왔을까 하는 것은
쉽게 짐작이 간다. 위
와 같은 지표조사 내
용을 가지고 웅진성을
다시 생각하여 보면
동쪽 토성과 석성 중

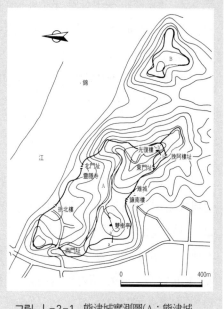

그림 Ⅰ-2-1 熊津城實測圖(A：熊津城,
B：東便補助山城)

간지점에는 積心石을 넣어서 쌓은 것으로 추정되는 성벽이 또
하나 있었음을 알 수 있어 이 부분은 3중으로 되어 있는 구조이
다. 이것은 아마도 외곽의 토성부분을 축소하고, 축소하는 과정
에서 이루어진 형태라고 짐작된다.

문지는 동·서·남·북의 4개소가 남아 있다. 남쪽 진남루와
북쪽 공북루가 남북으로 연결되는 중요 통로이었을 것으로 추정
되며, 이들은 조선시대 조성된 것으로 西門은 최근 새로 개축한
것이다. 따라서 보다 연대가 올라가는 문지는 東門址라고 할 수
있다. 동문지의 너비는 약 5m이다.

동문지를 연결하는 성벽과 중간문지로 연결되는 성벽, 그리고 토성의 3重土壁은 웅진성의 구조와 연대추정상 복잡성을 지니고 있는 것을 입증해 주고 있다. 외곽 토성에는 동편 약 4m의 잘려진 부분이 남아 있는데 이것도 문지로 추정되며, 아마도 동쪽에 있는 보조산성과 연결되는 문지로 추정된다. 이상이 1980년도에 조사보고한 웅진성 성벽구조 내용이다.

2) 出土遺物

關野貞은 웅진성이 백제시대에 축조된 것인지 의심도 있지만, 성내에 많이 산재해 있는 陶器片과 古瓦片은 泗沘城(扶蘇山城)과 고분에서 출토되는 유물과 같은 기법인 것을 감안해 볼 때 백제시대 산성임이 틀림없다고 발표한 바 있다[18]. 輕部慈恩도 熊津官, 熊川官, 弓 등이 새겨진 平瓦片이 성 안에서 발견되고 있으며, 토성내에 왕궁지가 있고 그 아래에 官苑이 있었던 것으로 추정하였다. 또 礎石, 八葉蓮辨의 鐙瓦 건물지 등이 확인되고, 백제유물도 많이 발견되고 있음을 기록하고 있다[19].

金永培는 百濟王宮址 및 臨流閣址의 추정문제와 方形花崗石, 百濟礎石 그리고 敷塼 발견을 보고하며 백제산성임을 천명하고, 王宮址는 鎭南樓 앞에서 구하고 있으며, 臨流閣址는 성 동쪽 토성 부근에서 구하고 있다[20]. 朴容塡도 역시 이 곳에서 출토된 九顆의 蓮子가 들어 있는 八葉蓮辨의 백제와당을 수습·발표하여 이 산성이 백제산성임을 입증하고 있다[21].

---

18) 關野貞, 註 2)의 前揭文.
19) 輕部慈恩, 註 3)의 前揭文, 20~4쪽.
20) 金永培, 註 4)-①의 前揭文, 199쪽. 및 註 4)-②의 前揭文, 53~5쪽.
21) 朴容塡, 1968, 「百濟瓦當에 관한 연구」, 『공주교육대학 논문집』 제5집, 11쪽.

필자는 당시 웅진성 내에서 여러 점의 초석을 확인한 바 있다. 백제시대 초석의 특징은 사각형의 화강석 상면을 평평하게 다듬어서 사용하는 것이 보통이며, 원형의 석재에 撞座가 있는 것이 연대가 내려하는 것으로 생각하고 있다. 현재 진남루에 사용된 초석 가운데 서편의 2점, 동편의 1점은 백제시대 것을 재사용한 것으로 판단되며, 공북루에서는 한 점도 재사용한 것이 없는 것으로 보인다. 그 옆에 2점의 백제시대 초석이 방치되어 있었다. 당시 진남루 앞에서 2점의 초석과 공북루 동쪽에 3점의 초석 그리고 水口 내에 있는 3점의 초석 등 도합 8점의 초석을 확인하였으며, 동문지 밖에 있는 2점의 초석과 동문지와 토성 중간지점의 성벽에서 빠져 나온 자연석 초석도 확인하였다. 또 당시 수습한 유물 가운데 격자문, 승석문, 單線波狀文, 兩線波狀文 등의 토기편들이 있는데, 격자문과 승석문은 백제토기로 파악하였다[22].

3) 附帶防禦施設

(가) 熊津城 동편의 補助 山城(그림 Ⅰ-2-1의 B)

웅진성 동쪽 성벽의 성상에서 동쪽으로 바라보면 바로 건너다 보이는 언덕 위에 있는 산성이다. 금강교 북쪽 언덕에서 바라보면 능선을 따라서 축조한 흔적이 보인다. 표고 100m의 8부 능선을 따라서 토축에 의존해서 축조하고 있다. 순수한 토축이므로 그 흔적이 없어져서 학계에 알려지지 않은 것 같다. 성의 둘레는 약 800m 정도이며, 서편 약 300m 정도는 자연적인 지세를 이

---

22) 拙稿, 註 1)의 前揭文, 拓本 참조

용하고 축성하지 않은 것으로 판단하였다. 성 안에서 확실한 건물지는 발견하지 못하였다. 성 안에서는 승석문, 사선문, 파상문, 帶線文이 시문된 약간의 토기편을 수습할 수 있었고 와편은 수습하지 못하였다.

이 곳에 이와 같은 보조산성을 축조한 것은 중심산성인 웅진성을 보호하는데 그 목적이 있었던 것으로 판단되며, 현재의 공주와 대전·논산으로 연결되는 도로가 이 구릉 때문에 내려다 보이지 않으므로 보조산성을 부설한 것 같다.

(나) 熊津城 서편의 補助山城

이 보조산성은 웅진성 서쪽 언덕 위에 위치하고 있다. 교동초등학교 바로 뒷 산이며, '곰나루'에서 공주로 들어오는 길목이다. 이 산성은 둘레 약 360m로 실측되었는데 동쪽에 있는 보조산성보다 훼손이 더 심하다. 이 언덕은 낮고 남향을 하고 있어서 주거지로도 알맞은 좋은 지형이다. 동쪽에 계단식으로 되어 있는 부분은 아마도 주거지였을 가능성이 높다.

제일 높은 지점의 능선을 따라서 토축한 흔적이 보인다. 밭의 경작으로 말미암아 훼손이 심해서 토성인지 의문이 날 정도이다. 그러나 북쪽에 남아 있는 토축 흔적은 남쪽에 비해서 좀 뚜렷하게 남아 있다. 이 곳에서도 백제토기편이 수습되었으며, 삼족토기 1점도 수습하여 실측·보고한 바 있다. 이 산성은 동쪽에 있는 보조산성과 같은 역할을 했던 산성으로 판단된다.

(다) 羅城 問題

輕部慈恩은 나성이 玉龍洞 남쪽 동산(동쪽 보조산성)에서 본

성인 熊津城과 연결되어 있으며, 일부 그 자취가 없어졌다가 中學洞에서 그 자취가 나타나고 논산 방면으로 통하는 성내에 이르고 있다. 그리고 나성은 다시 南山과 연결되고 서쪽으로 꺾이어 공주고등학교 교정 남쪽으로 거쳐서 月落山과 연결되고 있다.

한편 웅진성 서쪽은 금강교 부근에서 시작해서 서쪽 艇止山과 연결되어 錦城洞 언덕(서쪽 보조산성)으로 통한 다음 月落山으로 연결되어 있다고 보고하고 있다[23].

필자는 당시 수차에 걸쳐 羅城有無의 확인을 위해서 답사를 하였으나 확인하지 못하였다. 그러나 일본 '高安城'과 같은 자연지세를 이용해서 나성으로 사용했을 가능성을 참작해 輕部慈恩의 羅城存在說을 수긍한 바 있다.

3. 熊津城(公山城) 發掘調査 槪要

1) '82年度 調査

'82년도에 공주대학교 백제문화연구소에 의해서 발굴조사된 내용은 다음과 같다.

(가) 挽阿樓

挽阿樓는 土城 위에 건립된 것으로 토성이 城으로서의 기능을 상실하였을 때 版築層을 기단으로 조성하여 세웠다. 이 건물지에서 백제시대의 연화문 와당과 함께 통일신라·고려시대의 와당편까지 출토되고 있다. 이것은 조선시대의 만아루 이전에 백제시대부터 모종의 건물이 시대를 연속하여 세워지고 있음을 의미한다.

---

23) 輕部慈恩, 註 3)의 前揭書 참조.

건물지의 기초를 형성하고 있는 版築은 版築土에 잡석을 혼합하여 지형에 맞추어 단을 두며 쌓은 백제시대 토성이다.

(나) 臨流閣址

臨流閣은 6×5칸의 건물이며, 초석은 방형을 기본으로 하고 있으나 2~3매의 돌을 조합시켜 하나의 초석을 형성하고 있다. 백제 東城王 22년(500)에 세웠음을 『三國史記』는 전하고 있다. 이 건물지는 初創의 건물이 파괴된 다음 고려와 조선시대에 걸쳐 건물을 세웠음이 밝혀지고 있다.

(다) 東門址

동문지는 길이 6.45m, 너비 2.46m이며, 2매의 門址石까지 남아 있는데 여러 번 개·보수하였음이 밝혀졌다.

(라) 將台址

임류각지로 알려진 장소는 발굴결과 將台址로 추정하였다. 正·側面 각 2칸의 건물지로서 초석은 破失되고 積心石만 남아 있는데 건물지의 하층에 初創의 原建物址가 있었던 것으로 추정되었으며, 백제토기편과 와편이 다수 수습되고 있다[24].

2) '90年度 城壁調查

다음은 역시 공주대학교 조사팀에 의해서 조사보고된 성벽조사의 개요이다[25]. 이는 웅진성의 동쪽부분에 축성된 토성의 발굴조사 보고이다. 外廓에 土城과 內廓에 石城의 일면은 중복되고

---

24) 安承周, 註 10)의 前揭書, 92~3쪽.
25) 安承周·李南奭, 註 11)-②의 前揭書, 87쪽.

있어서 이중성의 성
격을 구명하는데 중
요한 단서가 되는 부
분이다.

발굴조사는 내곽의
A, B, C지점과 외곽
의 5개 지역 등 총 8
개 지역에 대해 실시
하였으며,, 이 조사를
통해 내·외성의 상
호관계 및 그 연결내
용, 축조시기 및 변화
내용 등을 파악할 수
있었음을 강조하고 있
다. 그 요점을 보면

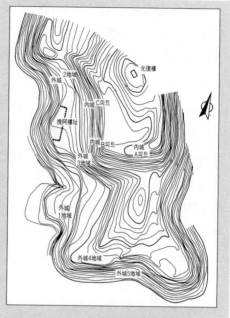

그림 Ⅰ-2-2 熊津城 調査地域區分圖

다음과 같다(그림 Ⅰ-2-2 참조).

첫째, 東南隅 토성지역의 조사보고에서는 내외의 성곽이 初築
時 내·외의 이중성 형태였던 것으로 파악하였다. 외성의 4지역
과 5지역은 초축시기가 백제시대로 추정되며, 4지역에서는 초축
성 위에 고려말·조선초기로 보이는 보수의 흔적이 있다. 따라
서 이 시기까지는 외성이 성으로서의 기능을 수행하고 있었다고
판단된다. 내성의 축조시기는 城體에 포함된 분청사기편으로 미
루어 보아 그 시기 이후에 축조된 것으로 파악하고 있다. 『輿地
圖書』 작성시에도 내·외성의 구분이 없이 기록되어 있어, 이
때는 이미 내·외성 가운데 하나는 기능을 상실한 듯하다. 그리

고 내성과 외성을 연결하는 城線이 존재한 것으로 보이는 외성 3지역에서 발견된 城蹟은 성의 초축시 내성의 남벽과 외성의 연결이 이 부분을 통해서 이루어지고 있음이 확인되었다고 보고하고 있다.

둘째, 내성의 남벽과 백제시대의 서벽은 조선시대에는 축성된 것으로 판단된다. 전자에서는 백제시대 와편과 토기편이 수습되고 후자에서는 수습되지 않고 있는 차이점이 있다.

셋째, 외성 1지역에서 노출된 柵孔이다. 柵孔은 성곽 外壁直下에 3개씩 群을 이루어 180~190cm의 간격을 주고 노출되었는데 아마도 補助木을 세웠거나 城柵을 조성하기 위한 시설로 판단하고 있다.

넷째, 初築의 城廓을 보축한 부분의 확인인데 이는 외성의 1지역과 4지역에서 확인되었으며 내성의 A피트에서도 확인되었다. 보축의 형태는 기존의 城體上에 復土하는 형식으로 이루어졌는데 내성 A피트의 보축은 城廓 上端面에 석축을 병행하고 있다.

다섯째, 2차에 걸친 성곽의 조사에서 유물은 거의 수습되지 않았고, 성곽 절단시 城體內에서 토기편·와편이 수습되었으며 내성의 A피트에서 백제 팔엽연화문와당편이 출토되었다. 그리고 5지역에서는 백제시대 合口式甕棺이 출토되었는데 성 축조 이전부터 존재했던 것으로 판단하고 있다.

3) 推定王宮址 調査

추정왕궁지는 '87년도에 조사보고되었다[26]. 왕도의 중심지는

---

26) 安承周·李南奭, 註 11)-①의 前揭書.

王宮인데 백제 웅진시대(475~538)의 왕궁지는 어느 지점인가 하는 문제가 관심의 촛점이 되고 있음은 두말할 나위도 없다. 웅진성 안에 王宮이 있었다고 한다면 그 위치는 성안의 지형적 조건 및 기록에 의해 쉽게 추정될 수 있다. 성 안에서 왕궁이 자리할 만한 면적을 지닌 것을 찾아보면 두 지점이 있다. 이 가운데 한 곳은 雙樹亭 앞의 광장이요, 또 한 곳은 성의 북면에 있는 城內 마을인데, 이 두 지역은 모두 넓은 대지를 지니고 있어 왕궁과 같은 시설이 들어설 수 있다. 그러나 이 가운데 城內 마을은 성의 북쪽으로 성과 너무 밀접해 있다고 하는 취약성을 보이고 있다.

문헌에서 확인되는 宮의 위치는 『三國史記』 東城王 22년조에 나타나는 임류각의 건립기사와 함께 宮이 이 임류각의 서쪽에 있음을 시사해 주고 있다. 이 임류각의 위치는 '80년도의 건물지 조사에서 찾아진 바 있어 이를 감안하면 궁의 위치는 이번에 조사지역인 광장에 국한된다고 할 수 있다. 발굴조사된 내용을 요약하면 다음과 같다.

즉, 백제가 웅진에 도읍하던 시기에는 王宮이 웅진성 안에 있었고, 웅진성 안에서 궁의 위치는 이번에 조사한 광장으로 볼 수 있다. 이 곳은 표고 85m의 산정부이기는 하나 면적 7900㎡로 비교적 넓으며 두 개의 운동장 조성이 이루어지긴 했지만 그 이전에도 평탄지역이었던 점, 그리고 이번의 조사에서 노출된 유적으로 미루어 이 곳을 왕궁으로 추정하여도 무리는 없을 듯하며, 조사된 유적을 왕궁의 시설로서 볼 수 있다.

조사된 유적 가운데 반지하식 건물지나 掘建式 柱孔을 사용한 건물지는 백제가 웅진으로 남천하기 이전에 이루어진 것으로 판단된다. 웅진성은 백제가 웅진으로 남천하기 이전에 이미 축조되어 있었고, 따라서 성안에도 성곽 이외에 성안의 부속시설이 있었을 것이며 이들 건물지가 그와 관련된 것이 아닌가 한다. 이는 반지하식 건물지와 굴건식 주공을 사용한 건물이 층위로 보아 가장 앞선 시기로 보이고 있고, 더욱이 건물에 기와가 사용되지 않은 점으로 미루어 보아 그렇게 추정한 것이다.

건물지 가운데 왕궁의 건물로 볼 수 있는 것으로는 제1·2건물지인데, 이 가운데 주건물은 제1건물지로 위치가 성안에서 가장 중심적인 위치에 자리하고, 더불어 남향한 형태로 정면 6칸, 측면 4칸에 336㎡의 비교적 큰 규모이기 때문이다. 이에 비해 제2건물지는 제1건물지의 좌측에 정면을 西向한 채 자리하고 있으며, 전체지역으로 보아 동측으로 치우쳐 있다.

왕궁으로 추정되는 제1·2건물지의 정면 마당 전면부에 연못이 위치하고 있다. 이 연못은 왕궁내의 조경시설로 같은 시기에 조성된 것으로 보인다. 연못의 규모는 상면이 직경 7.30m, 바닥은 직경 4.78m, 높이는 3m로 대접모양을 하고 있으며, 지표에서 바닥까지는 4.18m이고, 지표면에서 연못의 護岸壁石 상단까지인 1.28m 범위는 퇴적된 토양이다. 바닥은 40~50㎝ 너비에 두께 7~10㎝ 정도의 판석형 할석을 깔고 있다. 석축은 17~20단을 쌓아 올린 비교적 큰 연못이다.

왕궁으로 추정되고 있는 제1건물지에서 서쪽 14m 지점에서 木槨庫가 확인되었다. 목곽고의 크기는 길이(동서) 3.1m, 너비(남북) 1.45m, 현재 높이 0.6m 정도이다.

유물은 바닥에서 부식된 목재편과 대형의 鐵釘 1점이 있었을 뿐이다. 목곽고의 西南隅에서 단판팔엽연화문와당과 주변에서

와편 및 백제계 토기편이 수습되고 있다. 이곳 주변에는 대·소형 구덩이가 3곳 확인되었는데 목곽고와 함께 궁내의 부대시설로 추정되나 방형의 소형 구덩이를 제외하고는 내부에서 출토되는 유물이 일관성이 없어 판단하기가 어려운 점이 있다.

이와 같은 백제 웅진도읍기에 왕궁 유적지는 사비로 천도한 후에도 전술한 왕궁 시설은 보존된 듯하며, 폐기시점은 백제의 멸망과 함께 이루어진 것으로 판단된다. 이는 궁내의 주요시설인 연못의 폐쇄 후에 통일신라의 건물 유구와 유물이 보이기 때문이다. 이 곳에서는 통일신라시대의 건물지와 조선시대의 司倉址도 확인되어 근세조선에 이르기까지 중심적 역할을 했던 지점임을 시사해 준다고 보고 있다.

4) 復元作業 現況

전술한 공주대학교의 발굴조사 결과에 근거하여 행정당국에서는 웅진성에 대한 복원사업을 착수, 현재 마무리를 하고 있다. 그 내용을 간추리면 다음과 같다.

첫째, 성벽복원 현황이다. 성벽은 높이 2.3m, 폭 0.6m의 석축으로 성 전체를 한결같이 수축·복원하고 있다. 서쪽 內濠시설 2개소가 잔존하고 있으며, 동쪽 토성도 보축·복원하고 있다.

둘째, 그 유적지와 건물지 복원현황은 다음과 같다.

추정왕궁지, 임류각지, 만아루지 등의 건물지가 정화되었고, 추정왕궁지 및 그와 관련이 있을 것으로 추정되는 연못과 북쪽에 있는 연못도 복원되었다. 그리고 임류각에 해당하는 정면 6칸, 측면 5칸, 팔작지붕의 거대한 건물이 增築되었고, 동문지와 금서루, 장대지 등의 건물이 증축되어 1996년 현재 정비되어 있다.

4. 熊津城의 諸問題

먼저 성의 둘레에 대해서 살펴보겠다. 필자는 '80년도에 성의 둘레를 토성 390m, 석성 1810m 도합 2,260m로서, 만곡된 부분까지 계산하면 2,450m로 파악하였으나, 安承周·李南奭은 토성 735m, 석성 1,925m, 성의 둘레는 총 2,660m로 보고하고 있다. 그런데 徐程錫은 공주대학교 실측보고서에 대해서 이의를 제기하고 오히려 필자의 실측보고에 비중을 두고 있어 앞으로의 과제로 남겨둔다.

둘째 필자는 지표조사보고에서 성벽 축조상태를 비교적 상세하게 다루었다. 남문인 진남루 양쪽 성벽과 북문인 공북루 밖에 축조된 외성의 축조상태는 동일수법이므로 조선시대에 축조된 것으로 판단한 바 있는데, 공주대학 조사팀에서는 조선중기에 개축된 후 현재까지 내려온 것으로 명시하고 있어 의견이 일치됨을 보여주고 있다. 다만 지표조사에서 보고한 동쪽 성벽의 축조상태는 석재나 그 기법이 달라 시대의 선후관계가 있을 것으로 판단하였으나 후자에서는 그냥 넘어간 탓으로 더 이상 밝힐 수 없는 점이 아쉽다.

셋째 웅진성(공산성)에 대한 구조문제에 대해서는 포곡식산성에 이중성이며, 토성과 석성으로 구성되어 있다고 하는 점에는 양쪽 모두 의견의 일치를 보고 있다. 다만 필자는 토성과 동문지 사이에 또 하나의 성벽이 있었던 것으로 파악하였는데, 공주대학교팀의 보고서에서는 조사되지 않고 넘어간 것으로 되어 있다. 그리고 진남루와 공북루 주변에서 발견된 백제시대 주초석도 발굴조사 때에는 조사하지 않았는데, 복원을 마친 현 단계에서 이는 찾아볼 수 조차 없게 되어 더욱 아쉬움이 남는다.

넷째 필자의 지표조사보고에서 제시한 동·서편 보조산성 유무에 대해서 이남석 교수는 1997년 「百濟의 中央과 地方」 토론석상에서 동쪽 토축산성의 보조산성 존재만 인정하여 필자도 이에 따르기로 하였다. 輕部慈恩의 나성존재설은 인정할 수 없는 것으로 결론을 내렸다.

다섯째 발굴조사보고에서는 성안에 있는 유적현황을 조사·보고하고 있을 뿐만 아니라 백제시대 토성지의 확인과 임류각지 그리고 백제시대 왕궁지의 확인 등 많은 성과를 거두어 왔다. 아울러 조선시대 유적지인 挽阿樓址와 백제시대 臨流閣址 그리고 蓮池의 발굴복원 등은 큰 성과라고 할 수 있다.

필자가 지표조사를 통해서 얻어진 자료와 공주대학교 발굴조사팀에 의해서 발굴조사된 자료를 가지고 검토해 볼 때 필자는 다음과 같은 몇 가지 의문점을 갖게 되었다.

첫째, 熊津城의 구조문제이다. 웅진성은 735m(혹은 390m)의 토성과 1,925m(혹 1,810m)의 석성으로 구성되어 있다. 토성은 백제시대 성지임이 확실하고 석성은 조선시대에 축조된 것임이 확실하다. 즉 발굴조사 보고에서는 토성의 서쪽 성벽 위에 석성의 남쪽 성벽을 개축한 것으로 보고하고 있어 이것은 시대를 달리하는 별개 성이 아닌가 하는 의아심을 가져오게 한다. 필자가 지표조사를 통해 파악한 바로는 735m(혹 390m) 길이의 토성 하나만으로도 백제산성의 통례적인 규모로 볼 때 적지 않은 규모이다. 만약에 토성과 석성이 합쳐진 규모라고 하면 테메식산성과 포곡식산성이 합쳐져 복합식산성이 성립되게 마련인데 백제 웅진시대에 이미 복합식산성이 존재하였을까 하는 의아심이 있게 마련이다. 백제말기 대표적인 복합식산성으로 泗沘城(扶蘇山城)이 예로 들어지곤 했는데, 이 설은 이미 수년 전에 허상으로 드러나고 있다[27]. 만약 웅진성이 복합식산성으로 구성되었다고 주장하려면 석성 부분의 하층에 있을 토성을 발굴조사 확인한 후 주장해야 할 것으로 사료된다. 한편 5지역 城體下에서 조사된 옹관묘는 대략 3~4세기경 것으로 추정되어, 토성은 그 이후에 조성된 것으로 보는 것이 합당하다.

이와 같은 필자의 의견에 대해서 발굴담당자인 李南奭은 앞의 토론(주13, 1997)석상에서 석성은 조선시대 성지임이 분명하나 진남루 동쪽 석성밑에서 토성흔적을 발견하여 백제시대 토성지에 석축으로 개축한 것으로 판단한다고 설명하였다. 그 후 兪元載를 통해 그 자료사진 제시를 요청했으나 지금껏 받아보지 못하고 있다. 2000년 12월에 공주대학교 백제문화연구소 徐程錫을 수차 만날 기회가 있어 그 사진자료를 요청했는데, 토성이 아니고 석성으로 설명한 것을 잘못 이해한 것으로 안다고 하였다. 이 교수가 석성 밑에 백제토성지가 있었다고 하는 진술은 『百濟의 中央과 地方(1997)』종합토론 내용에 수록되어 있으니 만큼 후학들이 이에 대해 밝혀줄 것을 기대하는 바이다.

둘째 熊津城내 王宮址의 위치 문제이다. 발굴조사보고에서는 성내 쌍수정 앞 광장에서 확인 된 남향한 정면 6칸, 측면 4칸의 제1건물지와 서향하고 있는 남북 5칸, 동서 2칸의 제2건물지를 합쳐 백제 웅진시대 왕궁지로 추정 보고하였다. 그 가운데 반지하식 건물지는 천도 이전부터 있었던 것으로 보고 있다.

필자의 생각으로는 이 건물지가 지형과 위치상 왕궁이었을 가

---

27) 이에 대해서는 本書 第Ⅰ篇 3장 「百濟 泗沘都城」참조.

능성은 있다고 본다. 다만 왕이 상주하며 정무를 수행하는 왕궁
지로서는 너무 협소하다고 하는 점이 큰 문제이다. 정청과 내전,
6부대신들이 출입하는 공간은 확보되어야 할 터인데, 성내 2棟의
건물지만으로는 너무나도 협소하다. 만약 제1건물지가 왕궁이라
한다면 그 앞에 왕을 배알하는 공간과 건물이 배치되어야 할 터
인데, 이와 같은 건물지는 확인되지 않았다. 이 교수의 주장대로
이 건물지가 王宮이라고 한다면 王은 안방에서 기거하고 그 방
에서 정무를 집행하였으며, 윗방에서는 왕비가 거처하고 세자 宮
人들은 그 다음 방에서 기거하는 것으로 파악된다. 서향하고 있
는 제2건물지는 제1건물지의 부속건물로 필자는 추정한다. 兪元
載는 홍수 때 민가가 떠내려 갔다고 하는 사실을 들어 성내 왕
궁 존재설을 지지하고 있는데[28], 백제 웅진시대 64년간에 단 한
번 있었던 200가구 유실의 홍수기사를 근거로 정청을 산성내로
비정하는 견해는 다소 무리가 있다고 생각된다.

　백제 사비도성의 경우에도 부소산성 안에 왕궁이 있었던 것이
아니고 산성 앞에 있었음이 밝혀진 바 있다. 또 고구려 도성의
경우 國內城과 尉那巖城, 安鶴宮址와 大城山城, 平壤城 등 모두
산성 내에는 정청인 왕궁이 없었다는 점도 필자의 생각을 방증
하여 주고 있다. 따라서 백제 웅진시대 왕궁지는 웅진성(공산성)
앞에서 찾아보아야 할 것이다. 구체적으로 지적한다면 현재 버스
터미널에서부터 土城址 앞에 이르는 구간이 후보지로 생각된다.
사비도성의 배후에 있는 부소산성과 마찬가지로 웅진성은 백제
웅진시대 宮苑역할을 했을 것으로 보이므로, 園林史的 차원에서
이 유적을 파악해야 할 것으로 판단된다.

---

28) 兪元載, 註 12)-②의 前揭文, p.73.

이와 같은 필자의 의견에 대해 공주대 李南奭은 城밖에서 王宮址에 상응할 만한 유적이 이제까지 발견조사되지 않아 현재로 서는 城內에서 발굴조사된 유적 밖에 인정할 수 없다고 답변하 였다. 이와 달리 朴淳發은 城內에서 출토되는 유물은 거의 사비 시대 유물이며 臨流閣址가 6×5칸의 건물인데 반해서 추정왕궁 지는 6×4칸의 건물지이므로 臨流閣址보다 王宮이 작을 수는 없 을 것이라고 필자의 의견에 찬동하고 있다.

공주대학교 조사팀이 보고한 왕궁지는 政廳으로서 부합되지 않는 점도 보이고 있다. 王宮址가 계단없이 평지에 조성되었고 그 위치가 正門인 鎭南樓를 들어가 좌회전해서 5~60m이상을 언덕 길로 올라간 후 다시 우회전해서 政廳으로 들어가게 되어 있다는 점 등을 들 수 있다. 그리고 정면 6칸, 측면 2칸의 건물 로서는 王室의 주거용으로도 부족하므로, 王이 政務을 보는 政廳 은 더더욱 존재하기 어렵다고 판단한다.

5. 맺음말

웅진성은 최근 성 전체를 높이 2.3m, 폭 0.6m의 석성으로 복 원하고 臨流閣도 복원하였다. 臨流閣의 복원은 초석서부터 기와 에 이르기까지 백제시대 건물양식이 아니라, 잘못 복원됨을 李南 奭은 1997년 토론석상에서 지적하고 있다.

웅진성의 石城이 조선시대 축조된 것에 대해서는 의견의 일치 를 보고 있다. 따라서 城 전체가 土城인 것을 石城으로 축소한 것인지, 아니면 土城만 백제시대 산성이고 石城은 조선시대 산성 인지 선후관계를 구명하지 못한채 복원하고 말았다. 현재 실존하는 구조로서는 조선시대 石城안에 백제시대 王宮이 있는 것으로 판단할 수 밖에 없다. 따라서 王宮址 실재 여부를 주장하기 전에 王宮을 둘러싸고 있었을 城牆부터 확인해야 할 것이다.(2000. 12)

추기 2001년 10월 11일 공주대학교 백제문화연구소 주관으로 『백제 웅진시대와 공주 공산성』이라고 하는 주제하에 '웅진성(공산성)'에 대한 학술토론회가 있었다. 이 때 발표한 고려대학교 박현숙과 충남대학교 김수태는 王宮址를 웅진성(공산성) 밖에서 찾아보려는 필자의 의견에 동조 발표하였다. 공주대학교 서정석은 城안에서 찾아보아야 한다는 견해를 밝힌 바 있다.

百濟 泗沘都城

1. 머리말

百濟 熊津城이 위치하고 있는 지금의 公州地方은 산과 강으로 둘러 쌓여 있어서 일시적 피난처로서는 적합하지만 국가발전을 기대하기에는 한계가 있는 지역이다. 백제가 새로운 발전을 도모하기 위해서는 발전성 있는 지역에 新都를 경영할 필요성이 있었을 것으로 사료된다. 蓋鹵王의 참사로(475) 남천한 백제는 東城王(479～501)이 집권한 후 국정이 안정되자 泗沘地方에 田獵차 자주 출동을 하고 加林城을 축조한 것 등은 아마도 新都擇地를 위한 사전작업이었을 가능성이 있다. 聖王은 국가발전의 숙원사업을 이루고자 서울을 泗沘(扶餘)로 옮기고 국호를 南夫餘라 개칭하면서 국가발전의 기틀을 마련하였다(538). 성왕 16년에 천도한 泗沘都城은 義慈王 21년 백제가 멸망할 때까지 백제의 정치·경제·문화의 중심지였다. 이를 百濟 泗沘時代(538～660)라

한다.

본고에서 논술하고자 하는 사비도성은 지금의 부여읍을 근거 지로 하고 있었으며, 이 곳을 백제시대에는 '泗沘'라고 부르고 있었기 때문에 '泗沘城'[1]이라 부르기도 하고, 義慈王의 이름을 따서 '義慈都城'[2]이라 부르기도 하였다.

사비도성은 부여읍 북쪽 표고 106m의 扶蘇山에 축조한 산성과 도성의 외곽을 두른 나성, 그리고 나성과 연결된 靑山城과 東羅城 밖에 위치하고 있는 靑馬山城으로 구성되어 있다. 성내에는 왕궁이 있었고 五部制로 통치되고 있었음을 史書는 전하고 있다. 본고에서는 이를 총칭해서 '泗沘都城'이라 부르며, 扶蘇山에 있는 산성을 現 지명에 따라 편의상 '扶蘇山城'이라 부르지만 차라리 '泗沘城'이라고 부르는 것이 합당할 것 같기도 하다.

이 사비도성에 대하여는 1978년도에 문화재관리국의 요청으로 충남대학교 박물관이 부여지방에 있는 문화재 유적조사의 일환으로 조사를 하게 되었다. 이때 얻은 지표조사자료를 가지고 1982년에 '百濟 泗沘都城研究'라는 논제로 泗沘都城을 소개한 바 있다[3].

그 후, 1980년대 초부터 충남대학교 박물관에서는 尹武炳을

---

1) 『三國史記』 卷5 武寧王 7年 9月 3日條, 卷 42 金庾信 中·下.
2) 『三國史記』 卷5 武烈王 7年 7月 12日條.
3) ① 拙稿, 1982, 「百濟 泗沘都城研究」, 『百濟研究』13, 忠南大學校 百濟研究所, 5~60쪽.
　　당시 이와 관련된 논문으로 아래의 글들이 발표되었다.
　② 洪思俊, 1971, 「百濟城址研究」, 『百濟研究』2, 忠南大學校 百濟研究所.
　③ 洪再善, 1981, 『百濟 泗沘城 研究』, 東國大學校大學院 碩士學位論文.

발굴단장으로 사비도성에 대한 발굴조사가 이루어졌다. 또 1990
년도에는 부여문화재연구소가 개소되어 사비도성에 대한 본격적
인 조사사업이 이루어졌다. 이렇게 축적된 자료를 가지고 사비도
성에 관한 수 편의 논문이 충남대학교 백제연구소가 주최하는
학술대회에서 발표되었다[4].

이 가운데 田中俊明은 앞서 필자가 발표한 논문에 초점을 맞
추어 논술한다고 전제하면서 築城年代·五部制度·南嶺의 위치
비정 등 여러 문제점에 대한 새 견해를 밝히고 있다. 필자의 주
장에 대한 田中의 반론은 대부분 긍정적으로 수용할 만한 것이
나, 일부 수긍하기 어려운 점도 있어 재론한 것이 '93년도에 발
표한「百濟 泗沘都城再齣」[5]이다. 이 글은 '92년도까지 발굴조사
된 자료를 근거로 한 것이었다. 이 논문이 발표된 다음 해 사비
도성의 발굴에 종사했던 윤무병에 의해「百濟王都 泗沘城研究」[6]
가 발표되었다. 이는 그 동안 발굴조사된 고고학적 자료를 근거
로 하여 사비도성의 면모를 밝힌 것이다.

---

4) ① 尹武炳, 1988,「泗沘都城에 대하여」,『百濟研究』19, 충남대학교 백
   제연구소.
   ② 拙稿, 1988,「百濟都城築造의 발전과정에 대한 고찰」,『百濟研
   究』19, 충남대학교 백제연구소.
   ③ 尹武炳, 1990,「山城·王城·泗沘都城」,『百濟研究』21, 충남대학
   교 백제연구소.
   ④ 田中俊明, 1990,「王都로서의 泗沘都城에 대한 豫備的 考察」,『百
   濟研究』21.
   ⑤ _____, 1993, 위 논문,『日本堺女子短期大學紀要』28.
5) 拙稿, 1993,「百濟 泗沘都城再齣」,『國史館論叢』45.
   ____, 1994,「韓國의 古代都城」,『東洋 都市史 속의 서울』, 서울시정
   개발연구원.
6) 尹武炳, 1994,「百濟王都 泗沘城研究」,『學術院論文集』, 人文社會科
   學篇 33.

지난 1997년 말까지 사비도성에 대한 발굴조사가 해마다 이루어져 새로운 사실들이 속속 밝혀지게 되었으며, 사비도성을 다룬 여러 편의 논문도 발표되었다. '95년도에는 '88~'91년까지 4년간 조사한 부소산성 동문지 조사성과를 담은 보고서가 출간되었고[7], '96년에는 80·83~89년에 발굴된 자료들을 종합한 보고서가 발간되었다[8]. 같은 해에 朴淳發이 百濟都城의 變遷을 다룬 논문[9]과 沈正輔가 泗沘都城의 築造時期에 대하여 고찰한 논문[10] 이 발표되었다. 이어 '97년에는 軍倉址 일대에 대한 조사 성과를 담은 부소산성 2차 중간보고서가 발간되었으며, 이후에도 국립부여문화재연구소에 의한 조사 성과가 계속 나오고 있다[11].

이 글은 필자가 그동안 발표했던 글들을 근간으로 하면서, 주로 '97년까지 수집된 자료를 토대로 연구사적 정리를 겸하여 작성하였다. 이후의 조사성과도 가급적 반영하여 追記하였지만 여의치 않은 부분도 있어, 앞으로 새로운 조사 성과가 나오면 본고

---

7) 扶餘文化財研究所, 1995, 『扶蘇山城 - 發掘調査中間報告』, 學術研究叢書 제11집.
8) 國立文化財研究所, 1996, 『扶蘇山城發掘調査報告書』.
9) 朴淳發, 1996, 「百濟都城의 變遷과 特徵」, 『韓國史의 理解』, 重山鄭德基博士華甲紀念韓國史學論叢刊行委員會.
10) 沈正輔, 1996, 「百濟泗沘都城의 築造時期에 대한 一考察」, 『東北아시아의 古代都城』, 東亞大學校博物館.
11) 國立扶餘文化財研究所, 1997, 『扶蘇山城 - 發掘調査中間報告Ⅱ』, 學術研究叢書 第14輯.
　　　　　　　　　, 1999, 『扶蘇山城 - 發掘中間報告書Ⅲ』, 學術研究叢書 第18輯:
　　　　　　　　　, 1999, 『扶蘇山城 - 整備에 따른 緊急發掘調査』, 學術研究叢書 第20輯
　　　　　　　　　, 2000, 『扶蘇山城 - 發掘中間報告書Ⅳ』, 學術研究叢書 第26輯.

의 내용은 수정될 수도 있을 것이다. 이 글이 百濟都城의 참 모습을 알리고 또 앞으로의 조사에 도움이 되었으면 하는 바램이다.

2. 扶蘇山城

1) 平面構造

扶蘇山城은 부여읍 북쪽 표고 106m의 扶蘇山에 있다. 부소산성이 위치하고 있는 부소산의 지형은 남쪽이 높고 白馬江(錦江)이 흐르고 있는 북쪽이 낮은 南高北低 형을 이루고 있다. 이 성은 사적 제5호로 지정되었다.

성의 평면구조는 (그림 Ⅰ-3-1)에서 볼 수 있는 것과 같이 서문지에서 남문지를 거쳐 동문지에 이르는 토루는 표고 70~80m의 등고선을 통과하고 있다. 서·북쪽 토루는 표고 100m의 泗沘樓가 위치하고 있는 지점을 지나 水口와 북문지가 있었던 것으로 추정되는 표고 10m의 지점을 통과하고 있다. 동·북쪽 성벽은 표고 80m지점에 위치하고 있는 동문지에서 출발하여 북문지로 연결되어 서·북쪽 성벽과 결합하고 있다. 따라서 이러한 지형에 의해 熊津城과 같이 包谷式山城을 형성하고 있다.

1978년의 지표조사 때 마침 금강 상수도사업공사로 인해 북쪽 水口址로 추정되는 지점을 절개하고 있었는데, 이곳 성벽이 잡석으로 적심석을 넣고 축조였음을 확인하였다. 당시 남쪽 성벽은 붕괴된 土壘만 확인되었으나, 간간이 잡석이 노출되어 있어 土石混築의 성벽으로 파악하였다. 축성방식은 안쪽 흙을 파서 성안에 壕를 만드는 한편 그 흙으로 성 내벽을 축조하였고, 성의 외측면

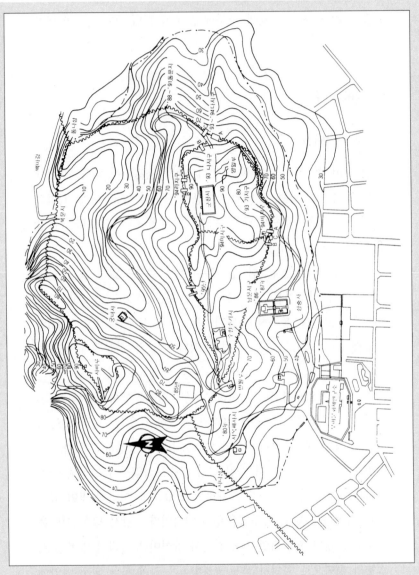

그림 Ⅰ-3-1 扶蘇山城 平面圖

을 황색 자갈돌과 적색점토로 판축하듯이 다졌으며, 외부 하단부에는 돌을 3~5단 쌓았다. 성벽의 폭은 7m 정도이며 잔존 높이는 4~5m 정도로 파악하였다[12]. 성의 둘레는 최근 부여문화재연구소에 의한 정밀 실측 결과 2,495m로 측정되었다.

부소산성은 (그림 Ⅰ-3-1)에서 볼 수 있는 것과 같이 평면상 몇 개의 구역으로 분리되어 있다. 그 하나는 동문지와 영일루 중간지점인 표고 90m지점에서 서쪽 반월루에 이르는 성벽을 축조하여 테메형 산성을 형성하고 있는데, 둘레가 약 1,600m이다. 이 테메형 산성은 중간지점에 남북으로 196m의 토루가 축조되어 있어 동·서 2구역으로 분리되어 있다. 테메형산성 東區 안에는 속칭 軍倉址가 있었던 것으로 알려져 있어 보통 군창지산성이라고 부르고 있다. 또 하나는 표고 106m지점에는 사비루를 둘러싼 둘레 약 800m의 테메형산성이 있다. 이 테메형산성의 외곽을 연결하고 있는 포곡식산성과 결합해서 부소산성을 複合式山城이라 파악한 적이 있었다. 그리고 사비루 외곽토루 90m지점에서 서쪽으로 표고 60m지점에 이르는 능선을 따라 약 150m의 토루가 있었음을 지표조사때 확인하였는데, 아마도 성을 방비하기 위한 목적으로 축성한 것이 아닐가 싶다[13].

2) 城壁構造

1981년 12월 처음으로 사비성 성벽조사가 이루어져 'A-A'', 'B-B''지점을 절개하였는데 'A-A''지점은 A, A', B, C, D의 4

---

12) 扶餘郡志編纂委員會, 1987, 「第2章 城址」, 『扶餘郡志』, 314쪽.
13) ① 尹武炳·成周鐸, 1977, 「百濟山城의 新類型」, 『百濟研究』8.
   ② 拙稿, 註 3)-①의 前揭文, 29~30쪽.

층으로 이루어졌고 높이는 3.2m임이 밝혀졌다.[14].

이 토루에 대한 조사가 '94년도에 다시 이루어졌다. 군창지를 둘러싸고 있는 테메식산성의 '다'·'라'·'마'·'바'지구이다. '다'·'라'로 연결된 토루는 군창지 북쪽에 있는 토루이고, '마'·'바'지구는 군창지 서쪽에 있는 토루이다(그림 Ⅰ-3-1 참조).

'다'지구는 군창지 테메형 산성과 포곡식산성이 합치되는 지점이다. 외견상 토루의 존재가 보이지 않으나, 부식토층 아래에 성벽의 기초시설이 조성되어 있었고, 포곡식산성의 단면조사에서는 토루 축조시기가 2단계로 나뉘어져 있음이 확인되었다. 이 토루의 1단계 초축 토루부는 풍화암반 위층에 판축으로 되어 있으며, 2단계 토루는 와적층과 명갈색 사질토, 회백색 사질토, 적갈색 점질토로 축조한 토루 내측면을 보축하고 있는데, 연대를 제시해 줄만한 결정적인 자료는 수습되지 않았다.

'라'지구는 군창지 테메형산성의 북쪽토루에 해당되는 부분인데, '라'의 'A'지점에서 상·하층의 배수시설이 있었음이 확인되었다. 입수구와 출수구부에서 백자, 분청사기, 청자편과 수구 중간부에서 회청색 경질의 토기편이 수습되었고, 이 토루와 연결된 '라'의 'B'지점에서는 문지도 확인되었다.

'마'지구는 군창지 서쪽 토루의 절개 지점이다. 표토 아래 30~100cm에서 저장공 7기와 주공 등의 유구와 수구시설 및 내축한 석축이 확인되었다. 저장공과 주공에서는 모두 백제계 토기와 기와편, 철정, 철촉 그리고 벼루편들이 출토되었고, 주공에서는 인화문 토기편이 수습되고 있다. 이 토루에서는 수구시설도 확인

---

14) ① 拙稿, 註 5)-①의 前揭文, 95~7쪽.
　　② 尹武炳, 1982,「扶蘇山城 城壁調査」,『考古學年報』, 145~52쪽.

된 바 있다.

'바'지구는 위의 저장고가 확인되었던 '마'지구의 아래편에 위치하고 있는 토루인데, 포곡식산성과 연결되는 지점이다. 이 토루의 'C', 'D'지점 토층구조는 단순한 성토층에 불과한 황갈색 사질토로 이루어진 단일층이며, 토층내에서는 분청사기편이 출토되고 있다. '바'의 'A', 'B'지점은 테메형산성과 포곡식산성이 연결된 지점인데, 판축기법에 준한 토루로 축성하고 있다[15].

테메형산성의 북편성벽의 중심부 판축층에서 수습된 목탄을 방사선탄소연대 측정결과 A.D. 680~900년대에 조성된 것으로 나와 이곳 토루는 통일신라시대에 조성되었음이 밝혀졌다[16].

'95년도에는 군창지 북편에 길게 동서로 연결된 테메형산성의 문지로 추정되는 절개된 곳과 그 동편 성벽 연접부에 대한 토루 판축층 조사에서 통일신라시대 토기편과 와편이, 그리고 문루지 상면의 퇴적층에서 통일신라시대의 기와가 출토되어 이곳 성벽과 문지는 통일신라시대에 조성된 것으로 판명되었다. 토루는 2차에 걸쳐 조성되었으며 통일신라시대의 어골문와편과 '官', '官上徒作'의 명문와가 출토되고 있다[17]. 따라서 군창지 북쪽 토루는 통일신라시대 축조되었음이 밝혀진 것이다.

'96~'97년에 걸쳐 泗沘樓를 둘러싸고 있는 또 하나의 테메형산성에 대한 조사가 이루어졌다. 이는 북편으로 외곽을 두른 백제 때 토루와 80m등고선을 따라 축조된 통일신라시대 토루가 연

---

15) 國立扶餘文化財研究所, 1994, 『'94扶餘 扶蘇山城 發掘調査 指導委員會議資料』11.
16) 國立扶餘文化財研究所, 註 11－①)의 前揭書, 288~99쪽.
17) 國立扶餘文化財研究所, 1995, 『'95扶餘 扶蘇山城 發掘調査 指導委員會議資料』11.

결되어 테메형산성을 형성하고 있다. 따라서 외곽을 두른 북쪽 성벽과 동·서로 연결된 남쪽성벽은 각기 다른 시기에 조성되고 있음을 알 수 있다.

'96년에는 통일신라시대에 축조된 것으로 판단되는 성의 남쪽 토루에 대한 조사에서 '會昌七年'(847; 唐 宣宗 2年)銘기와와 '年'· '城'의 명문이 있는 수막새 및 '午年末'이 새겨진 당초문 암막새가 출토되어 이 성의 축조시기를 시사해 주고 있다[18].

'97년에는 '96년도에 조사된 토루와 연결되는 동쪽 토루부분과 건물지에 대한 조사가 이루어졌다. 이 지점은 테메형산성의 내성에 해당되는 토루와 연결되는 부분이다. 이 지역조사에서도 '會昌七年'銘 와편이 수습되어 이 토루의 조성시기를 시사해주고 있다.

동쪽 성벽 우회부에서는 장대지로 추정되는 유구가 확인되었는데, 백제시대에 축조되어 통일신라 및 조선시대에 걸쳐서 사용된 장대지나 망루지로 추정된다[19]. 이 곳은 지형적으로 외부를 조망하기에 유리한 위치이다.

이제까지의 성벽 조사에 의하면 부소산성은 2,495m의 외곽을 두르고 있는 포곡식산성이 백제 사비시대 천도 이전에 축조되었음이 밝혀졌다. 이에 비해 군창지 소재 테메형 산성의 내측 성벽 약 800m와 사비루를 둘러싸고 있는 테메형 산성의 내측 성벽 약 430m는 통일신라시대에 조성된 것으로 판명되었으며, 동·서 2구로 분할하고 있는 군창지 소재 테메형 산성의 중간 토루 196m 는 조선시대에 조성되었음이 출토유물을 통해 확인되었다. 과거

---

18) 國立扶餘文化財研究所, 1996, 『'96扶餘 扶蘇山城 發掘調査 指導委員會議資料』.
19) 國立扶餘文化財研究所, 1997, 『'97扶餘 扶蘇山城 發掘調査 指導委員會議資料』9.

군창지 소재 테메형산성과 사비루 소재 테메형산성이 먼저 조성되고 이 외곽을 두른 포곡식 산성이 결합해서 복합식산성이 형성되었다고 하는 주장은 그 반대의 순으로 조성된 것임을 인정해야만 하겠다. 그리고 '82년도에 조사한 성벽은 백제시대에 3차에 걸쳐서 초·개축되었고, '94년도에 조사한 통일신라시대 토루는 2차에 걸쳐서 초·개축되었음이 밝혀졌다.

필자는 이러한 조사 성과를 받아들여 이전에 주장하였던 복합식산성이라는 개념을 버리고, 부소산성이 포곡식(백제)→테메식(통일신라)으로 변천하였음을 밝힌 바 있다[20]. 이에 대해 박순발[21]과 심정보[22]도 같은 견해를 피력하였고, 보고자들도 이러한 결론을 내리고 있다[23]. 다만 윤무병은 종전 견해대로 복합식산성으로 주장하고 있으나[24], 이는 '82년도의 일부 성벽조사를 근거로 파악한 것이어서 설득력이 없다 하겠다.

3) 建物址와 門址

군창지로 알려져 있는 건물지는 '81년과 '82년의 조사에서 4棟이 확인되었다. 이 건물지는 (그림 Ⅰ-3-1)에서 볼 수 있는 바와 같이 산성내에서 가장 중요한 위치를 점유하고 있다.

北便建物址(推定北庫)는 동서 18칸, 남북 3칸이며, 초석 아래 소토층에서 炭化보리가 출토되고 있다. 南便建物址(推定南庫)는

---

20) 拙稿, 1994, 「韓國의 古代都城」, 『東洋都市史 속의 서울』, 서울市政開發研究院, 53쪽.
21) 朴淳發, 註 9)의 前揭文, 126쪽.
22) 沈正輔, 註 10)의 前揭文, 93쪽.
23) 國立文化財研究所, 註 8)의 前揭書, 248쪽.
24) 尹武炳, 註 6)의 前揭文.

동에서 9칸까지만 확인되었는데, 동 9번칸 초석아래의 소토층에서 炭火된 팥알이 확인되었다. 西便建物址(推定西庫)는 남북 10칸, 동서 3칸이고, 東便建物址(推定 東庫)는 남북 10칸, 동서 3칸으로서 자연판석과 고려시대 석탑 옥개석을 이용하고 있다. 서쪽 석축렬 기저부에서 백제토기편이 다수 출토되었으며, 철제 자물쇠와 자기편들도 출토되는 것으로 보아 백제시대부터 내려오는 건물터에 고려·조선시대까지 개축한 것으로 판단된다[25].

　'83년도에도 산성내에 있는 건물지조사가 이루어졌다. 추정 서문지 앞 광장에서 군창지로 올라가는 도로변의 평탄한 대지로서, 군창지 테메형산성의 서편에 해당되는 위치이다. 이 조사에서 수혈주거지 3개소와 원형 및 장방형 저장시설·목책공으로 추정되는 구덩이와 함께 천도이전기로 추정되는 백제고분 2기 등이 확인되었다. 이들은 제3수혈주거지 중앙의 연도 아궁이 바닥내 소토층에서 유일하게 출토된 토기 뚜껑편을 근거로 사비천도 보다 이른 A.D.4~5세기경의 유구로 보고자들은 추정하고 있다[26]. 그런데 이 토기는 도면상으로 보아 짧은 턱에 직립한 구연이 있는 개배의 뚜껑으로 다른 사비기 유적에서 흔히 나오는 기형을 하고 있다. 그러므로 석곽묘는 어떨지 모르겠지만, 이 토기 만으로 나머지 유구의 시기를 올려볼 만한 근거는 불충분하다 하겠다. 어쨌든 이 주거지는 산성내 중요한 위치에 자리하고 있는 것으로 보아 일종의 병영시설로 추정하고 있다[27].

　부소산성에는 동·서·남·북 4개소의 문지가 있는 것으로

25) 拙稿, 註 5)-①의 前揭文, 97~101쪽.
26) 國立文化財硏究所, 註 8)의 前揭書, 127~8쪽, 토기는 307쪽의 도면 2-⑥.
27) 國立文化財硏究所, 註 8)의 前揭書, 128쪽.

보고되었으나[28], 지표조사에서 필자가 확인한 바로는 남문지가 2개소 있는 것으로 파악하였다. (그림 Ⅰ-3-1)의 남문지에서 영일루 사이 표고 70m지점에 지금도 통로로 사용되고 있는 절개 지점이 또 하나의 문지가 있었던 곳이 아닌가 한다. 앞으로의 조사에서 밝혀지기를 기대한다.

추정 동문지 조사에서 문지로 볼 수 있는 유구는 노출되지 않았으나, 동문지 성벽 절개부의 중앙바닥에 대형돌 2개가 성벽 밖으로 面을 하고 놓여 있는 것이 확인되었다. 또 동측 아래 1.2m 위치에 초석으로 보이는 대형돌(70×95×52㎝)이 잔존하여 있으며, 하부에는 積心이 80×120㎝의 범위로 노출되었다. 또한 성벽 외부에 성을 튼튼히 지키고 경비하는 雉 또는 敵臺와 같은 시설물로 추정되는 유구가 확인되어[29], 동문지로 추정하는데는 무리가 없다고 판단된다.

동문지 2차조사에서는 '大通(527~528)印 刻銘瓦가 수습되어 이 산성이 부여 천도 이전에 축조되었음을 알 수 있었다. 동문지는 판축으로 축조되어 있으며, 남문지에서도 동일한 판축기법이 사용되어 이들이 같은 시기에 축조되었음을 시사해 주고 있다.

'90~'91년도의 2차에 걸친 동문지 조사에서 궁궐지 유구와 건물지는 찾지 못했으나, 금동제 관 장식편, 금동제 용두장식 2점, 금동제 귀면장식, 금동제 방울과 청동제 장식, 갈고리, 양지창, 낫, 도끼, 격이 높은 토기류, 石簡 3점, 벼루, 瓦當類 등이 출토되었다[30].

---

28) 國立扶餘文化財研究所, 註 11)의 前揭書, 714쪽.
29) 洪性彬, 1990, 「扶蘇山城 東門址 및 周邊城壁調査略報」, 『昌山金正基博士華甲紀念論叢』, 599~610쪽.
30) 崔茂藏 1991, 「扶蘇山城 推定東門址 發掘槪要」, 『百濟研究』22, 忠南

'86년과 '87년의 남문지 조사에서는 백제시대 문지와 통일신라시대 문지가 같은 자리에 부설되어 있었음이 확인되었다. 통일신라시대 남문지는 남북 2칸, 동서 1칸이고, 백제시대 남문지는 동서 2칸, 남북 1칸으로 축조되어 있었다.

이곳의 출토유물은 백제 통일신라에 걸친 유물이 주를 이루고 있다. 조선시대 백자편이나 옹기편도 수습되었는데, 이는 조선시대에 부소산 기슭에 위치하고 있던 부여 관아(縣廳)와 성내 군창터와 유관한 것으로 파악된다.

출토유물은 백제 연화문 수막새기와와 암키와 등이 있으며 後部甲瓦, 巳, 止, 午, 止, 刀, 雲 등의 印刻瓦와 통일신라시대의 '官上徒作'銘瓦, '官'銘瓦, 마름쇠 10여점 등 많은 유물이 수습되었다[31].

'85년도 서문지 조사에서는 확실한 유구는 밝혀지지 않았다. 다만 성벽 절개지의 위치가 서편 백마강 구두레 나루터와 연결되어 출입이 편리하게 된 지형적인 조건 등으로 미루어 보아 산성으로의 출입이 가장 용이한 지점에 해당되므로, 이곳이 서문지일 가능성이 높다[32]. 북문지로 추정되는 북쪽 제일 낮은 지점은 水口와 병행하여 부설하였을 것으로 추정되나, 금강취수장 건설 사업으로 모두 파괴되어 확인할 수 없었다. 그런데 동문지는 부소산성과 나성이 연결되는 지점에 근접하여 있으며, 서문지는 백마강이라는 자연 해자에 의해 보호받는 위치에 있다. 이처럼 이들 문지는 도성 내부를 통해서만 출입할 수 있으며, 도성 외부에

大學校 百濟研究所, 125～47쪽.
31) 國立文化財研究所, 註 8)의 前揭書, 213～47쪽.
32) 國立文化財研究所, 註 8)의 前揭書, 193쪽.

서는 직접 산성으로 들어올 수 없게 되어 있다는 특징이 지적된 바 있다33).

3. 羅城

사적 제58호로 지정되어 있는 羅城은 百濟 泗沘時代의 서울을 수호하기 위하여 축조한 泗沘都城의 外城, 즉 外郭城이다.

나성의 구조에 대한 기존의 견해는 부소산성의 동·서문 밖에서 시작하여 백마강변까지 東·北·西·南羅城이 모두 축조되어 있었다고 보는 것이 일반적이었으며34), 필자도 이를 인정하고 그 둘레를 8km 가량으로 추정한 바 있다35). 그런데 2000년도에 軍守里의 西羅城址로 추정되던 곳에 대한 발굴 결과 서나성의 존재가 확인되지 않았다36). 또 구드레 주변의 서나성 통과 예상 지점과 남나성에 대한 시굴 및 지표 조사에서도 이들 나성이 축조되었을 가능성이 희박한 것으로 밝혀져37), 앞서 견해는 수정되어야 할 것 같다. 이 경우 남는 것은 능선과 저지대를 이어가며 축조된 東羅城과 北羅城뿐이며, 서쪽과 남쪽은 백마강의 自然 垓字的인 성격을 이용하여 그 자체가 나성과 같은 역할을 하였을 것으로 추정할 수 있다. 다만 서나성과 남나성지로 추정되

---

33) 尹武炳, 註 6)의 前揭文, 13쪽.
34) 洪再善, 註 3)-③의 前揭文.
35) 拙稿, 註 3)-①의 前揭文.
36) ① 忠南大學校 百濟研究所, 2000, 『扶餘 東羅城·西羅城 發掘調査略報告書』.
   ② 忠南大學校 百濟研究所, 2000, 『扶餘 西羅城 軍守堤 改修工事區間 文化遺蹟 試掘調査 略報告書』.
37) 忠南大學校 百濟研究所, 2000, 『百濟泗沘羅城』.

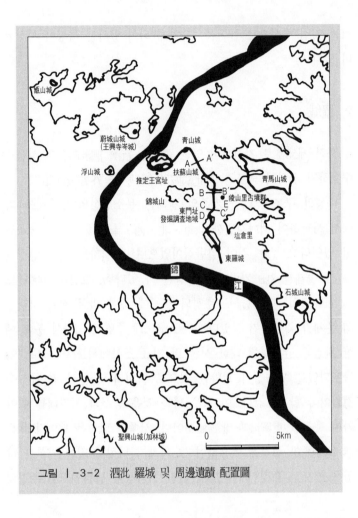

그림 Ⅰ-3-2 泗沘 羅城 및 周邊遺蹟 配置圖

어 온 백마강변이나 그 가까운 곳에 토루는 아닐지라도 木柵과
같은 방어시설까지 없었으리라고 단언할 수는 없다.

먼저 동나성의 경우 (그림 Ⅰ-3-2)의 A-A', B-B', C-C'
지점은 '78년에 필자가 지표조사를 통해 확인한 지점들이다. A-
A'지점은 당시 부여—공주간 도로 확장공사로 단면이 노출된 곳

으로서 사질점토로 성토되어 있음을 확인하였다. B-B'지점은 부여—논산간 도로 확장으로 나성 단면이 노출된 곳으로, 위의 지점과 동일한 흙으로 성토하였으며 노출된 저변 너비는 13m, 상변 너비는 4m, 높이는 5m정도였다. C-C'는 부여—논산간 국도에서 서남쪽으로 약 300m 떨어진 지점이다. '78년도에 상수도 사업으로 절개되어 단면이 노출되었다. 이 부분은 저변 너비가 13m, 상변 너비가 2m, 높이는 5.2m인데, A·B지점과는 달리 판축으로 되어 있다. 정교한 판축기법은 아니지만 사질토로 10~20cm정도의 두께로 판축하여 축성하였다. 이 세 곳의 단면에서 석재를 사용한 흔적은 없었다[38].

'91~'93년 3차에 걸쳐 B-B'와 C-C' 지점에 인접해 있는 지역이 조사되었다. 이 곳은 부여—논산간 국도의 바로 남쪽 저지대와 필서봉으로 이어지는 능선이 시작되는 지점으로서, 저지대에는 동문지 자리로 알려져 있다(그림 Ⅰ-3-2의 D지점).

'91년도 1차조사가 실시된 지역은 동나성이 평지를 통과한 곳에 해당된다. 이곳의 羅城 城體는 성토에 의하여 축조되었고, 그 기초부분에는 외부에 石列을 부설하고 있으며 구릉에 접속된 지점에서는 석렬을 2~3단(1m) 이상 높이로 견고하게 축조하고 있다. 윤무병은 이를 護城石築이라 부르고 있으며, 성토방법은 갈색점질토를 사용하여 판축에 준한 방법을 사용하였다고 한다[39].

그런데 최근 동나성과 북나성의 여러 지점에 대한 조사를 통해 나성의 축조 방법이 좀 더 분명하게 밝혀졌다. 저지대와 능선

---

38) 拙稿, 註 3)-①의 前揭文, 31~2쪽.
39) ① 扶餘羅城學術調查團, 1991, 『扶餘羅城 및 東門址試掘調查槪報』.
   ② 尹武炳, 註 6)의 前揭文, 106~7쪽.

통과 구간 사이에 축조기법상 약간의 차이는 있지만, 공통적으로 성벽 본체는 성토다짐이나 판축을 하고 그 외부는 성벽 전체의 ⅓~½정도 높이(약 2~3m)까지 석축함으로써 성벽의 견고성과 방어력을 높이는 방법을 사용하였음이 확인되었다40).

한편 동문지 남쪽의 저지대 구간에 대한 조사에서는 저지대 축성에 적용된 독특한 방법이 밝혀졌다. 먼저 '92년도의 저지대 구간 조사에서 연한 흑회색 점질토로 성토하여 축조한 성벽과 함께, 이 성토층 바닥에서 직경 5~6cm의 나무와 나무가지를 질서정연하게 깔아 놓은 炭化木層이 발견되었다41). 이 炭化木層의 기능과 저지대 축성 방법은 2000년도에 충남대 백제연구소에서 왕포천 바로 남쪽에 인접한 곳을 발굴하여 보다 분명하게 확인되었다42). 이를 보면 먼저 성벽 폭이 20m가량 되게 기반부를 조성한 다음 가는 나무가지를 얇게 한 벌 깐 후 泥土를 쌓아 올리는 방법을 계속하여 성벽을 축조하였는데, 이는 大宰府 水城의 敷粗朶(しきそだ)라 부르는 공법과 유사한 것으로서 소위 '枝葉敷設 壓密浸下排水工法'이라 부를 수 있는 것이라 한다. 또 성벽 內外의 가장자리에는 성벽 선을 따라 직경 5~10cm의 말뚝을 50~100cm 간격으로 박혀 있었다. 이는 이른바 '무리말뚝 공법'이라 불리우는 것으로서 기반토층이 함유한 다량의 수분을 성벽 성토층으로 침투되게 하여 기초 지반의 안정과 함께 성토층의 견고성을 유지시켜 주는 기능을 하는 것으로 이해하고 있다. 그 밖에 이곳에서는 왕포천과 동나성 성벽이 교차하는 부분의 하수

---

40) 忠南大學校 百濟研究所, 註 37)의 前揭書.
41) 扶餘羅城發掘調査團, 1992,『扶餘羅城發掘調査 指導委員會議資料』.
42) 忠南大學校 百濟研究所, 註 36)-①의 前揭書.

처리를 위해 일종의 垓子와 같은 웅덩이가 있었던 것으로 확인되었다.

동문지는 '93년에 부여—논산간 도로와 염창리행 소로의 분기점에서 확인되었다. 도로가 문지 상부를 통과하고 있어 문지 자체에 대한 직접조사를 하지는 못했지만, 이 지점의 나성이 9.5m가량 절단부를 이루고 있어 보고자는 이를 성문을 가설하기 위한 것으로 파악하고 있다[43].

한편 西羅城은 부소산성 서문지 외부지점에서 시작해서 유스호텔을 지나 官北里~遊水里~東南里~軍守里~城末里로 연결된 것으로, 南羅城은 中井里에서 旺浦里에 이르는 구릉에 있었던 것으로 보아 왔다[44]. 서나성의 경우 防水시설(제방)로서의 의의를 고려하면서 그 축조시기를 무왕 35년(634)의 宮南池 축조와 관련시켜 생각할 수 있다는 의견도 제시되었으나[45], 전술한대로 西·南羅城의 존재 자체는 일단 그 근거를 잃고 있다.

결국 사비 나성은 부소산성 동문지 밖에서 북나성이 시작되어 청산성에서 꺾이어 동나성으로 이어지며, 동나성은 석목리·능산리를 거쳐 표고 110m의 필서봉을 지나 남쪽으로 염창리를 거쳐 백마강[금강]변의 성말리까지 이어져 있다. 그 길이는 북나성이 0.9km, 동나성이 5.4km로서 총 길이는 6.3km로 파악된다[46]. 이처럼 부소산에서 백마강까지 지형의 굴곡을 따라 이어진 北·東

---

43) ① 扶餘羅城發掘調查團, 1993, 『扶餘羅城(推定 東門址)發掘調查 會議資料』.
   ② 尹武炳, 註 6)의 前揭文, 108쪽.
44) 洪再善, 註 3)-③의 前揭文.
45) 田中俊明, 註 4)-④의 前揭文, 178~9쪽.
46) 忠南大學校 百濟研究所, 註 37)의 上揭書.

羅城의 평면은 半月形과 흡사한 편인데, 『新增東國輿地勝覽』에
서는 사비성이 마치 半月 모양과 같기 때문에 '半月城[47]'이라 했
다고 전한다. 그런데 이들 나성과 서남쪽의 백마강까지 포함한
사비 도성의 전체적인 평면은 원형에 가깝게 되어 있어, 이는 사
비도성의 전체 판도 구성에 큰 영향을 끼쳤으리라 생각된다.

한편 『三國史記』 百濟本紀 武王 35년(634)에는 "궁성의 남쪽
에 연못을 파고 20여 리나 되는 곳에서 물을 끌어들였으며 사방
에는 버드나무를 심고, 연못 가운데 섬을 만들어 方丈仙山을 본
떴다"는 기록이 있다. 궁남지의 물은 청마산성이 있는 月明山에
서 발원하여 왕포천으로 흘러들어 간 후 나성을 횡단해서 궁남
지로 흘러들어가고 있는데, 그 길이는 약 6㎞이므로 문헌과도 상
응한다. 사비도성에는 남쪽에 궁남지, 북쪽에 月含池, 서쪽에 유
수지가 있어 성내의 유수를 처리하고 있었던 것으로 알려져 있
다[48]. 한편 '90년도에 국립부여박물관 주관으로 궁남지가 조사되
었으나, 연못 윤곽만 확인되었을 뿐 護岸施設등은 확인되지 않았
고, '97년에는 국립부여문화재연구소에서 궁남지와 관련된 서편
지역을 조사하여 수로 1기와 이와 연관된 목재시설을 확인하였
다. 이는 남·북 폭180cm, 길이 70cm의 목재 수로시설로서 그
안쪽에 다시 폭 약 140cm, 길이 약 40cm의 목재 수로가 있었음
이 확인되었다[49]. 『三國史記』의 이 宮南池 축조기사는 나성 축
조와도 관련이 있을 것으로 필자는 보아 왔는데, 나성 축조 연대
문제에 대해서는 후술하기로 하겠다.

---

47) 『新增東國輿地勝覽』扶餘 古跡條.
48) 洪再善, 註 3)-③의 前揭文, 31쪽.
49) 國立扶餘文化財研究所, 1997, 『'97 扶餘 宮南池 遺蹟發掘調査-指導
委員會議資料』12.

4. 靑山城과 靑馬山城

靑山城은 '사비성' 동쪽 약 500m지점에 위치하고 있으며 성의 둘레는 약 500m의 테메형산성으로서, 사적 제59호로 지정되어 있다. 이는 독립된 산성이 아니라 부소산성과 연결된 보조성으로 볼 수 있으며, 그 목적은 북쪽 熊津(公州)으로 통하는 길목을 지키기 위한 것으로 이해된다. 『新增東國輿地勝覽』에서는 靑山城에 대해 石築이며 둘레가 1,800尺, 높이 5尺, 성내에 軍倉과 샘이 세 곳 있다고 설명하였는데50), 현재는 토성만이 남아 있다. 필자는 이전의 실측 조사에서 청산성을 三重城으로 파악하였는데(그림 Ⅰ-3-3), 『부여군지』에서는 이중성으로 보고하고 있다51). 토루로 파악한 토단들이 혹 건물지 자리일 수도 있으므로 앞으로의 조사에서 밝혀지기를 기대한다.

청산성의 축조연대에 대해 필자는 武王 6년(605) '築角山城'이라고 하는『三國史記』기사에 근거하여, '풀메(靑山)'와 '뿔메(角山)'를 음운학적으로 연결시켜 무왕 6년 축성설을 주장하는 洪思俊의 견해52)에 동의한 바 있다53). 이는 청산성 성벽이 나성과 연결되어 있어 이들이 동시기에 축성된 것으로 판단한 데 따른 것이다. 그러나 田中은 나성과 함께 천도할 때 축조되었을 가능성이 높다고 보고 있으며54), 윤무병은 나성이 청산성 북벽의 중앙보다 약간 동쪽으로 치우친 곳에 접속된 점을 들어 청산성이 나

---

50) 『新增東國輿地勝覽』扶餘 古跡條.
51) 扶餘郡志編纂委員會, 註 11)의 前揭書, 靑山城 條.
52) 洪思俊, 註 3)-②의 前揭文, 1쪽.
53) 拙稿, 註 5)-①의 前揭文.
54) 田中俊明, 註 4)-④의 前揭文, 174~5쪽.

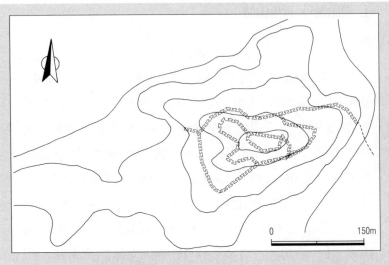

그림 Ⅰ-3-3 靑山城 實測圖

성에 앞서 축조되었을 가능성도 지적하고 있다[55].

　靑馬山城은 부여읍 능산리와 용정리에 걸쳐서 위치하고 있다. 이는 동나성과 인접하여 축조된 백제시대의 가장 큰 포곡식 석축산성이다. 성 둘레는 6.5km 면적은 2,581,504㎡이며, 서쪽 성벽 일부의 높이는 4∼5m 폭은 3∼4m 정도이다. 성안에는 濠가 있었고 성벽은 기초부분에 가까워질수록 잡석을 많이 넣고 축조하였다. 지형이 서쪽이 낮기 때문에 水口와 城門도 이 부근에 설치되어 있었을 것으로 추정된다. 이 산성은 백제 사비도성과 밀접한 관계가 있는 것으로 판단된다. 아마도 유사시에 軍·官·民이 이 성에 들어와 농성할 목적으로 축조한 산성으로 판단된다[56]. 城 안에는 驚龍寺址가 있는 것으로 알려져 있고, 서쪽 용

---

55) 尹武炳, 註 6)의 前揭文, 105쪽.

정리에는 龍井里寺址와 龍田寺址가 있으며, 산성 남쪽에는 능산리고분군이 있다. 이 산성은 사적 제34호로 지정되어 있다.

5. 泗沘都城內의 構造

백제 사비시대의 왕궁은 어디에 위치하고 있었을까 하는 것은 가장 궁금한 문제 가운데 하나이다. 부소산성 안에서 가장 중요한 위치는 지형상 4동의 건물지가 발굴조사된 군창지 부근일 것이나, 조사 결과 왕궁에 걸맞는 유적은 발견하지 못하였다. 그 다음으로 중요한 위치인 泗沘樓 주변조사에서도 왕궁에 걸맞는 유적은 찾지 못하였다. 그렇다면 왕궁지는 둘레 약 6㎞내의 나성 안에서 그 위치를 찾아보아야 할 것이다. 필자는 현재 부여문화재연구소가 위치하고 있는 부근이 왕궁지일 것이라는 의견을 제기하였었는데57), 이에 대해 田中도 동의하고 있으며58) 윤무병·박순발·심정보 등도 같은 의견을 표명하고 있다59).

이 추정왕궁지에 대한 발굴조사가 '82년부터 윤무병에 의해 거의 해마다 이루어져 그 모습이 어느정도 밝혀지고 있다. '82~'83년에 걸친 조사에서는 백제시대 瓦製排水口와 蓮池가 발견되었고, '87년에는 남북과 동서로 교차하는 도로망 일부가 확인되었다. 도로의 폭은 9~10m 정도이며, 남북으로 뻗은 도로의

---

56) 拙稿, 註 3)-①의 前揭文, 40쪽.
57) 拙稿, 註 3)-①의 前揭文, 40쪽.
58) 田中俊明, 註 4)-④의 前揭文, 205쪽.
59) ① 尹武炳, 註 4)-①의 前揭文, p.11 및 註 6)의 前揭文, 122~24쪽.
　　② 朴淳發, 註 9)의 前揭文, 131~36쪽.
　　③ 沈正輔, 註 10)의 前揭文, 88~9쪽.

양쪽에 하수구도 설치되어 있었다. 또 '88~'89년도 조사에서는 부소산 기슭을 따라 축조된 축대가 동·서 방향으로 일직선을 이루고 있었는데, 이는 아마도 사비도성 내에 형성된 시가지의 북쪽 경계를 구획한 일부 시설일 것으로 판단하고 있다. 南北大 路를 도시 축으로 삼았을 때 동서방향으로 일직선을 이루고 있 는 석축이 직각을 이루고 있는 점이 주목된다.

다음으로 성내 5부제도 문제에 대해 살펴보기로 하자. 필자는 사비도성내의 5부제가 중앙 위치에 있는 定林寺 부근을 중심으 로 5부로 구획되었을 것으로 보고, 사방의 동·서·남·북부와 함께 왕궁이 위치하고 있는 지역을 中部로 하여 五分되어 있었 던 것으로 추정하였다. 그런데 도성 중앙에 錦城山이 자리잡고 있어 염격한 坊條制의 실시는 어려웠을 것으로 판단하였다[60]. 이는 향교 부근에서 출토되었다고 전하는 '前部'銘 표석에 근거 를 둔 것이다.

5部制度를 뒷받침해주는 자료로는 左阝, 後阝, 首阝, 前阝, 上 部, 官阝, 阿尼城 등의 명문이 있는 瓦片이 있다. 또 『周書』·『隋 書』·『北史』·『翰苑』등에서는 上·前·中·下·後部 등의 五部 가 있었는데, 部에는 五巷이 있어 士庶人들이 살았다고 한다. 그 리고 각 部에는 500인의 병사들이 주둔하고 있었으며, 達率이 통 솔하고 있음을 밝히고 있다.

이에 대해 田中은 '阿尼城(內城)'을 中部의 중앙 상단부 그리 고 그 앞에 中部, 前部, 後部 순으로 배치하고 동쪽에는 上部 서 쪽에는 下部가 있었던 것으로 추정하였으며, 각 부에는 '巷'이 있 었다는 의견을 제시하였다[61].

---

60) 拙稿, 註 3)-①의 前揭文, 43쪽에서 再引用.

이와 같은 田中의 의견에 대해 필자는 다음과 같은 사비도성의 조건으로 보아 회의적인 생각을 갖고 있다.

첫째로, 田中이 제시한 의견은 사비도성을 사각형으로 판단하고 5부를 구획하였는데, 사비도성은 실제 사각형이 아니라 굴곡은 있지만 전체적으로 圓形에 가까워 질서정연한 田中의 5부제 구획은 무리가 있다고 판단된다.

둘째로, 문헌에는 部에 5巷이 있었다고 한다. 田中은 이를 同格으로 보고 배치하였는데, 중국에서 항은 작은 거리를 끼고 있는 마을을 뜻하는 글자로 사용되고 있기 때문에 同格으로 보는 것은 곤란하다. 현재까지의 조사로서는 부와 항을 도식적으로 표시할 수 있는 단계에는 이르지 못하고 있다고 생각된다[62]. 그런데 문헌상으로만 알려졌던 '巷'의 존재를 '95년도 궁남지 조사에서 출토된 '西部後巷 …'[63])의 목간을 통해 그 실체를 알게되었다. 그동안 上·下·中·前·後部의 명문와 출토에 근거하여 이를 5部制度와 관련시켜 생각해 왔는데, '西部後巷'銘 木簡의 출토로 東·西·中·南·北의 5部制도 생각해 볼 수 있게 되었다. 田中俊明의 5부 배치에 대입한다면 '西部'는 곧 '下部'에 해당된다고 할 수 있다[64]

---

61) 田中俊明, 註 4)-④의 前揭文, 205쪽 五部配置推定圖 참조.

62) 拙稿, 註 3)-①의 前揭文, 43쪽, 註 5-①), 119쪽.

63-①) 1995,『扶餘宮南池遺蹟發掘調査 指導委員會資料』, 扶餘文化財研究所.

－②) 1995, 崔孟植·金容民,「扶餘 宮南池內部發掘調査槪報 －百濟木簡出土意義와 成果」,『韓國上古史學報 第20號』.

－③) 朴淳發, 註 9)의 前揭文, 133~4쪽.

64) 新羅王京이었던 경주 月城 垓子 발굴조사에서도 7세기 전반으로 추정되는 '第八巷…'銘 木簡이 출토된 예가 있음을 첨기해 둔다(金昌

6. 泗沘都城의 築造年代와 源流

1) 築造年代

‘泗沘都城’ 즉 부소산성과 나성·청산성·청마산성·왕궁 등의 축조에 대한 기록이 문헌에는 없으므로, 발굴조사를 통해 그 자료를 얻을 수밖에 없다.

먼저 부소산성에 대해서 필자는 ’82년에 실시된 성벽조사 자료에 의거해 테메형산성의 축조연대를 동성왕대로 판단하고, 포곡식을 포함한 복합식산성과 羅城은 무왕 6년(605)에 완성한 것으로 생각하였다65)(성주탁, 1983). 이에 대해 田中은 군창지 소재 테메형산성의 축조시기를 동성왕대 이전으로 보고, 천도를 전후한 시기에 포곡식으로 확장되어 사비루 소재 테메형산성도 축조되었을 것이라는 의견을 제시한 바 있다66).

그런데 90년대 이후 부소산성에 대한 조사에서 여러 가지 새로운 사실들이 밝혀졌다. ’91년의 추정 동문지 조사에서는 ‘大通’(527~528)銘 印刻瓦가 출토되어 부소산성의 축조가 泗沘 천도 이전에 이루어졌을 가능성이 있음을 알게 되었다. 이 추정 동문지와 남문지 부근의 축조기법이 동일하여, 필자는 부소산성의 외곽을 형성하고 있는 포곡식산성이 천도 이전에 축조되었을 것으로 견해를 수정하였다67). 한편 ’92~’96년의 군창지와 사비루 테메식산성에 대한 발굴 결과 백제시대에는 포곡식산성만이 있었으며, 통일신라시대에 와서 軍倉址 뒤쪽에 동·서로 가로지르

鎬 1995,「古新羅의 都城문제」,『新羅王京硏究』, 94~5쪽).
65) 拙稿, 註 3)-①의 前揭文.
66) 田中俊明, 註 4)-④의 前揭文.
67) 拙稿, 註 5)-①②의 前揭文.

는 내측 성벽 약 800m와 사비루 남쪽에 있는 내측 성벽 약 450m가 축조되었고, 군창지 소재 테메형 산성은 조선시대에 다시 동·서 2구로 분리되어 조성되었음을 확인하였다[68]. 이에 따라 복합식산성이라는 주장이 근거를 잃게 되었음은 물론, 부소산성의 변천과정을 좀 더 명료하게 이해할 수 있게 되었다.

이처럼 '大通銘'印刻瓦에 근거하여 부소산성이 527~528년경에 축조되었을 것으로 추정하는 것에 대해, 이보다 훨씬 이른 동성왕 8년(486) 축조설이 심정보에 의해 제기되었다[69]. 이는 "東城王을 살해한 苩加가 加林城에 근거를 두고 叛하자 武寧王이 직접 兵馬를 거느리고 牛頭城에 이르러 扞率 解明으로 하여금 토벌케하고 苩加를 斬刑한 후 白江에 던졌다"라는 기록[70]과 "東城王이 宮室을 중수하고 牛頭城을 축조하였다"라는 기사[71]의 '牛頭城'을 부소산성으로 비정하여 제시한 연대이다. 그러나 이 '우두성'이 곧 부소산성과 직결될 수 있는 城名인지는 좀더 적극적인 고고학적 자료나 지명분석에 의한 比定이 이루어져야 하며, 아직은 그 근거가 미약하다고 생각된다.

다음으로 羅城의 축조 년대는 확실한 근거가 될 수 있는 절대연대 자료는 아직 없으나, 몇가지 간접적인 자료를 통해 살펴볼 수 있다. 필자는 처음 『三國史記』의 무왕 6년(605) 角山城 축조기사를 청산성 축조와 연결시켜 보는 한편 同王 35년(634)의 궁남지 축조 기록을 참조하여, 사비 나성이 7세기초 경에 완성되었으리라는 견해를 피력한 바 있다[72]. 이러한 필자의 생각과 달리

---

68) 國立扶餘文化財硏究所, 註 11)-①②의 前揭書.
69) 沈正輔, 註 9)의 前揭文, 102쪽.
70) 『三國史記』 武寧王 元年(501) 正月條.
71) 『三國史記』 東城王 8年(486) 7月條.

田中은 능산리 고분군과 나성의 위치로 보아 적어도 이곳에 고분이 조성되기 시작한 시점에는 이미 나성이 만들어져 있었을 것이므로 나성이 부소산성과 함께 사비천도 이전에 축조되었을 것으로 주장하였으며[73], 윤무병도 이를 합리적인 해석으로 수용하였다[74].

그런데 이 나성 축조 연대와 관련시켜 볼 수 있는 자료가 동나성과 능산리고분군 사이에 있는 건물지 발굴조사에서 얻어졌다(그림 Ⅰ-3-2의 E지점). 이 건물지는 '92～'96년까지 5차례에 걸쳐 조사되어 절터임이 확인되었는데[75], 2차 조사에서 金銅大香爐가 출토되어 백제문화의 정수를 새삼 보여준 바 있다. 특히 4차 조사 때 목탑지에서 "百濟昌王十三年(567)太歲在丁亥妹兄公主供養舍利"라고 하는 銘文 舍利龕이 발견되어 나성 축조 연대 추정의 단서를 제공해 주었다. 박순발은 위치 상 나성이 이 절터보다 먼저 만들어져 있어야 하므로 나성은 사리감에 의한 절의 創寺 시점인 567년보다 분명히 앞서는 것으로 보아야 하는데, 사

---

72) 拙稿, 註 3)-①의 前揭文.
73) 田中俊明, 註 4)-④⑤의 前揭文.
74) 尹武炳, 註 6)의 前揭文.
75) 陵山里寺址 發掘調査現況

연번	조사 순서	조사 기관	조사 기간	조사 내용	시행청	비 고
1	제1차 조사	윤무병	92. 12.-3. 1.	유적존재확인	충청남도	시굴조사
2	제2차 조사	국립부여박물관	93.10.26-12.24.	제1,2,3건물지	충청남도	금동대향로출토
3	제3차 조사	국립부여박물관	94.4.15-7.30	제4,5,6건물지	충청남도	
4	제4차 조사	국립부여박물관	95.5.15-10.15	제7,8,9,10,11건물지	부여군	절터임을 확인 석제사리감출토
5	제5차 조사	국립부여박물관	96.10.29-.	추정남문지 및 배수로	부여군	절의 주출입로 확인

비 천도의 계획성과 동나성이 차지하는 사비도성 방어상의 긴요성을 감안할 때 천도시기인 538년 무렵에는 나성과 부소산성이 이미 완성되었을 것이라는 의견을 발표하였고[76], 심정보도 같은 견해를 제시하고 있다[77]. 이처럼 羅城이 創寺 이전에 축조되었다는 해석은 합리적인 견해로 필자도 수긍할만하지만, 그 완성이 천도 이전이냐 이후냐의 문제는 좀 더 분명한 자료가 보강되기를 기대한다.

2) 사비도성의 원류

다음으로 사비도성의 구성문제에 대해서 살펴보도록 하겠다. 백제 사비도성은 평지성 〔內城(王宮)+外城(羅城)〕+산성 〔丘陵性山城(부소산성)+高地性山城(청마산성)〕으로 구성되어 있고, 성내는 5部制度에 의해서 통치되었다. 평지성(王宮)의 배후에 산성을 배치하는 사비도성의 구조는 백제 웅진성을 祖型으로 한 것이며, 백제 웅진성의 조형은 백제 河南慰禮城[78]에 뿌리를 두고 있고, 백제 하남위례성은 고구려의 평지성(왕궁)+산성의 구조에 근거를 둔 것으로 보고 있다. 고구려의 평지성(國內城)+산성(尉那巖城), 평지성인 安鶴宮과 大成山城[79], 그리고 長安城이 평지성과 구릉성산성으로 구성된 것을 백제는 그대로 답습하고 있다고 파악하였다. 특히 백제 사비도성은 고구려의 장안성에서 유래하였다고 보았다[80]. 고구려의 장안성은 北魏 洛陽城이 그

---

76) 朴淳發, 註 9)의 前揭文.
77) 沈正輔, 註 10)의 前揭文.
78) 이것은 百濟 河南慰禮城을 夢村土城에 비정한 필자의 견해이다.
79) '平壤城'을 대성산성과 청암리토성으로 보기도 한다
80) 拙稿, 註 5)-①의 前揭文

조형으로서, 552년(양원왕 8)에 축성을 시작하여 586년(평원왕 28)에 천도하였으므로, 이보다 늦은 7세기 초에 완성된 백제 사비도성이 고구려 장안성의 영향을 받았다고 보았다. 그러나 전술한대로 사비 나성의 축조 연대가 6세기 중반 이전으로 소급될 수 있어, 이 견해는 재고를 필요로 하게 되었다.

그러나 필자는 백제문화가 고구려의 영향을 많이 받았으리라고 하는 견해는 지금도 변함이 없다. 특히 백제 漢城時代부터 채택하였던 西部, 東部등의 五部制度는 백제 사비시대까지 그 맥락을 계승하고 있음을 볼 수 있는데, 이는 고구려의 5부제도를 수용했음을 시사해 주는 자료라고 할 수 있다. 즉, 백제의 上(東)·前(南)·下(西)·後(北)의 五部制는 고구려의 內(中·黃)·北(後·黑)·東(右·上·靑)·南(前·赤)·西(左·下·白)의 5部制와 일치함이 이를 뒷받침해 주며, '西部後巷'의 木簡銘은 그 실재를 입증해 주고 있다. 사비도성의 판축기법과 부소산성의 회랑시설 등은 고구려 대성산성의 회랑시설과 함께 樂浪土城의 판축기법 영향이 남아 있는 것으로 판단된다. 백제 聖王이 서울을 사비(부여)로 옮기고 국호를 南扶餘라 칭한 것[81]은 백제문화의 뿌리가 扶餘族인 고구려에 있음을 입증해주는 것이라 할 수 있다.

한편 南朝 建康城의 복원을 시도한 秋山日出雄은 사비도성이 남조 건강성의 영향을 받은 것으로 보았는데[82], 사비도성의 행정구역 명칭에 '巷'을 사용한 것은 이 영향을 받은 것으로 볼 수 있다. 그러나 定林寺出土 陶俑들은 洛陽 北魏 元邵墓出土 陶俑들

---

81) 『三國史記』百濟本紀 聖王 16年條.
82) 秋山日出雄, 1988, 「南朝 建康城의 復原序說」, 『彊原考古學研究論文集』제8.

에서 보이는 조형적 특징을 보이고 있다83). 또 백제에서 수용한 남조의 禮學은 그 연원이 鄭玄의 학통을 계승한 북조의 崔靈恩84)이며, 6세기의 백제 불상은 남조의 불상이 북조로 수용되어 중국화한 불상을 수용하고 있어85) 백제가 남북조의 문화를 폭넓게 수용하고 있음을 알 수 있다.

필자는 원형에 가까운 사비 도성 내에 질서 정연한 條坊制가 실시되기는 어렵다고 보았다. 도성 중앙에 금성산이 폭넓게 자리잡고 있어 더욱이 그러하다. 그러나 동서와 남북이 교차하는 지점에서 부분적으로는 條坊制形의 구획이 이루어졌으리라고 추정된다86).

백제 사비도성과 연관된 유적들이 그 동안 조사되어 있다. 부소산성, 추정 왕궁지, 나성 일부, 궁남지, 離宮址, 부여여고 자리의 御井址(八角井), 정림사지와 군수리사지, 西麓寺址, 능산리 고분군과 건물지 등 많은 유적들이 조사되어 왔고 또 조사중에 있다. 그러나 이것은 사비 도성의 극히 한정된 일부에 불과하기 때문에 이것만으로 어떤 결론을 내리기에는 너무 성급한 감이 든다. 앞으로의 조사와 연구 성과를 기대한다.

---

83) 忠南大學校博物館, 1981, 『定林寺』, 67쪽.
84) 周一良, 1992, 「百濟와 南朝關係의 몇가지 考察」, 『百濟史의 比較研究』, 忠南大學校 百濟研究所, 109쪽.
85) 金理那, 1992, 「百濟佛教樣式의 成立과 中國佛像과의 比較研究」, 『百濟史의 比較研究』, 忠南大學校 百濟研究所, 205~206쪽.
86) 拙稿, 註 3)-① 및 註 5)-① 의 前揭文.

7. 맺음말

이제까지의 자료를 가지고 정리해 보면 다음과 같은 결론을 얻을 수 있을 것 같다.

첫째, 사비도성 가운데 배후 산성인 부소산성은 초축당시는 약 2.5㎞의 포곡식산성이다. 통일신라시대에 사비루와 군창지 소재 테메형산성이 축조되었으며, 군창지의 테메형산성은 다시 조선시대에 동·서 2구로 분할 축조되었다. 부소산성의 축조시기는 '大通'銘 인각와의 수습으로 527~528년경으로 대체적인 의견의 일치를 보고 있으나, 그 보다 훨씬 앞선 A.D.486년(동성왕)으로 보는 의견도 제시되고 있어 앞으로 검토를 필요로 한다.

둘째로, 부소산성내에서 가장 중요한 위치는 군창지로 알려져 있는 4동의 건물지인데 이 곳 주변에서 왕궁에 걸맞는 유적은 발견하지 못하였으며, 이 안에 왕궁을 배치하였을 가능성은 희박하다.

셋째로, 나성은 서·남나성의 존재가 확인되지 않고 있어 동나성과 북나성만 축조되었을 가능성이 높은 것으로 보이며, 그 길이는 6.3㎞이고 평면형은 半月形에 가깝게 된다. 다만 백마강을 감안하면 사비도성의 전체적인 평면형은 원형에 가깝게 된다.

넷째로, 나성은 백제 昌王 13년(567) 명문사리감의 출토로 이보다 앞선 시기에 축조되었음이 분명하며, 나아가 사비 천도 전에 축조되었을 가능성이 크다는데 의견이 접근되고 있다. 필자도 이를 합리적인 것으로 받아들이고 있으나, 나성 축조와 관련된 직접적인 자료는 아니기 때문에 앞으로의 조사에서 좀 더 분명해지기를 기대한다.

다섯째, 부소산성 동쪽 약 500m지점에 있는 청산성은 나성과 상호 연계되어 있어 밀접한 관계가 있다. 청산성은 나성보다 이른 시기에 축성되었을 가능성이 있다고 하는 지적도 있고 또 지표조사에서 외견상 2중성이나 3중성으로 파악되고 있어 앞으로 그 구조를 파악할 필요가 있다. 아울러 동나성 밖에 고분군과 함께 청마산성이 위치하고 있어 사비도성의 전모를 파악하고자 하면 역시 꼭 조사가 이루어져야 할 것이다.

여섯째, 왕궁지의 위치와 5부제도 문제이다. 현재까지의 조사결과 왕궁지가 도성 내의 중앙북단에 위치하고 있는 현 부여문화재연구소 주변일 것이라고 하는데 대체적인 의견 일치를 보고 있다. 이것은 북·남조의 도성제와 관련이 있으며 고구려의 도성제와도 상호관계가 있는 것으로 판단된다. 백제 웅진성이나 백제초기 하남위례성으로 비정되고 있는 몽촌토성도 같은 성제였을 것으로 짐작된다. 성내는 東(上)·西(下)·中(內)·南(前)·北(後)의 五部·五巷制度로 통치되었다. 5부제는 지형적 여건으로 보아 자연부락단위로 형성되어 질서정연한 坊條制는 실시되지 못했을 것으로 짐작되지만, 동서남북으로 교차하는 부분적인 도로망은 형성되었던 것으로 생각된다.

일곱째, 백제 사비도성은 웅진성과 하남 위례성으로 비정되는 몽촌토성 그리고 고구려식의 평지성과 산성이 결합하는 도성구조를 계승하고 있어 그 원류는 고구려식에 있다고 보여진다. 백제는 남조문화의 영향도 받은 바 컸지만 북조의 문화도 많이 수용했던 것으로 판단한다.

이 小稿가 마련되기까지 자료를 마련해 준 부여문화재연구소 최맹식 소장과 부여박물관 金鍾萬 학예사, 도면을 정리해준 姜鍾元 충남대강사, 그리고 많은 조언을 해준 박순발 교수에게 감사를 드린다.(2001. 8)

第 2 編 山 城

助川城의 位置에 對하여

1. 머리말

필자의 과문한 所致인지 모르나, 이 논문의 表題로 삼고 있는 '助川城'의 위치에 대하여 지금까지 아무도 그 의견을 발표한 바 없다. 다만 이 '助川城'과 불가분의 관계가 있다고 볼 수 있는 옛날의 '陽山'이나 오늘의 영동군 양산지방에 대해서만 그간 日人이나 국내의 몇몇 학자들에 의하여 약간 언급되어 왔는데 이제 그 내용을 간추려 소개해 보면 다음과 같다.

1) 大原利式[1]

炭峴은 전라북도 금산군 금산면(현재는 충남 금산읍임) 川內里와 충청북도 영동군 양산면 加仙里에 걸쳐있는 현재 '黔峴'이

---

[1] 大原利式, 「百濟要塞地炭峴に就いて」, 『朝鮮史講座』, 朝鮮歷史地理 卷一, 640쪽.

라 칭하는 곳으로 추정한다.

2) 洪思俊[2]

義慈王 15년(655) 8월에 백제왕이 高句麗兵 및 靺鞨兵과 더불어 신라의 北部國境 33城을 탈취하였던 관계로 신라 武烈王은 唐 高宗에게 구원을 요청하는 소동이 일어났으며 그 전쟁으로 인하여 신라에서는 귀족인 奈勿王의 8세손이고 화랑이며 郎幢大監인 金歆運과 大監 穢破, 少監 狄得, 步騎幢主 寶用那 등이 전사하고 막대한 인명피해를 보게 되었다. 그 전쟁의 위치는 다른 곳이 아니라 영동에서 30리, 금산에서 40리 지점인 현재의 영동군 양산으로 백제와 신라와의 국경지대에서 일어난 사건이며 列傳 金歆運條에 그 장소를 명기하고 있는 것이다.

3) 池憲英[3]

… 끝으로 太宗武烈王 7년(660) 당시 신라군이 영동(吉同)의 '陽山'을 침공기지로 삼아 陽山~黔峴~內仁江~濟源~錦山~珍山方面의 준령을 이리저리 누비고 黃山之原(連山)에 진군했으리라고는 상상해 볼 가치조차 없는 것이다. …(中略)… 이곳에 더 짓궂게 사족인대로 첨가한다면 영동의 양산지역은 신라의 對百濟 침공기지로서 전략적으로나 그 가치를 도외시하여도 무방할 것이다. 오히려 신라측은 이 양산지역의 방어에 급급했던 형적을 우리는 역사상 기록에서 볼 따름이다.

---

2) 洪思俊, 1967, 「炭峴考」, 『歷史學報』第35·36合輯.
3) 池憲英, 1970, 「炭峴에 對하여」, 『語文研究』第6輯.

위의 견해들은 모두 炭峴의 위치를 고찰하면서 양산이 자연히 화두에 오르고 있음을 알 수 있다. 다시 말하면, 김유신장군이 5만 대군을 거느리고 "一夫單槍萬人莫當 … 由徑而不得並馬"하는 험로를 거쳐, 필경 黃山벌 싸움에서 계백장군과 혈전을 하게 되었다고 하는, 그 백제의 요새지대인 탄현의 위치를 고찰하는데 양산이라는 지명이 공통적으로 나오고 있음을 알 수 있는 것이다.

위에서 거론되는 '炭峴'은 백제 동성왕 23년 7월 조에 "設柵於 炭峴 以備新羅"하였다고 기록되어 있는 바와 같이, 신라에 대비하여 백제에서 이미 501년에 柵을 설치하여 놓은 그 '炭峴'의 위치를 문제삼는 것이다. 그 지점을, 현 영동군 양산면 가선리의 '黔峴'에다 비정한 大原의 학설에 자극되어, 洪思俊은 김흠운 장군이 전사하였다는 곳으로 유명한 '陽山'을 이곳에 논증하고 小田省吾가 『朝鮮史大系』 上世史, 184쪽에서 언급한 全州郡 雲東下面 三巨里와 西坪里 사이의 '炭峴'이 곧 동성왕대에 設柵하고 의자왕 16년 佐平 成忠이 간한 요처로서 김유신장군이 또한 지났을 '炭峴'으로 비정하고 있는 것이다. 한편 池內宏은 「白江及び 炭峴に ついて」(『滿鮮地理歷史研究報告』卷十四, 134〜152쪽)에서 小田省吾나 大原利武 등의 설을 비판하고, 대전 동부인 옥천군과 대덕군 경계에 있는 馬道嶺(『大東輿地圖』에서는 遠峙라 되어있고 현재는 "머들령"이라고 함)에 비정하고 있다. 이 설에 근거를 두고 연구한 지헌영은 현재 대전시 동쪽에 솟아 있는 食藏山을 '炭山'이라 하고 이 식장산 동쪽 옥천군 郡北面 自慕里에서 대전시로 통하는 속칭 '자무실고개'를 탄현이라 비정하고 있다. 이 밖에도 今西龍, 津田左右吉, 李丙燾 諸氏가 각각 이 탄현문제에 언급한 바 있으나 현재로는 전기한 '雲東下面' 즉, 현 금산군 珍山面과 완주군 雲州面 경계의 '炭峴' 및 '대전시 동부' 즉, 옥천군 郡北面과 대전시 板岩洞 경계의 현 '식장산' 부근의 설이 그 주류를 이루고 있는데 불과하다.

이렇게 '炭峴'에 대한 문제가 제기되면서 점차 '陽山' 문제가 부각되어 당시의 양산이 현 영동지방이다 또는 아니다 하고 서로 논박하고 있다. 당시 양산이 현 영동군 양산이 아니라고 반대하는 입장인 지헌영도, 결국은 양산지방의 치열했던 羅·濟 양국간의 相戰만은 인정하여 "新羅側이 이 方面의 防禦에 汲汲하였다"고 양국의 충돌상을 단편적으로나마 시사하고 있다[4].

필자는 660년에 김유신장군이 5만대군을 거느리고 넘었으리라는 '炭峴'을 논하기 전에 이미 655년에 일어났던 양산싸움 즉 助川城(一名 助比川城)전역에 대해 고찰해 보기로 하겠다. 우선 조천성의 위치를 홍사준처럼 양산 부근에 가정하고 현 영동군 양산면 일대를 수차에 걸쳐 답사한 결과 약간의 수확을 보았으므로, 이제 이를 근거삼아 역사지리학이나 고고학적인 입장에서 신라 당시의 '陽山'은 현 '陽山'이 아니오 백제의 '助川城'은 현 양산의 뒷산인 '飛鳳山'중에 있었음을 아래에 논술코저 한다.

2. 助川城의 位置

여기서 주제가 되는 '助川城' 및 이 조천성과 깊은 관계가 있다고 생각되는 양산싸움 등에 대한 사료들을 살펴보면 다음과

---

4) 양산이 영동의 현 양산이라는 고증은 이미 順庵 安鼎福의 『東史綱目』에서도 보이고 있다.

같다.

I. 金歆運 奈密王八世孫也 父達福迊湌 歆運少遊花郎文努之門
… 永徽六年 太宗大王憤百濟 與高句麗梗邊謀伐之 及出師
以歆運爲郎幢大監 於是不宿於家 風梳雨沐 與士卒同甘苦 抵
百濟之地 營陽山下 欲進攻助川城 百濟人乘夜疾驅 黎明緣壘
而入 我軍驚駭 顚沛不能定 賊因亂 急擊 飛矢雨集 歆運橫馬
握槊待敵 大舍詮知說曰 今賊起暗中 咫尺不相辨 公雖死 人
無識者 況公新羅之貴骨 大王之半子 若死賊人手 則百濟所誇
詫 而吾人之所深羞者矣 歆運曰 大丈夫旣以身許國 人知之與
不知一也 豈敢求名乎 强立不動 從者握轡勸還 歆運拔劍揮之
與賊鬪殺數人而死 於是大監穢破 少監狄得 相與戰死 步騎幢
主寶用那 聞歆運死曰 彼骨貴而勢榮 人所愛惜而守節以死 況
寶用那主而無益 死而無損乎 遂赴敵殺三數人而死 大王聞之
傷慟 贈歆運 穢破 位一吉湌 寶用那 狄得 位大奈麻 時人聞
之 作陽山歌以傷之5)
II. 永徽六年 乙卯秋九月 庚信入百濟 攻刀比川城克之 是時百濟
君臣奢泰淫逸 不恤 國事… (中略)…於是愈急幷呑之謀6)
III. 驟徒 沙梁人 奈麻聚福之子 史失其姓 兄弟三人 長夫果 仲驟
徒 季逼實 驟徒嘗出家名道玉 居實際寺 太宗大王時 百濟來
伐助川城 大王興師出戰 未決 於是道玉語其徒 吾聞爲僧者
上則 精術業以復性 次則起道用以益他 我形似桑門而已 無一
善可取 不如從軍殺身以報國 脫法衣著戎服改名曰驟徒 意謂
馳驟而爲徒也 乃詣兵部 請屬三千幢 遂隨軍赴敵場及旗鼓相
當 持槍劍突陣 力鬪殺賊數人而死7)

---

5) 『三國史記』卷第四十七 列傳 第七 金歆運條. 以後 東國輿地勝覽, 東
史綱目, 永同郡誌, 大東地志, 東京雜記 등에 所收된 것들은 이것을
本으로 하였을 것이다.
6) 『三國史記』卷第四十二 列傳 第二 金庾信 중, 이것 이후 제서에 언
급된 것도 역시 史記에서 전재한 것이라고 생각된다.
7) 『三國史記』卷第四十七 列傳七 驟徒條 李能和著 朝鮮佛敎通史 上篇

이상 Ⅰ,Ⅱ,Ⅲ의 사료는 모두 助川城戰役과 관계가 있다고 생각되는 기록들이다. 우선 사료 Ⅰ의 내용을 보면 김흠운은 奈密王의 8세손이요 그의 부친은 達福迊湌이었는데, 迊湌은 일명 蘇判이라고도 하며 17等의 官階 중 제3위의 職品이다. 그 품위로만 보더라도 그가 왕족이었음이 분명하다. 또 '…納一吉湌金欽運少女爲夫人…'[8]이라 하며 흠운이 죽은 뒤 28년 후인 683년에 그의 막내딸이 왕비가 된 것을 보면, 어쩌면 爲國殉節한 그 충의심이 높이 평가받은 眞骨임이 분명하다고 생각할 수 있다. 그는 이 기록에 명시한 대로 화랑 정신에 투철한 사람으로서 일단 大任이 부과되자 집에도 들어가지 아니하고 사졸들과 더불어 고락을 같이하여 大戰에 임하게 되었다. 이러한 인품으로 그는 낭당대감이 되었는데 郞幢은 『삼국사기』 職官志에 보면 처음 설치되었다가 文武王 17년(677)에 九誓幢의 두 번째인 紫衿誓幢으로 개편된 중요 군사조직이다.

한편 그는 敵國의 重鎭을 탈환할 수 있을 만큼의 단결된 부하도 거느리고 있었다. 그리하여 김흠운은 백제 땅에 다달아 양산 아래에 진영을 베풀고 장차 조천성을 공격하려 하였는데, 백제인이 밤에 몰래 달려와 새벽녘에 壘에 연하여 들어오니 신라군은 놀라고 급하여 어찌할 줄을 몰랐다. 이러한 상황에서 김흠운이

武烈王 金春秋條에서는 사료Ⅰ과 결부시켜 김흠운과 驟徒가 함께 전역에 나아가서 죽었다고 하고 있으나 史記의 記載에는 그런 사실을 증명할 만한 점이 없다.

8) 『三國史記』卷第八 新羅本紀 第八 神文王三年二月條, 同 孝昭王 卽位年條에도 "母姓金氏 神穆王后一吉湌金欽運(一云雲)女也"란 말이 있는데 과연 양산에서 죽은 김흠운과 여기의 金欽運 혹은 金欽雲이 同人인지는 확실하지 않다. 다만 벼슬이 一吉湌 이요, 왕족이므로 이와 같이 생각함도 무리는 아닐 듯 하다.

달아나지 아니하고 적과 맞부딪쳐 싸우다 의롭게 죽었다는 것이며, 그때 김흠운이 죽었다는 말이 퍼지자 당시 사람들이 陽山歌를 지어 슬퍼했다는 것이다9).

사료 Ⅱ는 김유신장군이 백제에 들어가 刀比川城을 공격해서 이긴 후, 백제를 병탄할 것을10) 도모하게 되었다는 것이다.

또 사료 Ⅲ은 驟徒가 역시 조천성을 회복하려는 전쟁에서 의롭게 죽었다는 내용인데 상기 Ⅰ, Ⅱ, Ⅲ의 사료를 서로 비교하여 보면 Ⅰ과 Ⅲ은 조천성에 대한 기록인 점에서 같다. 그런데 사료 Ⅰ, Ⅱ는 永徽 6년(655)이라는 명확한 연대를 가지고 있는데 반하여 Ⅲ은 太宗大王時라고만 하고 있어 다같이 백제에 대한 반격이라 할지라도 사료 Ⅰ이나 Ⅱ와 동일한 시기의 일인지 아닌지 언뜻 알 수 없다. 그리고 사료 Ⅱ는 '秋九月'이라 하여, 이 永徽 6년(655) 중에도 9월이라는 연대기록이 더욱 분명하되, 전쟁의 자세한 상황은 없다. 또 '助川城'이 아니라 '刀比川城'으로 되어 있어 '刀比川 = 助川'이라는 증명이 필요하다. 다만 이 전쟁에서 이긴 것을 기화로 병탄할 생각을 품게 되었다는 것으로 보아, 오랫동안 상쟁한 끝에 이제 겨우 신라의 국력이 비록 唐의 힘을 빌어서나마 백제보다 우월한 입장에 서게 되었음을 시사하고 있다 하겠다.

---

9) 陽山歌에 대해서는 이미 1971년 4월 21일자 忠大新聞에 언급하였고, 『新增東國輿地勝覽』 慶州 題詠條의 金宗直의 詩인 양산가는 홍사준의 「炭峴考」(歷史學報 35·36合輯)를 참조하기 바란다. 양산가는 조선초의 金宗直이 지은 것으로 『신증동국여지승람』에 나와 있다. 그러므로 助川城 戰役直後 부른 양산가는 전하지 않는다고 볼 것이다.

10) 이러한 金庾信의 百濟併吞之謀가 義慈王 16년(助川城戰後 이듬해) 좌평 성충의 간언을 가능케 하였 을 것으로 보인다.

그러므로 본고에서 고찰하고자 하는 조천성의 위치는, 부득이하게 사료 Ⅱ나 Ⅲ의 기록보다 사료 Ⅰ의 기록을 중심으로 살펴보는 것이 편리하다. 이제 사료 Ⅰ의 기록을 좀더 자세히 분석하여 보기로 하겠다.

먼저 조천성의 위치를 시사하는 것은 '抵百濟之地 營陽山下'라는 구절이다. "百濟땅에 이르러, 助川城을 치고자 陽山아래에 留營했다"는 것은 이 전쟁이 백제의 변방에서 생겼다는 것이요, 양산 아래에 진영을 베풀었다함은 곧 조천성 가까이에 양산이 있었음을 말하는 것이어서, 양산의 위치를 알아내면 자연 조천성의 위치를 찾을 수 있을 것이다. 그런데 여기서 '陽山'이란 말은 그것이 산의 이름이냐 또는 陽山縣의 준말로서 어떤 행정구역상의 명칭이냐 하는 의문이 난다. 물론 문맥상으로 보아 산의 이름이 분명하되, 서술의 편의상 '陽山'이라 하는 행정구역의 명칭을 먼저 살펴보면,

"永同郡 本吉同郡 景德王改名 今因之 領縣二 陽山縣 本助比川
縣 景德王改名 今因之"[11]

라 하여 '陽山縣'이란 명칭은 곧 景德王 16년(757)에 고친 이름으로서 이 싸움이 있던 太宗때는 물론이요 통일신라에 들어와서도 757년 이전에 이 고장의 행정구역상 이름은 '助比川縣'이었다. 『新增東國輿地勝覽』권15 沃川郡 建治沿革 및 그 屬縣에 대한 條文에도 그대로 나온다. 즉

---

11) 『三國史記』 卷第三十四 雜志第三 地理一 尙州 永同郡條.

"陽山縣 在郡南五十九里 本新羅助比川縣 景德王改今名 爲管城
郡領縣"

이라 하였으므로, 陽山下에 진을 쳤다고 하는 '陽山'은 결코 '陽
山縣'이 될 수 없다. 물론 '陽山'이란 산은 전국에 많이 산재해
있을 것이로되 이들을 다 助川城戰役과 연결시켜 본다는 것은
무의미한 일이요 산 이름의 양산은 현 양산면 부근 — 아무리
넓게 잡더라도 영동군 부근—에서 찾을 수밖에 없는 일이다. 이
렇게 범위를 한정시키고 맨 먼저 생각되는 것은 현 양산면 사무
소가 있는 속칭 '陽山'동네(정식 마을명은 柯谷里)의 뒷산이다.
그런데 이 산의 이름은 陽山이 아니요, 飛鳳山이다. 그렇다면 이
산의 이름이 양산에서 비봉산으로 고쳐졌다는 증거가 발견되지
않는 한, 양산면 치소가 그 산의 아래에 있다고 해서 1,300여 년
전의 이 산 이름이 양산이란 주장이 성립되지 않는다. 왜냐하면
산은 늘 그 자리에 있으매 이름이 거의 고정적이지만 치소의 위
치는 형편을 따라 바뀌는 수가 있으므로, 행정구역 명칭에서 온
오늘날의 '陽山'은 이 가곡리 한 동네에 국한된 것도 아니요 그
현치가 옛날에도 이 산 아래 있다는 보증은 할 수 없기 때문이
다. 『신증동국여지승람』의 충청도 옥천군 산천조에는 '陽山'이란
산명이 보이지 않고, 古跡 陽山條에도 그저 『삼국사기』의 기록
을 요약해서 김흠운 등의 전사한 이야기만 적었을 뿐 '陽山'이라
는 산의 위치는 나와 있지 않다.

그런데 현재 1/5,000지도에 大旺山으로 표기되어 있는 산이 사
실은 원래 大陽山인 것을 발견하였다. 그리 오래된 기록은 아니
로되 『永同郡誌』의 山川條에 다음과 같은 말이 적혀 있다.

"大陽山 一名 大鳳山 在郡西南 三十里 陽山 鶴山 龍化 三面界
通稱 三面 曰陽山者以此故也 自天摩山 委蛇而來"

즉, 대양산은 大鳳山이라고도 하는데 영동군 치소의 서남방
30리(陽山, 鶴山, 龍化 3面의 경계)에 있으니 이 3면을 통털어
'陽山'이란 것도 이 때문이라 하였다. 그러므로 조비천현을 양산
현으로 고친 '陽山'이라는 명칭은 바로 이 대양산이라는 산 이름
에서 나온 것임을 알 수 있는 동시에 (사료 Ⅰ)에서 '營陽山下'라
고 한 '陽山'은 곧 오늘의 '大陽山'을 가리킨 것이 아닌가? 다시
말하면 김흠운 낭당이 주둔한 양산 아래는 현 양산면사무소가
있는 가곡리가 아니라, 대봉산 또는 大旺山이라고도 불리는 이
'大陽山'의 아래인 원당리일 것이다. 만일 그렇다면 이 대양산 아
래에 유영했던 어떤 물적증거 곧, 유적이 있어야 할 것이다. 다
시 말하면 (사료 Ⅰ)의 '百濟人 乘夜疾驅 黎明緣壘而入'이라 한
것으로 보아, 양산 아래에 진을 친 신라군은 보루를 쌓아놓고 있
었던 것이 분명하다. 그러므로 대양산이 과연 그 양산이었다면
이 산 아래에 반드시 어떤 보루 유적이 없을 수 없는 것이다. 그
런데 바로 대양산(그림 Ⅱ-1-1, 사진 Ⅱ-1-1)의 아래인 현
양산면 원당리의 서쪽 낮은 구릉 위에 '성재'라 불리는 石壘가
남아 있다(사진 Ⅱ-1-2). 주위는 약 300m쯤 되며, 백제말기와
신라기의 것으로 보이는 토기편도 많이 흩어져 있으니, 백제인이
緣壘而入했다는 신라군의 보첩이 이것 하나만은 아닐지 모르나
적어도 김흠운이 유영했던 양산 아래의 작전본부는 그 입지적인
조건으로 보아 이곳임이 틀림없다 하겠다[12].

---

12) 원당리의 '성재' 주위에는 고분이 많이 있으며, 성벽은 모두 붕괴되

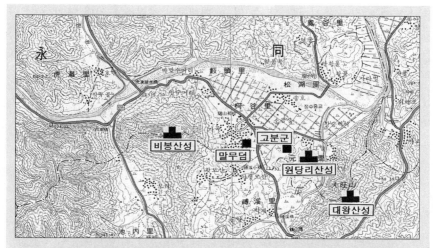

그림 Ⅱ-1-1 永同郡 陽山面 附近圖

사진 Ⅱ-1-1 서쪽에서 본 大陽山城

사진 Ⅱ-1-2 元塘里의 石壘

  이와 같이 김흠운이 백제의 조천성을 치기 위하여 유영했던 '陽山'아래가 곧 현 대왕산아래인 '성재' 이곳이라면, 백제의 조천성은 과연 어디일까. 물론, 신라군이 진치고 있는 이 대양산 자

───────────────

  어 축성부분이 완전히 남아있는 곳은 없다. 이 성은 문헌에 전하는 것은 없으며 현지조사를 통해 새로 발견한 곳이다.

체는 결코 조천성이 될 수 없고, 백제군이 점령하고 있던 조천성은 이 石壘(곧 옛 陽山下)의 서쪽 —그리 멀지도 않고 그리 가깝지도 않은— 적당한 거리에 떨어져 있어야 할 것이다. 『신증동국여지승람』 등 옛 문헌에는 이곳의 서쪽에 백제나 신라성지에 대한 기록이 없고[13] 다만 고려시대 築城된 摩尼山城址[14]와 老姑城址[15]가 북쪽에 있을 뿐이다. 필자가 이 부근을 수차 답사한 결과, 문헌에 나오지 않는 古城址를 하나 발견하였다. 그것은 비봉산이라는 해발 381m의 높은 고지 위에 있는 것으로서 많이 허물어지고 아래에서 잘 보이지도 않아 세간에 별로 알려지지 않았다. 그러나 유심히 보면 비봉산의 서쪽 봉우리에 뱀모양으로 길쭉하게 동서로 쌓은 석성의 자취를 지금도 뚜렷이 알아 볼 수가 있으니, 이 성지가 바로 백제가 일시 점령했던 助川城址가 아닌가 생각된다. 이 성지는 원당리석루에서 서쪽으로 똑바로 바라보이는 현 비봉산의 서편에 있는 바, 김흠운이 유영한 원당리석루에서 현재 나있는 길을 따라 오른다면 약 2시간이 소요되며, 산정상에서는 양산벌판을 빤히 내려다 볼 수 있는 전망이 매우 좋

---

13) 西쪽 방면엔 없고 東南方인 大旺山에는 大陽山城이 記錄에 있다. 大陽山城은 土‧石混築으로 되었던 듯하나 지금은 흔적뿐이고 石材가 山下로 많이 흘러 내려 築石法은 알 수 없다.

14) 摩尼山城址는 '마루산'에 있는데 이에 관한 기록은 永同郡誌, 輿地勝覽, 大東地志등이 있다. 永同郡誌에서는 高麗代에 恭愍王이 피난하여 이곳에 왔었다고 하고 있으며 현지 조사에서 살펴보면 天險의 절벽위에 쌓은 것인데 서방에 문지가 있고 북방으로 축석부분이 남아 있는데 비교적 후대의 축성임을 알 수 있었다.

15) 老姑城은 마루산(摩尼山)의 남쪽 烽火재의 동쪽에 있는데 築城이 완전치 못하고 동북부에 약간의 석축이 있으나 규모가 매우 작으며 물(水)이 북으로 급경사를 내려와서야 구할 수 있는 곳으로 陽山面 梧亭里의 뒷산에 있다.

은 곳이다(사진 Ⅱ-1-3~8). 이 비봉산성지가 백제시대의 助川
城址로 생각되는 몇 가지 이유를 열거해 보면,

① 비봉산의 성지는 '陽山下'인 현재의 대왕산 기슭(元塘里石壘)
　에서 서방 즉, 백제의 영역 쪽에 있다.
② 비봉산은 현 양산 들판을 건너 대양산과 대치하고 있어 대
　양산 기슭에 있는 원당리의 석루에서 '進攻'하기에 알맞은
　거리에 있다.

사진 Ⅱ-1-3　남쪽에서 본 비봉산　　　사진 Ⅱ-1-4　비봉산의 북록
　　　　　(⇦는 성지부분, ←는 통소바위)

사진 Ⅱ-1-5　飛鳳山城址의 東部　　　사진 Ⅱ-1-6　飛鳳山城의 이어싼
　　　　　　　　　　　　　　　　　　　　　　　　　곳(남쪽)

사진 Ⅱ-1-7 비봉산의 東南部   사진 Ⅱ-1-8 비봉산의 남쪽 城壁

③ 비봉산의 성지에서는 다수의 백제 및 신라기의 토기편이 발견되는 반면에, 원당리석루와 대왕산성에서도 신라계의 토기편이 다수 백제계와 혼잡하게 출토되어 나제간의 충돌 상황을 물적으로 말해주고 있다(사진 Ⅱ-1-9~11).
④ 비봉산 성지는 삼국시대 이후 축성한 기록이 없다.
⑤ 비봉산성지와 원당리석루와의 사이에는 '말무덤'이니 '둔전들'이니 하는 전쟁과 관계있는 地名들이 많이 남아 있다.

이상에 나열한 사항들을 다시 구체적으로 보면, 조천성지는 양산 아래의 보루보다 서쪽에 있어야 할 것이다. 그런데 비봉산의 성지가 원당리석루보다 서쪽에 존재할 뿐 아니라, 이 원당리석루의 서쪽으로 금강의 상류인 內仁江을 건너 금산군지역으로 멀리 들어가기까지 이 비봉산성지 외에는 다른 마땅한 성지가 없다. 그리고 신라군이 백제의 조천성을 치기 위하여 양산 아래에 유영했다는 것을 보면 진영의 거리가 적당히 떨어져 있어야 할 것이다. 원당리석루에서 비봉산성지와의 사이는 약 6km 쯤 되고 그 가운데에 현재의 양산들판이 펼쳐져 있으니 서로 對戰하기에 그리 멀지도 않고 또 너무 가깝지도 않아 위에 든 사료의

사진 Ⅱ-1-9 元塘里 石壘 출토 토기편의 세부문양 탁본

사진 Ⅱ-1-10 大陽山城의 토기편
(백제계로 추정)

사진 Ⅱ-1-11 飛鳳山城址의 토기
편(백제·신라계
혼합출토)

사진 Ⅱ-1-12 속칭 퉁소바위와 비봉산에서 내려다 본 錦山郡 大陽山城(⇓표)
와 元塘里石壘(↓표)

황 설명과 잘 부합된다(사진 Ⅱ-1-12). 그리고 대양산성이나 그 아래 원당리석루에서는 볼 수 없는 백제말기로 판단되는 토기편이 이 비봉산성지에 많이 산재하여 있음은 곧 백제가 상당기간 이곳을 점령했던 사실을 말해주는 물적 증거가 된다. 이와 반대로 원당리석루에서 신라계와 백제계의 토기편들이 거의 같이 출토되고 있는 것은 (사료 Ⅰ)에 의한 전장의 추정에 큰 도움을 주는 것이다. 또한 현 양산부근에는 '둔전뜰', '수머리', '터벌', '말무덤' 등등 전쟁과 관련된 많은 지명들이 남아있다. 비록 그것이 백제와 신라의 大戰때에만 지어진 것이라 논단할 수는 없지만 어떻든 우연한 사실은 아닌 것으로 생각되는 것이다[16].

이상으로 '助川城', '陽山', '疊' 등의 위치를, 『三國史記』 地理志에 '助比川縣'이라고 되어 있는 현재의 양산면에서 찾아보았다. 그렇다면 '助川', '助比川' 그리고 사료 Ⅱ의 '刀比川'은 서로 어떤 관계가 있는가를 잠시 생각해 보고자 한다. 우선 사료 Ⅰ과 Ⅲ에 의한 '助川城'의 위치가 앞서 본 바와 같이 현 양산면 치소가 있는 柯谷里의 뒷산인 비봉산이라고 하면, 『三國史記』 地理志의 '助比川'이란 縣 이름은 결국 助川이라는 城 이름과 어떤 관계가

---

16) 백제가 처음 신라의 助川城을 점령한 기간은 미상이다. 다만 사료 Ⅲ에는 "太宗大王時百濟來伐助川城"으로 되어 있는데 太宗의 即位年은 A.D. 654년 4월 이후이며 사료 Ⅱ에는 "永徽六年(655)秋九月"이라 하였으니, 刀比川城이 곧 助川城이라면 백제가 조천성을 수복한 것은 最長期로 치더라도 17개월에 불과하게 된다. 이 17개월이란 단시일에 전역이 연거푸 있었다해도 어려울 터인데, 『三國史記』 百濟本紀의 百濟·高句麗·靺鞨이 新羅 북경의 33城을 공취하였다고 하는 기사가 있는 바, 이곳에 助川城이 포함되었다고 한다면 義慈王 15년 8월조에 같은 기사도 있으니, 33城 공취와의 관련성을 찾기란 힘들다 ·하였다.

있는 곳이어야 하겠다. 만약 이 두 곳의 所記事項들이 같은 곳이라면 助比川과 助川과의 둘 가운데 어느 것이 옳은 것일까?

그런데 三國期의 지명은 후대에 많은 변화를 거쳐 현재에 이르고 있지만 『삼국사기』의 他處에서는 助比川 혹은 助川, 刀比川과 유사한 지명을 찾을 수 없으니 이들을 각각 딴 곳으로 생각할 도리가 없다. 또 助比川과 助川과의 다른 점이란 '比'자의 有無뿐이며 조비천과 도비천과의 차이는 '助'와 '刀' 의 차이인데, 이 두자는 그 자음이 현재 각각 '조', '도'로서 옛말에는 같은 발음이었는지 알 수 없다. 이제 옛 지명에서 몇 자가 줄어서 표기된 것이나 자음이 異記된 예를 들어보면

> 金歆運＝金欽運＝金欽雲
> 達己縣＝多己縣
> 近品縣 巾品縣
> 熱兮縣＝泥兮縣
> 阿尸兮縣＝阿乙兮縣
> 武冬彌知＝鬲冬彌知
> 冠縣＝冠文縣
> 荅達七郡＝杏達郡
> 伽落國＝伽耶國
> 奴斯只＝內斯只
> 述尒忽＝首泥忽
> 內乙買＝內稱尒
> 斤平＝並平
> 仇乙＝屈迂

등이 있다.

이와 같이 한자 표기상의 異同關係는 상당히 많아 비록 '助川'

과 '助比川'에 있어서 '比'자의 有無 때문에 '助比川'은 현 양산면
이요 '助川'은 다른 어느 곳이라고 말하기는 어려운 것이다. 그리
하여 필자는 『三國史記』 地理志의 '助比川縣'이 곧 '助川城, '刀
比川城'과 동일한 지방의 명칭이며 한자표기에 있어서 자음의 차
와 지명의 異同과는 그리 문제가 되지 않는다고 생각한다. 이에
대하여는 津田左右吉도 『朝鮮歷史地理』에서 이미 助川, 刀比川,
助比川이 동일 지명이라고 결론짓고 있다[17].

이에 대한 어학적인 해석을 얻고자 국어학자 김형기 선생에게
의견을 타진하였더니 "'말'이란 원래 제멋대로 변하는 것이기 때
문에, 文憑이 없이는 꼭 그랬었는지의 여부를 논단할 도리가 없
으나, 그 대신 文憑이 없기 때문에 혹 그렇지 않았던가 하는 가
설은 여러 모로 세워볼 수가 있다."고 한다.

그런데 『삼국사기』 백제본기 의자왕 15년(655) 8월조에 보면
백제가 고구려·말갈과 함께 신라의 30여 성을 공격하였다고 한
다. 만약 이 30여 성 가운데 조천성이 포함되어 있었다고 한다
면, 이를 탈환코자 하다가 취도(법명 道玉)와 김흠운, 낭당 등이
각각 전사한 것은 김유신장군이 刀比川城을 함락시킨 同年月이
될 것이다. 655년 8·9월 단 두 달 동안에 이 모든 사건이 일어났
던 것으로 볼 수 있을까? 다만 조천성이 조비천현 내에 있었다
고 하면 백제가 일시 신라의 조비천현을 점령했던 것만은 사실
일 것이다. 그 점령기간이 그리 오래 계속되지 않았던 만큼 城名
의 '助川'과 '刀比川'을, 縣名의 '助比川'과 관련시켜 볼 때, 이들
은 결국 縣과 城이라는 구성의 차이는 있을 망정 명칭만은 동일

---

17) 津田左右吉, 1913, 『朝鮮歷史地理』第一卷, 남만주철도주식회사, 223
面 參照.

한 것으로서, 그 문자상의 차이는 다만 한자의 음훈차용의 相異
로 인한 표기상의 차이에 불과한 듯 하다.

　왜냐하면, 『三國史記』 地理志에 강화도의 '갑고지(甲串)'가 '甲
比古次'로 강원도의 '석곡〔歙谷〕'이 '習比谷'으로 적힌 것을 보
면, '比'자가 'ㅂ'音 표시임은 분명하다. 현대어의 '내(川)'가 新羅
人名에는 더러 '那', 향가에는 '川理'로 적히고, 고구려 지명에는
'내'와 관련된 말로서 '買'또는 '米'로 적혔으며, 백제 지명에도 혹
'買'와 '彌'로 된 예가 있어 백제나 신라지명의 '川'자를 과연 '내'
로 읽을 것인지는 장담할 수가 없다. 그러나 여기서는 편의상
'川'자의 훈을 '내'로 보고, 또 우리말의 '아', 'ᄋ' 두 모음을 당시
에도 역시 같은 음소로 보아 동일한 한자 표기를 했었다고 가정
할 때,

　　① '刀比川'의 '刀'를 음독하면 '도비내, 돕내'가 되며, '助比川,
　　　　助川'의 '助'를 훈독하면 역시 '도비내, 돕내'가 되어 서로 일
　　　　치하고,
　　② '刀比川'의 '刀'를 훈독하면('刀'의 옛 훈은 '갈'이로되 '굴, 갈'
　　　　양음을 같이 표기했다고 하면) '갈비내, 굴비내, 갋내 굻내'
　　　　가 되어, 여러 골 물이 갈비(肋骨)모양으로 굻아(並)들어 흐
　　　　르는 '내', 또는 '百濟·新羅 두 나라의 굴비(境界)에 흐르는
　　　　내'란 뜻이 된다.

　이 '助川, 助比川, 刀比川'의 관계를 구체적으로 보면, '助川'은
'助比川'의 약칭이요 '助比川'은 '刀比川'의 異記인 듯하다. 그러므
로 '刀比川'이야말로 현 양산지방에 흐르고 있는 금강상류의 원
명인 동시에, 그 언덕에 번성했던 마을 이름이었던 것 같다.

다시 말하면 현 양산면 가선리 앞을 돌아 흘러내리는 냇물 이름은 원래 '百濟·新羅 두 나라 굴비(境界)에 흐르는 내'란 뜻으로 '굴비내'라 하고, 한자로는 '굴, 갈'을 통용시켜 '刀比川'이라 써왔던 것으로 볼 수 있다. 이 내 언덕에 인가가 생기고 城이 만들어져 현 양산 벌판에 마을이 성해지자, 이 마을은 필경 縣으로까지 승격되었던 것 같으니, 경계뜻의 '굴비내'가 어느덧 여러 골물이 곫아든 것을 形容한 '갈비내'가 되어(어쩌면 '助比川'으로 戱記되기도 하다가) 세월이 지남에 따라 官公廳에서 人名, 地名의 한자 표기를 편의상 음독하는 버릇이 생겨 '刀比川'은 마침내 '도비내, 돕내'로도 읽히는 동시에 옛날의 '굴비내, 갈비내'마을 보다는 오늘의 '도비내·돕내'城·縣의 치소가 한층 더 번성하게 되자, 이 '도비, 돕'은 '助'의 뜻으로 풀이되어, 결국 냇물이름, 마을이름으로 탄생되었던 '굴비내(刀比川)'는 '도비내, 돕내(刀比川>助比川>助川)'라는 縣·城의 이름을 낳게된 것 아닌가 생각된다.

그리고 이와 같이 냇물이름에서 나온 '굴비내(刀比川)'마을이 점점 발전하여 마침내 '도비내, 돕내(刀比川>助比川>助川)'라는 縣·城의 이름을 낳게되자, 이 '助比川, 助川'은 그 후에 또 다시 음독하게 되었다. 현 가선리 냇가는 '굴비내〉곫내〉가내'의 경로를 거쳐 오늘날 '가래'로 落着된 듯 하다. 물론 오늘의 '가래'란 말 자체만 가지고 보면 百濟·新羅 두 나라의 '갈래'(옛말 : 가른, 가롤)란 뜻에서 나온 듯도 하다. 그러나 '刀比川'이 '굴비내, 곫내'로 읽혔다면 여러 골물이 한데로 '곫아든' 것을 형용한 '갈비내'에서 또한 '굴내'가 되었다가 그 종성이 점점 탈락되어 '갑내〉가내〉가래'가 되었을 가능성도 없지 않다. 왜냐하면 대전시 북쪽에 흐르는 '갑내'(甲川)도 실은 오늘의 대전천과 버드내(柳等川)

의 굶아든 냇물 이름인 것으로 보아, 어원이 혹 이런 '굶내' 즉
'굴내'가 아니었던가 하는 생각이 들기 때문이다.

이상 '刀比川, 助比川, 助川'의 관계와 오늘의 '가래'에 이른 경
로를 다시 간추려 정리하면 이러하다.

굴비내, 갈비내	刀比川	〔助比川 ?〕
(略↓稱)	(音↓讀)	(類似 : 字形)
굶내, 갊내	도비내, 돕내	(助比川, 助川)
(終聲↓脫落)	(純↓音讀)	(音↓讀)
갑내, 가내	도비천	조비천, 조천
(加乃)	(城)	(縣) (城)
↓		(改名)↓
(音便)↓	陽山	(陽山・鶴山・龍化)
가래		(縣→3面)

3. 맺음말

『三國史記』 地理志를 연구한 어떤 분은 助比川縣이 양산으로
변한 사실을 음운론적으로 풀이하되 助比川은 곧 '쪼히나릭'라
하고 쪼히는 陽으로 나릭는 川으로 변해서 陽川이라는 설명을
하고 있다[18]. 그런데 그는 양산을 구명하려던 것이 결국은 양천
을 만들고 말았다. 양 천이라면 경기도에서도 고려시기에 부르던
지명이 있기도 하다[19].

---

18) 辛說鉉, 1958, 『三國史記地理志의 硏究』논문집11, 신흥대학교 參照.
19) 경기도의 陽川은 본래 고구려의 濟次巴衣縣을 신라때에 孔巖縣이라
   하였고 고려때에야 陽川이라고 하였으니 이 助川城戰役과는 무관하
   다 하겠다.

이러한 지명의 서투른 해결은 가끔 넌센스를 범하기도 하는 것으로 어디까지나 실증적인 조사와 과학적인 비판과 史的 변천의 特異性을 떠나서는 고대사를 이해할 수 없는 것이다.

'陽山'이라고 하는 景德王 이후 행정구역상의 명명은 다같은 순 우리말 이름을 한자표기를 하느라 붙여진 것이라기 보다는 전부터 있던 陽山이라는 산명에 김흠운 장군이 留營하였다가 위국충절한 사실을 길이 기념하고자 이를 따서 助比川이나 刀比川, 助川 대신에 현의 명칭을 삼은 것이라고 생각된다.

요컨대 이제껏 陽山의 사적 위치가 일부의 학자들에 의해 炭峴을 논하는 가운데 한마디씩 오갔으나, '陽山'은 현 大陽山(大旺山)이고 원당리의 석루가 곧 김흠운 장군의 居留處이며 비봉산의 옛성터가 곧 助比川城 혹은 助川城이라고 생각된다. 또 '쪼히나르'라는 이름이 한자화하여 陽山이란 행정구역 이름이 된 것이 아니라 산의 명칭에서 유래되었다는 점을 밝혀두고자 한다. 전술한 金炯基 선생의 가설이 과연 助川, 助比川, 刀比川에 대한 문제뿐 아니라 陽山面, 加仙里의 '가래' 문제까지도 해명한 것으로 공인된다면, 응당 조천성은 '가래'가까이 있어야 할 것이므로 현 비봉산 상에 있는 성지를 助川城址로 보는 것이 또한 타당하다고 할 것이다. 이와 같이 사료와 지명이 일치되는 보다 더 유력한 후보지가 다른 어디에서 발견되지 않는 한 백제시대의 助川城址는 현 永同郡 陽山面 飛鳳山城址로 推定할 수밖에 없는 듯하다.

出 典

成周鐸, 1973, 「助川城의 位置에 對하여」, 『百濟研究』第4輯, 忠南大學校 百濟研究所, 101~116쪽.

02

百濟山城硏究 - 黃山城을 中心으로 -

1. 머리말

작년에 대전부근 고대성지 30여 개소를 조사하여 『百濟硏究』 제5집(1974)에 발표한 바 있는 본 백제연구소 산성연구 조사반은 금년도에는 논산군 연산면내에 있는 백제산성을 주로 조사하여 보기로 하였다.

연산면내에는 『全國遺蹟目錄』[1]에 조사·게재되어 있는 것만도 '黃山城', '山直里山城', '靑銅里山城' 등 3개소가 있으며 그동안 洪思俊이 새로 발견하여 발표[2]한 것도 '茅村里山城'과 '貴名峯堡壘', '黃嶺山城' 등 3개소가 있다. 그런데 이번 조사에서 '山直里山城'을 좌우로 보위하고 있는 '깃대봉堡壘'와 '國師峯堡壘'가 새로 발견되어 연산면내에는 산성, 보루 등 9개소가 있는 것을 확

---

1) 文化公報部 文化財管理局, 1971, 『全國遺蹟目錄』.
2) 洪思俊, 1967, 「炭峴考」, 『歷史學報』第35·36合輯, 歷史學會.

인하였다. 이외에 '外城里山城'은 夫赤面에 있지만 연산면 林里와 접경해 있고 또 '青銅里山城'과 '外城里山城'은 이 지방의 主城이라고 할 수 있는 '黃山城'의 좌우 보루격으로 볼 수 있기 때문에 이번 조사내에 포함시키기로 하였다.

조사방법은 1차적으로 전국유적목록에 의거해 조사하고 특히 '黃山城'은 고고학적 가치가 크다고 생각되어 현장실측, 시굴 등 다각적으로 조사하여 성의 구조적 측면과 축성법, 연대 추정 등을 하기로 하였다.

2차적으로는 이 지방의 역사지리적 고찰을 하여 보기로 하였다. 이곳에는 백제와 신라간의 최후 격전지로 알려진 '黃山벌'이 있고, 백제군의 5천명 가운데 4,800명이 전사하였다고 전해지는 '사천벌'도 있으며 또 積屍如山 하였다고 전하여 내려오는 '시장골', '시정굴'(屍葬洞) 등의 지명이 있다. 이 백제 최후의 격전지라고 할 수 있는 '黃山벌'은 어디에 있으며 또 이곳에 도달하기 위해서는 신라의 5만군대가 '炭峴'을 넘어 왔다고 하는데 구구하게 논란이 많은 '炭峴'은 과연 어디일까? 이번의 역사지리적 고찰에서 간접적으로나마 다루어 보려고 시도하였다. 한편 濟·羅 양국의 군대가 대치하고 나아가서 격전하기 위하여 백제의 계백장군은 '三營'을 설치하고 신라의 김유신장군은 '三道'로 分軍하여 진격하여 왔다고 하는데 그렇다면 양군의 '三營'과 '三道'는 어느 지점일까 하는 문제도 고증하여 보려고 노력하였다. 이 문제가 해결되면 자동적으로 이 지방의 산성 구축의 목적과 효능 등이 나타날 수 있을 것 같으며 나아가서 '炭峴' 문제도 해결되리라고 믿는 터이므로 이 지방 산성의 고고학적 고찰과 아울러 역사지리적 고찰을 하여 보기로 하였다.

2. 連山所在 山城에 대한 考古學的 考察

1) 黃山城

산성위치 : 論山郡 連山面 官洞里·表井里

조사일자 : 1975년 7월 12일, 10월 9일, 11월 1일.

조사개요 : 『全國遺蹟目錄』論山郡 城址條[3]를 보면 舊 連山
邑의 북쪽 약 十町의 산정상에 석성이 있고 성둘레는 약 500間
이라 기록되어 있다. 國立建設研究所(1973年發刊)에서 발행한
1/50,000 지도에는 연산역 북방 약 5리되는 곳에 官洞里와 表井
里가 있고, 그 뒤의 표고 386m의 咸芝峯아래에 '黃城'이라 되어
있다. 필자가 이 城名을 '黃山城'으로 잠정한 것은 이 지도의 명
칭을 따는 것이며, 어떤 문헌 근거에서 나온 것은 아니다. 그러
나 후술하겠지만 이 '黃山城'은 濟·羅간에 격전을 벌인 '黃山戰'
과 깊은 관련성을 가지고 있다고 생각되므로 지리적으로나 산성
의 규모로나 출토유물 등 여러 측면에서 이 부근의 가장 중요한
산성임을 용이하게 알 수 있다. 이로 보아 이 성은 '黃山城'으로
명명하여도 망발은 아닐 것 같아 이와같이 성명을 부치게 된 것
이다. 이 산성에 대한 문헌을 보면

> 『世宗實錄地理志』忠淸道 連山縣條
>> 城隍山石城 在縣北三里 周回四百九十三步 險阻
>> 內有 一井 冬夏不渴 有軍倉[4]
> 『新增東國輿地勝覽』卷18 連山 城郭條
>> 北山城在縣北三里 周回一千七百四十尺
>> 高十二尺 內有一井 軍倉地 險阻 今則廢圮[5]

---

3) 上記 文化公報部 刊行.
4) 朝鮮總督府 中樞院。1937, 『世宗實錄地理志』.

이들 사료에는 城名이 '北山城', '城隍山石城'으로 명칭이 相異하지만, 縣廳 소재지로 알려진 현 연산읍의 북쪽 3리되는 곳에 위치하여 있는 산성은 필자가 명명한 '黃山城'밖에 없다. 또 이성에는 현재도 샘이 있고 군창지로 추정되는 곳도 확인되어 기록과 일치되므로, 同城異名임을 알 수 있다. 후대 문헌들인 『大東輿地圖書』[6]나 『大東地志』[7]는 '北山城'으로 기록하고 있어 『新增輿地勝覽』의 명칭을 답습하였음을 알 수 있다. 한편 두 사료에 기록되어 있는 성둘레를 보면 전자는 1,740척이요 후자는 493步인데, 이번에 실제 실측하여 본 결과 830m이었다.

이 산성에 대하여 池憲英은 이곳 산명을 따라서 '咸芝山城'[8]이라고 하였고, 洪思俊은 '北山城'[9]이라 하였다. 필자는 이와 같이 상이한 사료의 명칭을 인용하는 것보다는 현행 1/50,000지도 있는 대로 '黃山벌'과 관련시켜 '黃山城'으로 부르는 것이 알기 쉽고 또 이곳 金近洙氏(72세)의 말에 의하면 그와 같이 전해져 내려온다 하므로 이와 같이 성명을 붙이게 되었다.

이 '黃山城'은 남쪽으로는 연산평야와 서쪽으로는 논산평야를 한눈에 내려다 볼 수 있는 해발 264m의 산봉 위에 위치하고 있는데(사진 Ⅱ-2-1·2), 바로 이 연산벌판이 현행 1/50,000지도에도 기록되어 있는 대로 '黃山'벌판이다. 이와 같은 지정학적 내지는 역사지리적인 고찰은 후술하기로 하고 먼저 성의 형태와 구조에 대해 살펴보기로 한다.

---

5) 『新增東國輿地勝覽』, 古典刊行會.
6) 『大東輿地圖書』, 國史編纂委員會刊.
7) 金正浩, 『大東地志.』.
8) 池憲英, 1970, 「炭峴에 對하여」, 『語文研究』第六輯.
9) 洪思俊, 앞의 글 참조.

사진 II-2-1 連山地方 山城 (① 黃山城 ② 黃嶺山城 ③ 깃대봉堡壘
④ 山直里山城 ⑤ 國師峯堡壘 ⑥ 茅村里山城 ⑦ 靑銅
里山城 ⑧ 外城里山城 ⑨ 黃山벌)

사진 II-2-2 黃山城 전경

먼저 성의 지형과 형태를 보면, 조선 고종 때 훈련대장을 지
낸 신관호는 1867년 『民堡』에서 한국 산성에 대한 지형을 다음
과 같은 네 종류로 구분하고 있다.

① 栲栳峯形 : 사방이 높고 중앙이 얕은 지형으로서 南漢山城
　　　　　　　　形을 말한다.
② 蒜 峯 形 : 산정은 넓고 사방이 절벽처럼 되어 있는 형태로

서 글자 그대로 마늘모양 처럼 생긴 것을 말한다.

③ **紗帽峯形** : 배후에 산이 마치 밀짚모자처럼 생긴 형태를 말한다.

④ **馬鞍峯形** : 兩端이 높고 중앙이 약간 들어가서 말안장처럼 생긴 모양을 말한다.

이상 4종류의 지형이 산성구축의 적지로 되어 있어 한국 산성의 지형이 대체적으로 이를 벗어나지 않고 있음을 그동안의 산성 조사를 통해 확인할 수 있었다.

이곳 '黃山城'은 연산읍에서 북쪽으로 올려다 보면 사모봉형 지형에 속한다. 맨 뒤에 봉우리를 기점으로 좌우능선을 따라 성을 축조하여, (그림 Ⅱ-2-1)에서 볼 수 있는 것과 같이 대략 마름모꼴로 산태미처럼 구축된 산성이다.

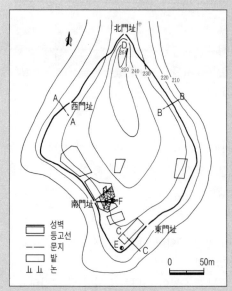

그림 Ⅱ-2-1 黃山城 실측도

맨 북쪽 봉우리위는 직경 약 30m 정도로(그림 Ⅱ-2-1의 ⓓ 지점) 편평하여 군을 사령하던 장대지인 듯하며 정남향으로 축조된 산성이다. 장대지로 추정되는 맨 북쪽 봉우리 뒷면 일부만은 자연지형을 이용하여 약간 석축한 것이 이 성의 특징 가운데 하나라고 하겠다. 그것은 북쪽의 험준한 산세로는 적의 침입이 불가능한 것을 감안하여 이와 같이 축조한 것이라고 생각된다. 석재는 자연할석을 이용하여 축조하였는데 작은 모쌓기로 내외 협축한 곳도 있고 내탁외축한 곳도 있다(사진 Ⅱ-2-3·4·6~8).

성 높이는 『신증동국여지승람』에 12척으로 나와 있는데 營造尺으로 환산하면 약 3.6m요, 周尺으로는 약 2.4m가 된다. 현존 성 높이는 서벽 잔존 높이가 2m, 동벽 잔존 높이는 1.8m이므로 원형에서 많이 붕괴된 것을 알 수 있고, 성폭은 현존 약 1m이다.

『華城城役儀軌』를 보면 중국의 축성법과 한국의 축성법에 대해서 다음과 같이 기록하고 있다.

"中國城制 必有內夾築 此由野城之多故也 我東城址 多附岡麓 因利乘便 不費工築而天作內托 不用夾築 其所殊制 卽 地勢之異宜也"[10]

즉, 중국은 평야에 축성하는 관계로 내외협축이 불가피하지만 우리나라는 산이나 언덕에 축성하는 까닭에 자연적으로 내탁이 된다. 그러므로 夾築(즉, 내외면으로 석축한 것)을 사용하지 않은

---

10) 『華城城役儀軌』, 卷首圖說 15.

사진 Ⅱ-2-3 黃山城 동북면 성벽

사진 Ⅱ-2-4 黃山城 동북면
성벽단면

사진 Ⅱ-2-5 黃山城 우물지

사진 Ⅱ-2-6 黃山城 동북면
성벽근석

사진 Ⅱ-2-7 黃山城 서북면 성벽

사진 Ⅱ-2-8 黃山城 서북면 성벽
전경

것은 지세를 이용하였기 때문이라 하였는데, 이곳 '黃山城'은 외부 석벽 부분만큼은 못하지만 내부도 석벽을 구축하였음을 간과할 수 없다. 다만 외부 석벽이 아직 남아 있는데 비해서 내부 석벽은 거의 남아 있지 않은 것으로 보아 역시 외부축성에 공을 들여 한 것 같다. 한편 성벽 바로 내부에는 (그림 Ⅱ-2-2)의 단면도에서 알 수 있는 바와 같이 성안에 回路로 추정되는 통로의 흔적이 서부 성벽내에서 두드러지게 나타나 있다.

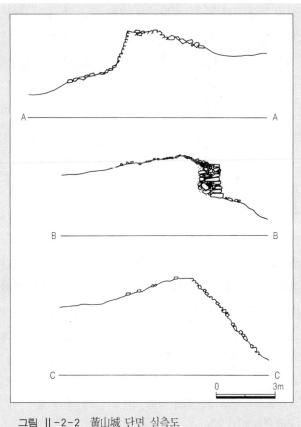

그림 Ⅱ-2-2 黃山城 단면 실측도

축성방법은 (그림 Ⅱ-2-2)의 B-B지점에서 볼 수 있는 바와 같이 바깥쪽을 높게 하고 안쪽을 약간 낮고 경사지게 쌓아 밖으로 넘어가지 않게 하였다. 아래로 갈수록 큰 석재를 사용한 것을 확인할 수 있으며, 성 내외벽 사이에는 잡석을 넣어 적심을 하였으며 중간 높이쯤 되는 부분에는 가장 긴 석재(70cm×22cm)를 박아 두어 석축을 튼튼하게 하였는데, 성체는 약간 경사져 있다. 이곳 동쪽성벽 아래의 지표에서 깊이 62cm, 가로 70cm, 세로 90cm를 시굴하여 축성 기초부분을 확인하러 하였으나 생토이어서 그런지 진흙이나 개흙, 자갈같은 것을 깔은 흔적은 확인할 수 없었다. 洪思俊에 의하면 靑馬山城과 益山王宮里 宮城址 발굴시에는 개흙이 깔려 있었다 한다. 고구려 平壤城의 축조방법을 참고로 보면, 일반적으로 기초는 지반을 깊이 파내고 맨 밑에 진흙과 자갈을 섞어 다졌고 그 위에 정연하게 돌을 쌓아 올렸다. 우리나라 기후조건을 고려하여 매년 땅이 얼었다가 녹을 때에 땅이 움직여도 흔들리거나 무너지지 않게 하기 위하여 취한 독창적인 방법이며, 성벽의 견고성과 그 수명을 연장하는데 깊은 주의가 돌려졌다는 것을 말해준다고 한다[11].

이곳 '黃山城은 평양지방과 기후조건, 평지와 산지의 지리적 조건 등이 틀려 기초축조방법이 다를지도 모르겠다. 어쨌든 깊이 62cm까지의 시굴에서 확인될 만한 자료는 없었고 다만 백제토기편 2점이 출토되어 산성축조 연대의 일면을 증명하여 주는데 도움을 주었다. 한편 (그림 Ⅱ-2-1)의 A—A지점 약간 아래에서 깊이 70~80cm, 넓이 50cm, 길이 8m를 시굴하여 보았는데 증축

---

11) 「고구려 평양성(장안성)의 성벽 축조형식 시설물의 배치상태」, 『考古民俗』1967년 3호.

이나 확장된 흔적은 발견할 수 없고 이 성의 문지는 동·남·서·북 4개소에서 그 흔적을 찾아 볼 수 있었다. 동쪽과 서쪽에서 올라오는 길은 험난하며 남문으로 올라오는 길목이 가장 평탄한 통로이므로 가장 큰 通用門은 역시 남문이었던 것으로 추정된다.

『신증동국여지승람』이나 『세종실록지리지』의 기록에도 나타나 있다시피 성 하부 가장 얕은 지점(그림 Ⅱ-2-1의 Ⓕ)에는 현재도 샘물이 나와 넘쳐흐르고 있다(사진 Ⅱ-2-5). 이 샘물은 현재도 주변 논에 물을 대고 있다. 이 물길의 흐름을 통해 결국 남문지로 추정되는 현 통로부근에 수구가 있었을 것으로 추정되나, 수구 쪽은 무너져 확인할 수 없었다. 이와 같은 지세는 옥천 城峙山城[12]과 똑같은 유형이어서, 수구를 정면에 내고 좌변에 통로를 낸 성치산성을 감안할 때 이곳 '黃山城'도 이와같이 축조하였으리라고 생각된다. 특히, 이 성은 불쑥 나와 있는 양쪽 모퉁이를 이용하여 축성하였기 때문에 마치 雉城의 역할을 하도록 되어 있어 대군의 적이라 할지라도 용이하게 성벽에 기어오르지 못하도록 축조되어 있다. 전망이 가장 좋은 (그림Ⅱ-2-1의 Ⓔ) 지점은 초소로 사용한 곳이 아닌가 추정하였다. 북쪽 '黃山城' 장대지에서 咸芝山峯까지 통하는 조그마한 통로가 있는데, 이 '黃山城'에서 북북서쪽에 있는 노성면 소재 '魯城山城'과의 중간에 산봉이 가로막혀 시야가 보이지 않으므로 이곳 북쪽 통로에서 약 300m 떨어진 산봉에 조그마한 보루를 만든 흔적이 있다. 백제 토기편도 2점 채집하여 북쪽의 '魯城山城'과 직통되는 통로로 사용되지 않았는가 생각된다.

---

12) 拙稿, 1974, 「大田附近古代城址考」, 『百濟研究』第五輯, 충남대학교 백제연구소.

다음은 건물지에 대해서 살펴보도록 한다. 이 '黃山城'은 산세가 험난하여 성 중앙부 북쪽은 도저히 건물이나 창고를 세울만한 여유 있는 곳이 희소하였고 현재 사용되고 있는 밭과 논이 주로 건물지였던 것으로 추정하였다. 성밖으로는 동문지 밖의 비탈진 언덕에 와편과 토기편이 많이 산재해 있는 것으로 보아서 건물지였을 것으로 추정되며 성내에서는 동남쪽에 있는 밭에서 초석으로 추정되는 석재를 발견하였는데 이 초석은 석재가 반파되고 撞座의 조각도 희미하여 초석으로 단정하기는 어렵지만 인공을 가한 석재임은 틀림없었다.

다음은 출토유물을 살펴보기로 하겠다. 이곳 건물지로 추정되는 밭에서는 성안과 밖을 막론하고 삼국시대와 고려시대의 와편과 토기·자기편, 조선시대 백자편도 약간 발견할 수 있는데 삼국시대 유물이 가장 많이 발견된다.

아래 (그림 Ⅱ-2-3)에서 볼 수 있는 왼쪽 아래의 花葉紋 비슷한 와편은 '大安', '元年(?)'의 銘刻이 있는데, 大安元年은 金의 衛紹王의 연호로서 高麗 熙宗 5년(1209)에 해당하여 고려시대 와편임을 확인할 수 있다. 오른쪽 아래의 方格魚骨紋과 오른쪽 위의 三角集成紋은 대개 고려시대 와편으로 추정된다. 그러나 중앙의 格子紋 와편과 왼쪽 위의 線條紋 와편은 두께가 얇고 태토가 내외 모두 정선되어 있어 고려시대 것과는 다르다. 그 왼쪽 위의 것에는 銘文이 있는데, 자획이 불분명하지만 '黃山寅方'으로 추독하여 보았다. 이 해석이 정확하다면 이 산성명칭이 '黃山城'으로 확정될 것이며 또 '寅方'은 곧 '東方'이니 백제의 五方制度[13]에나오는 得

---

13) 『周書』, 百濟治固麻城 其外更有五方 中方曰古沙城 東方曰得安城 南方曰久知下城 西方曰刀先城 北方曰熊津城(唐代古書 翰苑參照). 이에

그림 Ⅱ-2-3 黃山城 출토 와편 탁본

대하여 今西龍은 「百濟五方五部考」(284~294쪽)에서 자세하게 설명
하고 있으며 東方의 得安城은 皇華山城이 아니고 恩津東南十里許에
있는 摩耶山古城址로 추정하고 있다. 그러므로 百濟東方의 得安城
과 '寅方' 卽 東方에 있는 '黃山城'과는 어떤 관련이 있을까가 중요
관심사라 하겠다.

安城과 관련된 것으로 추정되어 대단히 중요한 자료라고 하겠다.

토기편은 (그림 Ⅱ-2-4)에서 볼 수 있는 것과 같이 다양한 토기편이 이곳 성 내외에서 발견된다. 주로 格字紋과 繩蓆紋이 많고 單線波狀紋도 가끔 발견되는데, 토기 구연부에서 견부에 해당되는 것들로서 대전부근 산성조사 때 발견된 유물과 유사하

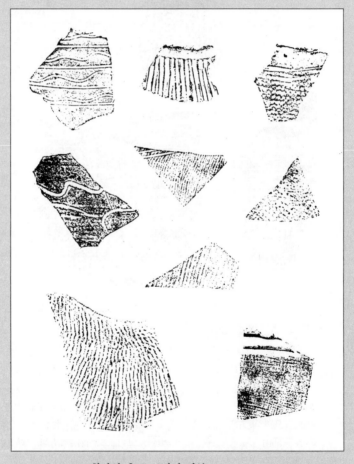

그림 Ⅱ-2-4 황산성 출토 토기편 탁본

다. 또 유일하게 삼족
토기 1점(그림 Ⅱ-
2-5)을 습득하였는데
삼족 부분은 다 파손
되어 없었다. 삼족토
기는 기형상 백제 후
기의 것으로 보이며,

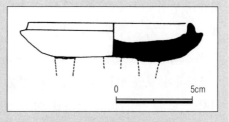

0   5cm

그림 Ⅱ-2-5 黃山城 출토 삼족토기 탁본

승문계 토기편들도 백제 것으로 보아 무리가 없다.

  이제 이 성의 축조연대에 대해서 고찰하여 보기로 하였다. 백제의 시대구분은 漢城時代(B.C.18~A.D.475년), 熊津時代(A.D.475~538년), 泗泚時代(A.D.538~660년)로 삼분할 수 있는데 이 '黃山城'은 지리적 조건으로 보아 웅진~사비시대에 축조된 것으로 추정된다. 좀더 시대를 좁혀 말한다면 東城王이 炭峴에 柵을 설치하여 신라에 대비하던 A.D.501년경을 전후하였을 것으로 생각된다. 그것은 문주왕·삼근왕때에는 천도직후로 국력이 정비되지 못한 불과 양대 3년간의 시기였으며, 동성왕때에 이르러서야 비로소 신라에 대비하여 沙峴城[14]과 耳山城(東城王 12年)을 축성한 기록이 보이기 때문이다. 한편 성왕은 재위 32년간(A.D.523~554)에 부여 천도까지 감행하여 중흥을 도모하던 英主로서 성왕 4년에 熊津城을 수리하고, 沙井柵을 축조하였으며, 말년에는 신라 管山城을 공격하다가 전사하였다. 이러한 점들로 미루어 보아 백제가 신라에 대비하던 東城王~聖王代에 황산성이 축조되지 않았는가 추정된다. 특히 성왕 다음인 威德王 이후로는 두드러진 축성기록이 『삼국사기』에 보이지 않는다. 백제시대 토기편들은

14) 拙稿, 주 12)의 前揭文, 沙井城條 참조.

이를 뒷받침하여 주는 것으로서 金廷鶴은 이와 같은 토기류들을 백제시대 후기로 추정하고 있다[15].

이 '黃山城'을 조사할 때 전기한 바와 같이 서쪽 A지점을 시굴조사하여 보았으나 전혀 개축된 부분이 없다. 또 지형으로 보아서 산의 능선을 따라 축조된 이 산성이 원형인채로 조선시대까지 보수는 되었을런지 몰라도 원형을 훼손하며 보수하였을 것으로는 생각되지 않아 백제시대의 원형이 남아 있는 산성으로 추정하였다.

2) 外城里山城

산성위치 : 論山郡 夫赤面 外城里

　　　　　　 論山郡 陽村面 林里 境界

조사일자 : 1975년 5월

조사개요 : 『全國遺蹟目錄』忠淸南道 論山郡條에 의하면 '外城里山城'은 논산의 북쪽 약 1리 반되는 산정에 있으며 토루이고 둘레는 약 310間이라고 기록되어 있다. 이번 조사결과 표고 118m의 작은 산봉에 3중으로 축조된 이 산성은 이제까지 보아왔던 다른 산성과는 형태가 다르나 '新興里山城'과 같은 유형의 토성이다. 둘레는 목측 약 400m 정도에 퇴메형(鉢卷形)의 산성이다. 문지는 뚜렷하게 남아있지 않으나 외성리에서 올라오는 길목이 정문으로 추정된다. 이와 같은 방향이라면 이 성은 서남향을 향해 축성된 것이라고 생각된다. 이곳에서 출토되는 유물들도 이 부근 다른 산성에서 수습할 수 있는 것과 같은 백제토기편들이

---

15) 金廷鶴編, 1973, 『韓國の考古學』, 「三足土器の發展の樣相」(二) 百濟 207쪽 參照.

어서 대개 같은 시기에 축성된 것이라고 생각된다. 문지부분의 토성 일부를 폭 0.7m, 깊이 1.5m정도로 시굴하여 보았는데 '黃山城'의 축성방법과 같이 안쪽이 얕고 외부가 약간 높게 판축된 산성이었다. 현재 잔존한 토성 중에서는 가장 좋은 형태이다.

이 '外城里山城'은 연산에서 논산으로 통하는 국도쪽을 방위하는데 목적이 있었던 것으로 생각하였었으나 이 성의 방향이 서남으로 되어 있어 오히려 모촌리와 신흥리에서 居士里, 新豊里, 忠谷里, 甘谷里, 外城里로 통하는 길목을 지키기 위해 축성하였다고 보는 것이 타당함을 현지 답사결과 알게 되었다. 池憲英은 전기 논문에서 外城里山城을 계백장군의 三營 중 하나로 고증하고 있는데, 이에 대한 역사지리적 관계는 다음 절에 거론하기로 하겠다.

3) 靑銅里山城

산성위치 : 論山郡 連山面 靑銅里

論山郡 陽村面 鳴岩里

조사일자 : 1975년 5월

조사개요 : 상기 유적목록에 '靑銅里山城'에 대하여 舊連山邑의 서남 약 10町되는 곳에 狐峙山城이 있는데 토루이고 둘레는 약 360間이라고 기록되어 있다. 이번 답사결과 이곳의 통속명칭은 '여우고개'라고 하며 토성에 대한 흔적은 거의 없어서 어느 부분이 토성이었는지 확실하지 않았다. 다만 산세로 보아 퇴메형으로 축성하였을 것으로 추정되며 방향은 역시 '黃山城'처럼 '國師峯堡壘'를 향한 동남향으로 생각된다. 출토유물도 희소하여 백제토기편 약간을 수습하였을 뿐인데 '黃山城' 출토유물과 유사한

것들이다.

이 산성은 '外城里山城'과 같이 낮은 구릉에 있고 또 규모도 크지 않아 '黃山城'의 전초보루였을 것으로 생각된다. 특히, 이 산성은 '黃山벌'의 넓은 들판 가운데에 위치하고 있어 산직리에서 '뒷목재'고개를 넘어 오는 적이나 신흥리를 거쳐 거사리, 반곡리, 오암리, 청동리로 들어오는 적과 그리고 황령산성에서 오는 적을 일차적으로 방어하기 위한 성이라고 생각되었다. 이 성을 池憲英은 백제의 계백장군의 三營 중 하나라고 고증하고 김유신 장군의 三道도 이곳을 통과하였다고 주장하고 있어 이에 대한 역사지리적 관계는 다음에 논술하겠지만, '外城里山城'과 같은 목적을 위해 축성된 '黃山城'의 외곽 작은 성이라고 보는 것이 합당하다.

이곳의 지리적 조건을 살펴보면 현재 대전에서 논산으로 통하는 국도상에 있는 '靑銅里山城'과 '外城里山城'은 이 국도를 방비하기 위한 것이라기보다는 이들 산성을 지나 '黃山城' 아래에 있는 덕암리, 백석리를 거쳐 노성산성을 지나 석성면 십자거리를 지나서 부여로 들어가는 것이 현재 논산을 지나서 가는 것 보다 거의 30리나 가까우며 또 고대에는 부여와 공주로 통하는 중요 통로이었던 것을 이번 답사결과 확인하여 이 방면을 방비하던 황산성의 외곽성으로 추정하였다.

4) 茅村里山城과 貴名峯 堡壘

산성위치 : 論山郡 陽村面 茅村里(배암재)

조사일자 : 1975년 7월 17일, 8월 23일, 11월 22일

조사개요 : 현 연산 사거리에서 남쪽 仁川(인내)으로 가는 길

을 따라 약 십리를 가면 모촌리 부락이 나오게 된다. 이 모촌리 뒷산을 '배암재'라고 하는데 표고 163m의 구릉이다. 이 구릉상에 토성이 있는데 이곳에 있는 동네 이름이 모촌리이므로 '茅村里山城'이라고 이름을 붙였다. 이 산성을 모촌리부락 대로변에서 올려다 보면 지형이 '말안장'처럼 생겨서 마안형에 속하는 지형이다(사진 Ⅱ-2-9~12). 그러나 성 위에 올라가 보면 '黃山城'과 비슷한 지형으로 남향을 하고 있으며 좌우로 구릉이 뻗어 있고 중간부분이 골짜기로 되어 있어(그림 Ⅱ-2-6의 Ⓐ) 지형으로 보아 이곳이 수구문이 아닌가 추정된다.

이 성의 구조를 보면 석성이 아니고 토성인 것이 '黃山城'과 다른데, 이 부근은 평야지대로서 석재가 희소하여 토성을 축조한 것이 아닌가 한다. 토성의 성벽은 그동안 보수하여 사용하지 않은 탓인지 완전히 무너져 거의 형태조차 찾기 어려운 형편이다. 산 중간의 둘레를 안쪽에서 삭토하여 성벽을 축조한 탓인지 토성 안쪽이 폭 2m 정도로 약간 편평하고 외부가 약간 경사진 성벽을 이루면서 산 중간지대를 둘러서 쌓은 퇴메형의 토성 흔적을 발견할 수 있다. 맨 북쪽에 동서 50m 정도의 편평한 곳이 현재는 분묘로 되어 있지만 '黃山城'처럼 장대지로 보인다. 성둘레는 약 600m 정도로 '黃山城'의 규모보다 훨씬 작다. 이 토성은 지형이 넓은 곳이 별로 없고 전부 잔디로 덮여있어 건물지가 어디에 있었는지 확인하기가 어렵다. 다만 장대지 부근의 넓은 지대가 건물지였을 것으로 추정된다. 한편 큰 성내에는 의례히 井址가 있는데 이것 역시 확인할 수 없었다.

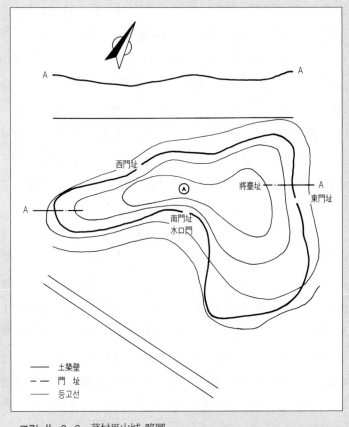

그림 Ⅱ-2-6 茅村里山城 略圖

문지도 역시 확인하기 어려웠으나 현재 모촌리쪽에서 올라가는 서문과 장대지 왼편 동쪽으로 통하는 현 통로, 그리고 이 산의 지형으로 보아서 골짜기 물이 내려가는 남쪽의 골짜기에 수구문이 설치되었을 것으로 추정되며 역시 남문도 이곳에 있었을 것으로 판단하였다.

사진 Ⅱ-2-9 모촌리산성 원경

사진 Ⅱ-2-10 모촌리산성의 馬鞍形

사진 Ⅱ-2-11 모촌리산성 동문지

사진 Ⅱ-2-12 모촌리산성의 마안형 고재

다음은 유물의 출토상황에 대해서 살펴보도록 하겠다. 출토유물은 희소하여 성내에서는 수습하기가 어려운 형편이다. 이것 역시 출토유물이 풍부한 '黃山城'과 대조적이다. 예비군 초소를 만들려고 호를 만든 서쪽 구릉상에서 백제토기편(그림 Ⅱ-2-7의 右)을 성내에서 수습하였다. 성 동문지 밖에는 (그림 Ⅱ-2-7) 左下에 있는 견부에 상하 2조의 突帶와 파상문이 있는 토기편이 무수히 산재하여 있었다. 이곳이 성이었다고 할 수 있는 유일한 증거로서는 장대지 아래 부분(그림 Ⅱ-2-6의 Ⓐ지점)에서 砥石(그림 Ⅱ-2-8)을 습득한 것이었다. 이 숫돌은 창과 검을 마연하였던 것으로 보이며, 대전 광물분석소에서 분석하여 본 결과 석재명은 '도석'이라고 한다.

작년에 대전부근 산성조사 중 月坪洞山城에서도 이러한 숫돌

그림 Ⅱ-2-7 茅村里山城 출토 토기편 탁본

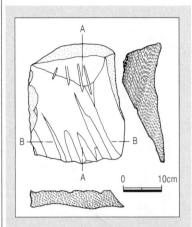

그림 Ⅱ-2-8 茅村里山城 출토
숫돌 실측도

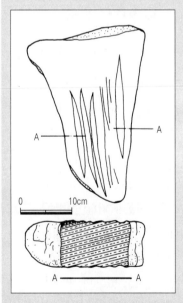

그림 Ⅱ-2-9 大田市 月坪洞山城
출토 숫돌 실측도

을 습득하였었는데(그림 Ⅱ-2-9), 그것도 분석소에서 분석하여 본 결과 석재명은 '규석'(차돌)이라고 한다. 비록 석재와 강도는 다르다 할지라도 동일한 용도임에 틀림없으며, 청동제 내지는 철제품을 마연한 삼국시대 지석으로 추정되어 이곳이 산성이었음을 간접적으로 확신을 얻었다.

또 하나의 중요한 유물은 모촌리에 거주하는 金永熙氏에 의하여 채집된 백제토기이다(그림 Ⅱ-2-10). 이 백제토기는 높이 70cm, 구경 25cm, 둘레 52cm 두께의 소성도가 높은 경질옹으로서 작년 4월에 이곳 산성으로 올라오는 중간에 있는 자기 밭을 경작하다가 '괭이'에 찍혀 수습되었다 한다. 괭이에 찍힌 탓으로 하부 일부와 구연부도 약간 파손되었는데 상태는 좋은 편이다. 金永熙氏에 의하면 처음 발굴하였을 때에는 옆으로 뉘어져 있었으며 조그마한 토기도 그 속에 세 개가 있었는데, 조그마한 토기는 대전에 있는 상인에게 팔고 큰 토기 하나만 남아

있다고 한다(이 토기는 金永
熙氏가 충남대학교박물관에
기증하였음). 출토당시의 상
황을 자세히 물어보았으나
村農夫로서는 토광묘인지 석
실고분이었던지 모르겠다고
하며 다만 가끔 현 산성 내
외에서 또는 이 부락부근에
서 토기와 철제유물들이 발
견된다고 한다. 이러한 유물
이외에는 고려시대나 조선시
대 유물조차도 발견되지 않
은 것이 또한 특징이라고 하
겠는데 그것은 삼국시대 이

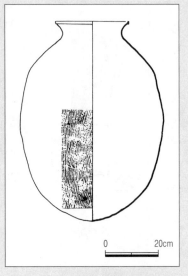

그림 Ⅱ-2-10 茅村里山城 출토 토
기 실측도

후에는 폐기된 채 사용하지 않았음을 증명하여 주는 것 같다.

   이상 '茅村里山城'에 대하여 살펴 보았는데 이 자료를 통해서
축성연대를 추정해 볼까 한다. 보통 석성보다 토성의 연대가 올
라가는 것으로 알려져 있으나 논산지방의 산성들은 평야에 위치
한 관계로 석재가 적어 대부분 토성이므로 꼭 토성이 석성보다
오래되었다고는 볼 수 없다. 이 부근에서 '黃山城'과 '山直里山城'
을 제외하고는 '外城里山城'·'靑銅里山城'·'黃嶺山城'·'茅村里山
城'이 전부 토성이기 때문이다. 이곳의 지리적인 위치를 감안해
볼 때 먼저 고찰한 '黃山城'과 깊은 관련을 가지고 있으며, 또 이
부근 출토품들이 백제말기 것으로 추정되어 전기 '黃山城'과 비
슷한 연대가 아닐까 생각된다.

다음은 '茅村里山城'에서 서쪽으로 약 1.5km 떨어진 곳에 있는 '貴名峯堡壘'(일명 고모래峯)에 대하여 살펴보고자 한다. 이 '貴名峯堡壘'는 둘레 20m정도의 석축보루인데 유물은 발견할 수 없었다. 그러나 이 보루가 '茅村里山城'과 깊은 관련이 있음을 지리상으로 보아 알 수 있다. 그것은 '茅村里山城'이 앞에 있는 산에 시야가 가로 막혀 있기 때문에 남쪽 전라도 雲州地方에서 올라오는 적군을 감지하기 위해 貴名峯에다 석축보루를 축조하고 '茅村里山城'으로 연락한 것이 아니었던가 판단된다. 이와 같은 예는 작년에 조사한 迷峴城[16]·環山城·西山城 등지에서 똑같은 유형을 찾아 볼 수 있었기 때문이다. 이 '貴名峯堡壘'로 말미암아 '茅村里山城'이 산성이었다고 추정할 수 있는 근거도 된 것이다.

이곳 주민들은 이 '茅村里山城'과 '貴名峯堡壘'에 대해서 전혀 모르고 있었다. 성의 유무를 물으면 의례히 동쪽으로 5리 정도 떨어져 있는 '山直里山城'을 가르쳐 준다. 이 산성은 이처럼 주민들에게도 잘 알려져 있지 않을 뿐만 아니라 『全國遺蹟目錄』(1971)에도 누락되어 있다. 輕部慈恩이 『百濟遺蹟の硏究』의 '黃山城'[17]에서 잠깐 언급하였던 것을 洪思俊이 「炭峴考」에서 거론하며 다음과 같이 서술하고 있다[18].

"五萬分之一地圖(論山·江景·大田·錦山)를 보면 炭峴~龍溪城을 거쳐서 陽村面 仁川(인내)에서 連山方面으로 通하는 大路(炭峴~龍溪城은 小路)가 있는데 陽村面 茅山部落(一名 곰내＝熊川)에 土城(183m, 筆者註:現行 五萬分之一地圖에는 163m로 되어

---

16) 拙稿, 주 12)의 前揭文
17) 輕部慈恩, 1971, 『百濟遺跡の硏究』4, 117~24쪽.
18) 洪思俊, 주 2)의 前揭文.

있음)이 있고 西便 山上에도 土城(九子谷面)이 있다.”

　이 산성과 ‘貴名峯堡壘’를 현지답사로 확인하여 학계에 처음으로 소개한 것은 높이 평가할 일이나, ‘貴名峯堡壘’는 토성이 아니고 석축보루이며 또 이것은 독립된 산성이 아니고 모촌리산성의 전초보루임을 간과하고 있다.

　이 ‘茅村里의 山城’과 ‘貴名峯 堡壘’는 ‘黃山城’에서 바라보면 연산분지를 지나 남서쪽으로 들어올 수 있는 유일한 통로로서 마치 ‘黃山城’의 서남문 역할을 하였던 산성으로 추정된다. 이 ‘茅村里山城’과 ‘貴名峯堡壘’를 지나서 북서쪽으로 5리 정도를 가게 되면 현 논산수리조합을 지나 忠谷里에 이르게 된다. 이 충곡리에는 忠谷書院이 있어 계백장군과 성삼문 선생 등을 향사하고 있는데 아마 이 부근에서 격전이 벌어져서 계백장군이 전사함으로서 계백장군을 향사하게 된 것이 아닌가 생각된다. 특히 부여 홍사준 선생 말에 의하면 數年前 이곳에 있는 속칭 ‘將軍塚(忠谷里)을 발굴하였는데 이미 다 도굴되어 아무것도 없었으며, 주민 말에 의하면 그전에 이곳에서 鐵製長刀와 馬製遺物이 출토되어 상인들의 손에 들어갔다고 한다. 그러나 이것은 어디까지나 추정이고 확실한 근거는 없으며 다만 濟·羅 격전지가 아니었던가 생각될 따름이다.

　그런데 이 ‘茅村里山城’의 방향은 동남향으로 되어 있어서 ‘山直里山城’과 ‘곰티山城’을 향하고 있으므로 동남향에서 들어오는 통로와 전라도 雲州方面과 통로를 지키기 위한 양대 목적으로 축성한 것이 아닌가 추정한다.

5) 山直里山城

산성위치 : 論山郡 陽村面 山直里(장골)

조사일자 : 1974년 4월 5일, 1975년 7월 17일

조사개요 : 모촌리산성에서 동쪽 골짜기를 5리쯤 가면 산직리에 도달하게 되는데 산직리 동쪽 구릉위에 석축산성이 멀리서부터 올려다 보인다. 여기서 보면 꼭 누에고치처럼 생겼기 때문에 洪思俊은 城形을 '蠶繭形'이라고 하였는데, 필자는 지형의 양식분류에 따라 '馬鞍形'이라고 호칭한다. (사진 Ⅱ-2-13~15)에서 볼 수 있는 바와 같이 말안장처럼 생긴 지형을 이용해서 북쪽에는 장대지가 있었던 것 같고 남쪽 봉우리 위에는 망대지가 있었을 것으로 추정하였다. 북쪽은 국사봉과 뒷목재 고개를 거쳐서 '黃山里'로 통하는 높은 산이고 남쪽은 급경사가 되어서 직접 올라오기에는 불가능한 단애였다.

그러므로 이 성은 자연히 동서로 문이 있을 수밖에 없게 되어 있다(그림 Ⅱ-2-11). 동문지로 보이는 현 동로 밖에는 역시 경사가 급해서 건물지는 있을 수 없고, 서쪽의 밭이나 '장골'부락이 옛 건물지였을 것으로 추정하였다. 현재도 이곳 밭에는 초석으로 보이는 석재와 와편·토기편·자기편들이 산재하여 있음을 발견할 수 있다. 이 성의 형태는 馬鞍形인 지형에 퇴메식으로 쌓은 석축산성으로서 석재는 화강암·차돌 등의 자연할석을 사용하였다. 성벽이 무너져서 축성법이나 높이 등 구조적인 면은 살펴볼 수 없는 바, 주민들의 말에 의하면 무너진 석재를 이용하여 하천공사에 사용하였다 하므로 원형을 찾기가 어렵게 되어 있다. 幣原坦에 의하면, 성의 短点에 대해서 다음과 같은 6개조항을 열거하고 있다[19].

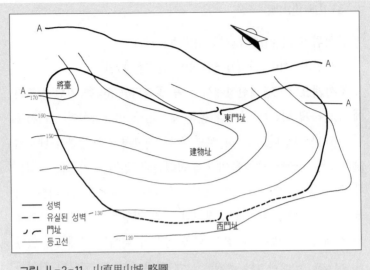

그림 Ⅱ-2-11 山直里山城 略圖

① 前高後低의 산성
② 半夷半險하여 腹背에 受敵할 수 있는 산성
③ 長風萬里 四曠無礙의 산성
④ 窮深萬疊 桃源形의 산성
⑤ 兩峯對峙해서 矢石이 相及하는 산성
⑥ 一路만 있고 他路가 없는 산성

이 조건을 감안해 볼 때 '山直里山城'은 앞에 있는 '곰티山城'에서 환히 내려다 볼 수 있는 지형이기 때문에 이상적인 위치는 아니나 지리적으로 요로이기 때문에 축성한 것 같다. 그리고 이것을 보완하기 위하여 國師峯과 깃대봉에 2개 보루를 좌우로 축

---

19) 幣原坦, 「朝鮮の城槨」, 『歷史地理』第十五卷 第三號, 316쪽.

사진 Ⅱ-2-13 산직리산성 서쪽 성벽

사진 Ⅱ-2-14 산직리산성의 馬鞍形

사진 Ⅱ-2-15 산직리산성에서 본 곰티재

사진 Ⅱ-2-17 깃대봉 보루 동쪽 성벽

사진 Ⅱ-2-16 깃대봉 보루 건물지

사진 Ⅱ-2-18 黃嶺山城 원경

조한 것이 아닌가 생각된다. 물론 '곰티山城'이 아군 수중에 있을 때에는 별문제가 없지만, 적군 수중에 들어 갔을 때는 '山直里山城'이 요소이기는 하지만 이상적인 산성 역할을 못하게 되어 있음을 현지 답사결과 확인하게 되었다. 성안에 井址는 없고 바로 서쪽 성밖에 있는 井水는 현재 주민들이 사용하고 있을 정도로 다량의 깨끗한 물이 용출되고 있다. 이곳에서는 (그림 Ⅱ-2-12)에서 볼 수 있는 바와 같이 유사승석문과 단선문토기편 그리고 자연유가 묻은 것 등 백제시대 토기와 와편들이 밭에서 다수 발견된다. 고려시대나 조선시대 분청백자도 발견되어 삼국시대 이후도 계속 사용된 산성이라고 판단된다. 이 성은 작년 4월 답사시 실측하여 본 결과 둘레가 400m였는데, 洪思俊은 前記 논문에서 1km라고 한 것은 목측에 불과하므로 수정해야 될 것이다.

이 부근 산성의 조사결과 석재만을 사용하고 또 삼국시대서부터 조선시대까지 다양하게 유물이 출토되는 곳은 '黃山城'과 '山直里山城' 밖에 없어서 이 두 성의 루트가 삼국시대부터 조선시대까지 사용된 가장 중요한 통로이었음을 확인할 수 있다. 이와 같은 교통로에 대해서는 추후 '곰티山城'에서 '珍山城'에 이르는 산성을 조사한 후 상론해 보려한다. 다만 洪思俊은 이곳 '山直里山城'을 계백장군의 '三營'의 하나로 고증하고 있는데[20], 이에 대해서는 역사지리적 고찰에서 후술하기로 한다.

한편 이곳 '山直里山城'은 설화가 많다.

山直里는 속칭 '장골'인데 이 '장골'을 '將洞'으로 해석하여 계백장군과 관련시켜 말하는 이도 있고, '藏洞'으로 해석하여 삼국시대 전쟁시 사망한 시체를 묻은 '장골'로 해석하는 이도 있다.

---

20) 洪思俊, 주 2)의 前揭文, 78쪽.

그림 Ⅱ-2-12　山直里山城 토기편 및 와편탁본

또 '䭨洞'으로 해석하여 깃대봉 주위에 있는 八萬九庵子로 '장'을
끓여서 공급하였다 해서 '장골'이라 한다고 전하기도 한다.

다음으로 이 산성에 대한 전설이 있는데, 옛날 이곳 어느 집에 男妹將帥를 두었는데 한집에 장수가 둘이 나면 망한다는 전설이 있어 걱정하던 어머니는 아들은 서울에 가서 소를 팔아오게 하고 딸은 치마로 돌을 날라다가 성을 쌓도록 해서 성주가 되는 내기를 시켰다고 한다. 그런데 아들이 미처 돌아오기 전에 딸이 성을 다 쌓아 가므로 걱정하던 어머니는 콩을 볶아서 딸에게 먹이며 다 쌓는 것을 방해하여 마침내 아들이 먼저 돌아오므로 딸을 죽이고 아들로서 城主를 삼았다고 한다. 대전부근 '牛山城'에도 이와 똑 같은 전설이 있어 산성과 관련된 전설에 대하여 무슨 의미를 가지고 있는 것인지 별도로 자료를 수집 고찰하여 볼 필요가 있을 것 같다.

6) 國師峯堡壘

조사일자 : 1975년 11월 12일

조사개요 : '國師峯' 혹은 '國司峯'이라고 기록되어 있는 이 보루는 양촌면 산직리 소재 '山直里山城'의 바로 뒷산 가장 높은 봉우리에 있다. 둘레는 약 20m 정도인데 성벽으로 완전히 남아 있는 흔적은 거의 없고 석재만이 산재하여 있을 뿐이다. 이곳에서 소량이지만 백제시대 격자문토기편(그림 Ⅱ-2-13)과 와편을 습득할 수 있다. 이들은 '黃山城' 출토유물과 같은 것이어서 국사봉보루는 이 부근 산성들과 같은 연대

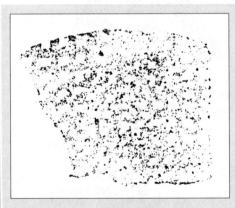

그림 Ⅱ-2-13 國師峯堡壘 출토 토기편 탁본

로 추정된다. 더구나 이곳에서는 후대의 유물들이 발견되지 않는
것도 이것을 더욱 뒷받침하여 주고 있다.

이 보루는 『全國古蹟調查目錄』에도 없는 새로 발견된 보루이
다. 이곳 주민들은 흔히 烽燧臺라고 하고 있는데 모든 성과의 연
락관계를 취하기 위하여 축조된 보루 겸 봉수대로 추정된다.

이 보루는 天護峯을 기점으로 '黃嶺山城', '깃대봉堡壘', '山直
里山城', '新興里山城', '貴名峯堡壘'에 이르는 산봉 중간쯤에 위치
하고 있는 제일 중앙지점에 위치한 보루로서 산명 그대로 國師
峯 혹은 國司峯이다. 즉, 國師峯은 국가의 군대와 관련된 명칭이
며 國司峯은 군대를 사령하던 司令塔과 같은 의미를 내포하고
있다고 하겠으므로, 비록 규모는 작으나 그 중요성은 다른 것에
비할 바가 아닐 것 같다. 첫째로 이 보루는 '山直里山城'이 높은
산밑에 있는 구릉에 위치하고 있어 산 너머에 있는 본부격인 '黃
山城'과 연락을 취할 수 없기 때문에 國師峯을 거쳐서 연락되게
끔 축조한 것이고, 둘째로 이 國師峯을 중심으로 '黃山城'이나
'黃嶺山城', '깃대봉山城', '山直里山城' 심지어는 '茅村里山城'까지
도 동남간에 있는 '곰티山城'을 향해서 축성하고 있다는 사실이
國師峯에서 비로소 확인되었다. 이 곰티山城을 지나면 '珍山山城'
을 거쳐서 馬田·錦山을 지나 신라와 통하게 되어 있다. 그러므로
이 '國師峯堡壘'는 비록 규모는 작으나 본부격인 '黃山城'과 연락
하는데 가장 중요한 역할을 담당하였던 보루로 확인되었으며,
'國師峯堡壘'를 보지 않고서는 이 부근의 산성과 역사지리관계에
대해서 이해하지 못하게끔 되어 있다.

7) 깃대봉堡壘

조사일자 : 1975년 9월 12일

조사개요 : '黃嶺山城'에서 능선을 타고 남으로 약 1.5km떨어진 곳에 표고 393m의 '깃대봉'이 있다. 그 도중에는 50×20m, 18×30m 정도의 건물지가 있는데 지금도 와편들이 많이 있다. 이곳 주민들의 전언에 의하면 天護峯에서 國師峯까지 고려 때 八萬九庵子가 있었다고 하는데 이것은 고려 때 南方守備政策의 일환으로 僧軍을 양성하여 유사시에 대비한 정책으로 이루어진 것이 아닌가 생각된다. 이 '깃대봉'이 가장 높고 전망이 환한데도 불구하고 깃대봉에서 동쪽 支峯으로 약 500m 내려간 곳에 둘레 약 200m 정도의 석축보루가 있다. 이것도 '國師峯堡壘'와 같이 유적목록이나 문헌에 없으며, 이번 답사에서 새로 발견된 보루이다. 석축부분은 서쪽에서 동쪽에 걸쳐 부분적으로 30m 정도 남아 있으며 북쪽 부분은 전부 파괴되어 석재만이 흩어져 있을 뿐이었다. 석재는 '黃山城'과 같이 자연할석이었고 서쪽 성벽의 잔존 높이는 약 1.5m이다. 오히려 잔존부분은 '黃山城'보다 양호한 편이어서 잘 무너지지 않게 四合式으로 축성되어 있음을 볼 수 있다(사진 Ⅱ-2-16·17).

이곳의 출토유물들은 '國師峯堡壘'보다 다양하며 단선문이 새겨진 백제토기편들이 많이 있지만 연대가 내려오는 유물들은 발견할 수 없어(그림 Ⅱ-2-14), 이것도 '國師峯堡壘'와 같은 연대로 추정된다. 이 보루도 역시 '山直里山城'에서 동쪽으로 약 1km 떨어진 곳에 빤히 올려다 보인다. 이는 진산에서 道山里, 德谷里, 大德里, 沙亭里, 汗三川里(한삼내)를 지나서 산직리쪽을 향해서 오는 적이나 직접 黃嶺(누룩이재)으로 넘어가는 적을 조속히 발

그림 Ⅱ-2-14 깃대봉堡壘 출토 토기편 및 와편 탁본

견하기 위하여 축조한 것으로 보인다. 또 남쪽으로 건너다 보이는 '곰티山城'과 직접 연결되게 되어 있고 '곰티山城'이 적에게 함락되는 경우에는 적의 동정을 살피기 위한 목적도 있었을 것으로 보인다. 그러므로 이 '깃대봉堡壘'는 규모와 위치를 감안해 볼 때 독립된 산성이라기 보다는 '山直里山城(장골山城)의 전초보루 역할을 담당하였던 것으로 추정된다.

8) 黃嶺山城

산성위치 : 論山郡 陽村面 莘岩里와 伐谷面 汗三川里 境界
조사일자 : 1975년 9월 12일
조사개요 : 연산 사거리에서 伐谷面을 거쳐서 진산으로 통하는 길목에 속칭 '누룩이 재'(黃嶺)가 있다. 이 '누룩이 재'는 한자

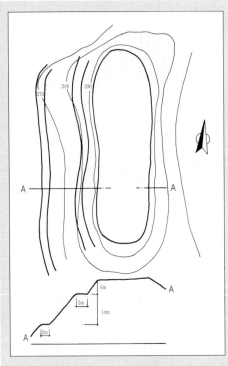

그림 Ⅱ-2-15 黃嶺山城 略圖

로서 '黃嶺'이라고 표기할 수밖에 없기 때문에 현행 1/50,000지도에는 '황령재'라고 표기되어 있다. 이 '누룩이재'(黃嶺)는 이곳이 백제 때 黃山郡이기 때문에 이와 같이 부르게 된 것이라 생각된다. 이 '누룩이재'는 지리적으로 대단히 험준하고 협소하여 大軍이라 하더라도 일시에 활동하기에는 불편하게 되어 있어 방위를 목적으로 하는 백제측에 있어서는 중요한 요지라고 할 수 있는 지형이다. 이 '황령이재' 길목 위에 표고 약 390m의 '咸朴峯'이 있는데 답사하여 본 결과 둘레 약 300m 정도의 토성이 있었다(그림 Ⅱ-2-15). 이 토성으로 인해 이곳 주민들은 '황령이재'를 '성재'라고 부르고 있다. 이 고개이름을 따 咸朴峯 산상에 있는 토성을 본인은 '黃嶺山城'이라 명명하였다. 이 '黃嶺山城'은 북쪽에 있는 '누룩이재' 길목을 지키기 위하여 축성한 것이기 때문에 자연적으로 북쪽으로 문지가 있었을 것으로 추정된다. 현재도 이곳을 올라가려면 이 길 밖에는 없으며 남쪽으로도 문의 흔적이 있어 산의 능선을 타고 멀리 '깃대봉堡壘'를 거쳐 '山直里山城'과 연락되도록 되어 있어 문지는 南·北 두개로 추정된다.

'黃嶺山城'이 위치한 咸朴峯은 지리적으로 蒜峯形에 속하며, 이 마늘모양의 산봉을 토성으로 둘러쌓았기 때문에 산성 형태는 퇴메형(鉢卷形)에 속한다. (사진 Ⅱ-2-18)에서 보는 바와 같이 산봉이 편평하며 100여 명은 활동할 수 있는

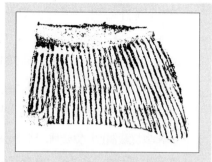

그림 Ⅱ-2-16 黃嶺山城 출토 토기편 탁본

넓은 광장이 있으나, 위치의 중요성에 비해 성의 규모는 작은 편이었다. 이 산성은 석축부분이 전혀 없었으며 서북쪽에서 동쪽 부분까지 너비 2m와 5m 정도의 2중으로 된 회로가 있었음을 확인하였다. 이것은 대전부근의 산성을 조사하면서 확인한 '牛山城'의 階段式山城과 유사한 형태로서 이것은 내부에서 삭토하여 외부로 토성을 축조하였기 때문에 자연히 토성이 이루어지는 한편 回路도 생기는 2중효과를 노렸음이 아닌가 싶다. 한편 성내에서 井址나 建物址 등은 확인할 수 없었으며, 다만 참호를 판 곳에서 백제토기편 2점을 수습하여(그림 Ⅱ-2-16) 백제시대 산성으로서의 추측을 굳히게 하여 주었다. '黃嶺山城'과 '누룩이재' 중간의 올라오는 길목에 있는 밭에서 많지는 않지만 백제토기편을 용이하게 채집할 수 있다. 그러나 연대가 내려오는 고려나 조선시대의 유물이 발견되지 않는 것으로 미루어 보아 백제시대 이외에는 사용하지 아니한 산성인 것만은 확실하다.

이 '黃嶺山城'에서 동쪽으로 바라보면 진산에서 벌곡을 거쳐 들어오는 것이 환히 내다보이고 남쪽으로는 '깃대봉' 중간에 '쇠

지미고개'가 있어 옛날에는 벌곡에서 黃山(連山)으로 통행하였다 한다. 그러나 실제로 답사하여 보니 '황령재'보다는 무척 險路이어서 '황령재' 통로를 많이 이용하였을 듯 하다.

또 서쪽으로 바라다 보면 '黃山城'이 환히 내려다 보여 상호 연락관계가 긴밀하였을 것으로 생각된다. 이 '黃嶺山城' 아래에는 시정골(屍藏洞)이 있는데, 백제군이 이곳에서 전멸하여 積屍如山하였기 때문에 '시정골'·'시장골'이라고 전하여 내려온다고 한다. 한편 이 '황령재'아래에는 고분군이 많이 있어 근래까지 도굴들이 심하다고 하는데, 대개 백제시대 유물에서부터 고려시대 유물까지 출토되는 것이 상례라고 하는바 현재는 거의 발견할 수가 없다.

이 '黃嶺山城'에 대해서 洪思俊은 처음으로 토성이 있는 것을 언급하였고[21] 또 계백장군의 三營이 '山直里山城(장골山城), 熊峙山城(곰티山城), '黃嶺山城'이라고 추정하였다.

3. 連山地方의 歷史地理的 考察

이상에서 黃山城을 중심으로 한 靑銅里山城과 外城里山城, 茅村里山城과 堡壘, 山直里山城과 2개 보루 그리고 황령산성에 대한 고고학적 측면을 고찰하여 보았다. 이제 黃山城 앞에 있는 '黃山벌'을 중심으로 백제의 최후 결전이 어떻게 벌어졌는가 역사지리적인 측면을 고찰하여 보기로 하겠다.

백제의 최후 결전은 백제의 요새지라고 할 수 있는 '炭峴'을 지나서 들어온 金庾信의 5만군대와 이곳 '黃山벌판'에서 격전을

---

21) 洪思俊, 주 2)의 전게문, 77~8쪽.

하므로서 이루어진 것이니, 먼저 '黃山'이 어디에 위치했는지의 문제가 선결문제라고 하겠다. 이에 대한 문헌을 보면 다음과 같다.

① 『三國史記』卷二十八 百濟本紀 第六 義慈王二十年條
(上略) 又聞唐羅兵 已過白江炭峴 遣將軍堦伯 帥死士五千出 黃山 與羅兵戰 四合皆勝之 兵寡力屈 竟敗堦伯死之 …'

② 『三國史記』太宗武烈王 七年 三月條
夏五月二十六日 王與庾信·眞珠·天存等 領兵出京 六月十八日次南川停 定力發自萊州 舳艫千里 隨流東下 二十一日王遣太子法敏 領兵船一百艘 迎定方於德勿島, 定方謂法敏曰 吾欲以七月十日 至百濟南與大王兵會 屠破義慈都城, 法敏曰 大王立待大軍 如聞大將軍來 必蓐食而至 定方喜 還遣法敏 徵新羅兵馬 法敏至言 定方軍勢甚盛 王喜不自勝 又命太子與大將軍庾信·將軍品日·欽春(春或作純)等 率精兵五萬應之 王次金突城
秋七月九日 庾信等 進軍於黃山之原 百濟將軍堦伯 擁兵而至 先據嶮設三營以待 庾信等 分軍爲三道 四戰不利 士卒力竭

③ 『三國史記』卷第四十七 列傳 第七 金令胤條
金令胤沙梁人 級湌盤屈之子 祖鈍春(或云欽純)角干 … 太宗大王七年庚申 唐高宗 命大將軍蘇定方伐百濟 欽春受王命 與將軍庾信等 精兵五萬以應之, 秋七月至黃山之原 値百濟將軍階伯 戰不利

④ 同上 官昌條
官昌(一云官狀) 新羅將軍品日之子 … 至唐顯五年庚申 王出師 與唐將軍侵百濟 以官昌爲副將 至黃山之野 兩兵相對

⑤ 同上 階伯條
階伯 百濟人 仕爲達率 唐顯慶五年庚申 高宗 以蘇定方爲神丘道大摠管 率師濟海 與新羅伐百濟 階伯爲將軍 簡死士五千人拒之 曰以一國之人 當唐羅之兵大兵, 國之存亡 末可知也 恐

吾妻孥沒爲奴婢, 與其生辱不如死快 遂盡殺之 至黃山之野 設
三營 遇新羅兵将戰 誓衆曰昔句踐以五千人破吳七十萬衆, 今
之日宜各奮勵決勝 以報國恩 遂鏖戰 無不一以當千 羅兵乃却
如是進退至四合 力屈以死

　　이상 다섯 종류의 사료를 보면 모든 사료에 공통적인 지명으
로 '黃山'이라는 지점으로 귀결됨을 알 수 있다. 이 '黃山'에 대한
내력을 살펴 보면

　　⑥ 『三國史記』卷第三十六 雜志 第五 地理三 黃山郡條
　　黃山郡 本百濟黃等也山郡 景德王改名 今連山縣 領縣二 鎭嶺
　　縣 本百濟眞峴縣(眞一作貞)・景德王改名今 鎭岑縣・珍同縣
　　本百濟縣 景德王改州郡名及今 並因之

　　즉 현 연산지방은 백제시대 黃等也山郡이었는데 신라 景德王
때 黃山郡으로 개명하였다는 것이며, 鎭岑縣과 珍同縣이 이에 속
해 있었고 고려때부터 현재 명칭인 連山郡으로 부르게 되었음을
알 수 있다. 『高麗史地理志』나 『新增東國輿地勝覽』에도 이에 준
해 기록하고 있다.
　　'黃等也山郡'은 '누루메'(連山)라는 우리 고유 말의 한자표기로
서 '黃等也山'으로 하였을 뿐 빛깔로서의 '黃'자와는 관련이 없는
말이라 하겠다. 고려시대 連山縣은 현 論山郡 連山面, 夫赤面, 陽
村面, 伐谷面, 豆磨面 일원이며, 伐谷面의 동부에 있는 珍山面(黃
等也山郡 珍同縣)과 豆磨面 동부에 있는 鎭岑面(同上 眞峴縣)도
이에 속하여 있었다. 이 連山縣의 중심부에는 大屯山, 兜率山, 天
護山, 鷄龍山의 능선이 연이어 있어 '連山'이라는 현 지명이 나온
듯 하다. 이 능선을 중심으로 동부인 鎭岑縣, 珍同縣 일대는 험

준한 산악지대로 되어 있고 서부인 連山, 夫赤, 陽村 등지는 평탄한 평원으로 되어 있다. 이러한 지형을 상고해 볼 때 백제의 최전방어선은 鷄龍山, 天護山, 國師峯, 大屯山, 兜率山 등으로 연결됨을 알 수 있다. 이 능선에 걸쳐 있는 산성은 '누룩이재'(黃嶺)를 지키는 黃嶺山城을 위시하여 깃대봉堡壘, 國師峯堡壘, 山直里山城, 茅村山城, 貴名峯堡壘 등이 1열 횡대의 鶴翼陣형태로 연립하여 있다. 이와 같은 방어선은 옥천에 西山城, 環山城, 대전 동남부의 鷄足山城, 迭峴城, 陵城, 葛峴城, 三丁里山城, 望京台, 城峙山城, 鷄峴城 등이 신라쪽을 향하여 축성되어 있는 것과 꼭 같은 형태라고 할 수 있다. 부여가 수도인 백제로서는 이 능선의 최후방어선을 빼앗기면 부여까지 일사천리로 밀리게 되어 있어 철통같은 방어선을 구축하였음은 당한 조치라고 하겠다. 이 능선상에 있는 산성들을 사령하는 격으로 가장 험준한 咸芝山 밑에 필자가 명명한 黃山城이 있고 그 앞 靑銅里 해발 146m의 매봉高地에 靑銅里山城과 논산·부여로 빠지는 外城里 길목에 外城里山城이 축조되어 있음을 현지답사로 확인하였다.

이 '黃山城' 동편에 이 부근에서 가장 높은 天護峯이 있는데 이에 대한 기록을 『新增東國輿地勝覽』에서 찾아 보면[22]

　⑦ 黃山一云天護山 在縣東五里 新羅金庾信將軍 與唐蘇定方攻百
　　　濟 百濟將軍階伯 禦羅兵于黃山之野 設三營 四戰皆勝 兵寡力
　　　屈而死

즉 '黃山'을 일명 '天護山'이라 고증하고 있어 이 부근의 산을

---

22) 『新增東國輿地勝覽』 卷318 連山縣 '山川條'.

'黃山'(후에 連山)이라고 부르고, 이곳의 들판을 '黃山벌'로 호칭하게 된 것을 알 수 있는데, 이와 같은 호칭은 앞의 史料 ②④⑤에서도 볼 수가 있다. 다시 『新增東國輿地勝覽』을 참고하여 보면 '黃山' 즉 '天護山'은 縣東五里에 위치하고 있었다 하니 縣의 치소는 자동적으로 天護山 서쪽에 있었을 것은 당연하다고 하겠다. 그러므로 현 連山邑 부근이나 黃山城 부근에 고대 치소가 있었을 것이 자연스러운 일이다. 따라서 이곳 黃山城은 이 부근 백성들을 수호하기 위한 산성이기도 하였을 뿐 아니라 백제 최후방어선의 司令塔이기도 하였을 것이다. 현행 1/50,000지도에 黃山城을 '황성'으로 현 新良里 들판을 '황산'으로 기록하였음도 일리가 있다고 하겠다. 이러한 것을 상고해 볼 때 광의로서의 '黃山'은 '黃等也' 전체를 의미하고 협의로서의 '黃山'은 현 '黃山城'(황산, 天護山), '황산들'(黃山들), '누룩이재'(黃嶺)로 집약할 수 있을 것 같다.

이상에서 고증한 바와 같이 [사료①~⑤]에 나타난 '黃山'은 이곳 連山벌판으로 확정되었다고 볼 수 있다. 그렇다고 하면 이곳 '黃山之野', '黃山之原'에 이르는 통로는 과연 어디일까가 문제이다. 이 '黃山벌'을 목표로 신라의 5만 군대가(사료②) 통과하였을 통로를 찾아보면 신라방면에서 들어오는 길목은 다음 세 길이 있다.

i) 沃川(西山城)~環山城~炭峴~雨述(大田)~鎭岑~豆溪~兩政고개~開泰峴~黃山原(連山)

ii) 進仍郡(錦山)~珍同(珍山)~伐谷도산~덕실~오작실~곰치재(熊峙)~陽村面山直里~뒷목재~황산리

iii) 陽山~錦山~高山炭峙~黃山

이상 3코스 중 제1코스는 池憲英에 의하여[23] 연구발표 된 바 있고 제3코스는 洪思俊이[24] 발표한 바 있으며, 제2코스는 大原利武氏[25]가 제기한 바 있다. 여기서는 우선 池憲英이 주장하는 제1코스인 '黃山'전역과 이 황산전역의 총본산이었을 黃山城과는 어떤 관련이 있었는가를 고찰하여 보기로 하겠다.

사료 ①에서는 신라군이 이미 炭峴을 넘어왔기 때문에 계백장군이 死土五千을 거느리고 '黃山'에 나와서 네 번 싸워 모두 승리하였으나 兵寡力屈하여 전사하였다는 것이다. 사료 ②는 김유신장군이 '黃山之原'에 진군하려 할 때에 계백장군이 군대를 데리고 먼저 험준한 곳에 거점을 두고 三營을 설치하고 기다리니 김유신 등의 군대는 三道로 나누어서 처들어와 네번 싸웠으나 불리하였다는 것이고, 사료 ③과 ④는 이때의 난국에 盤屈과 品日의 아들 官昌이 '黃山'戰役에서 용감히 싸워 전사하였다는 것이다. 또 사료 ⑤는 계백장군이 '黃山之野'에 이르러 '三營'을 설치하고 羅兵을 맞이하여 싸우다가 力屈而死하였다는 기록이다.

이 사료 ⑤의 '設三營'과 사료 ②의 "先據險 設三營以待 庚信 分軍爲三道 四戰不利"하는 기록과는 상호밀접한 관계가 있음을 알 수 있다. 즉, 계백장군이 험준한 곳에 三營을 설치하고 있었기 때문에 김유신장군은 '三道'로 分軍 진격하였다는 것이다. 그러면 이 '三營'과 '三道'를 전기 제1 코스로서 고증한 池憲英은 어떻게 설명하고 있는가 먼저 살펴보기로 하겠다.

---

23) 池憲英, 주 8)의 전게문.
24) 洪思俊, 주 2)의 전게문.
25) 大原利武, 「百濟要塞地 炭峴 就いて」, 『朝鮮歷史地理』 卷一, 640쪽.

"先據險 設三營以待 庚信分軍爲三道의 句가 注目된다. '據險三營'·'三道'의 기록은 우리로 하여금 連山盆地의 自然景과 人文景觀에 새삼 부합하는 것을 直覺하게 한다. 즉, 連山盆地의 咸芝山城·外城·靑銅城의 三城寨이 위치한 지역은 自然地理的으로 능히 連山盆地의 三險이라 할 수가 있겠고 또 이 三城寨는 連山盆地의 東北과 西方 및 南方에 위치에 三道로 分道攻防할 地理的 條件을 지니고 있기 때문이다(中略).

이것에 덧붙이거니와 黃山之原戰에 있어서 新羅軍은 現 天護里·邑內里一圓에 主力部隊가 布陣하고 百濟軍의 右軍은 靑銅城(內城)에 中軍은 外城에 左軍은 咸芝城(北山城)에 各各 布陣하여 對陣했던 것을 比定할 수도 있을 듯 하다. 盤屈, 官昌郞의 勇戰 戰死한 장소도 現 連山驛 近處인 것을 想定되기도 한다."

위에서와 같이 '黃山之原', '黃山之野'를 연산분지로 확정하고 '黃山之原'의 전략적 가치를 評定해 놓고 보면 침공신라군의 행동로가 雨述(大田) - 鎭岑 - 豆溪 - 開泰峴(天護山北·黃嶺北) - '黃山之原'(連山)이었을 것(大田 - 連山間北路)은 용이하게 상정할 수가 있겠다. 속전속결을 의도한 5만의 羅軍은 가장 평탄한 단거리의 노정을 밟았을 것이며 또 이 길(北路)만이 백제군이 羅軍을 挾擊키 위하여 '據險設三營'한 '黃山之谷'·'黃山之原'의 중심부를 달리고 있기 때문이다."26)

즉, '據險設三營'에 대해 그는 현 '靑銅里山城'과 '外城里山城', '黃山城'에 비정하고 있으며, '分軍爲三道'에 대해서는 연산분지의 이 三城寨가 동동북과 서방 및 남방에 위치하여 三道로 分道攻擊할 지리적 조건을 지니고 있다고 주장하고 있는 것이다.

이러한 해석은 다음과 같은 의문점이 해결되지 않는 한 인정

---

26) 池憲英, 주 8)의 전게문, 100쪽.

하기가 어렵다.

그가 주장하는 내성(右軍駐屯地)이라고 판단한 靑銅里山城은 그 성의 방향이 남향으로 되어 있어 동북방에서 開泰寺 길목을 방어하기 위하여 설치된 성이 아니라는 점과 해발 146m의 구릉은 평지에 준하기 때문에 결코 험준한 지형이 아니다. 또 이 산성은 연산평야 한 복판에 위치하고 있기 때문에 그가 주장하는 대로 鎭岑~兩政고개~開泰寺~黃山의 코스를 김유신장군의 5만 군대가 공격로로 선택하였다면 지리적 조건으로 보아 백제의 산성축조와 設陣이 현 兩政고개에 이루어졌을 것이다. 그런데 길목을 지키는 양편 산봉에는 성, 혹은 보루의 흔적이 전연 없고 또 주민들의 말도 성의 전설이나 흔적을 보지도 듣지도 못하였다는 것이다. 이번 조사에서 豆溪~開泰寺에 이르는 코스는 다음과 같은 길이었음을 새로이 확인하였다.

ⅰ) 豆溪~농소리~입암리~구고운재~開泰寺
ⅱ) 豆溪~용수말~회음동~開泰寺
ⅲ) 豆溪~산직촌~광석~開泰寺

이 노선이 舊通路이고 현 양정고개에서 개태사에 이르는 노선은 日政時 닦아진 그야말로 신작로로서 구도로와의 거리차는 약 20리에 해당된다고 한다. 이곳 3가지 통로중에서는 보통 제3코스가 大路로서 현재도 우마차가 통행할 수 있는 정도의 큰 도로의 흔적이 남아 있으니, 그렇다고 하면 이 길목을 지키는 산봉에 산성이 있어야 할 터인데 역시 이곳 주민들에게 의하면 본적도 들은 적도 없었다고 한다. 이 부근 산중에서 가장 높은 개태사 뒤에 있는 天護峯 上峯을 답사하여 보았으나 역시 산성이나 유물은 확인할 수 없었다. 이와같은 노선에 대하여 그가 착오를 일으킨 것은 현지 답사를 하지 않고 지도에 의해서 속단하였기 때문으로 생각된다. 이곳 진잠에서 양정고개, 개태사에 이르는 도로에 산성이 없다는 것은 대전 부근에 있는 이중·삼중으로 설치된 산성들의 방어가 철통같기 때문에 그 필요성을 느끼지 않아서 축조하지 않은 것이라고 생각한다. 오히려 '沃川~大田~鎭岑~豆溪~兩政고개~開泰寺'의 통로보다는 '沃川~郡西面~城峙山城~大德郡 山內面 鷄峴城~大德郡 山內面 所好里山城~大田市 沙井城~大德郡 杞城面 鳳谷里山城~伐谷面~黃嶺재~黃山'의 코스가 순탄하고 합리적일 것이다. 현재 '황령재'밑에 있는 '한림정'부근은 일명 '시정굴'이라고 하는데 시체가 많이 묻혔다고 해서 '屍藏洞'이 '시정골'로 지명이 변천되었다고 한즉 오히려 兩政고개~開泰寺 코스보다는 이 코스가 합리적인 것 같다. 이 노선은 신라의 5만군대가 선택하였다면 그가 주장하는 대전부근 食藏山의 '炭峴'說이 근본적으로 모순을 일으켜 전후논리가 맞지 않기 때문에 그의 '炭峴說'뿐만 아니라 大田~鎭岑~豆溪~兩政고개~開泰寺의 코스는 재검토되어야 할 것이다.

다음은 永同 陽山~錦山~高山炭峙~黃山의 제3 코스를 주장하는 洪思俊의 설을 검토해 보기로 하겠다. 그가 주장하는 탄현설의 근거는 小田省吾의 全羅北道 完山郡 雲州面 三巨里와 四坪里間의 '炭峴'을 新羅軍의 경로로 보는 것에 두고 있다. 輕部慈恩도 이에 동조하고 그의 유고 『百濟遺跡の硏究』에서 고증하였는데[27], 그는 현지답사를 통해 이 주장을 뒷받침하였다[28].

洪思俊은 금산에서 잣고개(栢嶺峙)를 지나서 炭峴, 炭峴에서 龍溪城. 龍溪城에서 黃山으로 신라군이 이 통로를 택하였으리라고 생각한다고 주장하였다. 이 도로는 '잣고개' 300m 고지가 가장 높은 嶺이라 할지라도 급한 坂路가 아니고 嶺이 짧은 곳이며, 그 이외의 행군에 그리 힘든 길이 아니어서 비교적 행군에 지장이 없되 다만 小狹小路인 것 같다고 위 논문에서 밝히고 있다.

이 경로를 정리하여 보면 다음과 같다.

錦山~瓦坪(錦山南二面)~深川(南二面)~石洞里(南二面)~里山(밀무)~下金里(南二面事務所)~中驛坪(南二面)~驛坪里(南二面)~栢嶺峙(南二面)~下岩里(南二面)~砥石(숫돌바위)~乾川里(南二面)~薪伏里(雲州面小北里)~炭峴(숯고개)~雲州面三巨里(總六十里)

이와 같이 炭峴을 고증한 洪思俊은 사료 ②에서 나오는 계백장군의 三營 설치와 김유신장군의 分軍 三道 대해서 다음과 같이 고증하고 있다.

1/50,000지도(論山, 江景, 大田, 錦山)를 보면 炭峴 龍溪城을 거쳐서 陽村面 仁川里(인내)에서 連山方面으로 통하는 大路(炭峴~龍溪城은 小路)가 있는데 陽村面 茅山部落(一名곰내, 熊川)에 토성(183m)이 있고 서편 산상에도 토성(九子谷面)이 있다.

茅村里에서 소로로 토성을 좌편에 끼고 山直里(陽村面)를 가자면 장골(藏洞) 부락을 가기 전에 승적골(勝敵洞) 부락이 있다. 장골 부락 북쪽 작은 산 위에 석성이 있는데 城形이 蠶繭形으로 되고 城周가 목측 1km에 성외벽은 아직도 남아 있으며 성위치는

---

27) 輕部慈恩, 「주 17)의 前揭文.
28) 洪思俊, 주 2)의 前揭文.

남향하였고, 장골부락에서 본다면 북 60m 高位에 있고 성내면은 지금 開墾되어서 면적이 500평 정도이다. 이 석성에서 1.5km 동쪽 산상에도 표고 273m에 곰티(熊峙)山城이 있어서 장골(藏洞) 석성과 동서로 대치하고 있다. 장골부락에 거주하는 申鎭奎(당년 55세)氏에 의하면 김유신의 신라군은 熊峙山城에 계백의 百濟兵을 藏洞山城에서 전쟁을 하다가 계백군이 黃山里(陽村面新良里의 一部落)로 퇴각하여서 이 黃山里에서 일대결전이 벌어졌을 때에 신라 관창이 전사하였다는 것이다(中略).

계백장군이 黃山戰에 출전한 黃山은 連山全域을 말한 것이 아니고 현 陽村面 新良里 黃山里部落 大平原인 것을 알게 되며, 또는 계백장군이 三營을 설치하였다는 것도 적당한 三處設營이 아니라 이미 築城된 山城 즉, 藏洞山城・熊峙山城・黃嶺山城을 택하여 삼각형의 3개성에 3營을 結陣하였던 것을 알겠다(中略). 이와 같이 三營이 백제측에서 설치된 것을 본 신라 김유신장군은 一肢軍은 熊川(茅山)山城을 좌편에 끼고 黃山里에, 다른 일지군은 藏洞石城과 熊峙石城 兩城에 主力을 주고 진격하다가 먼저 熊峙石城에 있던 백제군이 퇴각함에 점령하자 주력부대는 黃山里에 진격하고 다른 熊峙石城을 점령한 新羅兵은 伐谷面 汗三川을 끼고 黃嶺土城을 공격 점령한 후에 진출해서 이 三肢軍 즉, 三道의 新羅兵 집결지는 黃山里에 두게 함으로써 백제군 5천군은 初戰 一日에 비록 4戰勝을 하였으되 衆寡不敵으로 계백은 黃山里에서 전사하였고 그 麾下將兵들은 쫓기기 시작하여 시장골(屍葬洞)에서 전멸되었던 것을 상상하게 되는 것이다"[29].

이상에서 그가 주장하는 炭峴과 계백장군과 김유신장군의 三

---

29) 洪思俊, 주 2)의 前揭文.

營과 三道 관계를 고찰하여 보았는데 현지답사에 정통한 일설임에는 틀림없으나 일면 모순점도 내포하고 있음이 약점이라고 하겠다. 다음에 그 장단점을 살펴보기로 하자.

〔長點〕

① 필자가 조사한 '茅村里山城'(洪思俊이 주장하는 熊峙山城)과 '貴名峯堡壘'(洪思俊은 九子谷面土城이라 하였다), '黃嶺山城' 등은 『全國遺蹟目錄』이나 문헌에도 나오지 않는 산성들인데 그가 현지답사 결과 새로 발견하였다는 것은 학계에 큰 공헌이라고 할 수 있다.

② 현지 주민들의 전설을 중심으로 '山直里山城'(藏洞山城)과 그 앞에 있는 '熊峙山城'을 중심으로 三營과 三軍關係를 調查報告한 것 또한 중요한 공헌이다.

〔短點〕

① 본인이 조사한 '茅村里山城'과 '貴名峯堡壘'는 운주방면에서 연산방면으로 들어오는 통로를 봉쇄하는데 중요한 산성임에는 그의 의견과 같다. 이 관문만 통과하면 바로 연산평야의 '黃山벌' 즉, '사천벌'로 진입하게 되어 있다. 그렇다면 왜 茅村里~山直里~汗三川~黃嶺~黃山 등 500m 내지 1,000m밖에는 안되는 좁은 골짜기를 김유신장군의 5만 군대가 20리 이상이나 돌아서 黃山벌에 진입하였을까 납득이 가지 않는다. 이 협소한 골짜기에서는 衆寡不敵한 백제측에서는 이곳의 지리적 이점을 이용 設陣하였을 지언정 5만 군대의 신라병 주력부대가 백제측의 요구대로 통과하였으리라고는 생각되지 않는다. 더구나 '茅村里山

城'의 築城方向도 동남향으로 되어 있어 '熊峙山城', '山直里山城'에서 내려오는 길목을 방어하기 위하여 축성하였다고 봄이 더욱 타당하다.

② 百步讓步해서 그렇게 하였다고 인정한다 하더라도 계백장군의 三營設置를 '山直里山城(장골山城)과 '熊峙山城[30], '黃嶺山城'으로 비정하였다는 것은 이해가 가지 않는다. 왜냐하면 그는 '新興里山城'에도 김유신장군이 一肢軍을 파병하였다고 한즉 이곳에도 계백장군이 지휘하는 百濟兵이 있었으므로 도합 '四營'이 되고 '三營'은 아니며 또 김유신장군의 '分軍三道'를 '茅村里山城'과 '山直里山城', '黃嶺山城'으로 비정하였는데 이것은 茅村里山城으로 통하는 코스와 山直里山城~黃嶺山城으로 통하는 두개의 코스가 되므로 二道이지 三道는 아니므로 변명이 궁색할 수밖에 없다.

③ 洪思俊이 조사한 바, 申鉉奎氏의 말에 의하면 김유신의 신라군은 '熊峙山城'에 계백의 百濟兵은 山直里山城(장골산성)에 주둔하였다고 하였는데 이것은 신라 김유신군이 熊峙山城의 코스로 藏洞山城을 공격하기 위하여 왔다는 것을 의미하는 것이다. 만약에 그가 주장하는 대로 茅村里山城에서 山直里山城, 熊峙山城의 방향으로 공격하였다면 지리적 여건으로 보아 茅村里山城에서 가까운 山直里山城부터 함락시키고 난 다음에라야 熊峙山城을 공격하게 되어 있는 바 먼저 熊峙山城에 신라군이 주둔하였다는 申亨奎氏의 말을 인용하고자 한 것은 모순된 논리라고 하겠다. 이것은 문헌의 내용을 현지에 맞추어 해석해 보려는 데

---

30) 산직리산성 앞에 있는 산성으로 이에 대한 조사보고는 다음 기회로 미룬다.

서 나온 억지 주장이라고 밖에 생각되지 않는다.

④ 만약에 신라군의 5만 군대가 雲州面 炭峙를 지나 茅村里山城을 목표로 이 통로를 선택하였다면 茅村里山城만 격파되면 전략상 연산분지인 '黃山벌'로 진입하게 되어 山直里山城, 깃대봉堡壘, 國師峯堡壘, 黃嶺山城, 熊峙山城 등은 자동적으로 배후에서 적의 공격을 받게 되므로 항복할 수밖에 없다. 현대전에서도 6·25때 포항상륙작전, 인천상륙작전 등이 배후의 공격으로 적을 궁지에 몰아 넣을 수 있는 好例라고 할 수 있다. 계백장군이 이 茅村里山城을 중심으로 방어하기 위하여 三營을 설치하였다면 '茅村里山城', '靑銅里山城', '外城里山城'의 三營을 설치하였다고 보는 것이 수도인 扶餘의 방어상 합리적일 것 같으나, 가령 그렇다 하더라도 김유신장군의 '分道三軍'은 해결이 안되기 때문에 역시 이 주장은 성립되지 않는다.

⑤ 洪思俊의 주장하는 '貴名峯山城'은 토성이 아니고 20m내외의 석축보루이며 '茅村里山城'의 전초기지였던 것으로 필자는 추정하며 또 '茅村里山城'을 중심으로 전쟁에 대한 전설이 없다는 것은 무엇을 의미하는 것일까? 이곳 부락민들에게 물어보면 '山直里山城(장골산성)은 잘 알고 있으면서 뒷산에 있는 茅村里山城에 대하여는 성이 있는지조차 잘 모르고 있다. 과연 백제와 신라군의 격전지로 알려진 곳이 이 산성이라면 어찌 이와 같이 주민들에게 전혀 전해져 내려오지 않는가? 그러므로 '茅村里山城'은 신라 5만 군이 통과한 주 통로라고는 볼 수 없다.

이상에서 살펴 본 바와 같이 洪思俊이 주장하는 고증에는 장점보다 단점이 많아서 그 근거가 희박해졌다. 그렇다면 과연 어

떻게 계백장군의 '三營'과 김유신장군의 '三道'分軍을 고증해야
하겠는가 하는 문제가 남는다.

　　필자가 조사한바 이 부근의 산성배치와 역사지리적 조건으로
는 좌우에 보루를 두면서 중간에 위치하고 있는 山直里山城이
主城으로 판단되며 또 이곳의 모든 산성들의 배치방향이 남향
내지 동남향으로 되어 있어 黃山城~山直里山城~熊峙山城~珍
山山城의 방어선으로 동남간에 위치한 신라군의 진로를 방비하
였을 것으로 생각된다. 그렇다고 하면 申鉉奎氏가 전하는 말대로
山直里山城' 백제군, 熊峙山城에 신라군이 진군하였다는 말이 쉽
게 이해가 간다. 山直里山城을 중심으로 백제 계백장군의 中軍이
우편에 있는 茅村里山城에는 右軍이 좌편에 있는 黃嶺山城에는
左軍이 設營을 하였다면 계백장군의 '設三營'의 사료는 해결이
된다. 또 珍山方面에서 진격하여 왔으리라고 추정되는 김유신장
군의 5만 군대가 진산을 지나 熊峙山城을 근거로 中軍은 백제의
中軍이 주둔하였으리라는 山直里山城으로 右軍은 백제의 左軍이
있었을 黃嶺山城으로 左軍은 백제의 右軍이 있었을 茅村里山城
의 三道로 分軍進擊하였다면 최후의 격전지로 알려진 黃山벌(사
천벌, 사천팔백명이 戰死하였다고 사천벌이라 전한다고 한다.)로
집결하게 되어 김유신장군의 '分軍三道'도 해결이 된다. 이와 같
은 고증은 다시 熊峙山城, 珍山山城 등 신라군이 진격해 왔으
리라고 생각되는 珍山, 錦山方面의 산성조사와 역사지리적 고찰이
이루어지고 난 다음 성립될 수 있기 때문에 우선 문제만 제기하
고 결론은 보류하여 두기로 한다.

4. 맺음말

상술한 바와 같이 연산지방의 大小 城堡 9개소를 조사하여 본
결과 다음과 같은 결론을 얻을 수 있었다.

① 9개 城堡중 가장 규모가 크고 일부나마 상태가 잘 남아 있
는 것은 黃山城이라고 할 수 있다. 황산성의 둘레는 실측결과 약
830m의 테메식 석축산성이다. 이 산성은 백제 사비시대 黃等也
山郡의 근거지 역할을 한 主山城이었을 것으로 추정된다. 이 黃
山城은 연산평야의 제일 북쪽 높은 험준한 곳에 있으며 전략상
위치로 보아 黃山, 魯城을 거쳐 公州, 扶餘로 통하는 길목을 방어
하는 가장 주요한 산성이라는 결론을 지을 수 있었다. 이 성은
동쪽 天護峯에서 新興里에 이르는 능선에 黃嶺山城, 깃대봉堡壘,
山直里山城, '師峯堡壘, 茅村里山城, 貴名峯堡壘 등이 기라성처럼
둘러 있으며, 바로 黃山城 전방에는 靑銅里山城과 外城里山城, 후
방에는 정확하지는 않지만 咸芝山 밑에 조그마한 堡壘 등이 黃山
城의 보루역할을 하고 있는 것이 보였다. 이와 같은 성의 배치는
山直里山城 좌우에도 깃대봉堡壘와 國師峯堡壘의 2개 보루가 있
고 茅村里山城에도 貴名峯堡壘의 1개 보루가 있는데, 대전부근
산성(鷄足山城, 環山城, 西山城 등)에도 이와 같은 예가 많아 큰
산성에 보루가 있는 것은 백제 산성배치의 특수성이라고 하겠다.
② 백제의 산성은 중요한 지리적 요소에 배치되어 있다. 대전
부근 산성의 조사에서도 나타난 바와 같이 능선상에 1열로 배치
하고 있는 것과 같은 형태로 天護峯에서부터 新興里까지 능선상
에 일렬로 배치하고 있는 것이 또한 특징이라고 하겠다. 이것은

백제의 국방정책이 선의 방어선을 구축하고 있으며 어디까지나 방어에 주력을 두고 능동적인 호전형의 군사태세는 아닌 것 같다.

③ 黃山城의 성벽 통과점에 대하여 그 일부를 시굴조사해 본 결과 원형 이의 확충한 흔적이 없어서 이 산성은 부여천도를 전후한 시기(東城王~聖王)인 5세기 末~6세기 초, 즉 東城王 말기에서 聖王 초기의 석축산성으로 추정하였으며, 백제토기편과 와편 등이 채집되어 이를 뒷받침하여 주고 있다. 그 이후로 조선시대까지 사용되어 왔음은 조선시대 자기편들을 통해 알 수 있다. 따라서 이 부근의 9개 성보들은 이 黃山城의 축조연대와 비슷하다고 추정되며, 그 가운데 山直里山城만은 黃山城과 유사한 조선시대 자기편들이 출토되어 후대까지 '黃山城'과 함께 가장 중요한 역할을 하였던 산성으로 추정하였다.

④ 백제산성의 구조적 측면을 黃山城을 중심으로 살펴보면 백제시대 산성은 석성과 토성을 병용하였으며, 黃山城과 山直里山城 같은 중요한 요지에는 석재가 희소한 논산지방이라 할지라도 석성을 축조하였음을 알 수 있다. 또 토성이라 해서 무조건 석축산성보다 연대가 빠르다고는 볼 수 없다. 그것은 이 부근의 外城里·茅村里土城 등의 축조 연대가 黃山城과 유사한 시기로 추정되기 때문이다. 이와 같은 결론은 작년에 조사발표한 (大田附近古代城址)[31]에 대해서도 적용된다고 생각된다.

⑤ 黃山城의 축성용 석재는 자연할석을 사용하였으며, 지리적 조건을 이용해서 축성하였기 때문에 고저가 일정하지 않다. 또 험난한 북쪽 일부는 자연지형을 이용하였는데 이는 백제산성에서 흔히 볼 수 있는 축성방법이라 하겠으며, 내외협축한 것이 아

---

31) 拙稿, 주 12)의 前揭文.

니라 안쪽은 내탁하였던 것도 확인하였다.

⑥ 다음은 성의 방향문제이다. 현대전에 있어서도 砲의 방향은 적진을 향해서 설치하는 것처럼 고대축성의 방향은 적의 소재 방향과 일치한다는 점이다. 이 점을 감안해 보면 連山 9개 성보는 黃山城을 비롯하여 모두 남향 내지 동남향으로 되어 있어서 동남향에 있는 신라에 대비해서 축성하였음을 알 수 있다.

⑦ 이상 고고학적 자료를 토대로 역사지리적인 면을 고찰하여 보면, 黃山은 현 新良里인데 新良里는 옛 '사천벌'과 '황산'을 합해서 된 지명이며 이 지방 '黃山'을 수호하던 산성이 바로 黃山城인 것으로 추정하였다. 이곳 '黃山'은 濟・羅의 최후 격전지라고 추정되며, 일부는 黃嶺재를 넘어서 온 신라군과 對戰하여 현 黃嶺재 밑에 있는 '시정골'(屍藏洞)에서 패전하였고 일부는 茅村里山城을 격파하고 들어온 신라군과 對戰하여 현 忠谷里 '시정골'부근에서 패전한 것으로 추정하였다.

⑧ 이와 같은 추론을 내릴 때 池憲英의 계백장군 '三營'과 김유신장군 '三道' 비정이 문제가 된다. 그는 三營을 黃山城, 靑銅里山城, 外城里山城에 비정하고 東, 西, 南 세 방향에서 쳐들어왔기 때문에 三道가 된다고 주장하고 있다. 그러나 사료에 있는 대로 험준한 곳은 黃山城 하나밖에 없고, 나머지 2개성은 100～150m 미만의 야산이므로 사료와 위배된다. 백보양보하여 이를 인정한다 하더라도 김유신장군의 '分軍三道'에 대한 고증은 승복하기 어렵다. 그가 주장하는 대로 東・南・西 세방향에서 왔다면 남쪽에서 들어 왔다고 주장하는 洪思俊의 茅村里山城설에 승복하여야 할 것이다. 또 서쪽에서 왔다고 하면 논산지방을 점령한 후에야 外城里山城에 도달할 수 있기 때문에, 지리적 위치로

보아 신라가 논산지방을 선점하였다고 보기는 불가능한 일이다. 그렇기 때문에 그의 주장대로 하면 兩政고개~開泰寺~連山~外城里의 코스는 단일통로이지 三道는 될 수 없으므로 사료와 위배된다. 더구나 黃山城을 중심으로 모든 산성이 동남향을 하고 있기 때문에 동북간 兩政고개에서 들어오는 통로는 黃山城, 靑銅里山城에서 보이지 않는다. 그러므로 이 통로와 黃山城, 靑銅里山城, 外城里山城은 무관한 것이라고 보여진다. 따라서 三營과 三道關係가 해결되지 않는 한 그가 주장하는 대전 동쪽 식장산에 '炭峴'이 있었다고 비정하는 백제의 요새지 '炭峴說'의 주장도 재고되어야 한다.

⑨ 다음은 洪思俊의 '三營', '三道'의 비정문제이다. 그는 '三營'을 茅村里山城과 山直里山城, 곰티山城으로 비정하고, 一隊는 茅村里山城으로, 一隊는 山直里山城으로, 一隊는 黃嶺山城으로 진입하였기 때문에 三道라고 주장하고 있다. 茅村里山城과 山直里山城, 黃嶺山城의 三道로 진입하였다고 보는 견해에는 필자도 수긍이 간다. 그러나 '三營'이 茅村里山城과 山直里山城, 곰티山城으로 비정한 것에 대해서는 전후가 맞지 않는다. 왜냐하면 그가 주장하는 高山 '炭峙'에서 김유신의 5만 군대가 왔다면, 大門格인 茅村里山城만 격파하면 '黃山'벌판으로 진입하게 되어 山直里山城, 곰티山城, 黃山城 등은 자동적으로 배후에 적을 받게 되므로 항복하게 될 것인데 무엇 때문에 500~1,000m의 좁은 골짜기를 黃嶺山城까지 20리나 대군을 몰고서 격전하려고 진군할 것인가? 전략적인 면에서 우선 납득이 가지 않는다. 설사 그렇다 하더라도 茅村里山城으로 一軍이 진입하고 山直里山城, 黃嶺山城으로 一軍이 진입하였다면, 이것은 二道이지 三道가 아니기 때문에,

이 주장은 史料와 부합되지 아니하여 승복할 수가 없다. 이와 같은 결론에 도달한다면 그가 주장하는 高山 '炭峙' 주장도 재고되어야만 한다.

⑩ 池·洪 兩 先生의 '三營', '三道' 고증이 정곡을 뚫지 못하고 있음은 앞에서 입증되었으므로 이에 대한 새로운 고증을 필자는 다음과 같이 제의한다.

'三營'과 '三道' 문제는 백제군이 三營을 설치하고 있기 때문에 신라군은 分軍三道하여 진군한 것이므로 '三營'과 '三道'는 입체적으로 설치되어 있는 것이 아니고 공간적으로, 즉 평면적으로 위치하고 있어야 논리에 합당하다. 백제의 5천군대는 山直里山城을 중심으로 왼쪽에 黃嶺山城, 오른쪽에 茅村里山城의 '三營'을 설치하였고, 따라서 김유신장군은 이 '三營'을 공격하기 위하여 곰티山城에서 백제군과 대치하고, 一軍은 汗三川을 지나서 黃嶺山城으로, 一軍은 茅村里山城으로 中軍은 山直里山城으로 '分軍三道'하여 진격하여 온 것으로 생각된다. 이와같은 견해는 洪思俊이 '장골'주민 申亨奎氏의 전설을 인용한 신라군이 '곰티山城' 쪽에서 쳐들어왔다고 전하는 말과 부합된다. 이 주장이 합리적이라면 백제 요새지 '炭峴'문제도 '곰티산성' 방향, 좀더 구체적으로 말한다면 '곰티山城'을 비롯하여 월성峯, 大屯山, 五台山, 珍山 등지에 있는 산성과 연결되는 어느 곳인가에서 찾아야 할 것이다. 따라서 정확한 '三道', '三營'과 '炭峴' 문제는 이 부근 산성조사와 역사지리적 고찰이 끝나고 난 다음으로 결론을 미루어 둔다.

出典
成周鐸, 1975,「百濟山城研究 - 黃山城을 중심으로 - 」,『百濟研究』第6輯, 忠南大學校 百濟研究所, 71~104쪽.

03

百濟 所比浦縣城址(一名 德津山城) 調査報告

1. 머리말
2. 城의 調査槪要
3. 考察
4. 맺음말

1. 머리말

『三國史記』地理志에 의하면 백제말기에는 147개의 州·郡·縣이 있었다고 한다[1]. 雨述郡은 그 가운데 한 郡으로서 景德王때 比豐郡으로 개명되었으며 19세기말에는 懷德郡[2]으로 불렸다. 雨述郡에는 2개의 領縣이 있었는데 그 하나는 奴斯只縣으로서 경덕왕때 儒城縣으로 개명되어 지금도 그 명칭이 그대로 사용되고 있다(현 대전시 유성구). 또 하나는 본고에서 살펴보려고 하는 所比浦縣으로 이는 경덕왕때 赤烏縣으로 개명되었으며 조선시대에는 懷德郡에 영속되었던 고을이다. 도엽번호 NJ52 - 13 - 20 대전 1/50,000지도를 보면 대전광역시 북단에 德津洞이 있고 그 앞에는 芳峴洞이 있으며 방현동 표고 255.1m의 산이 赤鰲山

---

1) 『三國史記』雜志 第六 地理四 百濟.
2) 懷德郡은 지금의 大德郡 懷德面으로 비정되는데, 1989년 1월 1일 행정구역 개편으로 大田直轄市 大德區 邑內洞으로 개명되었다.

으로 기재되어 있다(그림 Ⅱ-3-1). '赤鰲山'이라고 하는 명칭은
통일신라 때 赤鳥縣에서 유래된 山名으로 풀이할 수 있다. '鰲'와
'鳥'는 음이 같아 이와 같이 사용해 내려온 것 같다.『新增東國輿
地勝覽』에 의하면 德津廢縣은 공주 동쪽 50리 되는 곳에 있는데

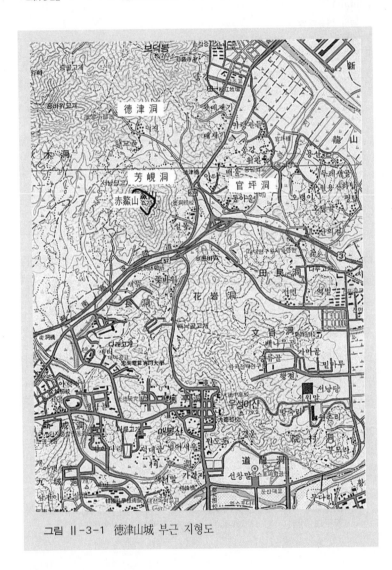

그림 Ⅱ-3-1 德津山城 부근 지형도

백제 때에는 所比浦縣이었다고 하여3), 지명이나 거리로 보아 지금의 덕진동과 적오산을 중심으로 한 지역이 백제 때 소비포현이었음이 분명하다.

본고에서 보고하려는 백제 所比浦縣城址는 현지 덕진동의 이름을 따서 德津山城이라고 부르기도 하는데, 이 산성은 표고 255.1m의 赤鰲山頂에 위치하고 있다. 『新增東國輿地勝覽』을 보면 '德津山城은 德津縣 남쪽 1리되는 곳에 있으며, 석축으로 되어 있고 둘레는 767尺에 우물이 하나 있다고 기록되어 있다4).

이 산성의 성격을 알아보기 위하여 첫째로 성이 소재한 지형 및 크기와 축조기법 둘째로 문지의 확인, 셋째로 井址, 넷째로 건물지, 다섯째로 출토유물에 대하여 살펴 본 다음, 이들을 종합하여 성의 존속 연대와 기능에 대해 추정해보기로 하겠다.

2. 城의 調査槪要

성은 표고 255m의 山頂陵線을 기점으로 하여 등고선을 따라서 축조하여 등고선 230m의 북단으로 연결되어 있는데 이곳에 북문지가 부설되어 있다. 이곳에서 성벽은 등고선 210m지점으로 연결되어 있는데 서문지가 이 곳에 있다. 성벽은 여기서 동쪽으로 구부려져 축조되어 동문지로 연결되어 있다. 성의 형태는 마름모꼴의 테메형 산성이며 둘레는 730m이다(그림 Ⅱ-3-2).

---

3) 『新增東國輿地勝覽』公州牧 古跡條.
德津廢縣, 在州東五十里, 本百済所比浦縣, 新羅改赤烏爲比豐郡領縣, 高麗改今名, 來屬, 本朝因之.
4) 上揭書, 德津山城 在德津縣南一里, 石築, 周七百六十七尺, 內有一井, 今廢.

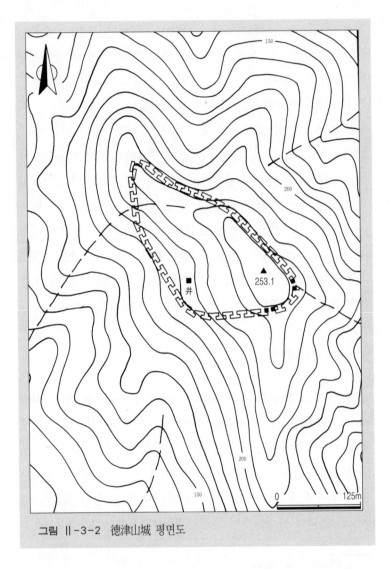

그림 Ⅱ-3-2 德津山城 평면도

성벽은 산의 자연지세를 이용하여 축조되었다. 성 南端部의 성벽은 內高 1.5m～2m, 外高 5～6m정도로 잘 남아 있는데 외견 상 土築으로 보이기도 하지만 남쪽 성벽을 제외한 성벽 중에서 원래의 성벽이 잔존해 있는 부분이 있어 순수한 석축이었음을 알 수 있다. 원래의 성벽을 확인할 수 있는 지점은 북쪽 성벽 중 앙부로서 길이 약 10m, 높이 약 6m 정도가 잔존해 있고 또한 남쪽 성벽의 일부가 길이 약 6m, 높이 약 3.5m 정도로 잘 남아 있다. 이곳에서의 축성법은 가공하지 않은 자연석재(크기는 일정하지 않지만 대략 40×30×70cm의 자연할석)를 가로쌓기로 하고 외면을 자연스럽게 맞추었으며, 그 안쪽으로는 같은 크기의 석재를 엇물려 쌓았다. 성벽의 기저부는 자연암반을 그대로 이용하였고 상부로 올라갈수록 조금씩 물려서 쌓았는데 그 경사는 약 3~5° 정도로 계측되었다. 성벽의 축조방법은 내탁인지 내외협축인지 확실하지 않지만, 북쪽 성벽의 내고는 약 0.5m~1m, 동쪽 성벽의 내고는 약 1.5m~2m, 서쪽 성벽의 내고는 약 2.5m~3m가 잔존해 있는 점을 감안해 볼 때 내고 약 2m 내외, 외고 약 6~7m의 협축으로 성벽이 축조되었다고 생각된다.

성벽상의 문지는 4개소가 남아 있다. 가장 잘 남아 있는 북문지는 '德津部落'(현재 에너지 연구소 자리)에서 '성황당고개'를 통해 山陵을 따라 소로가 나있는 곳으로서, 문지 폭은 약 4m이다. 북문지의 양쪽 성벽 높이는 약 4m이고, 북쪽 성벽과 서쪽성벽이 교차하는 지점으로서 북문지의 북쪽 성벽은 성의 높이가 보다 높게 남아 있다. 문지의 외부에 크고 작은 석재들이 산재해 있는 것으로 보아 문지 좌우의 성벽이 심하게 붕괴된 것으로 생각된다.

서문지는 성벽의 붕괴상태가 심해 그 형적을 찾기가 어렵지만 '숯골부락'에서 골짜기를 따라 산성에 이르는 소로상에 위치한다. 작은 골짜기의 동편에 위치한 서문지는 산성의 유수가 한 곳으로 모이는 지점이기 때문에 문지의 폭조차 확인할 수 없을 정도로 파괴상태가 심하지만, 이 곳에 수구지를 겸한 문지가 있었다고 추정된다.

남문지는 남벽의 東端에 위치하고 있다. 문지 좌우의 성벽은 문지를 중심으로 甕城형태로 축조되어 있고, 잔존한 문지의 폭은 5m 정도이다.

동문지는 지금의 초소부근에 위치하고 있었던 듯하나 초소를 건립할 때 파괴되었던 것으로 생각된다. 이 곳에서는 신대들판과 궁평들판 그리고 文坪들판, 塔立들판, 秋木洞들판 등의 넓은 들판이 잘 내려다 보인다.

성내에는 井址 1개소가 있다. 정지는 서문지에서 약 30m 떨어진 곳에 있는데, 우물은 직경 1.2m의 원형으로서 깊이는 약 60cm 정도이고, 2단석축으로 되어 있다. 이 우물은 현재도 사용하고 있으며 수량도 풍부하다. 우물의 서남단에는 폭 40m의 開口部가 있어 井水가 자연스럽게 흐르도록 되어 있고, 우물에 인접하여 최근에 만들어진 듯한 잡석의 방형제단도 있다.

성내에는 4개소의 건물지가 있었던 것으로 확인되었다.

현재 초소가 위치하고 있는 지역의 남쪽에 형성되어 있는 40×40m의 평탄한 대지와 남문지의 안쪽 서향한 곳에 있는 20×30m 정도의 평탄대지들이 건물지로 추정되는데 이 곳에서 와편을 많이 수습할 수 있다.

서문지 안쪽은 이 성안에서 가장 넓은 지대로 2개소의 건물지가 형성되어 있다. 그 하나는 서문지에 인접한 지역에 있는 50×30m의 건물지이고 또 하나는 井址에서 정상으로 30m 떨어진 곳에 조성되어 있는 30×30m 정도의 건물지로서 와편과 함께 약간의 토기편이 수습되었다. 토기편에는 격자문과 승석문이 시문되어 있다. 와편들을 문양에 따라 분류하여 그 특징을 서술해 보면 다음과 같다.

1) 瓦片

① 細線式 線條文(사진 Ⅱ-3-1의 ①)

3cm 폭 내에 약 9條의 細線이 縱으로 시문되어 있으며, 문양은 약하지만 지운 흔적은 없다. 하나의 단위문양 크기는 대체로 길이 6.5cm, 폭 4cm 내외의 叩板이다. 문양의 시문순서는 상하로 먼저 두드리고 그 다음에 횡으로 두들긴 것으로, 내변은 거의 마멸되었으나 細布目자국이 보인다. 측면에는 제작시 界木을 댄 흔적이 보이며 이 부분에서 瓦刀로 완전히 잘랐다. 회갈색의 연질이고 두께는 0.7cm로서 통일신라시대 것으로 추정된다.

② 太線式 線條文(사진 Ⅱ-3-1의 ②·③, Ⅱ-3-2)

Ⅰ류 : 선간격이 0.6cm이고 깊게 시문되어 있다. 문양의 대부분이 재조정에 의해 지워져있고 극히 일부만 남아 있다. 내면은 촘촘한 포목문이 마모되었지만 흔적이 보인다. 측면의 처리는 외면에서 瓦刀를 댄 흔적이 있다. 회갈색 연질이고, 두께는 1.1cm로서 부여지방에서 흔히 발견되는 것이지만 그 두께가 얇은 것이 특징이다.

Ⅱ류 : 0.5cm 간격으로 太線이 도드라져 있는데, 문양은 깊지 않고 재조정에 의하여 지운 흔적은 보이지 않는다. 내면에는 싸리나무발 같은 자국이 종으로 깊게 패여 있어 흑기와를 제작할

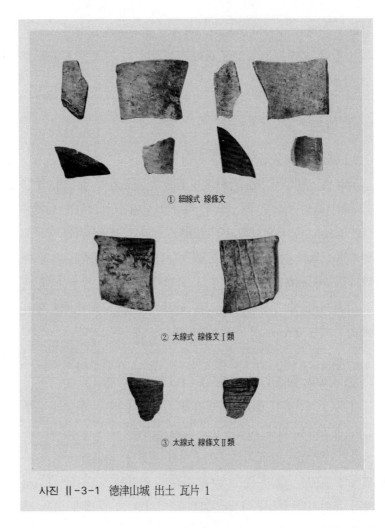

① 細線式 線條文

② 太線式 線條文 Ⅰ類

③ 太線式 線條文 Ⅱ類

사진 Ⅱ-3-1 德津山城 出土 瓦片 1

때 생긴 模骨 흔적같이 보이나 파편이라 확실하지는 않다. 측면
은 두 번에 걸쳐 瓦刀를 댄 흔적이 보인다. 암회색의 연질이고
두께는 1.4cm로서 백제시대 것으로 추정되고 있다5).

---

5) 忠南大學校博物館, 1985, 『扶餘官北里百濟遺蹟發掘報告』(I), 24〜9쪽.
   이곳에 게재된 瓦片拓影에는 없으나 이때 발굴된 유물가운데 같은

Ⅲ류 : 0.2cm 폭의 태선이 斜行으로 시문되었고 문양이 깊고 선명하다. 내면에는 細布目痕이 있으며 측면은 내면에서 瓦刀로 절단하고 있다. 암회색의 경질이고 두께는 1.8cm로서 통일신라시대 것으로 추정되고 있다.

Ⅳ류 : 약 0.6cm 간격을 두고 패인 선조문의 중간에 0.3cm 폭의 횡선이 있는 中間橫線式線條文이다. 문양은 깊지 않으며 재조정에 의해 지워진 곳도 적지 않다. 내면에는 포목흔이 선명하게 남아 있다. 암회색의 경질이고 두께는 1.3cm로서 백제시대 것으로 추정되고 있다.

Ⅴ류 : 0.2cm 두께의 선을 약 0.6cm 간격을 두고 지그재그식으로 시문하여 마치 集線文처럼 보인다. 문양은 매우 선명하고 강하지만 정돈되지 못한 인상을 준다. 기와의 외면에 약 4.3cm 폭으로 각이 져 있다. 내면은 약간 거칠은 粗布目痕이 보인다. 자갈색의 경질이고 두께는 1.9cm로서 고려시대 것으로 추정된다.

③ 複合文(사진 Ⅱ-3-3의 ① · ②)
Ⅰ류 : 사선문과 사격문이 함께 시문되어 있다. 굵은 사립이 많이 포함된 태토이며, 두께도 2.2cm나 되는 기와로 흡수력이 강한 연질이다. 내면은 마멸되어 포목의 흔적은 찾아 볼 수 없고 端部에서 약 1.7cm까지 경사를 주고 있다. 고려시대 것으로 추정된다.

류의 외편이 본교 박물관에 보관되어 있다.

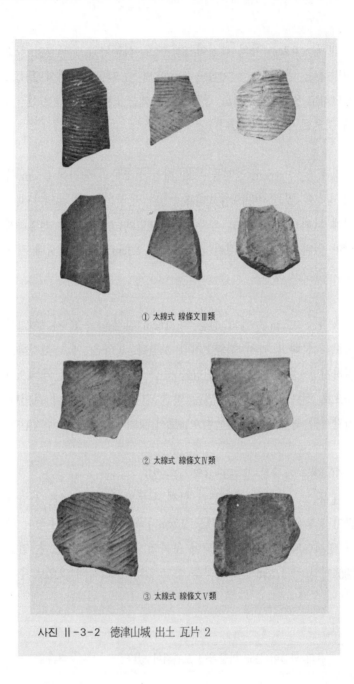

① 太線式 線條文Ⅲ類

② 太線式 線條文Ⅳ類

③ 太線式 線條文Ⅴ類

사진 Ⅱ-3-2 德津山城 出土 瓦片 2

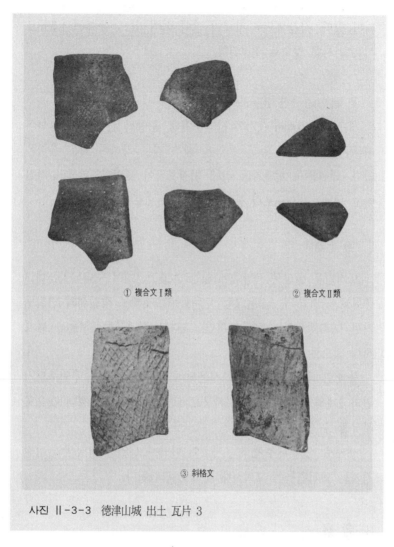

① 複合文 Ⅰ類   ② 複合文 Ⅱ類

③ 斜格文

사진 Ⅱ-3-3 德津山城 出土 瓦片 3

　　Ⅱ류 : 종으로 긴 2.7cm 폭의 중앙부에는 사격문이 있고 그
양면으로 사선문을 배치하였는데, 선이 비교적 굵은 태선이다.
특히 중앙부의 일부에서는 중간에 횡선을 구획하고 그 한편에는
사격문, 또 한편에는 문자인지 기호인지 알 수 없는 문양도 시문

되어 있다. 적갈색으로 사립이 많이 섞여 있고, 두께는 1.7cm로서 고려시대 것으로 추정된다.

④ 斜格文(사진 Ⅱ-3-3의 ③)

대개 0.7×0.4cm 크기의 사격문인데, 문양의 선이 약간씩 휘어져 곡선을 이루고 있다. 문양은 매우 깊고 강하며 지운 흔적은 없다. 내면은 細布目자국 위에 빗질자국이 보인다. 회색의 경질이고 두께는 1.9cm로서 통일신라시대 것으로 추정된다.

2) 土器片

토기편은 정상부 서남쪽에 있는 井址부근에서 수습되었는데 3종류로 구별할 수 있다(그림 Ⅱ-3-3). 첫째로 적갈색의 연질토기편과 회백색의 승석문토기편, 그리고 격자문토기편들은 백제시대 것으로 생각된다.

둘째로 태선의 파상문이 시문되어 있는 장경호의 구연부토기편과 2개의 돌대가 달린 격자문토기편들은 통일신라시대 것으로 분류할 수 있다.

셋째로 기벽 내부에 叩子자국이 나타나고 있는 회청색의 경질 격자문 토기편들은 고려시대 것으로 판단된다.

3. 考察

첫째로 성이 위치하고 있는 유성구 덕진동, 방현동, 추목동, 전민동, 송강동, 관평동, 신대동 일대에 걸쳐 城址는 이 산성 하나뿐이며, 산성 밑에 덕진동이 위치하고 있는 것으로 미루어 보

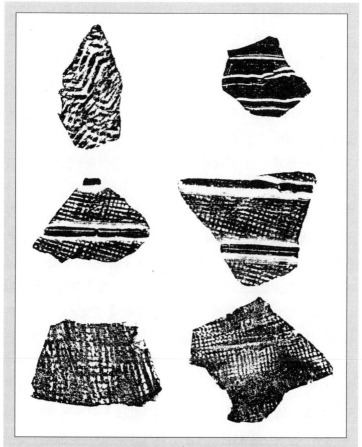

아 이 산성은 덕진동을 중심으로 한 것임이 분명하다. 이 지역은 평탄한 구릉과 넓은 들판을 끼고 있으며 들판 중간에는 금강상류인 갑천이 흐르고 있어 농경에 알맞는 조건을 가지고 있다.

　이 산성의 동남쪽 6km 지점은 백제시대 雨述郡의 중심지역으로 알려져 있는데, 지금은 대전시 대덕구 읍내동으로 편성되어 있으며 그 북쪽에는 백제시대에 축조한 산성6)이 현존하고 있다. 德津山城에서 남쪽으로 4km 떨어진 유성구 구성동에도 산성이 있다. 이 산성은 백제 때 奴斯只縣城址로 비정되고 있다7).

둘째로 성의 둘레가 730m에 달하며 4개의 문지와 1개의 井址, 그리고 4개의 건물터가 있어, 성의 기능을 모두 갖춘 규모가 비교적 큰 산성에 속한다.

셋째로 성의 존속 연대를 유물을 통해 추정해 볼 때 와편과 토기편이 다같이 백제시대부터 통일신라시대를 거쳐 고려시대까지 내려오고 있어, 이 성은 상당기간 동안 존속되었던 것으로 보인다. 좀더 구체적으로 말하자면 출토된 백제와편과 토기편이 부여박물관 앞의 蓮池에서 출토된 유물과 유사하여 이 산성은 사비기에 속하는 것으로 추정할 수 있다. 이는 백제 말기에 해당되는 시기이며, 이 지방은 백제시대 소비포현에 해당되는 지역이므로 이 산성은 백제 所比浦縣城址로 비정할 수 있다. 이 산성은 통일신라시대에는 赤烏縣의 산성으로 이용되었으며 고려시대에 德津縣으로 개편된 이후에도 계속하여 城으로서의 기능을 하였던 것으로 보인다. 그리고 청자나 백자편이 발견되지 않는 것으로 보아 청자가 성행하기 이전인 11세기 초까지 존속했던 산성으로 추정된다.

---

6) 沈正輔, 1984,「雨述城考」,『尹武炳博士回甲紀念論叢』, 尹武炳博士回甲紀念論叢刊行委員會.
拙稿, 1984,「大田甲川流域 百濟城址考」,『尹武炳博士回甲紀念論叢』, 尹武炳博士回甲紀念論叢刊行委員會.
7) 拙稿, 1984,「大田甲川流域 百濟城址考」,『尹武炳博士回甲紀念論叢』, 尹武炳博士回甲紀念論叢刊行委員會, 453~4쪽.

4. 맺음말

앞서 살펴본 내용을 통해 다음과 같은 결론을 맺을 수 있을 것 같다. 현재 대전광역시 유성구 덕진동과 방현동의 표고 255.1m에 위치하고 있는 덕진산성은 백제시대 말기인 A.D. 600년경을 전후하여 통일신라시대를 거쳐 고려시대 초기까지 이용되었던 것으로 생각된다.

이 지역은 백제시대 所比浦縣으로 비정되는 곳이어서 이 산성은 소비포현과 밀접한 관계가 있었던 것으로 보인다. 즉, 이 산성의 동남쪽 약 6km 떨어진 곳에 백제 雨述城으로 비정되고 있는 산성과 남쪽으로 4km 떨어진 곳에 위치하고 있는 구성동산성을 제외하고는 부근에 산성이 없는 점으로 미루어 보아, 현지 지명에 따라 일명 德津山城으로 불리는 이 산성은 백제시대 소비포현의 중심지에 위치하고 있었던 것으로 판단된다. 또한 이 산성은 행정구역 개편 전에 炭洞面과 九則面, 그리고 北面 일부에 해당되는 넓은 평야지대를 끼고 있어, 백제 때 소비포현의 관할지역은 대개 현재 2~3개 面 정도의 크기가 아니었나 생각한다.

이 산성의 첫 번째 조사는 1986년 11월에 이루어졌으며, 1990년 8월 2차 지표조사를 하였다. 이 조사에는 兪元載교수, 孔錫龜교수(前 忠南大博物館 學藝士), 朴泰祐 大田市廳 學藝士(前 助敎)와 大學院生들이 참여하였다. 노고에 깊이 사의를 표한다.

出典

成周鐸, 1991,「百濟 所比浦縣城址(一名 德津山城) 調査報告」,『百濟研究』第22輯, 忠南大學校 百濟研究所, 111~124쪽.

01

馬韓·初期百濟史에 對한 歷史地理的 管見

1. 朝鮮準王의 南遷과 交易圈 成立問題
2. 馬韓東北部와 初期百濟問題
3. 馬韓諸國의 領域範圍問題

1. 朝鮮準王의 南遷과 交易圈 成立問題

馬韓에 대한 『三國志』와 『三國史記』의 기록이 약간은 있음에
도 불구하고 마한사의 복원적인 고찰은 매우 커다란 한계에 부
딪쳐 버린 느낌을 가지게 한다[1]. 역대로 마한의 중심지였다거나
古朝鮮의 마지막 왕인 準王의 南來住地로 여겨왔고, 또 그런 전
승이 기록되어 왔던 오늘날의 益山地域의 경우에 있어서도 이미
1860년대에 역사지리학자 古山子 金正浩가

按箕準之南遷 以始於今平壤 終於金馬 $_{山郡}^{今益}$ 爲斷案 然以金馬爲馬
韓之說 亦始於唐置馬韓都督府於金馬郡也 考之諸書 金馬是百濟南

---

1) 文獻史料에 대한 신빙성의 문제도 있지만, 考古學的 성과에 있어서
도 馬韓社會에 해당하는 독특한 遺物·遺蹟을 지적할 수 없기 때문
이 아닌가 한다. 이점은 3세기 이전의 初期百濟史에 있어서도 마찬
가지이다.

遷扶餘後別都　而其所在古城古寺古墓皆傳於箕準　盖準之南遷　始於
險瀆　而其後年代國都　不可質言[2]

　　이라고 설명한 것처럼 현존하는 유적들로서 準王과 관계된 것
으로 전승되어왔던 것들이 모두 백제후기의 것이라고 이해되었
던 것이다. 말하자면 전설 혹은 諺傳이라는 것이 실증적인 학문
의 영역에서는 아무런 증거자료 노릇을 할 수 없었다. 그러나 최
근에 고고학의 연구성과가 점점 증가함에 따라 익산을 중심으로
한 지역의 靑銅器時代 유적들이 크게 주목받고[3] 이들과 문헌상
의 사실을 연계시켜보려는 시도도 있었다.
　　金馬渚가 준왕의 南來地點이라는 기존의 선입견을 버리고 그
보다는 전반적인 지리조건으로 보아 고조선의 해체 세력이 남하
하여 자리잡을 수 있는 여건이 어디가 유리하겠느냐의 문제가
제기되었던 때도 있었으나 이때도 역시 언전과 전승의 모든 자
료가 동원되어 왔다[4]. 이런 경우 익산지역은 백제에 의해 세력
이 꺾인 마한의 후기 잔여세력이 있었던 곳으로 이해될 수 있었
으며, 전설과 부합되는 상징적 비정에 맞지 않는 것도 아니었다.
그런데 고조선의 근거지가 오늘날의 대동강유역이라는 고착된
설에 의하거나 아니면 적어도 중국 북부와 만주지역 남부를 걸
쳐 그 말기에 이르러 東南進을 계속한 결과가 그곳이라는 이동
설의 경우에는 역사지리적 해석에도 차이가 있을 수 있는 것이

---

2) 『大東地志』附 方輿總志 歷代志의 箕子朝鮮條.
3) 全榮來, 1977, 「韓國靑銅文化의 系譜와 編年」, 『全北遺蹟調査報告』
　　7.
4) 李丙燾, 1934～37, 「三韓問題의 新考察」, 『震檀學報』 1～8에서는 辰
　　王・目支國을 成歡方面으로 보고, 準王의 南來地를 京安(京畿道 廣
　　州邑)으로 比定하였다.

었다[5].

『三國志』에 인용된 『魏略』에서는 고조선의 否王은 秦이 중국을 통일하고 나서 夢恬을 시켜 長城을 쌓아 요동에 이르렀을 때에 否王이 즉위하였다 하였고 부왕이 죽고 準王이 즉위하여 20여년에 陳勝·項羽가 일어나니 그 戰亂으로 말미암아 燕·齊·趙의 백성들이 차츰 준왕에게 亡入하였다고 하였다[6]. 이러한 망입인은 그 표현으로 보아 매우 많은 수와 규모에 달했다고 보여지며, 燕人 衛滿이 망명했을 때에도 역시 그를 博士로 삼고 西方百里의 땅을 봉했다고 하였다. 이러한 중국측의 진한교체기 정세변화는 일시적인 것이 아니라 꽤 오랜 기간 동안에 '稍稍'한 상태로 이루어지고 있었던 것이었다.

그후 準은 王位를 衛滿에게 攻奪당하여 南遷한 사실을 "將基左右宮人走入海 居韓地 自號韓王"이라고 하였다[7]. 이에 대한 해석은 대체로 準王의 세력이 아주 미약한 존재로서 파악되고 韓을 攻破할 만한 것은 못되며 창졸간에 일어난 피난사실로 이해하는 쪽이 대부분이었다고 하겠다. 그러나 기록상으로는 적어도 韓王을 일컬었으며 또 "其子及 親留在國者 因冒姓韓氏 準王海中不與朝鮮相往來"라고 함으로서[8] 심상치 않은 사건임을 시사해

---

5) 『大東地志』에서의 견해가 대표적인 것이며, 이 경우 마한의 영역은 평안도 이남지역인 황해도를 포함시켜 보고 있다. 최근 千寬宇는 「三韓攷」논문에서 前後三韓의 移動說을 주장하였다.
6) 『三國志』魏書 30 烏丸鮮卑東來傳 韓條에 引用된 『魏略』에 "及秦幷天下 使蒙恬築長城 到遼東 時朝鮮王否立 畏秦襲之 略服屬秦 不肯朝會 否死 其子準立 二十餘年而陳項起 天下亂 燕齊趙民愁苦 稍稍亡往準 準乃置之於西方".
7) 『三國志』魏書 30 烏丸鮮卑東來傳 韓條
8) 『三國志』魏書 30 烏丸鮮卑東來傳 韓條에 引用된 『魏略』

주고 있다. 準王이 남천하자 아들과 친척들은 衛滿에 의해서 제거된 것이 아니고 오히려 남천하여 韓王을 일컫는 準王처럼 韓氏를 冒稱하였음을 주목해야 하겠다[9]. 準은 남천해서는 韓王이라 칭하고 衛滿朝鮮과 왕래가 없었다고 했으니 일종의 敵對的 상태로 분리되었음을 시사한다고 하겠다. 또 "準王海中"을 매우 한정되게 해석하여 "바다가운데에서 王노릇을 하고"로 볼 수 있고, 넓게 해석하여 "海中"을 韓의 全域인 반도의 중남부로 확대해 볼 수 있다. 이때 후자에 의하면 準王의 南來地를 어디에 비정할지 異說이 있을 수 있으나, 前者대로 "海中"을 어떤 유력한 島嶼로 본다면 이는 후일 고려나 조선시대의 피난처요 檀君과 관계된 전승이 있어온 강화도나 그 주변의 어디가 될 수도 있지 않겠는가 생각된다. 또 "其後絶滅 今韓人猶有奉其祭祀者"에 대해서도 準王의 이후로는 系嗣가 끊어졌으나 韓人들에게는 오히려 그의 제사를 받드는 사람이 있다는 것은 무엇을 의미할까가 문제이다. 제사를 받드는 사람은 분명히 "左右宮人"의 후예이거나 "子及親"으로서 후에 남래한 자이거나 간에 그의 제사를 받들었다면 準王 뿐만이 아니고, 그의 父인 否와 始祖인, 더 먼 시조인 檀君을 제사한 사실과 아주 無關치 않을 것으로 보아 강화도의 塹星壇과 鼎足山城(三郎城)에 대한 전승과 한 걸음 가까워짐을 알 수 있겠다[10]. 준왕의 南來地點을 한강유역 일대에서 일단 구

---

9) 후일 樂浪郡地域에 韓氏가 실존했음은 거기서 출토된 '韓范君印'이란 銅印과 '韓賀之印'이 있으며, 帶方郡 地域이었던 黃海道 鳳山郡 唐土城에서도 '光和五年韓氏造□'라는 銘文塼이 出土되었으므로 이와 관련될 듯하다. 『朝鮮古文化綜鑑』 및 『朝鮮の建築と美術』 및 『樂浪郡時代の遺蹟』참조.
10) 『高麗史』56 地理志1에서 麻尼山에 대해서는 "在府南山頂 有塹星壇

하고자 한다면 후일 백제의 시조라고 하는 沸流와 溫祚의 南來立國과도 상관되는 역사지리적 배경이 될 수도 있었으리라고 생각된다.

B.C.194년의 고조선 사회내 지배층의 교체를 보아 衛滿朝鮮으로 이어진 다음 B.C.108년에 이르는 사이, 특히 右渠王代에 이르러서는 辰國이 나타나 있다. 이 辰國은 위만조선의 동쪽, 혹은 중국측에서 보아 동쪽에 해당함은 역시 『三國志』에 인용된 『魏略』에서

初右渠末破時 朝鮮相歷谿卿以諫右渠不用 東之辰國 時民隨出居者二千餘戶 亦與朝鮮眞番不相往來

라고 함에서 보인다. B.C.108년에 앞선 어느 때에 朝鮮相인 歷谿卿이 右渠와의 의견대립과 갈등으로 2,000餘戶를 거느리고 東向하여 辰國으로 갔으며, 그 역시 右渠 統治下의 朝鮮과 眞番地域과는 서로 오가지 않았다는 내용이다. B.C.2세기말에 이르러서 朝鮮의 구성에 큰 역할을 하였을 歷谿卿勢力 2,000여 호의 집단적 이동은 이것이 기록될 만큼의 커다란 사건으로서 영향이 컸다고 보아야 하겠다. 2,000여 호의 규모는 族長段階까지 이른 이른바 Chiefdom사회에 해당된다고 할 수 있고[11], 이때 辰國의 실체가 분명하지는 않으나 이 족장세력이 辰國社會에 이르러 계속 유지되었다면, 土着의 辰國內 다른 부족들 보다는 우세한 수준의

世傳檀君祭天壇"이라 하였고, 傳燈山에 대해서는 "一名三郎城 世傳檀君使三子築之"라고 하였다.

11) 崔夢龍, 1986, 「韓國古代國家形成에 대한 一考察—衛滿朝鮮의 例—」, 『韓國古代史의 諸問題』, 67~9쪽.

집단적 이동을 말하는 것이라고 이해할 수 있을 것이다.

준왕의 남하와 歷谿卿의 東進 이후에 이들과 위만조선이 서로 왕래가 없었다는 것은 이때 중국과 위만조선과의 관계가 경직된 상태에서 위만조선이 그 주변의 여러 小國들 사회와 중국과의 교역을 방해했다는 것을 이유로 중국측에서 전쟁을 해 왔던 점에 비추어 보면 좋겠다고 생각된다12). 중국측은 오히려 위만조선 주변의 여러 小國들이 중국과 직접 교섭을 하려해도 상통할 수 없었기 때문에 침략을 감행하는 이유로 내세우고 있으며 이 경우 직접교역의 교역권은 아직 성립되지 못하였던 당시의 상황을 말해주는 것이다. B.C.108년경까지 중국과의 직접적 교역이 없는 상태를 시사하는 표현을 보면13), 衛滿朝鮮末까지인 B.C.2세기말경까지는 韓과 辰地域의 문화적 자극은 외부로부터 거의 단

---

12) 衛滿朝鮮은 이미 衛滿代에 상당히 큰 세력으로 성장해 있었음을 『史記』115 朝鮮傳에서는 다음처럼 기록하였다. "會孝惠高后時天下 初定 遼東太守卽約滿爲外臣 保塞外蠻夷 無使盜邊 諸蠻夷君長欲入 見天子 勿得禁止 以聞上許之 以故滿得兵威財物侵降其旁小邑 眞番 臨屯皆來服屬 方數千里". 여기서 衛滿은 遼東太守와 약속하여 漢으로 하여금 안심토록 해놓고 주변의 小邑들을 侵降하여 東方의 强者로 군림하게 되었음을 알 수 있다.

13) 同上書에서 "傳子至孫右渠 所誘漢亡人滋多 又未嘗入見 眞番旁衆國 欲上書見天子 又擁閼不通"이라 하여 계속되는 漢人 亡命者를 받아 들였고, 漢에 入見하지도 않았으며, 眞番주변의 衆國(들)이 中國에 入朝코자 하여도 길을 막아 통하지 못하게 하였다고 하였다. 이런 상황을 그대로 믿는다면 衛滿朝鮮이 漢에 대하여 불경스런 존재요, 漢人이 그냥 망명함이 아니고 誘(꼬였다)한 상태였으며, 眞番旁의 衆國이 직접교섭의 반대를 받고 있었다는 것이다. 이 경우 衛滿朝鮮은 주위의 諸國들과 漢과의 중간위치에서의 무역적 이익을 취한 존재로 보통 이해되고 있으나, 주변을 점점 위협하고 병합하여 領土國家化하기 때문에 주변의 衆國이 漢의 개입을 불러들인 것으로 해석할 수도 있음을 밝혀두고자 한다.

절되어 있었음을 말하며14) 陸·海路의 相通圈도 반도의 중남부 지역과 만주지역이 일단 "不相往來"의 상태였음을 알 수 있다15). 따라서 이 시기까지는 아직도 細形銅劍으로 대표되는 문화단계를 완전히 벗어나지 못한 상태이며, 古朝鮮과 衛滿朝鮮에 미쳐온 중국의 전국시대말과 秦初의 문화수준이 일단 衛滿朝鮮의 영역 내에서 수용된 다음 일부만이 東進 혹은 南下하는 집단세력들에 의해 반도의 중·남부에 波汲되는 단계를 크게 벗어나지 못하였다고 여길 수밖에 없는 것이다.

B.C.2세기말의 漢과 衛滿朝鮮과의 전쟁은 여러 가지 방면에 큰 변화를 가져왔을 것으로 여겨진다. 특히 교역권은 중국측의 표현을 빌면 韓地域 등 衛滿朝鮮의 주변지역에서 먼저 요구하였던 단계에 있었다. 이러한 사정은 B.C.2세기말에 이르기까지 衛滿朝鮮이 주위의 邑落들을 정복하여 많은 영토를 넓혔던 군사적 정복활동과 관련시켜서 적어도 Chiefdom단계의 邑落들이 정복의 餘波에 밀려서 오히려 중국측에 대해 직접교섭을 통해 衛滿朝鮮을 견제하려던 움직임과도 밀접한 요인이 있었지 않았을까 생각해봄직 한 일이기도 하다.

B.C.2세기까지의 반도와 중국과의 교역권은 반도의 서북부지역에 한정되어 있었다. 이는 이때까지 교역의 직접적인 매개물인 明刀錢·布錢 등의 유물출토지 범위가 전국시대의 燕·齊地域에서 東으로 大凌河·遼河를 건너 遼陽에 이르고 이 지역에서 東

---

14) 衛滿朝鮮에 의한 일방적인 무력적 침략이 계속되고 있었던 분쟁시 기로 파악하고자 한다.
15) 衛滿朝鮮의 방해가 있었다 해도 당시의 海上路가 반도측에서 직접 중국과 반도의 中南部가 연결 되는 정도에 있었다면 漢과의 직접교섭이 가능했을 것이다.

進하여 압록강의 중류지역인 江界·渭原地方에 다다르며 淸川江流域과 大洞江 상류지역의 일부에 한정되는 것이 항상 주목되어 왔다16). 渤海灣을 끼고있는 沿海海路地域에 있어서 일부지역과 내륙 쪽의 통로에서 발견된 明刀錢의 출토유적으로 보아 중국과 교역의 한계가 대동강 중류 이남과 장진강 以東에는 미치지 못하였음을 보여준다. 이러한 중국교역권의 범위는 서력기원을 전후한 시기에 이르러서의 유물이 반도의 남부와 제주도, 일본의 서부지역에 걸치는 것보다는 매우 적은 범위에 한정된 것이며17) B.C.2세기말의 漢과 衛滿朝鮮과의 전쟁에서 보듯 이때에 이르러서는 漢의 東方에 대한 육지·해안방면의 교역로가 최대의 한계를 넘어서서 大同江口까지 확대되고 있음을 보여주고 있다. 이후 B.C.1세기라는 거의 100여 년의 세월동안에 있어 교역권의 확대는 상상키 어려울 정도로 넓어졌으며, 이때에 이르러서의 韓社會의 커다란 변화 또한 상상키 어려울 정도로 광범위하게 일어나고 있었다고 할 수 있다. 그 결과는 대략『三國史記』에 三國이 모두 B.C1세기에 건국된 것으로 기록될 만큼 큰 변화의 시기였다고 볼 수 있을 것이다.

2. 馬韓東北部와 初期百濟問題

서력기원을 전후한 때의 馬韓과 初期百濟·新羅와의 상황을 『三國史記』에서는 다음과 같이 기록하였다.

---

16) 崔夢龍, 註11)의 前揭文.
17) 三上次男, 1966,「南部朝鮮における韓人部族國家の成立と發展」,『古代東北アジア史研究』, 98~100쪽.

① (B.C. 20) 瓠公聘於馬韓. 馬韓王讓瓠公曰 辰卞二韓 爲我屬國
比年不輸職貢…前此中國之人苦秦亂 東來者衆 多處馬韓東
與辰韓雜居 至是寖盛(新羅本紀)

② (B.C. 19) 馬韓王薨…西韓王…乃遣使吊慰(新羅本紀)

③ (B.C. 9) 王出獵獲神鹿 以送馬韓(百濟本紀)

④ (B.C. 6) 遣使馬韓 告遷都 遂劃定彊場(百濟本紀)

⑤ (B.C. 1) 靺鞨掩至…虜獲酋長素牟送馬韓(百濟本紀)

⑥ (A.C. 6) 王作熊川柵 馬韓王遣使責讓曰 王初渡河 無所容足
吾割東北一百里之地安之…(百濟本紀)

⑦ (A.C. 7) 王宮井水暴溢… 王聞之喜 遂有幷吞辰馬之心(百濟本
紀)

⑧ (A.C. 8) 王曰 馬韓漸弱 上下離心…王出師陽言田獵 潛襲馬
韓 遂幷其國邑 唯圓山錦峴二城固守不下(百濟本紀)

⑨ (A.C. 9) 二城降 移其民於漢山之北 馬韓遂滅(百濟本紀)

⑩ (A.C. 16) 馬韓舊將周勤 據牛谷城叛 王躬帥兵五千討之(百濟
本紀)

⑪ (A.C. 18) 修葺圓山錦峴二城(百濟本紀)

⑫ (A.C. 61) 馬韓將孟召 以覆巖城降(新羅本紀)

　　위에 요약하여 열거한 기록들은 모순되는 것이라 사료되는 점
이 있지만 불과 1세기도 못되는 기간 안에 人名·地名을 포함한
馬韓과의 관계기록이란 점에서 주목된다. 신라측의 기록은 처음
과 끝에서 보이고 있으며 80년 사이에 3회의 기록으로 끝나는데
비해 백제와는 더 짧은 기간이지만 좀더 많은 기록이 있다. 여기
에 표현된 馬韓은 辰韓·卞韓을 호령하던 종주국으로서의 위치
로부터 차츰 약화되어 백제에게 멸망당하고 일부는 백제에 叛하
기도 하였고 일부세력은 신라에 투강하는 영토국가로서 묘사되
었다[18]. 백제와 신라가 처음에는 마한에 대하여 종주국처럼 대

하고 있으며 대립의 단계를 거쳐 소멸시키는 단계적 서술이 인상적이다[19].

우선 백제측 기록에서 ⑨의 "馬韓遂滅"은 신라측 기록인 ⑫에서는 다시 馬韓將 孟召가 신라로 항복하여 옴을 기록한 것으로 보아 A.D.61년까지도 마한세력이 상존하여 있음을 보여주고 있다. 이것이 단순한 마한의 부흥운동세력인지, 아니면 "馬韓遂滅"의 마한이 전체 마한의 一國邑에 불과한지는 분명치 못하지만, 어쨌든 A.D.9년에 멸했다는 마한이 하나의 어떤 주요한 國邑을 지칭한 것이라면 이들 諸史料들은 크게 僞史料라고 볼 수는 없겠고 다만 시기를 신라·백제의 初期로 소급시킨 것이 문제가 될 뿐이라고 볼 수 있게 된다.

위의 기록들 가운데서 다음과 같이 몇 가지 사항에 대해 특히 주목하여 볼 수도 있다.

①에서 辰韓과 卞韓이 馬韓의 동쪽에 있는 屬國처럼 되어있던 시기를 인정하고 있으며 이것은 중국측 방면에서 秦亂(秦漢交替期)으로 東來者가 많아 辰韓에 들어와 雜居한 사실이 다시 언급되었고 마한의 동쪽에 정착했다는 점이 재언된 것이다[20].

---

18) 『三國史記』의 이러한 기록은 당시의 馬韓이 반도의 중남부 전역을 領有하였다는 관점에서 시작된 듯하다.

19) 『三國史記』가 三國 중심의 서술을 하였으나 馬韓의 滅亡을 다룬 것은 百濟의 興起를 서술키 위한 방편으로서의 것임이 분명하다. 馬韓의 일어난 모습은 하나도 취급되어 있지 않다.

20) 馬韓社會가 朝鮮遺民임을 밝힌 新羅本紀 始祖赫居世에 대한 卽位記事에서의 "先是 朝鮮遺民 分居山谷之間 爲六村…是爲辰韓六部"라는 것과 同 38年 春二月의 "前此 中國之人苦秦亂 東來者衆多處馬韓東與辰韓雜居 至是寢盛 故馬韓忌之有焉"이라는 일종의 史論을 보면 『三國史記』에서는 辰韓을 朝鮮遺民으로 보고, 이 辰韓社會에 秦韓交替期의 유이민이 들어와 雜居하는 단계를 거쳐 B.C.1세기 후반에

②에서는 신라나 진한에서 마한을 西韓이라고도 書稱하고 있고, 왕의 薨去에 대하여 吊慰하고 있으나 攻伐의 대상이 될 수도 있었음을 알려준다. 西韓＝馬韓임은 辰韓＝東漢이라는 것으로도 설명될 수 있다[21].

③·④·⑤는 모두 초기의 백제가 마한에 대하여 우호적인 臣屬관계에 있었음을 표현해주고 있다. 그러나 돌연 ⑥에 이르러서 대립관계가 나타났고 여기서 마한은 실력이 아니라 전통적인 관계와 역사적 사건인 "東北一百里之地"의 양여사실을 들먹이고 있다. 『三國史記』의 기록대로라면 馬韓王이 B.C. 19년에 薨去하고 새로운 馬韓王이 즉위했다면 그것은 溫祚王의 즉위년과 일치하게 되어 있다.

신라와 백제측 기록의 마한이 동일한 존재를 의미하는 경우 『三國史記』의 기록을 그대로 보아서는 안 되는 문제가 제기될 수 있다. 마한이 마치 영역국가이고 백제에게는 東北一百里의 땅을 내어주고 신라에게도 동쪽의 땅을 주어 雜居케 하였던 동일 존재라고 볼 수 있는 근거는 아무것도 없다.

어쨌든 백제측 기록에 나타난 마한과 초기 백제와의 관계에서 역사지리적 관심이 집중되는 東北一百里의 표현은 매우 고심되는 것이 아닐 수 없다. 마한의 실체가 어디에 있었느냐를 모르는 상태에서 동북일백리가 구체적으로 실제적인 것이었다고 해도 그 위치는 불명인 것이다. 거꾸로 백제사의 입장에서는 백제의

이르러 寖盛하여 斯盧國이 성립되는 것으로 파악하였음을 알 수 있다.

21) 辰은 본디 東方을 뜻하는 漢字이다. 여기서 東韓은 『日本書記』10 應神紀 八年 春三月에 인용된 『百濟記』의 "東韓之地"라는 표현과는 다른 의미의 동쪽 韓이란 의미를 썼다.

초기 來住地가 오늘날의 서울지역이라고 보았을 때 그의 서남방 어디에 마한이 존재했다고 보아야 옳겠다. 古來로 백제측 기록의 마한을 稷山地方으로 추정하기도 하였다[22]. 그러나 직산지방은 서울과 남북간에 가까운 방위이고 또 너무 먼 거리가 떨어져 있을 뿐만 아니라 마한과 관련시킬 考古學的인 자료가 아직까지는 매우 부족한 상태이다. 그리하여 혹은 인천의 경우를 생각하는 학설이 나타났다[23]. 백제의 성립에 대한 『三國史記』의 기록은 두 가지가 있는 바, 하나는 慰禮城을 중심한 溫祚系가 그의 형인 沸流가 자리잡았던 彌鄒忽을 통합한 것으로 되어 있다.

미추홀은 오늘날의 인천방면이며 慰禮城의 위치에 대한 다소의 異論이 있으나 오늘날의 서울특별시 동부지역에 비정될 수 있는 것이다[24]. 溫祚와 沸流가 형제지간이며 동시에 남하하여 각기 자리잡은 지역이 달랐다가 후일 언제인지 분명히 밝히지 않은 채 합병된 것이다. 그 합병의 이유는 위례성이 지리상 유리한 위치여서 都邑이 정착된데 반하여 미추홀은 지리적인 환경에 있어서 토지가 습하고 짠물이라서 살기가 좋지 않았다는 것이다. 이러한 경제적인 기본여건으로 형인 비류는 위례를 보고 부끄럽게 여기고 후회하면서 죽었다는 것이다[25]. 이 설화적인 내용은

---

22) 李丙燾, 註 4)의 前揭 참조.
23) ① 千寬宇, 1979, 「目支國考」, 『韓國史研究』 24에서는 仁川 目支國 說이라 할 만큼 자세한 논증을 시도하고, 辰王의 實體는 의심하였다.
　　② 金貞培, 1986, 「目支國小攷」, 『千寬宇先生 還曆紀念 韓國史學論叢』에서는 禮山地方의 靑銅器文化와 目支國에 대해 注意를 환기하고 있다.
24) 成周鐸, 1984, 「漢江流域百濟初期城址研究」, 『百濟研究』 14.
25) 『三國史記』百濟本記 溫祚王 卽位條.

다시금 주목되어도 좋다고 생각된다. 백제가 서울지방에서 廣州
地域에 자리잡고 있었다면 그로부터 서남방으로 逆算하여 100여
리가 되는 지역은 仁川, 始興, 安山 등지를 꼽을 수 있으며 백제
보다 마한이 처음엔 종주국처럼 존재하였다 하고 후일 백제에게
합속되었다고 하는 동일한 운명에서 우리는 인천에서 남하하는
연해지대를 생각할 수 있으나 목지국이 곧 백제측 기록의 마한
이라고는 보기는 힘들 것이다26). 오히려 백제의 발전방향이 처
음에는 한강의 하류방면으로 향했음을 시사해주는 것에 불과한
기록이라고 할 수 있을 뿐이다.

백제측의 기록에 보이는 마한은 몇 개의 城을 가진 꽤 큰 규
모의 國邑集團임을 주목하고 싶다. 뿐만 아니라 人名으로 등장하
는 馬韓의 周勤·孟召나 靺鞨의 酋長 素牟는 여러모로 보아 漢
化된 人名이라 하겠다. 漢郡縣의 姓 가운데 王·韓·高·孟 등
이 있어 孟召는 漢化된 듯하다27). 韓人 蘇馬諟도 같이 漢化된
느낌이 있지만28) 그래도 신라측의 것과는 대조를 이룬다29).

마한세력이 서력기원을 전후하여 이미 크게 성립되어 있었고

---

26) 백제측 기록의 마한이 目支國이라면 이미 멸망되고 民戶가 漢山의
   北으로 옮겨진 후『三國志』에 다시 마한의 54國名으로 등장할 수는
   없으리라고 생각된다. 만약『三國志』의 마한 54국이 백제가 마한을
   멸했다는 기록의 이전인 A.D.1세기 초기 이전상태의 기록이라면 모
   르겠으나 말이다.

27) 樂浪地域에 孟氏가 있었음은 平壤地方에서 發見된 "孟政之印"이라
   는 銅印이 있음을 참고할 수 있다.『朝鮮古文化綜鑑』3, 印章 158.

28)『後漢書』85 東夷傳 韓條에 "建武 二十年 韓人廉斯人 蘇馬諟等詣樂
   浪貢獻 光武封蘇馬諟爲漢廉斯邑君 使屬樂浪郡 四時朝謁".

29) 신라의 初期人名은 瓠公·脫解와 같은 姓의 전설적 내용이 붙은 경
   우를 지나서 비로소 二字의 인명으로 吉門·明宣·允良·吉元 등이
   보이고 있다.

또 이즈음에 백제에 합류된 것은 『三國史記』의 합리화된 기록에 따른 표현으로 보아 마땅할 것이다. 그렇지만 이러한 시기에 모종의 커다란 변화가 없이 아무렇게나 합리화시킨 것이라고는 볼 수 없겠다. 오히려 서력기원을 전후한 시기에 어떤 커다란 변화를 시사하는 것이라고 볼 수 있겠다. 高句麗・百濟・新羅가 모두 B.C.1세기 중후기에 건국되었다 했고, 伽耶의 首露王이 1세기 중엽경에 즉위했다는 것이 당시 만주를 포함한 반도지역의 정세변화와 무관하게 조작되었다고는 보여지지 않는다. 오히려 이 시기에 있어서의 漢郡縣의 소멸과 밀접히 관련된 역사적 사실을 반영한 것이라 믿어진다.

漢의 낙랑군 등이 B.C.1세기 초에 이르러 이미 眞番・臨屯地域에 대한 유지방법을 달리하고 또 A.D.1세기 초에 이르러서는 많은 변화가 일어난 기록들이 있다[30]. A.D.25년에는 樂浪郡 내부에서 왕조의 반란이 일어나 어지러워졌으며, A.D.30년에는 後漢의 光武帝가 낙랑의 都尉를 폐지시킴에 舊 臨屯地域이라고 생각되는 이른바 嶺東七縣과 舊 眞番郡 地域은 토착사회의 자치적 세력이 성장케 되었던 것이다. 말하자면 B.C.1세기 초에서부터 A.D.1세기 초에 이르도록 漢의 군현은 차츰 쇠퇴하여 갔었다는 말인데, 이러한 정치적 쇠퇴와는 달리 그에 따른 문화적 파급은 오히려 주변의 토착사회에 더욱 큰 변화를 가져오고 있었다고 할 수 있다.

韓社會에 있어서도 王莽 地皇時(A.D.20~22)에 廉斯鑡를 辰韓

---

30) 이러한 漢郡縣勢力・중국세력의 변화에 따른 韓・倭의 상태를 管見한 것으로 岡田英弘, 1978, 「魏志東夷傳を評す」, 『古代東アジア史論集』下가 참고된다.

右渠帥로 삼았다는 것에 대한 『魏略』의 기사를 음미할 필요가 있다. 漢人戶來의 말을 보면 당시 韓이 漢人 1,500인을 擊得하여 머리를 깎아 奴로 삼았던 사실이 있으며 이를 본 鑡가 낙랑에 갔다가 大船을 얻어타고 진한에 들어가 생존한 漢人 1,000여 인을 구하여 낙랑으로 갔다. 이 공으로 安帝 延光4年(A.D.125)에 이르도록 鑡의 자손이 右渠帥 등 邑君의 지위를 계승하였음을 시사해 준다31). 진한의 右渠帥 廉斯鑡를 『後漢書』에 보이는 "韓人廉斯人蘇馬諟"과 비교하면 "廉斯"는 지명 혹은 國邑 등 小國의 명칭인 듯하여 鑡와 蘇馬諟를 대응시킬 수도 있다. 다만 鑡의

---

31) 『三國志』東夷傳 韓條에 인용된 『魏略』에서 "至王莽皇時 廉斯鑡爲 辰韓右渠帥…郡表鑡功義 賜冠幘田宅 子孫數世 至安帝延光四年時 故 受復除"라 한 내용을 보면 韓人戶來를 비롯한 1,500명이 伐木하다가 韓에게 擊得된 바 되고 모두 머리를 깎여 奴가 되었다고 하였다. 이는 韓社會에서는 외부에서 들어와 경계를 침입한 경우에 있어(經濟的인 침해) 붙잡아 종을 삼았던 예인데 마치 濊에 있어서의 責禍를 방불케 한 조처이다. 이들을 贖還하기 위한 말에서 "辰韓曰 五百人已死 我當出贖直耳 乃出辰韓萬五千人 弁韓布萬五千匹"이라 하였다. 漢人戶來가 생존자 1,000인을 苓中으로부터 배를 타고 辰韓에 이르러 돌이킨 다음에, 다시 鑡가 이미 죽은 500인에 대한 배상을 요구할 때에 10,000명의 병력으로 배를 타고 와서 공격하겠다고 하여 위협한 결과 막대한 人과 布를 받아 내었던 사실을 말해준다. 이로써 보면 辰韓은 馬韓과는 다른 존재여서 서로 연합세력을 가져 樂浪에 대항하지 않았고, 辰韓內에서도 廉斯의 鑡와 같이 樂浪의 위력을 빌어 권력을 유지하였던 세력이 있었는가 하면, 적대적인 세력도 있었음을 알게된다. 진한 뿐만이 아니고 마한지역에 서도 大同小異한 상태였다고 볼 수 있을 것이다.

또 廉斯라는 國邑이 진한의 전체적인 연맹체와 대립하여 위력을 발휘하고 있다는 생각이 가능하여, 이때에 이미 辰韓·卞韓·馬韓은 여러 國邑으로 나뉘어 있었고, 각 國邑間의 우열의 차가 臣智·邑借 등 왕사의 등차로 표현된 것으로 보아 諸國邑이 이미 A.D.1세기 전반에 성립되어 있음을 짐작케도 한다.

A.D.20~22년, 蘇馬諟의 A.D.44년을 보면 혹이나 鑡의 다음 후계
자가 蘇馬諟였는지도 모를 일이다. 어쨌든 A.D.1세기 전반에 이
미 韓人社會에는 낙랑의 주선 등으로 邑君의 지위를 받아 세습
적 권위를 가지는 渠帥가 등장해 있음을 알 수 있고, 이로서 『三
國志』의 기록에 보이는 景初中(237~239)인 3세기 전반기에 "諸
韓國臣智加賜邑郡印綬 其次與邑長"이라 한 것은 이때에 이르러
비로소 諸國邑이 성립된 것을 말함이 아니요, 이미 서기 1세기
전반에도 邑君의 印綬를 받는 渠帥들이 등장해 있음을 알려주는
것이라고 하겠다. 그리하여 "桓靈之末 韓濊彊盛 郡縣不能制 民多
流入韓國"한 桓帝·靈帝代(A.D.147~189)인 2세기 후반기에 이르
러서의 상태 및 3세기 중엽의 군현과 한 사회관계 이전인 1세기
전반의 국읍상태를 알 수 있게 되는 것이다. 이러한 1세기대의
邑郡·國邑들이 2세기 후반의 더욱 전반적인 변화를 거쳐 3세기
중반까지 반도의 중남부에 걸쳐 이미 78개를 헤아리는 반독립적
국읍들로 성장했다고 하겠다. 1세기 전반의 韓이 어떤 이유인지
모르지만 漢人 1,500명이나 격득할 수 있었던 점으로 보거나, 이
것을 樂浪이 단독으로 還取하지 못하고 馬韓의 어떤 有力한 國
邑主帥의 힘을 빌어 還取함에서 보이는 以夷制夷의 상황은 1세
기 전반에 이미 한 사회가 하나의 연맹체로 성장할 수 없게끔
중국측의 정치력이 행사되고 있음을 시사하는 예이기도 하다.

마한의 동북부에 자리잡았던 백제가 처음부터 교섭한 세력은
樂浪·靺鞨·南沃沮·馬韓의 4개로 나타나 있다. 이 가운데서
南沃沮와 馬韓은 아우르고 있으나 樂浪과 靺鞨과는 계속 긴장된
상태에서 戰守를 거듭하고 있다. 『三國史記』의 이같은 기록은
서력기원 전후부터 2세기에 이르도록 계속되고 있고 이것은 백

제의 초기 발전방향이 한강본류와 그 2대 지류인 北漢江·南漢江 방면으로의 진출에서 시작됨을 시사하고 있으며 이러한 경향은 최근의 고고학적 성과와도 일치되는 견해이다[32]. 백제가 말갈과 교전하고 있으면서도 낙랑과 직접적인 충돌이 없었던 것은 백제의 북방 禮城江·臨津江 방면에 백제 이외의 여러 國邑들이 존재해 있었을 가능성을 보여준다고 볼 수도 있을 것이다.

3. 馬韓諸國의 領域範圍問題

『三國志』에 기록된 마한의 여러 국읍은 50여 개나 된다[33]. 이 국읍의 수는 백제말의 37郡[34]이라는 수보다도 많다. 백제말은 물론 한강유역의 대부분을 제외한 영역이기 때문에 동일하지는 않을 것이다. 그러나 漢城期의 어느 시기인가는 아직 백제의 영역이 대체로 최대의 판도를 가졌던 것이지만, 그 말기인 南遷前이라면 대략 임진강을 넘어서지 못한 것이 아닌가 생각된다. 백제말의 영역인 37군을 대체로 충청남도·전라남북도와 충청북도의 일부에 걸치는 것이었다고 하겠다. 남천 이전의 백제영토는 신라의 眞興王과 백제의 聖王이 연합하여 한강유역의 失地를 탈환했을 때의 그것과 비슷하였다고 볼 수도 있다. 이때 신라는 竹嶺 이북 高峴 이남의 10군을 뺏고[35], 백제는 하류지역의 6군을

---

32) 崔夢龍·權五榮, 1986, 「考古學的 資料를 通해 본 百濟初期의 領域考察」, 『韓國古代史의 諸問題』.

33) 55國이 기록되었으나 莫盧國이 거듭 있어서 54國으로 파악한다.

34) 『三國史記』37 地理4 百濟의 "舊有五部 分統三十七郡 二百城 七十六萬戶".

35) 『三國史記』44 居柒夫傳의 "百濟人先攻破平壤 居柒夫等 乘勝取竹嶺以外 高峴以內十郡".

빼앗았다고 하였다36). 이들 16군을 백제말의 37군과 합하면 53
군을 헤아릴 수 있으며, 이 숫자는 우연인지 모르나 마한 54국의
숫자와 너무도 유사함을 보여준다. 후기 백제의 지방조직이 기본
적으로 郡·城制임이 대략 밝혀진 바 있거니와37), 백제의 지방
편제가 마한의 小國을 완전히 해체시킨 위에 새로이 성립된 것
이라고 볼 수는 없다. 오히려 백제는 마한의 여러 국읍을 거의
그대로 두고 지방조직화하지 아니하였을까 생각된다.

　그 이유는 첫째로 백제는 고구려나 신라와 같이 주변의 소국
을 병합하여 이를 郡縣化거나 城邑化하였다는 기록이 거의 없
는 점이다. 둘째로 백제는 漢城期를 지나 아마도 熊津期에 22개
의 담로를 구성하고, 여기에 왕의 자제나 종족을 분거케 하였다
고 하였다. 그것이 중국의 군현처럼 편제되어 지방관이 파견된
것은 泗沘期에 이르러서야 가능했던 것 같다. 셋째로는 백제가
중국측에 왕의 자제나 종족들에게 王候의 封爵을 요청하고 있
다38). 이는 아마도 옛 마한의 國邑主帥들이 邑君이나 邑次의 印
綬를 요청한 상태에서 백제왕이 외교권을 쥐고 일괄적인 封爵을
받아 舊馬韓의 國邑에 대한 王族의 지배권을 확립해 보고자하는

---

36) 『日本書紀』19 欽明紀 十二年, "是歲 百濟聖明王親率衆及二國兵二國
　　稱新羅任那也 往伐高麗 獲漢城之地 又進軍討平壤 凡六郡之地 遂復
　　故地".
37) 盧重國, 1985, 「漢城時代 百濟의 地方政治體制」, 『邊太燮博士華甲紀
　　念史學論叢』에서는 漢城時期의 기본적인 하부 단위는 城·村이며,
　　郡은 3~4개의 城으로 구성되고, 이러한 편제는 신라와 비슷한 것
　　으로 보았다.
38) 이들의 王侯太守制가 지방조직이 아니라는 견해가 있으나, 武田幸男,
　　1980, 「六世紀における朝鮮三國の國家體制」, 『東アジア世界におけ
　　る日本古代史講座』 4는 견해가 다르다.

의도에서 나온 것이라고 생각된다. 이렇게 생각하여 마한의 54국이 차츰 백제의 군으로 변모되어 갔으리라고 추측할 수 있게 된다. 이러한 가정이 크게 어긋나는 사실이 아니라면, 마한의 영역은 대체로 백제의 일정한 시기의 영역과 크게 다른 것이 아니라고 할 수 있을 것이다.

마한의 諸國을 기록한 것을 보면 國邑의 順에서 伯濟國은 여덟 번째로 나타나 있고 그 앞에 다음과 같이 일곱개가 보인다.

① 爰襄國　② 牟水國　③ 桑外國　④ 小石索國　⑤ 大石索國
⑥ 優休牟涿國　⑦ 臣濆沽國

이들 7국이 伯濟國보다 앞에 나오는 것으로 보아 대체로 그 위치가 중국측과 가까운 곳이 아니었을까 생각된다. 말하자면 한강을 동서로 그은 선의 서북부에 해당하는 국명이라고 보면 어떨까 생각한다. 이들을 한강 유역의 서북방면에서 구한다면, 대체로 三國末~統一新羅初의 이 방면의 郡名인 '漢陽郡・來蘇郡・交河郡・堅城郡・鐵城郡・富平郡・兎山郡・牛峯郡・開城郡・海口郡・永豊郡' 등과 관계지을 수 있을 것이다. 이 가운데는 임진강 이남지역과 예성강 유역 일부가 포함되어 있으므로 대체적으로 임진강유역 이남으로 한정되면 7~8개의 군이 여기에 해당하게 된다. 따라서 마한의 북방 한계는 대략 예성강・임진강 유역에 한정시킬 수 있다[39]. 이는 帶方郡이 설치된 황해도지역

---

39) 馬韓의 북경을 津田左右吉, 1913, 「三韓疆域考」, 『朝鮮歷史地理』 第1에서는 지금의 陰城・竹山・陽智・水原・稷山・牙山 일대의 高地에서 帶方郡과 경계하였다고 보았고, 李丙燾, 1959, 『韓國史』古代編에서는 通津・楊州 일대까지 비정하였다.

과의 교섭지점들이며 舊 眞番郡 이남지역에도 해당되는 것이다. 임진강유역은 후일 신라가 한강유역을 차지하고 나서도 고구려와의 경계였고, 나당전쟁 중에도 이곳 일대가 군사적 충돌지점이었던 점도 고려될 수 있을 것이다.

『三國史記』에 의하면 서력기원을 전후한 시기에 백제가 靺鞨과 戰守하는 지명으로 다음과 같은 곳이 나타나 있다.

> 昆彌川 · 靑木山 · 烽峴(城) · 甁山柵 · 七重河 · 斧峴 · 述川城 ·
> 馬首山(城) · 高木城 · 牛谷城 · 石門城 · 亦峴城 · 沙道城

이들 지명들은 대부분 현재의 정확한 지명을 알 수 없다. 그러나 대략 靑木山은 후일의 靑石洞(開城北方)으로 비정되고, 七重河는 臨津江에 해당되므로 이를 통해서도 대략 예성강 · 임진강 유역을 한계로 낙랑에게 조종되던 靺鞨과 교전함을 볼 수 있는 것이다[40].

백제측의 기록에 나오는 초기의 인물들은 族父인 乙音 · 北部의 解婁 · 高木城의 昆優 · 東部의 屹于 · 北部의 眞會 · 西部의 茴會 등이 있다. 여기서 백제의 北部에 본래 부여인인 解氏와 眞氏가 나오고 있으며, 東部 · 西部에 각 1인씩, 高木城이 1인으로 나타나고 있다. 族父 乙音과 太子 및 百濟王의 三人 이외에 인명으로 나오는 이러한 현상은 北部 · 東部 · 西部와의 관계상 밀접성을 보여주고 있다고 판단된다. 사실상 이 백제초기의 部라는 것이 『三國志』의 "其北方近郡諸國差曉禮俗"이란 표현으로 보아

---

40) 津田左右吉은 註39)의 前揭書에서 靑木嶺을 碧蹄驛北方과 開城北方 方面을 의심하였고 七重河는 臨津江으로 보았다.

서 정치적 조직단위일 가능성이 없는 것은 아니지만, 高句麗·新羅의 部와 동일한 것은 아니었다고 볼 수도 있다. 백제의 초기에 백제와 어떤 유대를 가졌던 國邑들을 후일 部로 표현하였을 가능성도 있겠고 部가 아닌 城으로 표현된 경우는 더욱 그러한 가능성을 배제할 수 없다고 생각된다. 『三國志』에서 "分割辰韓八國以與樂浪　吏譯轉有異同　臣智激韓忿　攻帶方郡崎離營"이라는 A.D.3세기 중엽경의 辰韓八國이 伯濟國과 그 앞에 열기된 7국을 합한 것인지도 생각해 볼 문제가 아닐까 생각되며, 이 경우 마한의 北方諸國은 계속하여 漢郡縣과의 교섭을 통해[41] 그 남방지역보다 큰 변화가 계속되고 있었던 것으로 파악된다.

出 典

成周鐸, 1987, 「馬韓·初期百濟史에 대한 歷史地理的 管見」, 『馬韓百濟研究』第10輯, 圓光大學校 馬韓百濟文化研究所, 153~166쪽.

---

41) 帶方郡設置 이후의 馬韓·百濟의 北界는 일단 黃海道地域에 미쳤던 때가 있었다고 볼 수도 있다. 이후 백제의 北進이 水谷城 平壤에 이르는 것이 단순한 영토의 취득에 목적을 둔 것이라기 보다는 前의 舊疆을 내세울만한 역사지리적 근거하에서 진행되었을 가능성과 연고전을 내세웠을 가능성을 배제할 수 없다. 이런 점에서 판단한다면 『大東地志』의 大同江 이남 馬韓說이 이해될 수 있다는 것이다.

02

百濟 未谷縣과 昧谷山城의 歷史地理的 管見

1. 昧谷山城과 百濟 未谷縣

현재의 충청북도 보은군 회북면 富壽里에는 昧谷山城이라고 알려진 古城址가 있다. 이 城址에 대하여는 조선시대의 地理志類에 다음과 같이 기록되어 있다.

① 昧谷城 春秋令所 在宮行祭[1]
② 昧谷山城 石築周一千一百 五十二尺高八尺[2]
③ 昧谷山城 石築周一千一百 五十二尺高八尺[3]
④ 古城 北一里昧谷山周一 天二百五十二尺[4]

昧谷山城이 조선시대에 기록됨에 있어서 시대가 내려옴에 따

---

1)『世宗實錄』권149, 地理志, 忠淸道 懷仁.
2)『新增東國輿地勝覽』卷16, 懷仁縣 古跡.
3)『輿地圖書』忠淸道 懷仁縣 및 邑誌 忠淸道 懷仁縣 古跡.
4)『大東地志』忠淸道 懷仁 城池.

라 표기에 약간씩의 차이를 보이고 있음을 알 수 있다. 세종실록에서는 味谷城이라고 하였던 것이 『新增東國輿地勝覽』에 이르러서는 昧谷山城으로 표기되었으며 영조 때에는 眛谷山城으로 표기되었다. 味·昧·眛는 우리말 음으로는 미·매·매로서 읽으나 중국음에 있어서는 未:wei, 味:wei, 眛:Mi,Mei로 되어 있고 그 뜻에 있어서는 未와 味가 통하기도 하고 昧와 眛는 역시 어둡다·흐리다는 뜻을 포함하고 있다. 그리하여 昧谷山城과 味谷城은 어떤 순수한 우리말 혹은 우리말의 뜻을 표현한 듯하다. 昧谷山城이 위치한 지역은 백제의 未谷縣이었으며 신라 경덕왕대에 昧谷縣으로 未 → 昧로의 변화가 있었음을 『三國史記』 地理志가 알려주고 있다[5].

세종대에 味谷城은 春秋로 縣監이 祭를 올리는 곳이었다고 하였는데 成宗代 이르러서는 축성의 재료와 성의 둘레·높이를 기록하였다. 또한 『新增東國輿地勝覽』에서 古跡條에 쓰면서도 "今廢"라는 문구가 없음을 보면 아직 폐허화된 것이 아니었던 듯하다. 昧谷山城에는 祭를 올리는 神殿的 건물이 조선전기까지도 남아 있었던 듯한데 조선시기의 유명한 문인 李承召(1422~1484)의 文集에 의하면 "嶺頭神宇少躋攀 石田歲歲天霜早"라 하여 산머리에 神宇(神祀建物)가 있음을 시로 읊고 있다[6]. 『新增東國輿地勝覽』에서는 山川條에

5) 『三國史記』卷36 雜誌 第五 地理三 熊州, "燕山郡 本百濟一牟山郡 景德王改名 今因之 領縣二 燕岐縣 本百濟豆仍只縣 景德王改名 今因之 昧谷縣".

6) 三灘集 卷四 詩, "懷仁客舍 自註移病留六日", "小洞幽幽百畝寬 邑齊簫栖俯溪干 南榮日午微生暖 陰壑春深尙有寒 峽口民風多儉嗇 嶺頭神宇少躋攀 石田歲歲天霜早 輸盡官租割肺肝".

昧谷山 在縣東 一里

　라고 하여 昧谷城의 명칭이 보이고 있으며 縣衙의 官門에서 동
쪽으로 一里정도의 거리임을 註記하였다.
　　昧谷山·昧谷城의 명칭이 이처럼 존속되어 온 것은 이곳이
백제의 未谷縣이었고 그후 통일신라 경덕왕대에 昧谷縣으로 고
쳐진 고대의 명칭이 그대로 남은 것이라 할 수 있다. 懷仁縣의
명칭이 고려초에 사용되어 조선왕조 말까지 약 100여 년을 계속
하면서도 이처럼 古名이 그대로 남아 있었음은 특이한 사실이라
고 할 수 있다. 따라서 현존의 昧谷山城은 그 연원이 일단 통일
신라와 그 이전으로 소급되는 산성으로 생각된다.
　　昧谷山城이 있는 옛 未谷縣은 백제 영토의 동쪽 맨 끝이 되어
바로 동쪽의 신라 영토인 三年山郡과 경계하고 있었던 위치에
해당한다. 『三國史記』 地理志에 의거하여 금강상류방면에 있어
서의 백제와 신라의 영역을 보면 대략 다음과 같다.

　　　　　(　)안은 現地名이다
　　　　西(百濟領)　　　　　　　東(新羅領)
　　　　大木岳郡(木川)　　　　　今勿奴郡(鎭川)
　　　　仇知縣(全義)　　　　　　都西縣(道安)
　　　　上黨縣(淸州)　　　　　　仍斤內郡(槐山)
　　　　一牟山郡(文義)　　　　　三年山郡(報恩)
　　　　未谷縣(懷仁)　　　　　　屈山縣(靑山)
　　　　雨述郡(大田)　　　　　　古尸山郡(沃川)
　　　　進仍乙縣(錦山)　　　　　助比川縣(陽山)

위에서 동쪽 신라령이라 표기한 것 중 今勿奴·仍斤內는 "本高句麗"가 붙어 있어 본디 5세기말경에서 6세기까지 고구려가 한강유역을 영유했을 때를 기준으로 한 것임을 알 수 있다.

『三國史記』地理志가 어떤 시기를 기준 삼아 본래의 지명을 삼은 것인지는 아직 확실치 않으나 6세기중엽 신라가 한강유역을 영유하기 이전에 나뉘었던 상태를 나타내는 듯하며 이러한 경우 삼국 영토의 교착점은 현재의 沃川·報恩(新羅領)[7], 槐山·道安·鎭川(高句麗領)[8], 淸州·木川·懷仁(百濟領)[9]으로 나타나므로 특히 청주~보은을 연결하던 直路의 중간에 위치하였던 未谷縣은 그만큼 백제의 最東界로서 주요한 위치였었다고 믿어지므로[10] 이를 중심으로 한 역사·지리적 배경을 살펴보아야 할 것이다.

2. 未谷縣·昧谷山城의 地理的 條件

백제의 未谷縣이었다는 懷仁地方은 오늘날도 그렇듯이 교통이 어려운 山谷地帶이다. 懷仁縣을 가장 짧게 표현한 形勝에서

　　重岡複嶺 路繞羊腸(거듭된 멧부리와 겹겹의 고개, 길은 염소창자처럼 꼬불거린다).[11]

---

7) 沃川(古尸山郡)·報恩(三年山郡)은 상주 소속으로 조선초까지 경상도였다가 太宗 13年(1413)에 충청도로 편입됨.
8) 槐山·道安·鎭川은 漢州 소속의 領郡이었다.
9) 淸州·木川·懷仁은 熊州 소속이었다.
10) 未谷縣보다도 더욱 동쪽에 薩買縣이 백제령으로 보이는바(『新增東國輿地勝覽』淸州牧 屬縣 靑川縣), 오늘날의 청원군 미원면과 괴산군 청천면 지역이다.

이라고 함을 보면 대략 짐작이 간다. 북으로는 청주와 경계하는 皮盤大嶺이 있다. 동으로는 보은과 경계하는 車衣峴(수리티재)이 있으며 서로는 문의와 경계하는 墨峴(먹티)이 있다12). 이처럼 동·서·북이 모두 험준한 산령으로 가로막히고 오직 남서방향으로 한 줄기의 냇물인 熊岩川이 흘러 금강인 末訖灘에 흘러들며13) 田土는 이 웅암천 변에 띄엄띄엄 있을 뿐이다. 『世宗實錄』에 의하면 당시 충청도 55邑 가운데 延豊縣이 143호이고 懷仁縣이 146호로서 가장 殘邑에 속하고 있음을 알 수 있다. 延豊은 鳥嶺·梨花嶺의 험로상에 있으니, 懷仁縣도 그에 못지않게 험한 계곡 사이에 존재함을 미루어 알 수 있는 것이다. 사방의 강역은 동으로 報恩界 16리, 서로 文義界 16리, 북으로 淸州界 29리, 남으로 淸州所屬 朱岸鄕 32리로서 동서 32리 남북 61리이다. 이는 웅암천이 청주와 경계인 九龍山과 皮盤大嶺에서 발원하여 남향하기 때문에 생긴 길다란 골짜기 하나가 곧 하나의 縣을 이루고 있음을 나타내 준다. 옛고을의 중심부를 이루었던 中央里·富壽里 일대는 구룡산과 피반령 방면에서 근원한 웅암천이 중앙리를 에워싼 山峰들에서 흐르는 작은 냇물들과 합류되고 그 남쪽으로

---

11) 『新增東國輿地勝覽』卷16 懷仁縣 形勝條, 이 글은 李承召의 『三灘集』卷四에 "淸州途中"이라 題한 "重岡複嶺遠相連 路繞羊腸馬不前 萬古陰秋藏怪物 百年殘里_鎖荒烟 俯臨石壁疑無地 仰攀雲棧若登天 平生性癖耽山水到此飜成壹惘然"에서 인용된 것임을 알 수 있다.

12) 『新增東國輿地勝覽』卷16 懷仁縣 山川條에서 皮盤大嶺은 "在縣北十五里嶺路九折最爲高險"이라 하고, 車衣峴은 "在縣東十二里", 墨峴은 "在縣西十三里"라 하였다. 현재는 피발령, 수리티재, 먹티라고 각각 부른다.

13) 주 12)의 上揭書에서 末訖灘은 "在縣南十九里卽化仁津下流"라 하고 熊岩川은 "在縣南一里源出九龍山流入末訖灘"이라 했다.

약 2km의 訥谷里와 4km의 松坪里까지 남류하여 동에서 서로 車衣縣(수리티)에서 발원한 냇물이 합쳐져 좁고 길다란 충적평야를 형성하고 있다(그림 Ⅲ-2-1).

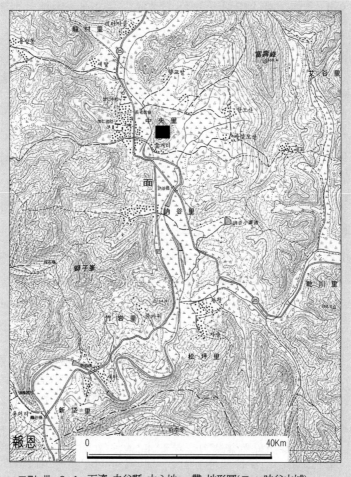

그림 Ⅲ-2-1 百濟 未谷縣 中心地 一帶 地形圖(■ : 昧谷山城)

북의 龍村里에서 남의 松坪里에 이르는 남북 약 4km, 동서 약 1km의 좁은 충적대지는 소류지의 灌漑에 의한 약간의 水田과 旱田 地帶로 되어 있다. 이 좁고 길다란 얼마간의 평야에서 가장 오똑하게 솟아 있는 표식적인 봉우리가 바로 昧谷山이다. 따라서 이 지역에 취락이 생겨나고 인구가 모여든 어느 시기에는 그 중심 지점에 있는 매곡산이 여러 작은 취락들의 중심지로 여겨졌을 것으로 생각할 수 있겠다. 농업에 의존했던 전근대사회에 있어서 전체 고을 영역 가운데 가장 농경에 적합한 지역이 타지역에 비해 인구의 밀집이 예상된다. 조선시대 후기인 18세기경의 『輿地圖書』에 의하면 당시 懷仁縣의 전체 호구는 964호에 남자 1,398, 여자 1,447口로 되어 있다(己卯, 1759년도). 당시는 동 · 서 · 남 · 북 · 읍내 · 강외의 6개 면으로 이루어져 있었는데 이 중 읍내면은 읍을 중심으로 남으로 3리 북으로 3리 사이로서 여기에 7개 마을 222호가 거주하고 있다. 이는 전체의 ¼인 셈이며 범위를 넓혀 10리 사방 이내로 셈하면 400호에 이른다.

이러한 호수로 보아 18세기 중엽 이전의 시기에 있어서도 懷仁縣 · 昧谷縣 · 未谷縣은 매우 규모가 작은 고을로 볼 수밖에 없다.[14) 이 작은 고을은 그 지리적인 조건, 특히 자연지형으로 보아 농업생산에 의한 부양인구의 한계를 나타내 주는 것이며 이러한 상태로서 신라영역인 三年山郡과 직접 경계를 마주하였던 데에는 농업생산력 이외의 요건이 작용하였을 가능성을 시사해

---

14) 필자는 백제 郡縣들의 평균면적은 110~200㎢이고, 新村縣의 경우 호구가 600호 15,000인 내지 1,000호 25,000인으로 추정하였다. 未谷縣은 평균치보다 약간 적은 편에 속했다고 추정된다(拙稿 1985, 「百濟 新村縣治所의 位置比定에 關한 硏究」, 『百濟論叢』 第1輯, 百濟文化開發研究院).

준다고 생각된다. 그것은 일차적으로는 군사적인 요인일 것이라 생각되며 둘째로는 이 지역이 古來의 鐵鑛産地였다는 것이다.

3. 昧谷山城의 現狀

昧谷山城은 앞에서 설명한 바와 같이 중앙리와 부수리의 옹암천변에 솟은 독립구릉상에 축조되어 있다. 이 구릉은 해발고도가 187m로 높지만, 이 지역의 해발고도가 전체적으로 높아 주변 平地와의 比高差는 약 70m에 불과하다. 이는 옹암천이 북에서 남으로 흐르는 곳에 솟아 있어 산 서쪽 끝은 급경사의 岩崖이자 川岸을 이루고 있다. 산봉우리는 서쪽이 조금 만곡되어 전체적으로는 峰山의 대지가 반월형을 이루며 동쪽으로 사면이 흘러내렸다(사진 Ⅲ-2-1·2).

사진 Ⅲ-2-1 昧谷山城 近景 (北→)   사진 Ⅲ-2-2 昧谷山城 近景 (西→)

이 산성에 대해서는 기존의 조사사실을 기록한 다음의 두 가지 설명이 있다. 첫째는 필자 등이 1976년에 이 지역을 1차 조사한 것으로서, 다음과 같이 설명하였다[15].

---

15) 成周鐸, 1976, 「新羅三年山城研究」, 『百濟研究』 7집, 忠南大百濟研究所.

昧谷山城은 東南向을 하고 있어서 報恩에서 오는 길목을 지키는 役割을 하고 있는 듯 하였으며 一次的으로 축성된 土石城이 約 300m, 二次的으로 증축된 石城이 6~700m의 규모였다. 이와 같은 類型의 山城은 舒川, 韓山地方에 있는 乾支山城의 類型과 비슷하며 出土遺物도 百濟시대까지 올라가는 것부터 年代가 下降하는 遺物까지 多樣하게 出土되어 一但은 百濟 領下의 百濟山城으로 추정하였다. 이 곳 懷仁에서 西쪽으로 約 20里 떨어진……(中略)……그러므로 이곳 懷仁地方은 文周王이 公州로 遷都할 무렵에 新羅에게 倂合된 것으로 추정된다. 깊은 錦江上流와 높이 約 540m의 皮盤嶺 고개 밑에 있는 懷仁地方은 國勢가 弱하였던 文周王・三近王 時節에는 도저히 守護하기 困難하였던 地域으로 추정되기 때문이다.

이에 의하면 昧谷山城은 적어도 한차례의 증・수축이 있었던 흔적이 있으며 성내 출토유물로 보아 5세기 이전에는 백제 것이었으나 그 후에는 지키지 못하고 신라영역이 되었을 것으로 추정하였다.

이에 대해 충청북도에서 조사한 내용은 몇 군데의 책에 구성만 달리하여 거듭 나타나고 있는데, 특히 산성의 명칭을 蛾嵋山城이라고 題한 『文化財誌』의 설명을 보면 다음과 같다[16].

개울가의 험준한 절벽 위에 약간 內彎하며 南行한 능선과 거기서 東走하는 능선을 이용하여 쌓은 城으로서 平面이 半月形이며 周回 695m의 山城이다. 개울가의 西壁 193m는 70-85度의 急傾斜를 이용하였고 기타의 地域은 대체로 西高東低의 地勢가 되어 현재의 農耕地가 私有地로 되어 있는데 그의 家親 林先生에 의하면 3町步의 城内에 倉庫가 있었다는 말이 있으며 全國에서 蛾嵋山으로 山字가 3個나 들어 있는 山名은 이 곳 뿐이다.

---

16) 忠淸北道, 1982, 「내고장전통가꾸기(報恩郡)」, 『文化財誌』.

門址는 南門, 東門, 北門이 있고 험준한 개울가의 西壁에서는 門址를 확인하지 못했는데 東門址가 너비 12m로써 正門이며 南門址는 너비 8m이고 暗門은 너비 6m로써 이 城이 北西의 皮盤嶺 方面을 대비하여 築城한 것으로 생각된다.

體城이 가장 잘 遺存된 곳은 南門址 西쪽이다. 이곳은 片磨巖을 잘 맞추어 高 5.4m 幅 5m를 中間에 粘土(黃土)를 개어 넣으면서 쌓아올려 密着시킨 색다른 試圖로 주목되었다. 이렇게 黃土를 접착시킨 類例는 忠南 公州 熊津城의 城壁에서 발견된 特異한 方法이다.

遺物로는 무수한 古新羅의 土器片과 百濟系의 軟質土器片이 발견되어 이곳이 羅·濟國境의 빈번한 變動으로 主人이 자주 바뀐 곳임을 증명해 주고 있다.

이 설명에 의하면 昧谷山城은 峨嵋山城이라 불리고 성벽을 쌓음에 있어서는 황토를 개어 사이마다 편마암을 섞어서 쌓았으며 북방의 피반령 방면 즉, 청주방면을 방비하는 성이라 하여 신라·백제사이에 주인이 많이 바뀌었다고 하였다.

이 같은 방어방향의 문제는 종종 城址를 조사·연구하는 가운데 나타날 수 있는 것인데 성의 입지조건에 따라 문의 위치가 결정되는 것이지 문의 위치와 반대방향 혹은 가장 험준하게 성벽이 남아있는 방향의 적을 방어하기 위한 성이라는 것 등은 판단의 기준이 될 수 없을 것이다. 이와 같은 상반된 조사 설명은 앞으로 이곳에 대한 조사에 있어서도 혼동이 있을 수 있으므로 이번에 이 산성에 대한 개략적인 평면도를 작성하면서 재조사를 실시하였다[17]. 이 재조사에 의해 昧谷山城을 좀더 자세하게 관찰할 수 있었으므로 여기에 다시 그에 대한 설명을 한다(그림 Ⅲ-2-2).

---

17) 제1차 조사는 1986년 12월에 하고, 1987년 2월 6일에 2차 조사를 하였다.

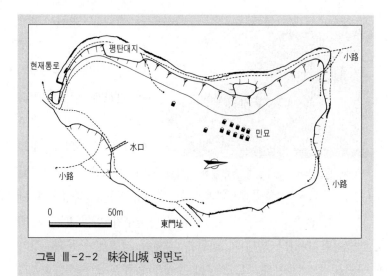

그림 Ⅲ-2-2 昧谷山城 평면도

1) 體城

매곡산성은 현재 성내가 경작되고 있으며[18], 서쪽의 높은 암벽능선은 임야이다. 이 서쪽의 능선 중 가장 높은 위치가 아마도 將臺와 같은 특수한 건물(아마도 神祀가 있었을 것이지만)이 있었을 듯하나 지금은 방송 중계용 시설이 세워져 있다. 이 최고처의 남쪽에 평탄한 대지가 약간 있어 이들 두 高臺의 서쪽이 성의 서벽이 된다.

서벽은 9부 능선쯤을 돌아가며 石築되어 있는데, 경사가 급한 성벽 하부가 무너진 곳이 있다[19]. 급경사면을 이룬 외면은 석축

---

18) 매곡산성은 地番이 회북면 부수리 산 443-1번지이고, 地目은 임야로 되어 있다. 현 소유자는 중앙리 174번지에 거주하는 朴亨贊氏이다.

19) 석재는 점판암이 많이 섞였으며, 산석을 깨뜨려 운반한 것도 있으나 바로 성 아래의 옹암천변에서 수습한 듯 물에 씻기거나 풍화된 석

사진 Ⅲ-2-3 昧谷山城 夾築部와 版築部
合點 모습 (南西壁)

을 했으나 내면은 산상을 깎아 내어 성벽 상단부를 덮어 통행하기에 편하게 평평히 처리하였다. 서벽이 남으로 이어져 현재의 통로쪽에 이르면 가장 잘 남아 있는 석축성벽의 단절부가 마치 門址의 門口部처럼 나타나 있다[20]. 이곳을 자세히 살펴보면 문지유구가 아님을 알 수 있다. 즉, 회인의 중심부에서 동남으로 富壽橋를 건너 바로 "숲거리"마을이 있는데, 이 마을의 바로 북쪽에 해당하는 지점에 석축의 성벽 단절면이 있어서 흔히 이곳을 南門址로 혼동해 왔던 것이다. 이곳은 점판암계의 아주 얇은 석재로 차곡차곡 쌓아 올려 높이 약 4m 성벽 두께 6.2m가 육안으로 보인다. 성벽의 두께는 성 안쪽으로 얼마간 연장된 듯하여 7m쯤은 되었다고 보여지며 內外夾築이다. 두께 10~15㎝의 석재들 사이에 황갈색의 점토가 끼어 있어서 담장을 쌓듯 한 것으로 혼동되었던 모양이다. 하지만 이곳을 자세히 관찰하면 서쪽으로의 石築部와 동쪽으로의 版築部가 연계되는 지점이며 版築의 대부분이 붕괴되어 마치 門址 양편의 開口部처럼 남았을 뿐이다. 무너진 版築部의 성 안쪽 남은 부분을 보면 版築土가 확인되며 황갈색

재가 많다.

[20] 註16)에서는 南門址라고 보고 있는데 마치 개구부처럼 보이지만 석
축부와 토축부의 연접부임이 분명하다(사진 Ⅲ-2-3 참조).

점토와 암반부식토를 섞어 다진 층과 암갈색 다짐 층이 분명하게 교대로 나타나 있다.

동쪽 성벽은 벽 외부에서 석재가 약간씩 보여 판축 성벽이 무너짐에 따라 계속적으로 보수 및 개축한 것임을 알 수 있다. 특히 水口가 있었을 것으로 보이는 성내 가장 낮은 지역인 동남벽은 약 50m 연장부가 바깥으로 붕괴되어 함몰되었으며 동문터로 불리는 부분도 상당 부분이 무너졌다. 이 무너진 부분의 단면에 석재가 없어 동벽도 기본적으로는 판축이었음을 알 수 있다.

북벽은 원형이 가장 많이 훼손되어 있는데, 서쪽에서 동쪽으로 비탈진 사면 중 중간부분 일부를 제외하고는 거의 붕괴되었다. 이곳에서도 외면에 약간의 석재가 있을 뿐이고 단면에 석재가 없어 역시 판축 내지는 外面石築·內面斜托의 상태를 알 수 있다.

이렇게 볼 때에 眛谷山城은 서벽의 가장 가파르고 높은 부분만이 석축이고, 나머지 벽은 판축을 한 다음 무너진 곳을 석재로 보수하였던 것으로 보인다. 석축부에 있어서도 단면이 잘 보이는 서남부의 서쪽 일부에는 원래의 체성보다 성 안쪽으로 매우 많이 들여서 높이 1m 정도를 석축한 외면 일부가 남아 있다. 이로 보아 후대에는 원래의 성벽을 그대로 벽체로 이용하지 않고 원래의 성벽을 기단부로 삼아 임시적인 벽면상단의 設喋이 있었음을 보여 주고 있다.

2) 門址

애당초 南門址로 알려진 부분이 문지가 아니고 판축과 석축의 구분점이었음을 밝혔다. 현재는 성문유구가 하나도 없고 다만 성 내외를 출입하는 소로가 5개소 있다. 이들 소로들은 모두가 성벽

사진 Ⅲ-2-4 眛谷山城 城內 平地 (南→)

이 무너진 부분이거나 능선부 상단으로서 門址로 인정할 만한 곳은 東門址뿐이다. 동벽의 중간쯤에서 성내외가 S자형으로 비스듬히 경사진 곳은 폭이 6m에 가까우나 남쪽의 일부 잔존부는 門口部로 보여지고 북쪽은 성내의 雨水가 빠지면서 門口部가 무너져 버린 상태라서 유구는 매몰되었다고 여겨진다. 성의 북서·북동방면의 소로는 성벽 잔존부를 그대로 넘는 것이며, 남서·남동부의 소로는 水口로 생각되는 현재의 下水處 좌우에 있어서 문터가 있었을 가능성이 높은 곳이지만 門址로 볼 만한 유구는 남아 있지 않다(사진 Ⅲ-2-4).

3) 城壁部의 構造

전술한 석벽 단면부를 보면 이 석축부분이 한꺼번에 축조된 것이 아닌 듯하다. 석축부의 외벽 단면선은 하부에서 1.8m의 높이까지는 거의 수직으로 쌓아 올리고 여기서 위로 약간 내경시킨 다음 다시 직립하고 있다. 이처럼 외면의 단면이 차이가 있으나 이 외면에서 성벽은 안쪽으로 2.6m까지 정연하게 축조되었다. 성벽 두께의 바깥쪽 2.6m 부분과 안쪽 부분과는 육안으로 봐서도 축성법이 다르다. 성벽의 바깥쪽은 10cm 두께 정도의 납작한 석재로 아주 정연하게 축조하여 석재 사이의 공간이 거의 없으나 안쪽은 석재가 고르지 못하고 공간도 많은 편이다. 또 안쪽과 바깥쪽의 석재는 서로 마주 물지 못하고 있어 수평상의 차가 약간씩 내외 석축 사이가 거의 수직선으로 나타나 있다. 이처럼 내외협축의 석축벽에서 그 단면이 다른 것은 이 석축벽이 한번에 완성된 것이 아님을 뜻하는 듯하다. 원래 성벽의 상단에 폭을 좁히고 안쪽으로 퇴축한 부분이 고려~조선시대의 것이라면 원래 성벽은 그 이전의 축조로 보아야 할 것이다. 이 경우 원래 성벽은 1차적으로 석축 안쪽벽, 2차적으로 판축성벽과 석축 외측벽을 맞추어 쌓은 것으로 판단된다.

4) 其他

성내에는 현존상태로 보아 井泉은 없으나 메워졌을 가능성이 있다. 성내의 우수 등 물이 빠지는 낮은 곳은 남서부로서 성벽이 크게 무너졌으며 지금도 우수는 이곳으로 빠진다.

성의 북쪽으로는 능선이 계속되어 내려가는데 성벽의 한계에서 북으로 약 50m 내려간 지점은 능선을 절단하여 'U'자형을 이루었다. 이는 능선을 따라 오르는 적을 예상하여 만들어진 인공적인 垓子로 생각되며 10m 폭에 깊이가 4m 정도이다.

昧谷山城은 동으로 富壽峰의 줄기가 감싸고 北으로는 부수봉의 서쪽 능선이 뻗어내려 있어 북쪽과 동쪽이 산으로 에워싸여 있으며, 서쪽과 남쪽은 熊岩川이 휘감아 흐르는 '모산'들판의 서쪽 끝에 해당한다. 이 산성에서 동쪽으로 1km 거리에 '안모산', '바깥모산'이라는 자연부락이 있고, 이 두 마을에 있는 낮은 구릉이 마치 昧谷山城의 외부 나성처럼 보인다. 案山을 이룬 등성이는 '애치'라는 고개와 '애곡'·'애치'라는 마을이 있어서 동쪽으로 車衣峴에 이르는 길과 통하도록 되어 있다. 따라서 昧谷山城은 이 성을 중심으로 한 주변 주민이 쉽사리 入保할 수 있는 위치에 해당하고, 또 독립 봉우리 상에 있어 적을 쉽게 관찰·방어할 수 있는 곳이라고 판단된다.

이 성의 내부에는 와편·토기편·자기편이 산견되나 오랜 경작에 의한 탓인지 모두 작은 파편들 뿐이다. 토기편들은 황갈색 花蓋形土器片, 적갈색 軟質土器片, 회청색 硬質土器片, 회청색경질의 擬似繩蓆文土器片, 회청색 硬質格子文土器片이 주류를 이루었다. 와편은 無文에 안쪽면이 布目文인 것을 비롯하여 어골문이 시문된 얇은 기와, 고려시대에 해당하는 無骨文(樹枝文), 조선시대의 靑海波文瓦片 등이 있어 삼국시대인 5세기 이후 전시대에 걸친 유물상을 보여 주고 있다.

4. 未谷縣·昧谷山城의 歷史地理的 背景

1) 三國時期

백제의 昧谷縣은 오늘날 보은군 懷北面·懷南面 일대에 있었던 것이므로 이 지역에서 삼국시대의 유물이 발견되는 유일한 城址인 昧谷山城이 옛 未谷縣의 중심 城이었다고 추론할 수 있다[21]. 그러나 未谷縣이 시종 백제의 영역이었던가의 문제는 昧谷山城에서 출토되는 유물상이나 신라와의 접경지역이었던 점에서 두 나라 사이에 이곳과 그 주변에서 영유권 다툼이 있었다고

---

21) 아직까지 이 지역에서는 고분이나 그 이전에 속하는 유적이 조사된 바는 없으나, 회남면 沙灘里에 '말무덤'이 있었던 보고는 있다. 강변의 말무덤은 옹암천이 금강으로 흘러드는 未訖灘 동안에 있었으나 발굴되지 못하고 대청댐에 수몰되었다.

판단하는 편이 옳을 듯하다.

백제가 한성기에 동남방향으로 소백산맥의 북쪽 경사면까지 팽창한 것은 고고학적 증거에 의해 3세기대로 거슬러 올라간 다[22]. 뿐만 아니라 3세기 중엽에 해당하는 시기에 백제와 신라 는 오늘날의 경상북도 상주지역에서 세력다툼이 있었음을 알려 주는 다음의 기록이 주목된다.

① 沾解王在位 沙梁伐國舊屬我 忽背而歸百濟 于老將兵往討滅 之[23]
② 尙州, 沾解王時取沙伐國爲州 法興王十二年 梁普通六年 初置 軍主爲上州[24]

위의 두 기록은 沾解王(247~257) 때에 오늘날의 상주지방에 있던 沙伐國 혹은 沙梁伐國이 백제에 붙어 버리자 신라가 멸망 시키고 州로 삼았다는 것이다. 이때를 전후한 新羅本紀의 기록을 보면 첨해왕 2년(248)에 고구려와 結和하였고 3년(249)에는 倭人 이 舒弗邯于老를 살해하였다. 또 同王 9년(255)에 백제가 침략하 자 一伐湌 翊宗이 槐谷의 서쪽에서 싸우다 백제에 죽임을 당하 였고, 백제는 계속하여 烽山城을 공격하였다. 다시 同王 15년 (257)에 達伐城을 쌓고 이해에 백제가 사신을 보내어 和를 요청 했으나 허락치 않았다고 했다[25].

3세기 중엽의 이와 같은 기록으로 보아 백제는 이즈음 소백산

---

22) 崔夢龍·權五榮, 1986,「考古學的 資料를 通해 본 百濟初期의 領域 考察」,『千寬宇先生還曆紀念韓國史論叢』.
23)『三國史記』卷45, 列傳5, 昔于老
24)『三國史記』卷34, 雜志3, 地理1
25)『三國史記』卷2 新羅本紀 2.

맥을 사이에 두고 그 이남으로 진출하는 형편이었으며 그후 한 동안 교전의 지점은 槐谷·烽山城 방면으로 나타나고 있다. 괴 곡을 오늘날의 괴산지역으로 볼 경우 백제는 청주지방에 진출해 서 계속 남하하려고 시도한 것으로 해석될 수 있다.

3세기말인 286년 두 나라 사이에 화해가 성립되어 한동안 침 략기록이 없다가 5세기 초인 403년 7월에 백제가 신라를 침범하 고 있을 뿐이어서 그 사이 1세기 동안에는 침공이 없었던 것으로 보인다. 5세기에 이르러서도 403년의 기록 외에는 두 나라 사이 에 화친이 계속되었던 것으로 나타난다. 그러나 5세기 후반에 이 르러 백제가 고구려와의 대결에서 수세로 몰리는 시기에 신라는 백제를 도와주고 있으며 한편으로는 옛 분쟁지역으로 보이던 상 주 이북에 대한 일련의 축성기록이 나타나고 있다. 즉, 470년～ 553년의 신라 新州 設置에 이르는 약 80여 년 사이에 신라는 금 강 상류방면으로 진출한 것을 발판으로 한강유역으로도 진출하였 던 것이다. 특히 470년에 삼년산성을 축조하였고[26] 474년에는 一 牟·沙尸·廣石·畓達·仇禮·坐羅城을 쌓고[27] 486년에 三年· 屈山의 두 성을 개축하고 있어,[28] 慈悲·炤知王代에는 일단 금강

---

26) 『三國史記』卷3 新羅本紀3 慈悲麻立干 13年에 '築三年山城'이라 하고 註로 '三年者 自興役始終三年訖功 故名之'라 하였다. 이 三年山城은 현재 보은군 漁岩里의 烏頂山上의 사적 235호가 그것이다. 이 성에 대해서는 다음의 글들이 있다.
成周鐸, 1976, 「新羅三年山城研究」, 前揭書.
報恩郡, 1979, 『報恩三年山城基礎調査報告書』.
報恩郡, 1981, 『三年山城西門址調査槪報』.
車勇杰, 1983, 『三年山城—추정연못터 및 수구지 발굴조사보고서』, 忠北大博物館.
車勇杰, 1986, 「三年山城門址遺構의 檢討」, 『忠南史學』 1輯.
27) 『三國史記』卷3 新羅本紀3 慈悲麻立干 17年.

상류로의 진출이 크게 확장되었다고 하겠다. 소백산맥 북쪽의 영토개척에 따른 조처로서 소지왕 10년(488)에는 왕이 一善郡에 幸行하고 있다. 5세기 후반의 이러한 영역변화시기는 백제가 고구려에 대항하다 한성을 버리고 웅진으로 천도하던 시점에 해당한다. 이때 축성지점들을 보면 三年山城은 오늘날의 보은읍에 있는 것이고, 屈山城은 靑山에 해당한다. 또 一牟·沙尸 등의 성은 아마도 一牟山郡·沙尸山郡으로 보이는 기록과 함께 오늘날의 문의방면과 그 부근인 듯하다[29]. 그렇다면 5세기 후반에 백제가 천도하는 세력약화의 시기에 신라는 상주방면에서 서북진하여 금강 상류지역인 보은·옥천·영동 및 문의·회인지역까지 영역을 확장시킨 것이라고 보여진다. 이 시기에 未谷縣은 일단 신라영역이 되었을 것으로 생각되나 그 후 6~7세기에 이르러 백제가 국력을 회복하고 신라와 치열한 공방전을 되풀이하는 시기에 未谷縣은 아마도 백제영역으로 귀속되기도 하였던 것으로 해석할 수 있을 것이다.

　三年山郡, 未谷縣, 一牟山郡 및 오늘날의 청주인 上黨縣이 백제와 신라의 치열한 쟁탈의 대상이 되었던 이유는 이곳의 자연지리적인 조건에 말미암은 바 크다고 생각된다. 뿐만 아니라 이들 지역은 비록 후대의 기록이긴 하지만 은과 철의 생산지였음을 주목하고 싶다. 『世宗實錄』 地理志와 『新增東國輿地勝覽』에

---

28) 同上, 炤知麻立干 8年 春正月 '拜伊飡實竹爲將軍 徵一善界丁夫三千 改築三年·屈山二城'.

29) 一牟·沙尸가 一牟山郡·沙尸山郡의 城과 같은 것임을 시사하는 것은 『三國史記』卷6, 新羅本紀6 文武王上 元年 九月二十七日條에 '築熊峴城 上州摠管品日 與一牟山郡大守大幢·沙尸山郡大守哲川等 率兵攻雨述城 斬首一千級'에 보이는 一牟山郡이 이때 신라쪽이며 바로 雨述郡(현 대전시 대덕군 회덕·신탄진)을 공격하고 있음으로 봐서 알 수 있다. 雨述과 一牟山은 금강을 사이에 두고 있다.

의하면 다음과 같은 광물자원의 産地가 나타나 있다.

　　懷仁 土産 石鐵 産縣南 老聖山

　　淸州 銀所二 椒子所 背陰拜 音 戶

　　報恩 銀石 産 縣東板隱伊 本國諸郡縣所産銀 石試驗多不中用

　　懷德 石鐵 産縣北二十 里稷洞下品 (以上『世宗實錄』)

　　沃川 水鐵 出縣安邑縣 枝內洞

　　懷仁 水鐵 出老 城山

　　報恩 水鐵 出熊峴及 車衣峴

　　懷德 石鐵 出縣北 稷洞 (以上『新增東國輿地勝覽』)

　　현재는 이들 지역에서 광물을 캐내고 제련하지는 않으나 조선
시대까지 계속된 것으로 나타난다. 『世宗實錄』에 銀石과 銀所가
청주·보은에 나타나다가 『新增東國輿地勝覽』에 보이지 않는 것
은 明에 대한 貢物問題로 世宗代 이후 金·銀鑛을 폐쇄시킨 조
처 때문인 듯하다. 銀産地였었던 청주는 백제영역이었고 보은은
신라영역이었으며 銀産地로 나타나는 곳의 보은과 옥천은 신라
영역이고 회인·회덕은 옛 백제영역으로 나타나는 것이다.

　　특히 보은의 철산지라는 熊峴과 車衣峴은 회인과의 경계를 이
루는 山嶺이 된다. 회인의 철산지라는 老聖山 혹은 老城山 일대
에는 지금도 관련지명이 남아 있다. 현 회북면 龍谷里의 자연부
락 이름인 '쇠푼이', 懷南面 金谷里의 자연부락인 '쇠실' 등이 그
것으로 鐵의 우리말 '쇠'를 머리에 쓴 지명이 많이 발견되는 것
은 우연한 일이 아닌 것이다.

2) 後三國期

9세기 말~10세기 초에 이르러 신라가 지방통제력을 잃고 급기야 후백제·후고구려가 일어나게 되었다. 이즈음 昧谷縣 지역은 그 이웃의 보은(三年山), 청주(西原京), 문의(一牟山)와 더불어 일단 후백제에 속하게 되었던 것 같다. 서기 900년(신라 孝恭王 4년)에 궁예는 왕건을 보내어 廣州·忠州·唐城·靑州·槐山 등지를 평정했고 이때에 궁예는 청주의 민호 1,000호를 철원으로 옮겼다[30]. 청주는 곧 서원경을 일컫는 것이며 이 지역은 매우 극심한 향배의 혼란이 있었던 것으로 보인다.

昧谷縣이 후백제의 편에서 고려로 투항한 것은 932년(敬順 6, 太祖 15년)의 일인데 이보다 앞서 이 지역의 공방전 상황을 보면 다음과 같다.

① 925(京哀 2, 太祖8)년 고려의 庾黔弼이 征西大將軍이 되어 백제 燕山鎭(一牟山郡) 을 공격하여 吉奐을 목벰
② 928(京順 2, 太祖11)년 高麗王 王建이 三年山城을 공격했으나 이기지 못하고 靑州로 퇴각

이러한 상황으로 보아서 후백제에 대한 고려의 전방기지는 청주인데 이 지역의 후방에 진천이 있었다. 932년에 昧谷地方의 龔直이 고려에 투항한 사건이 발생하자 왕건은 龔直을 매우 후대하였다[31]. 이러한 사건은 청주·문의·보은의 중앙에 위치한 군

---

30) 『三國史節要』卷13 孝恭王四年(甄萱九年·弓裔六年) 冬十月 '弓裔遣王建伐廣州·忠州·唐城·靑州·槐壤等皆平之'' 弓裔定都于鐵圓 移靑州千戶以實之'.
31) 『高麗史節要』卷1 太祖 15年 六月 '百濟將軍龔直來降' 및 『高麗史』龔

사적 요충이 고려에게 협조하게 됨에서 오는 커다란 전략적 중요성을 말해주는 것이라 할 수 있다. 이 시기에 一牟山城(문의)은 다시 후백제 영역으로 남아 있었던 듯하다. 龔直이 고려에 투항한 다음에 이웃한 一牟山이 자주 침입하니 이곳을 점령하자고 제의하였고,[32] 이러한 제의대로 1차 공격한 고려는 실패하였다. 그러나 昧谷과 一牟의 위치가 금강 중상류의 요충지이고 후백제의 중앙부로 돌파하는 가장 짧은 직선로이므로 그해에 기어코 一牟山郡을 빼앗았다[33]. 太祖 15년의 一牟山郡 점령에는 昧谷城에 있는 龔直의 공이 컸고 이로 말미암아 고려는 對 후백제방면 진출의 가장 중요한 요새를 확보한 것이었다고 여겨진다.

이처럼 후삼국시기의 상황을 볼 때 오늘날의 회인·문의지방은 일단 후백제에 소속되었다가 후일 고려에 속하게 되었음을 알 수 있기 때문에 이러한 사정은 삼국시기 백제·신라 사이의 국경과 근사한 것이다. 이 시기의 一牟山城·昧谷城 등의 명칭으로 봐서는 역시 삼국시대 이래의 성이 그대로 이용되었을 것으로 보이므로 昧谷山城이 곧 龔直의 주요한 근거지가 되어 처음에는 후백제의 대 고려방어 최전선을 이루고 다음에는 고려가 후백제를 견제하는 주요한 변방지역의 요충지로서 역할을 수행한 것이라 생각된다.

出典

成周鐸·車勇杰, 1987,「百濟 未谷縣과 昧谷山城의 歷史地理的 管見」,『三佛金元龍敎授 停年退任紀念論叢』, 一志社, 597~610쪽.

直列傳.
32)『高麗史』龔直列傳.
33)『高麗史節要』卷1 太祖 15年 秋七月 '王南征一牟山城', '是歲復攻一牟山城破之'.

03

百濟 炭峴考 - 金庾信將軍의 百濟 攻擊路를 中心으로 -

1. 머리말

이 小考는 이미 필자가 「助川城의 位置에 대하여」[1], 「大田附近 古代城址考」[2], 「百濟山城研究 - 忠南 論山郡 連山面 所在 '黃山城'을 中心으로」[3], 「新羅三年山城研究」[4], 「錦山地方城址 調査報告書」[5]에서 단편적으로 언급한 바 있는 백제의 요충지이자 중요 통로로 알려져 있는 백제 '炭峴'에 대하여 집중적으로 살펴본

---

1) 成周鐸, 1973, 「助川城의 位置에 대하여」, 『百濟研究』 4, 忠南大學校 百濟研究所.
2) 成周鐸, 1974, 「大田附近 古代城址考」, 『百濟研究』 5, 忠南大學校 百濟研究所.
3) 成周鐸, 1975, 「百濟山城研究 - 忠南 論山郡 連山面 所在 '黃山城'을 中心으로」, 『百濟研究』 6, 忠南大學校 百濟研究所.
4) 成周鐸, 1976, 「新羅三年山城研究」, 『百濟研究』 7, 忠南大學校 百濟研究所.
5) 成周鐸, 1977, 「錦山地方城址 調査報告書」, 『論文集』 4권 3호, 忠南大學校 人文科學研究所.

글이다. 특히 「錦山地方城址 調査報告書」에서는 백제 최후의 격전지인 지금의 論山郡 陽村面 新良里의 '黃山里', 일명 '黃山벌'로 신라가 공격해 오려면 신라군은 백제의 요로이며 요새지인 '炭峴'을 넘어오게 마련인데, 이 炭峴이 錦山郡 珍山面 校村里 소재 '숯고개'임이 분명한 것 같다는 주장을 한 바 있다. 이제 그동안의 현지답사를 통해 이와 같은 심증이 더욱 굳어져 이 小考를 작성하게 되었다. 이 소고를 서술하기에 앞서 편의상 이와 관련된 문헌을 열거해 보면 다음과 같다.

A. 七月에 炭峴(大田東方馬道嶺)에 柵을 設하고 新羅에 대비하였다(『三國史記』卷 第 26, 東城王 23年)[6].

B. 成忠은 瘦死하였는데, 죽음에 임하여 上書하기를 "忠臣은 죽더라도 임금을 잊지 않을 것이니, 한 말씀 올리고 죽고자 합니다. 臣이 항상 時勢의 變遷을 살펴보건대 반드시 전쟁이 있을 것입니다. 무릇 用兵에는 반드시 그 地理를 살펴 택할 것이니, (江의) 上流에 처하여 敵을 맞이한 후에야 保全할 수 있습니다. 만일 다른 나라의 군사가 (쳐)오면 陸路에서는 沈峴(忠南 大德郡 馬道嶺)을 넘지 못하게 하고 水軍을 伎伐浦(지금 長項) 沿岸에 들어오지 못하게 하소서. 이러한 險隘한 곳에 의하여 敵을 막은 후에야 可합니다"고 하였다. 王이 돌보지 아니하였다(上同 卷 第 28, 義慈王 16年).

C. 때에 佐平 興首가 罪를 얻어 古馬彌知縣(지금 全南 長興)에 流配되어 있었는데 사람을 보내어 "일이 급하니 어찌하면 좋겠느냐"고 물었다. 興首가 말하기를, "唐兵은 (數가) 많고 軍律이 嚴明하고, 더구나 新羅와 공모하여 掎角(前後相應)의 勢를 이루고 있으니, 만일 平原廣野에서 대진하면 승패를

---

6) 이하 번역문은 李丙燾 譯註 『三國史記』(乙酉文化社, 1977)를 인용하였다.

알 수 없을 것이다. 白江 〔혹은 伎伐浦라 함〕과 炭峴 〔혹은 沈峴이라 함〕 (忠南 大德郡 東面 馬道嶺)은 我國의 要路이다. 一夫單槍을 萬人도 당할 수 없을 것이니 마땅히 勇士를 가려서 (거기에) 가 지키게 하여, 唐兵으로 하여금 白江에 들어오지 못하게 하고, 新羅人으로 하여금 炭峴을 넘지 못하게 하라. (그리고) 大王은 重閉·固守하고 있다가 (敵의) 軍糧이 다하고 士卒이 피로함을 기다려서 이를 奮擊한다면 반드시 적병을 깨뜨릴 것이라"고 하였다(上同 卷 第28, 義慈王 20年).

위와 같이 '炭峴'에 대한 기록은 東城王때 한 번, 義慈王때 두 번 등 모두 세 번 나오고 있다. 첫 번째는 동성왕 23년 '炭峴'에 木柵을 설치하고 신라에 대비했다는 기록이다. 두 번째와 세 번째는 멸망위기에 직면하고 있었던 백제 의자왕 말년에 忠臣 成忠이 신라군으로 하여금 '沈峴'을 넘지 못하도록 막고 唐兵은 白江에 들어오지 못하도록 막아야 한다고 건의하고 興首도 똑같은 주장을 한 것인데, 다만 '炭峴' 혹은 '沈峴'이라고 하는 차이만 있을 뿐이다.

이러한 기록으로 볼 때 炭峴이 곧 沈峴인가 또는 炭峴과 沈峴은 다른 곳인가 하는 문제와 동성왕때 목책을 설치한 炭峴의 위치와 의자왕때 요충지로 알려진 炭峴의 위치가 같은 지점인가 하는 문제가 남아 있기는 하나, 이제까지 같은 지점으로 취급되어 다음과 같은 주장들이 나오고 있다.

① 津田左右吉　　　　　沃川 – 報恩間[7]
② 大原利武　　　　　　全羅北道界 加仙里 '黔峴說'[8]

---

7) 津田左右吉, 1913,「百濟戰役地理考」,『朝鮮歷史地理』第一, 248쪽.

③ 小田省吾　　　　　完州郡 雲洲面 三巨里 '炭峴'說[9]
④ 池內宏　　　　　　忠淸南北道의 경계인 '馬道嶺'說[10]
⑤ 今西龍　　　　　　石城面 正覺里 '숯고개'[11]

즉, 津田左右吉은 炭峴의 위치에 대해서 沃川과 報恩 사이에 있다고 막연하게 비정하였는데, 池內宏은 지금의 沃川-增若-細川-大田으로 통하는 길목에 있는 '馬達嶺'이라고 좀더 구체적인 지점을 제시하고 있다. 해방 이후 李丙燾, 池憲英, 李基白은 이 학설에 근거하여 모두 대전 동쪽의 食藏山으로 炭峴의 위치를 비정하고 있다[12]. 또 小田省吾는 전북 完州郡 雲洲面 三巨里 '炭峙'說을 주장하였는 바, 이에 근거하여 洪思俊은 階伯이 三營을 설치하고 金庾信이 이에 대비해서 三道로 군대를 나누어 진군했다고 하는 『三國史記』기록을 토대로 三巨里 '炭峙'說에 동조하고 있다.[13] 또한 全榮來는 발굴을 통해서 '炭峙'山城이 백제산성임을 고증하여 앞의 학설을 뒷받침해 주었고,[14] 鄭永鎬는 지

---

8) 大原利武, 「百濟要塞地炭峴に就いて」, 『朝鮮史講座, 朝鮮歷史地理』, 88~90쪽.

9) 小田省吾, 1927, 「上世史」, 『朝鮮史大系』, 194쪽.

10) 池內宏, 1933, 「白江及び炭峴に就いて」, 『滿鮮地理歷史研究報告』 14, 135 ~ 45쪽.

11) 今西龍, 1934, 『百濟史研究』, 近澤書店, 226쪽.

12) ① 李丙燾, 1959, 『韓國史』古代篇, 震檀學會, 433쪽.
　　② 池憲英, 1970, 「炭峴에 對하여」, 『語文研究』 제6집.
　　③ 李基白·李基東, 1982, 「統一新羅와 渤海의 社會」, 『韓國史講座』 I 古代篇, 一潮閣, 292쪽.

13) 洪思俊, 1967, 「炭峴考」, 『歷史學報』 第35·36合輯, 歷史學會, 55~81쪽.

14) 全榮來, 1982, 「炭峴에 關한 研究」, 『全北遺蹟調査報告』 第13輯, 全羅北道 文化財保護協會.

금의 尙州郡 牟東面 壽峯里 白華山에 있는 산성이 신라의 전초기지로서 김유신장군이 신라군을 이끌고 출발한 今突城이라고 전제하고, 이 곳을 출발한 신라군이 南川停으로 연결되는 三年山城(報恩)과 上桂里山城(沃川) – 장군재(沃川)에서 구진베루(沃川) – 군서(沃川) – 마전(錦山) – 炭峴으로 진군하였다 주장하고 있다.15) 이곳에서 제시된 炭峴은 전북 완주군 운주면 삼거리 '炭峙'이므로 홍사준의 주장에 동조하고 있는 셈이 된다.

이제까지 필자의 고찰로는 炭峴이 옥천과 대전 사이에 있다고 비정하는 이병도, 지헌영, 이기백의 '炭峴'설과 홍사준, 전영래, 정영호가 주장하는 전북 완주군 운주면 삼거리 '炭峙'설도 '炭峴'임이 틀림없다고 생각되는 한편, 大原利武가 이미 제안한 바 있는 全羅北道界 加仙里 '黔峴'說도 백제의 요로인 '炭峴'으로 비정할 수 있는 근거가 있다고 판단된다. 그러나 본고와 관련된 炭峴에 대한 사료를 『輿地圖書』에서 직접적으로 찾아볼 수 있는데 그 내용은 다음과 같다.

珍同古縣基 在郡西南十里梨峙, 南五里炭峙, 百濟都扶餘時, 治邑於兩縣之間, 以助關防備羅兵甲, 百濟亡後麗朝廢之, 而移邑於今邑基.(後略)16)

즉, 珍同縣의 옛 터는 郡 서남쪽 10리쯤 떨어진 梨峙와 남쪽 5리쯤 떨어진 炭峙 사이에 있는데, 백제가 부여에 도읍을 정하고 있을 때 兩縣(梨峙와 炭峙) 사이에 읍터를 두고 관방시설을 함으

---

15) 鄭永鎬, 1972, 「金庾信將軍의 百濟 攻擊路研究」, 『史學志』 第6輯, 檀國大學校 史學會, 60~1쪽.
16) 國史編纂委員會, 1973, 『輿地圖書』下, 全羅北道 珍山(補遺), 1129쪽.

로써 신라군에 대비했다는 것이다. 이외에도 炭峴과 관련된 지명이 전국에 걸쳐 많이 있는데 이를 열거해 보면 다음과 같다.

① 炭峴在縣東五十里距珍山郡梨縣二十里(新增東國輿地勝覽)卷 24 高山 山川條)
② 炭峴在州南三十里(上同 卷 17 公州 山川條)
③ 炭峴在縣東十四里公州境(上同 卷 17 扶餘 山川條)
④ 炭峴一云沈縣 東南二十四里石城界 東城王二十三年 設柵備新羅 現在扶餘郡石城(大東地志)忠淸道 扶餘 山水條)
⑤ 炭峴西十三里(上同 白川 山水條)
⑥ 炭峴北一百四十里高城界(上同 麟蹄 山水條)
⑦ 炭峴東三十五里 倉嶺下三十餘里 通洪原(上同 咸興 山水條)
⑧ 炭峴山 石蓮寺(上同 定山 山水條)
⑨ 太祖命將軍公萱等 三軍齊進決擊 百濟軍潰北 至黃山炭峴(『三國遺事』卷 第 3 後百濟 甄萱條)

이밖에도 '炭峴'을 '숯재' 혹은 '탄치', '탄동'을 '숯골'로 부르는 곳이 다음과 같이 있다.

① 大德郡 '炭洞面'(지금은 大田廣域市로 편입됨)을 숯골이라고 부름.
② 大田廣域市 炭坊洞을 '숯방이'라고 부름.
③ 大田廣域市 二沙洞과 所好洞 사이에 있는 '炭峴'을 '숯재'라 부름.
④ 靑陽郡 大峙面 炭井里를 '숯고개'라 부름.
⑤ 完州郡 雲洲面 三巨里 소재 '쑥고개'

이상에서 살펴볼 때 '숯고개'라고 하는 우리말이 한자로는 '炭峴'17)으로 표기되고 있음을 알 수 있다. 따라서 본고에서 제시하고자 하는 錦山郡 珍山面 校村里에 있는 숯고개(炭峙)도 '炭峴'이라고 한자표기화할 수 있다. 더욱이 앞서 인용한 『輿地圖書』의 사료에서 볼 수 있는 것과 같이 邑은 兩峴(梨峙, 炭峙) 사이에 있었다고 하여 炭峙가 炭峴으로 바뀌어 쓸 수 있는 가능성을 충분히 시사해 주고 있다. 그러므로 백제시대 군사상 요로라고 지목하고 있는 '炭峴'과 일단 관련시켜 생각해 볼 수 있다.

이와 같은 전제하에서 본고에서는 우선 '炭峙'(숯고개, 炭峴) 주변의 지형과 부대시설의 조사를 통해서 이를 증명해 보기로 하고 나아가서 階伯[18]장군이 설치한 三營의 위치를 확인해 보고자 한다. 그리고 신라 5만군대의 근거지로 알려진 今突城의 위치를 확인해 보고 이곳에서 출발한 김유신장군이 거느린 신라 5만군대가 어떤 통로를 통해서 '炭峴'에 도달하였으며, 이곳을 통과한 신라군은 어떻게 三道로 나누어서 계백장군의 三營을 공격하였는지를 밝힘으로써 '炭峴'의 위치를 구명해 보고자 한다.

2. 錦山 校村里 '炭峴'(숯고개, 炭峙)과 附帶防禦施設

충남 금산군 진산면의 연혁을 살펴보면 백제시대에는 珍同縣 또는 珍洞縣이라 했는데 신라가 삼국을 통일한 후 黃山郡(지금의 連山지방)의 領縣으로 되었다.

고려 태조 23년(940)에 進禮郡에 영속시켰다가 명종 3년(1173)에 錦溪郡에서 분할하여 珍同縣으로 되었고 충렬왕 31년(1305)에

---

17) 池憲英, 註 12-②)의 前揭文, 95쪽.
18) 『三國史記』本紀에는 堦伯, 列傳에는 階伯으로 기록되어 있다. 본고에서는 列傳의 기록에 따르기로 한다.

다시 錦州郡의 속현으로 하였다가 공민왕 3년(1354)에 錦州郡에서 분할하여 珍同縣으로 하였다. 그후 공양왕 2년(1390)에는 高山縣(지금 전북 완주군 운주면)의 縣監이 겸하게 한 바 있다.

조선 태조 2년(1393)에 태조의 胎室을 萬仞山(지금 秋富面 馬田里 胎峯山)의 星村下에 봉안한 후 珍州郡으로 승격시켰으며, 태종 13년(1413)에 준례에 따라 珍山郡으로 개칭하였다.

1896년 8월 4일 칙령 제36호에 의한 13도제 실시에 따라 충청남도 公州府의 錦山郡과 珍山郡이 전라북도로 편입되었다. 일제 강점 후인 1914년 4월 1일 郡·面 폐합의 행정구역 개편에 따라 폐군되어 금산군에 병합된 바 있으며 1963년 1월 1일 서울특별시·道·郡·區의 관할구역 변경에 관한 법률(법률 제1172호)에 의한 행정구역 개편에 따라 전라북도에서 충청남도로 편입되었다[19].

본고에서 논술하고자 하는 진산면 지역에 대한 지형 및 지세를 1986년에 국립지리원에서 제작한 1/50,000 지형도 '錦山'에서 살펴보면, 珍山面 校村里 표고 148m 지점에 '숯고개'가 있으며 그 아래에 있는 4~5호의 자연부락을 속칭 '숯골'이라고 부르고 있다. 이곳 숯고개의 순수한 우리말이 한자로 표기화하는 과정에서 '炭峴'으로 바뀌게 된 것은 이미 위에서 언급한 바이다.

이 숯고개(炭峙, 炭峴) 앞에는 동쪽에서 내려오는 물과 大屯山에서 발원한 물이 珍山面 邑內里를 거쳐 이곳에서 합류한 다음 대전의 柳等川으로 흘러 내려가고 있다. 이곳은 비가 조금만 많이 와도 물에 잠기는 저지대이다. 『新增東國輿地勝覽』 山川條에는 郡의 남쪽 10리 되는 곳에 淸澄淵이 있는데 물이 대단히 깊

---

19) 錦山郡誌 編纂委員會, 1987, 「第3章 行政」, 『錦山郡誌』, 288~9쪽.

다 하였고[20], 『大東地志』에도 같은 내용이 기록되어 있으며, 또한 그 물은 水心臺에서 합쳐지게 되어 있다고 기록되어 있다[21]. 수심대라고 하는 이름도 물이 깊다고 하는 水深臺라고 하는 뜻에서 유래되었을 가능성이 있으며 위 지형도에서는 '수심대'라고 표기되어 있다. 또한 浮岩里라고 하는 지명도 물이 불면 바위도 떠내려 간다고 하는 뜻에서 지어진 이름이라고 하며 1988년도 발행 馬田地方 1/25,000 지형도에 '부수바위'라고 하는 지명도 기재되어 있다. 따라서 '숯고개'(炭峙)가 위치하고 있는 이 부근은 물이 깊은 침수지대이므로 沈峴이라고 하는 지명이 생겨났을 가능성이 충분히 있다. 이 沈峴의 지명은 앞의 사료에서 성충과 흥수가 똑같이 말한 바 있는 백제 방어의 요새지인 沈峴과도 관계가 있으리라고 생각된다(사진 Ⅲ-3-1·2).

'숯고개'가 위치하고 있는 이 지점에서 서쪽으로 고개를 넘으

사진 Ⅲ-3-1 숯고개 全景   사진 Ⅲ-3-2 水深臺에서 바라본 숯고개

---

20) 古典刊行會, 1958, 『新增東國輿地勝覽』卷 33 全羅道 珍山 山川條, 592쪽.
   清澄淵(在郡南十里 水深不可測 世傳有龍 天旱禱雨 輒應 今塡沙水深纔三尺)
21) 『大東地志』卷11 全羅道 珍山 山水條
   清澄淵(南十里 源出錦山月峯山 北流與松院峙之水 合于水心臺 水深不測 至郡東北爲柳浦川 至龍頭村爲省川 至公州界爲甲川)

면 논산군 伐谷面 道山里와 大德里·檢川里에 이르게 되고, 검천리에서 서쪽으로 곰치재를 넘으면 논산군 陽村面 山直里를 거쳐 논산군 連山面 新良里 '黃山벌'에 도달하게 된다. 또한 이 숯고개에서 동쪽으로 대로를 따라 가면 馬田-沃川-報恩으로 통하게 되어 있고, 동남쪽 대로를 따라 가면 錦山-陽山-永同으로 연결되어 있으며 남서쪽 통로는 대둔산 배티고개를 넘어 전주지방으로 통하게 되어 있다(그림 Ⅲ-3-1).

이 숯고개(炭峙)의 교통 요충지를 방어하기 위하여 두 곳에 산성을 축조하였는데 그 하나는 서남쪽으로 진산면 읍내리 표고 300m 지점에 있는 산성이고 또 하나는 동쪽으로 부암리 표고 340m 지점에 있는 산성이다. 편의상 전자를 珍山城, 후자를 浮岩里山城이라 부르기로 하겠다.

숯고개(炭峙, 炭峴) 바로 남쪽에 있는 珍山城은 진산면 소재지의 뒷편 야산 위에 축조된 석축산성이다. 진산초등학교에서 柳珍山墓所를 지나 약 400m 가량 올라가면 표고 300m 되는 산 정상부에 테메식으로 축조되어 있다. 『新增東國輿地勝覽』에는 郡 북쪽 3리 되는 곳에 산성이 있다고 기록되어 있다[22]. 면소재지(표고 200m)와의 상대높이가 약 100m 가량 되는 야산 위에 축조된 산성의 평면 형태는 부정형 사각형의 모양을 하고 있다(그림 Ⅲ-3-2). 서·북쪽이 높고 동쪽이 상대적으로 낮아 계곡을 형성하고 있다. 성의 둘레는 약 800m 가량이다.

동쪽 성벽은 이 성의 주방향 성벽인데 자연할석으로 내·외 협축하였던 것으로 추정되나 현재는 거의 무너져 그 원상을 파악하기 어렵다. 지형상으로 보아 이곳에 水口나 東門이 있었을

---

22) 古典刊行會, 1958, 『新增東國輿地勝覽』卷 23 珍山 古跡條, 593쪽.

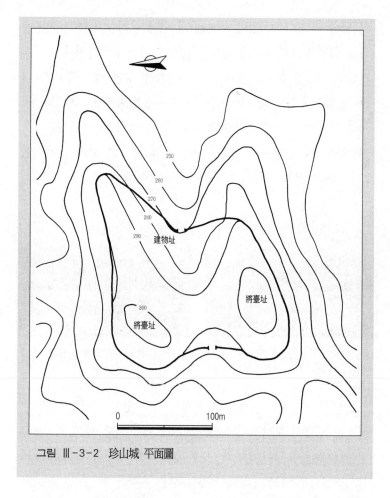

그림 Ⅲ-3-2 珍山城 平面圖

것으로 판단되지만 확인할 수는 없다. 남벽은 가장 가파른 지형에 해당되는데 동벽으로 꺾여지는 부분에 형성된 완만한 능선 위에 폭 2m 가량의 門址가 남아 있다. 진산면 소재지와 통하는 門址이다. 서쪽 성벽은 축조 상태가 비교적 양호하게 노출되어 있는데 높이 5.5m, 폭 5.1m 정도가 남아 있는 부분도 있다. 구들장처럼 납작하게 생긴 석재를 이용해 일부 수직으로 쌓은 부분이 남아 있다. 서쪽 성벽 부분은 성 안에서 비교적 높은 지형을 하고 있는데 평탄대지가 형성되어 있어 이곳에 건물지가 있었을 것으로 추정된다(사진 Ⅲ-3-3·4). 북쪽 성벽 역시 무너져 내려 성벽의 축조상태를 잘 알 수는 없으나 이곳에서는 주변의 지형과 지세가 한눈에 바라다 보인다. 특히, 금산 및 마전방면에서 진산을 거쳐 연산-부여로 통하는 지름길이 눈 앞에 전개되어 있고 동남쪽으로는 浮岩里山城과 연결되고 있다.

사진 Ⅲ-3-3 珍山城 西城壁 (南→)   사진 Ⅲ-3-4 珍山城 東城壁 (北→)

성내의 시설물로는 將臺의 흔적이 남아 있고 서남쪽 성벽 및 서북쪽 성벽의 모서리 부분에 높이 약 15m 가량 되는 인공으로 쌓은 將臺址가 남아 있으며, 또한 동·북쪽 성벽과 동남쪽 성벽 모서리에서도 규모는 작지만 그와 같은 흔적을 볼 수 있다.

건물지는 동·서 양쪽의 평탄한 지대에 있었던 것으로 추정할 수 있다. 동쪽 성벽부분은 성 안의 모든 물이 처리되는 곳이어서 이곳에 井址와 水口가 개설되었을 가능성이 있다.

성 안에서는 다양한 유물들이 출토되고 있다. 특히 백제시대의 와편과 토기편이 다량 출토되고 있으며 통일신라시대의 것으로 보여지는 頸部에 單線波狀文이 여러 줄 돌려진 大型甕器片도

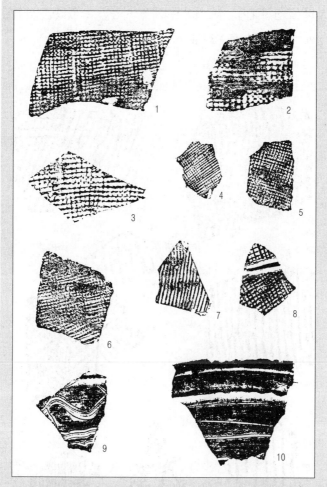

그림 Ⅲ-3-3 珍山城 出土 土器片 拓本

수집할 수 있다(그림 Ⅲ-3-3, 사진 Ⅲ-3-5)[23]. 그 외에도 고려·조선시대에 이르는 와편과 자기편도 출토되고 있어 백제시

---

23) 이들 중 1~9까지는 백제 토기편, 그 중 3·7의 토기편은 山直里山城에서도 같은 종류가 수습되고 있으며, 10은 통일신라시대 토기편이다.

대부터 조선시대에 이르기까지 계속 사용되고 있었던 산성임을 추정케 한다(그림 Ⅲ-3-4, 사진 Ⅲ-3-6)[24].

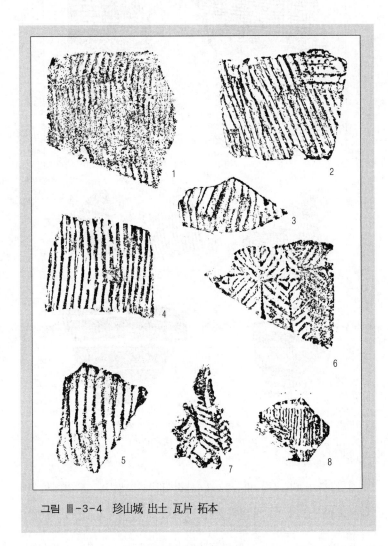

그림 Ⅲ-3-4 珍山城 出土 瓦片 拓本

---

24) 1·2·3·4·5는 백제시대, 6·7·8은 조선시대 瓦片이다.

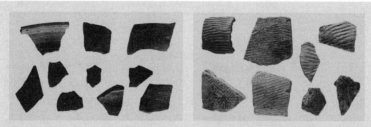

사진 Ⅲ-3-5 珍山城 出土 土器片   사진 Ⅲ-3-6 珍山城 出土 瓦片

한편, 이 산성이 축조되어 있는 진산지방은 위의 연혁에서 밝힌 바와 같이 백제시대부터 조선시대에 이르기까지 행정상 중요한 위치를 점유하고 있었기 때문에 산성의 역할을 담당했을 뿐만 아니라 邑城의 역할도 했을 것으로 짐작된다. 이에 대하여는 발굴조사를 통한 앞으로의 연구과제로 미루어 둔다.

숯고개 앞의 마전과 금산에서 들어오는 길목에는 浮岩里山城이 축조되어 있다. 이 산성은 진산면 부암리와 福壽面 谷南里 표고 320~340m의 경계상에 축조되어 있는 동·서로 길쭉한 반원형의 테메식 산성이며 성의 둘레는 450m이다25). 성벽은 대부분 무너져 있으나 서쪽에 잘 남아 있는 곳의 성벽 높이는 7m, 폭은 4~5m 정도이며, 벽면이 위쪽은 약간 안쪽으로 경사지게 되어 있어 圭形에 가깝다(그림 Ⅲ-3-5, 사진 Ⅲ-3-7·8). 남쪽은 절벽이므로 자연지세를 이용했을 뿐 성벽을 축조하지 않았다. 서쪽으로 통하는 문지가 현존하고 있는데 그 너비는 3.9m 이다. 城안의 북쪽 부분은 현재 경작지로 되어 있으나 건물터였을 것으로 짐작되며, 가장 높은 곳에는 용도를 알 수 없는 직경 8m 정도가 원형으로 파여져 있는데, 아마도 저장시설을 위하여 시공한

25) 註 5)의 前揭文, 21쪽.

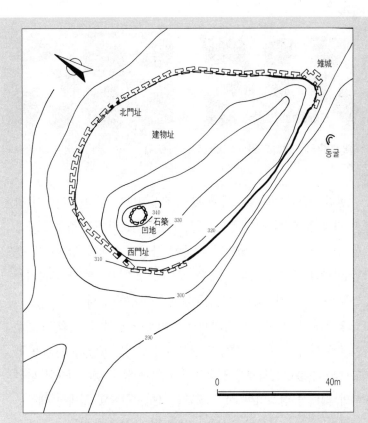

그림 Ⅲ-3-5 浮岩里山城 平面圖

사진 Ⅲ-3-7 浮岩里山城 全景

사진 Ⅲ-3-8 浮岩里山城 西城壁

듯하다. 또한 남동쪽 모퉁이에는 雉城이 부설되어 있는데 이곳은 시계가 넓고 전망이 좋은 곳이다. 산성에서 동쪽으로 돌아 내려가면 남쪽으로 깊이 10m, 입구의 폭 5m, 높이 4m의 큰 굴이 있는데 이곳 주민들은 '장군굴', 혹은 '장군바위'라고 부르고 있다. 1974년 이곳을 조사했을 당시는 백제 토기들을 손쉽게 수습할 수 있었으나, 이번 조사에서는 낙엽이 두텁게 덮여 있어 유물을 수습할 수 없었다. 이 산성에서 내려다보면 금산과 마전지방에서 들어오는 큰 길이 한눈에 잘 내려다 보여 요충지임을 알 수 있다.

교통의 요충지 炭峴(炭峙) 즉, 숯고개의 통로를 방비하기 위하여 동쪽에 浮岩里山城과 남쪽에 珍山城 두 곳에 산성을 축조하였음은 위에서 밝힌 바이며, 이는 이 통로가 얼마나 중요한 것인가를 입증해 주고 있다.

다음에는 백제 계백장군이 설치한 三營의 위치와 신라 김유신 장군이 출발하였다고 비정되는 今突城(白華山城)의 위치를 고증함으로써 이 숯고개를 炭峴 또는 沈峴이라고 주장할 수 있는 개연성을 찾고자 한다.

3. 階伯將軍이 설치한 '三營'의 位置 比定

1) '三營'·'三道'에 관한 文獻 檢討

백제 의자왕 20년(660) 唐의 지원을 받고 있는 신라 김유신장군이 이끄는 5만 군대가 백제를 공격해 오자 백제에서는 계백장군이 군사 5천을 거느리고 '黃山'으로 나아가 신라군과 더불어 싸우게 되었다. 이에 관련된 사료를 살펴보면 다음과 같다.

D. (上略)…그러던 중 唐·羅의 군사가 이미 白江과 炭峴을 지냈다는 말을 듣고 將軍 階伯으로 하여금 決死隊 五千을 거느리고 黃山(連山)에 나아가 新羅兵과 싸우게 하였는데, 네 번 會戰에 모두 이기었으나 兵力이 적고 힘이 꺾이어 드디어 敗하고 階伯도 죽었다(『三國史記』卷 第28 義慈王 21年).

E. 五月 二十六日에 王이 庾信·天存 등과 더불어 군사를 거느리고 서울을 출발하여 六月 十八日에 南川停(지금의 利川)에 다다랐다. 蘇定方은 萊州(지금의 山東省 掖縣)에서 출발하여 船艦이 千里에 뻗치고 동쪽을 향하여 順流로 내려왔다. 二十一日에 王이 太子 法敏으로 兵船 百隻을 이끌고 德物島(지금 京畿灣 外德積島)에서 定方을 맞게 했다. 定方이 法敏에게 이르기를, "내가 七月 十日에 百濟 남쪽에 이르러 大王의 군사와 만나 義慈〔濟王〕의 都城을 무찔러 破하려 한다"하매, 法敏이 말하되, "大王이 지금 大軍을 고대하고 있는 터인즉, 大將軍의 온 것을 들으면 필연코 寢席에서 飮食을 가지고 속히 오리라"고 하였다. 定方이 기뻐하여 도로 法敏을 돌려 보내어 新羅의 兵馬를 징발케 하였다. 法敏이 와서 定方의 軍勢가 매우 盛大함을 말하매, 王이 기쁨을 이기지 못하였고, 또 太子에게 명하여 大將軍 金庾信과 將軍 品日·欽春(春 혹은 純으로도 씀) 등으로 더불어 精兵 五萬을 거느리고 가서 응원케 하고 王은 今突城(지금의 尙州 白華山)에 車馬를 머물렀다. 七月 九日에 庾信 등의 軍이 黃山(지금의 連山黃等)벌에 이르니, 百濟 將軍 階伯은 군사를 거느리고 와서 먼저 험한 곳을 차지하여 陣營을 세 곳이나 설치하고 羅軍을 기다리고 있었다(先據嶮設三營以待). 庾信 등이 軍을 三道에 나누어, 네 번이나 싸웠으나 이를 보지 못하고 士卒들은 힘이 다하게 되었다('庾信等 分軍三道 四戰不利 士卒力竭', 上同 卷 第5 太宗武烈王 7年).

F. 金令胤은 沙梁(部)人으로 級湌 盤屈의 아들이다. (中略) 太宗 大王 七年 庚申(西紀 660)에 唐高宗이 大將軍 蘇定方을 명하여 百濟를 칠 때, 欽春이 王命을 받아 將軍 金庾信 등과 함

께 精兵 5萬을 거느리고 호응하였다. 七月에 黃山(지금 論山郡 連山面)벌에 이르러 百濟 將軍 階伯과 만나 싸우다 불리할 새, 欽春이 아들 盤屈을 불러 "신하가 되어서는 忠誠이 제일이요, 자식이 되어서는 효도가 제일이다. 위태로움에 당하여 목숨을 내놓는 것은 忠과 孝를 兩全함이다"고 했다. 盤屈이 "옳습니다" 하고, 敵陣中으로 들어가 힘써 싸우다 죽었다(上同 卷 第47 列傳 第7 金令胤條).

G. 官昌(혹은 官狀이라고도 함)은 新羅 將軍 品日의 아들이다. 外樣이 優雅하여 젊어서 花郎이 되었는데, 남과 사귀기를 잘하였다. 16歲에 말을 타고 활쏘기를 잘 하니, 大監 某가 太宗大王에게 천거하였다. 唐 顯慶 五年 庚申(太宗武烈王 七年, 西紀 660)에 王이 군사를 내어 唐將과 함께 百濟를 侵攻하였을 때 官昌으로 副將을 삼았다. 黃山(지금의 論山郡 連山面)들(野)에 이르러 양편 군사가 서로 대치하였을 때, 그 아버지 品日이 (官昌에게) 이르기를, "네가 비록 어린 나이지만 志氣가 있다. 오늘 功名을 세워 富貴를 취할 때니 어찌 용맹을 내지 않겠느냐" 하였다. 官昌이 "그렇습니다" 하고, 말에 올라 창을 비껴 들고 곧장 敵陣으로 달려 들어가 數人을 죽였는데, 저편은 많고 이편은 적으므로 敵에게 사로잡혀 그대로 百濟 元帥 階伯 앞에 가게 되었다. 階伯이 갑옷을 벗기게 하고 그의 年少함과 또 용감함을 사랑하여 차마 加害하지 못하고 탄식하기를 "新羅에는 奇特한 선비가 많다. 少年도 오히려 이러하거늘 하물며 壯年에 있어서랴" 하며, 살려보내기를 허락하였다. 官昌이 (돌아와서) 말하기를 "내가 아까 敵陣에 들어가 장수를 베고 旗를 꺾지 못하였으니 깊이 恨되는 일이다. 두 번째 들어가면 반드시 成功할 수 있으리라" 하고, 손으로 우물물을 움켜 마신 후 再次 敵陣으로 突入하여 사납게 싸웠다. 階伯이 사로 잡아서 머리를 베어 말 안장에 매달아 보냈다. 品日이 그 머리를 쳐 들고 소매로 피를 씻으며 "내 아이 面目이 살아 있는 것 같다. 능히 國事에 죽었으니 뉘우칠 것이 없다" 하였다. 三軍

이 이를 보고 모두 慷慨하여 뜻을 (굳게) 세운 다음, 북을 치고 떠들며 진격하니 百濟가 大敗하였다. 大王이 (官昌에게) 級湌의 職位를 追贈하고 禮로써 장사를 지내게 하고, 그 집에 唐絹 10匹과 二十升布 30匹 및 양곡 100石을 賻儀로 보냈다(上同 卷 第47 列傳 第7 官昌條).

H. 階伯은 百濟人으로 仕路에 나서 達率(第二品)이 되었다. 唐 顯慶 5年 庚申(西紀 660)에 高宗이 蘇定方으로 神丘道大摠 管을 삼아 군사를 거느리고 바다를 건너 新羅와 함께 百濟 를 치게 하였다. 階伯이 장군이 되어 決死隊 5千名을 뽑아 막으며 말하기를 "한 나라의 人力으로 唐·羅의 大兵을 당하니, 나라의 存亡을 알 수 없다. 내 妻子가 잡혀 奴婢가 될 지도 모르니, 살아서 욕을 보는 것보다 죽어서 快함만 같지 못하다" 하고, 그만 다 죽이고 黃山들(野)에 나와 세 곳에 진영을 쳤다. 新羅 군사와 만나 장차 싸우게 되었는데, 여러 사람들과 맹세하기를 "옛날(越의 임금) 句踐은 5千名으로 吳의 70萬 군사를 무찔렀다. 오늘은 모두 다 奮勵 決勝하여 國恩에 보답하자" 하고 무찔러 싸우니 한명이 千名의 敵을 당해내는 격이어서 新羅兵이 그만 물러갔다. 이렇게 進退하 기를 4次나 하였으나 힘이 모자라 죽었다(上同 卷 第47 列 傳 第7 階伯條).

사료 D는 신라군이 이미 炭峴을 넘어서니 백제에서는 계백장 군으로 하여금 5천 군사를 거느리고 黃山으로 나아가게 해 네 번 싸워서 모두 이겼으나 적은 군대에 힘마저 꺾여 마침내 전사 하였다는 기록이다. 사료 E는 김유신장군이 黃山벌로 진군해 오 자 계백장군이 군사를 이끌고 먼저 험준한 곳에 거점을 두고 '三 營'을 설치한 후 기다렸는데, 김유신장군이 거느리고 온 군사는 '三道'로 나누어서 쳐들어와 네 번 싸웠으나 모두 불리하였다고 하는 기록이다. 사료 F·G는 이때의 난국에 欽春의 아들 盤屈과

品日의 아들 官昌이 이 '黃山' 전투에서 용감하게 싸워서 전사하였다는 것이고, 사료 H는 계백장군이 '黃山벌'에 이르러 '三營'을 설치하고 신라병사들을 맞이하여 싸우다가 전사하였다는 기록이다.

위의 다섯가지 사료에서 보듯이 濟·羅 양군의 최후 격전지는 '黃山벌'로 집약되어 있다. 지도를 살펴 보면 連山面 官洞里와 表井里 사이 표고 264m 지점에 '황성'이 있고 동남쪽으로 직선거리 3km 지점에는 '황령재'가 있으며 황성 남남동쪽 3.5km 지점에는 '黃山里'가 위치하고 있다. 따라서 濟·羅軍의 최후 격전지를 현재의 논산군 연산면 新良里의 '黃山벌'로 비정하여도 아무런 무리가 없을 것이다. 이곳이 백제 최후의 격전지로 계백장군이 전사한 곳이다. 사료 E·H의 내용을 검토해 보면 계백장군은 이 결전을 앞두고 아내와 자식을 다 죽여 후환의 염려를 없이 한 다음 결사대 5천명을 거느리고 黃山벌에 나아가 먼저 지형이 험준한 곳에 三營을 설치한('先據嶮設三營') 후 신라군을 기다렸고 김유신장군이 이끄는 5만의 신라군은 三道로 나누어 진격하였음을 알 수 있다.

2) '三營'·'三道'에 대한 位置 比定

그렇다고 하면 이미 위의 사료에서 예시한 바와 같이 계백장군이 험준한 곳에 설치하였다고 하는 '三營'의 위치는 어느 지점이며 김유신장군이 '三道'로 군을 나누어 진격하였다고 하는 三道는 어느 지점인가 하는 문제가 남게 된다.

이 '三營'·'三道' 문제는 머리말에서 제시한 바 있는 '炭峴'의 위치 비정에 앞서 해결해야 할 선결문제 중의 하나이다.

(그림 Ⅲ-3-1)의 지도를 보면 백제 최후의 격전지 '黃山벌'에 신라군이 '三道'로 나누어 진격해 들어온 코스와 이에 대비해서 백제 계백장군이 설치한 '三營'의 위치는 신라군을 향해서 '黃山벌' 전방에 위치하고 있어야 할 것이다. 따라서 '黃山벌' 배후가 되는 서·북쪽은 제외되며 동·남쪽이 주로 검토대상이 된다. 黃山벌 동북쪽에는 표고 827.8m의 계룡산이 남쪽으로 뻗어 내려와 天護山과 國師峯으로 이어지고 있다. 이 산줄기는 험준한 산릉으로 이어져 내려와 있기 때문에 '누루뫼'라고 하는 지명이 붙게 되었고, 순수한 우리 말의 '누루뫼'라고 하는 지명이 한자표기화되는 과정에서 백제시대에는 '黃等也山郡'이라고 하는 郡名이 생기기에 이르렀다. 이 지명이 통일신라시대에는 黃山郡으로 그리고 고려시대에는 連山縣으로 바뀌게 되었는데,26) '連山'이라고 하는 지명은 산이 연결되어 있으므로 생긴 지명이다.27) 이곳 지세는 대단히 험준한 산줄기로 연결되어 있어서 위의 사료 E와 H에서 예시한 바 있는 계백장군이 먼저 근거지로 선점하였다고 하는 지세임에 틀림없을 것으로 판단된다. 이 험준한 산릉을 넘어서 '黃山벌'로 신라군이 진격해 들어오는 통로에는 다음과 같은 세 개의 코스가 있다.

① 沃川 – 炭峴(沈峴) – 大田 – 鎭岑 – 豆溪 – 兩政고개 – 開泰寺 – 黃山벌(連山)
② 忠北 永同 – 陽山 – 錦山 – 高山炭峙 – 黃山벌(連山)
③ 忠北 永同 – 陽山 – 錦山 – 珍山(숯고개, 炭峴, 炭峙) – 伐谷面 道山 – 黃山벌(連山)

---

26) 『三國史記』卷 第36 雜志 第5 地理三 黃山郡.
27) 成周鐸, 註 3)의 前揭文, 94~5쪽.

池憲英은 이 3개의 코스 가운데 ①코스가 신라 김유신장군이 공격해 들어온 통로라고 주장하면서 다음과 같이 고증하고 있다.

'先據嶮 設三營以待 庾信分軍爲三道'의 문구가 주목된다. '先嶮 三營·三道'의 기록은 우리로 하여금 연산분지의 자연경관과 인문경관에 새삼 부합하는 것을 깨닫게 한다. 즉, 連山盆地의 咸芝山城(황성)·外城·靑銅城의 三城寨가 위치한 지역은 자연지리적으로 능히 連山盆地의 三險이라 할 수가 있겠고, 또 이 三城寨는 連山盆地의 동북과 서방 및 남방에 위치하여 三道로 分道攻防할 지리적 조건을 지니고 있다. (중략) 黃山벌 전투에 있어서 新羅軍은 현 天護里·邑內里 一圓에 주력부대가 포진하고 百濟軍의 右軍은 靑銅城(內城)에, 中軍은 外城에, 左軍은 咸芝城(北山城, 황성)에 각각 포진하여 대진했던 것을 비정할 수도 있을 듯 하다. 盤屈·官昌이 勇戰 전사한 장소도 현 連山驛 근처일 것으로 想定되기도 한다.[28]

이 통로로 신라군이 진격해 왔을 경우 신라군을 막기에 가장 좋은 장소는 계룡산에서 천호산·황령으로 연결되는 '兩政고개'임에 틀림이 없다. 그런데 이곳에는 산성이나 성채·보루 등 방어시설이 전혀 없다고 하는데 문제가 있다. 연산분지 黃山벌에 있는 靑銅里山城·外城은 표고 100여 미터의 준 평지에 위치해 있을 뿐만 아니라, 黃山벌의 넓은 들판은 신라 5만 군대가 활동하기에 알맞기 때문에 불과 5천 군대를 이끌고 싸우는 계백장군에게는 부담이 될 수밖에 없는 지리적 조건이다. 따라서 신라 5만 군대를 방어하려면 좁고 험한 지세를 이용해야 하는데, 그렇다고 하면 '양정고개' 밖에 없는 것이다. 그러나 이곳에는 방어시

---

28) 池憲英, 註 12-②)의 前揭文, 100쪽.

설물이 전혀 없고 鎭岑까지 와서야 城北里山城·貞峴城 등이 비로소 존재하게 되므로 이 통로를 신라의 5만 군대가 통과한 진격로로 볼 수는 없다. 이것은 동성왕때 대전 남쪽에 설치한 '炭峴'(현재 沃川郡 郡北面 自慕里)의 통로로 신라 5만 군대가 넘었으리라고 하는 전제하에 가정된 이론이라고 밖에 할 수 없다.[29]

洪思俊은 금산에서 잣고개(栢嶺峙)를 지나서 炭峴, 炭峴에서 龍溪城, 龍溪城에서 黃山으로 신라군이 이 통로를 택하였으리라고 주장하고, 이 도로는 '잣고개' 300m 고지가 가장 높은 고개라 할 지라도 급한 언덕길이 아니며 고개도 짧아서 행군에 큰 지장이 없으나 산길이 좁은 소로라고 하고 있다. 그가 주장하는 통로를 정리해 보면 다음과 같다.

錦山－瓦坪(錦山　南二面)－深川(南二面)－石洞里(南二面)－星山(말무)－下金里(南二面事務所)－中驛坪(南二面)－驛坪里(南二面)－栢嶺峙(南二面)－下岩三(南二面)－砥石(숫독바위)－乾川里(南二面)－薪伏里(저구리, 雲洲面　山北里)－炭峙(숯고개)－雲洲面　三巨里(總60里)

그는 또 김유신장군이 이와 같은 통로를 택하였으리라고 하는 전제하에 계백장군의 '三營'설치 장소와 김유신장군의 '分軍三道' 위치에 대해 다음과 같이 고증하고 있다.

五萬分之一地圖(論山, 江景, 大田, 錦山)를 보면 炭峴·龍溪城을 거쳐서 陽村面 仁川里(인내)에서 連山 방면으로 통하는 大路(炭峴·龍溪城은 小路)가 있는데, 陽村面 茅村부락(一名 곰내, 熊川)

---

29) 池憲英, 註 12－②)의 前揭文, 105~7쪽.

에 土城(183m)이 있고 서쪽 산 위에도 土城(九子谷面)이 있다. 茅村里에서 小路로 土城을 좌편에 끼고 山直里(陽村面)를 가자면 장골(藏洞)부락을 가기 전에 승적골(勝敵洞)부락이 있다. 장골부락 북쪽 산위에 石城이 있는데 城의 형태가 누에꼬치모양으로 되어 있으며, 둘레는 약 1km에 성 외벽은 아직 남아 있고 城 안은 약 500평 정도 개간되어 있다. 이 石城에서 1.5km 동쪽 산위 표고 273m 지점에 곰티(熊峙)山城이 있어서 장골(藏洞)石城과 동·서로 대치하고 있다. (중략) 階伯將軍이 黃山戰에 출전한 黃山은 連山 전 지역을 말한 것이 아니고 현재 陽村面 新良里·黃山里 부락 대평원인 것을 알게 되며, 또 階伯將軍이 三營을 설치하였다는 것도 적당한 三處設營이 아니라 이미 축조된 山城, 즉 藏洞山城, 熊峙山城, 黃嶺山城을 택하여 삼각형의 3개 성에 三營을 결진한 것으로 보인다. (중략) 이와같이 三營이 百濟側에서 설치된 것을 본 新羅 金庾信將軍은 一肢軍은 熊川(茅山)山城을 끼고 黃山里에, 다른 一肢軍은 藏洞山城과 熊峙山城 兩 城에 주력을 두고 진격하다가 먼저 熊峙石城에 있던 百濟軍이 퇴각함에 이를 점령한 후 주력부대는 黃山里에 진공하고, 熊峙石城을 점령한 다음 新羅軍은 伐谷面 汗三川을 끼고 黃嶺土城을 공격·점령한 후 진출하여서, 이 三肢軍, 즉 三道의 新羅軍 집결지를 黃山里에 두게 함에서 百濟 軍士 五千名은 첫날 전투에서 四戰勝을 하였으나 衆寡不敵으로 階伯은 黃山里에서 전사하였고, 그 휘하 장병들은 쫓기기 시작, 시장골(屍葬洞)에서 전멸되었던 것으로 보인다.[30]

'三道'·'三營' 비정에 대한 이 주장은 운주면 삼거리에 있는 炭峴(숯고개)을 신라 5만 군대가 넘어 왔으리라고 하는 전제하에서 이루어진 것이다. 이곳 炭峴에 대해서는 全榮來가 조사 보고하였는데,[31] 신라 5만 군대의 진격로에 대해서는 洪思俊의 주장

30) 洪思俊, 註 13)의 前揭文, 77~8쪽.
31) 全榮來, 註 14)의 前揭文

에 거의 동조하고 있으며 다만 炭峴에서 龍溪峴으로 내려오지 않고 山北里로 북쪽을 향해서 산북리, 長仙里를 거쳐서 연산 黃山벌로 집결하였다고 주장하고 있다.32)

계룡산 줄기가 남쪽으로 뻗어 내려와서 천호산, 국사봉으로 연결되는 험준한 산릉이 서남쪽 新興里까지 연결되어 있다. 이 산줄기를 넘어서 黃山벌로 들어 오려면 대전에서 豆溪와 양정고개를 거쳐 天護里, 開泰寺를 지나 들어오는 통로가 있는데 이곳 양정고개 길목은 단일통로일 뿐만 아니라 아무런 방어시설도 없으므로 계백장군의 삼영 설치시설이 있을 수 없다. 따라서 김유신장군의 분군 삼도의 통로도 있을 수 없다.

그 다음에는 汗三川에서 누룩이재(黃嶺)을 넘어 黃山벌로 들어오는 통로가 있는데 이곳 고개 정상의 표고 390m 지점에 산성이 축조되어 있다. 이 산성은 고개 이름을 따서 黃嶺山城이라고 부르기로 하겠다. 이 성은 둘레 약 300m의 테메형 토성인데 성 안에서는 백제 토기조각도 수습되므로 백제 산성임이 분명하다.33)

이 산릉의 중간 지점에는 산직리에서 黃山벌로 통하는 고갯길이 있다. 이곳 산직리에도 둘레 400m의 테메형 석축산성이 있다. 성 안에서는 백제 승석문 토기조각을 비롯하여 기와조각도 많이 출토되고 있다. 고려 청자조각과 조선 백자조각도 용이하게 수습할 수 있어서 백제시대부터 고려·조선시대까지 사용되어 내려온 산성임을 입증해 주고 있다.34) 이곳에서 수습되는 백제 토기

---

32) 全榮來, 註위 14) 前揭文의 그림 1. 羅·國境地帶 城址分布圖 참조.
33) 成周鐸, 註 3)의 前揭文, 92쪽.
34) 成周鐸, 註 3)의 前揭文, 87~9쪽.

조각들은 珍山城에서 수습할 수 있는 것과 같은 종류이므로 동일시대의 백제산성임을 알 수 있다. 이 산릉이 끝나는 곳에 茅村里부락이 위치하고 있다.

茅村里山城은 신흥리부락 뒷산 표고 163m 지점에 토축으로 축조되어 있으며 둘레는 550m이다. 성 안에서는 백제 토기편을 수습할 수 있으며 산성 밖의 동북쪽 경사면에는 백제시대 고분군이 있다.[35] 茅村里산성에서 서쪽 1.5km 떨어진 속칭 貴名峯에는 둘레 20m 정도의 석축보루가 있어서 앞산에 가리워 시야가 좁은 茅村里산성의 보조역할을 하고 있다. (그림 Ⅲ-3-1)의 지도를 보면 산직리산성과 茅村里산성이 있는 중간 지점에는 적을 이겼다고 해서 지어진 이름이라고 전해지는 승적골(勝敵골)이란 지명이 전설과 함께 지금까지 전해 내려오고 있다.

바로 이 세 개의 성이 백제 계백장군이 험준한 곳에 먼저 와서 설치하였다고 하는 '三營'으로 비정되는 곳이다. 따라서 三營의 중간 지점에 있는 산직리산성에는 계백장군이 이끄는 中軍이 포진하고 왼쪽에 있는 黃嶺山城에는 左軍이, 그리고 오른쪽에 있는 茅村里산성에는 右軍이 포진하여 신라 5만 군대를 기다렸으리라고 추정된다. 茅村里산성에서 산직리산성을 거쳐 황령산성에 이르는 약 6km 구간은 남·북 너비 몇 백m에 불과한 좁은 골짜기를 형성하고 있는 험준한 지형이다. 이곳에는 지금 호남고속도로가 통과하고 있다. 계백장군이 주둔하였던 곳으로 비정되는 산직리산성에서 건너다 보면 곰티재(熊峙)가 있는데 이곳에도 산성이 있다. 속칭 熊峙山城이라고 하며 둘레 약 200m의 테메식

35) 尹武炳, 1980, 「論山郡管內 古代山城址 分布調査」, 『百濟硏究』 제11집, 忠南大學校 百濟硏究所, 279쪽.

석축산성이다. 이 산성에서 골짜기를 타고 내려가면 伐谷面 檢川里, 德谷里, 道山里에 이르게 되고 道山에서 고개를 넘어서면 바로 숯고개(炭峙, 沈峴, 炭峴)으로 연결되어 있다.

4. 金庾信將軍의 百濟 攻擊路

1) 5~6世紀의 羅 · 濟 關係

신라와 백제는 초기부터 세력확장을 위하여 피차간 마찰이 자주 일어났었다. 특히, 신라는 첨해왕 때인 3세기 중반부터 지금의 상주 지방인 沙伐國을 병합하여 州로 삼더니 법흥왕 때는 이곳을 上州로 하여 서방진출의 발판으로 삼았다. 이 지역을 발판으로 국력이 신장된 신라는 慈悲麻立干 13년(470) 서방으로 더욱 진출하여 보은에 三年山城을 축조하기에 이르렀는데, 이 산성은 그후 16년 뒤인 炤知麻立干 8년(486)에 개수되었다. 이 산성의 규모와 구조 및 성격에 대해서는 이미 필자가 밝힌 바 있다.[36]

이 무렵의 백제는 고구려의 남진정책에 밀려서 개로왕이 패사하고(475) 수도를 지금의 공주로 옮겨 국력회복을 기하던 때였다. 동성왕(479~501)은 신라에 사신을 보내어 청혼을 해서 伊湌 比智의 딸을 맞이해 온 일이 있고(493) 말년에는 炭峴에 木柵을 축조하여 신라의 침입에 대비하기도 하였다(501). 이때 양국의 국제관계를 보면 백제의 수도인 熊津(공주)에서 대전·옥천·보은·상주·영천·경주로 이어지는 통로가 당시의 중요한 간선도로이었을 것으로 추정된다. 이것이 백제가 수도를 지금의 공주인

---

36) 成周鐸, 註 4)의 前揭文, 131~60쪽. 성의 둘레 1,680m, 성벽 높이 13~20m, 내외협축을 한 포곡형산성, 門址 4, 水口 1, 半圓形 雉城 7.

웅진으로 옮기고 난 후 신라와의 사이에 형성된 첫 번째 통로이다.

이 시기에는 양국이 和戰 양면작전을 채택했던 시기로 평가할 수 있다. 이와 같은 양국관계는 백제가 성왕때 수도를 泗沘(부여)로 옮기고(538) 중흥의 기틀을 마련하고자 함으로써 악화되기에 이르렀다. 양국이 힘을 합해 한강 10州를 고구려로부터 탈환하였으나 신라가 다시 이를 독점해 버린 사건이 일어났던 것이다(553). 이를 계기로 성왕은 신라의 管山城(옥천)을 직접 쳐서 于德과 耽知와 더불어 싸워 이기니 진흥왕은 新州軍主 金武力으로 하여금 新州軍士를 거느리고 싸우게 하는 한편 三年山城의 高干 都刀로 하여금 도와주게 하여 백제 성왕을 狗川에서 전사시키는 전과를 올렸다. 이때의 양국관계에서 거론되는 지명은 지금의 옥천·보은·상주로 연결되는 통로이다.

두 번째 통로인 大耶城에서의 충돌은 선덕왕 11년(백제 의자왕 2년, 642)에 일어났다. 백제장군 允忠이 군사를 거느리고 大耶城에 쳐들어 와서 성주인 品釋과 舍知·竹竹·龍石 등을 살해하고 이를 빼앗았던 것이다. 이때 품석장군의 아내도 살해되었는데 그는 김춘추의 딸이다. 이 참변을 듣고 김춘추는 꼭 복수할 것을 다짐하였다고 한다.[37] 일찍이 김유신장군의 아버지 舒玄은 大梁州都督이 되어 이 지방의 군사를 지휘한 바도 있는데 大梁州는 일명 大良州라고도 하며 지금의 陜川 지방이다.[38]

세 번째 통로로 볼 수 있는 助川城과 관계된 내용을 『三國史

---

37) 『三國史記』卷 第5 善德女王 11年條 및 卷 第27 義慈王 2年條.

38) 古典刊行會, 1958, 『新增輿地勝覽』卷 30 陜川條, 519쪽 및 忠南大學校 百濟硏究所, 1982, 『大東地志』上 陜川條, 361쪽.

記』에서 찾아보면 다음과 같다.

I. 永徽 6년(655) 金欽運이 百濟의 땅에 다달아 陽山의 아래에
진영을 치고 장차 助川城을 공격하려고 하였는데 百濟人이
밤에 몰래 달려와 새벽녘에 壘에 緣해서 들어오니 新羅軍은
놀라고 위급하여져서 어찌할 줄을 몰랐다. 이때 金欽運이 달
아나지 아니하고 적군과 맞부딪쳐서 싸우다가 의롭게 죽었
다는 것이며, 그래서 그 때에 金欽運이 죽었다는 말이 퍼지
자 사람들이 陽山歌를 지어 슬퍼했다는 것이다[39].

J. 永徽 6년 乙卯 秋 9월(655) 金庾信이 百濟에 들어가서 刀比
川城을 공격해서 이겼다. 이후 百濟는 병탐할 것을 도모하게
되었다[40].

K. 驟徒는 沙梁 사람으로 승려이었다. 太宗大王 때 百濟가 助
川城을 치러 오니 大王이 이에 출전하였으나 성과가 없었
다. 이때 승려인 驟徒는 승복을 벗어 던지고 군복으로 갈아
입은 후 적진에 뛰어들어 용감하게 싸우다가 전사하였다[41].

위의 세 가지 사료는 백제가 멸망하기 5년 전인 655년에 陽山
지방에 있는 백제 助川城을 신라가 공격한 내용이다. 사료 I·K
의 助川城에 대한 기록임에는 같으나 사료 I·J는 永徽 6년이라
는 명확한 연대를 가지고 있는데 반하여 사료 K는 太宗大王 때
라고만 하고 있다. 다같이 백제에 대한 반격이라 할 지라도 사료

---

39) 『三國史記』卷 第47 列傳 第7 金欽運條. 이후 『東國輿地勝覽』, 『東史
綱目』, 『永同郡誌』, 『大東地志』, 『東京雜記』등에 수록된 것은 이것
을 근거로 하였을 것이다.

40) 『三國史記』卷 第42 列傳 第3 金庾信(中).

41) 위 책 第47 列傳 第7 驟徒條. 한편 李能和 著 『朝鮮佛敎通史』上篇
武烈王 金春秋條에는 사료 I와 결부시켜 金欽運과 驟徒가 함께 전
역에 나아가서 죽었다고 하고 있으나, 『三國史記』에는 그런 사실을
증명할 만한 것이 없다.

I와 J가 동일한 시기의 戰役인지 아닌지 언뜻 알 수가 없다. 그리고 사료 J는 秋 9월이라 하여 이 永徽 6년(655) 중에도 9월이라는 연대기록이 더욱 분명하되 전역의 자세한 상황은 없고 또 '助川城'이 아니라 '刀比川城'으로 되어 있어 '刀比川=助川'이라는 증명이 필요하다. 그런데 이에 대해서는 같은 명칭이었음이 이미 필자에 의해 밝혀졌고, 또한 위의 사료에서 나오는 조천성이 위치한 곳을 지금의 영동군 양산면 飛鳳山에 있는 城址로 비정한 바 있다.[42] 이곳이 신라의 지배권으로 들어가게 된 것은 백제의 계백장군과 더불어 최후의 일전을 벌이게 될 김유신장군에 의해서이다.

2) 新羅의 後方 基地 '今突城'의 위치 비정

앞서 3절의 '三營'·'三道'에 관한 문헌 검토에서 제시한 사료 E에는 5만 군대를 거느린 신라가 백제를 최후로 공격하기에 앞서서 무열왕이 金庾信·眞珠·天存 등과 더불어 5월 26일 수도인 경주를 출발하여 다음달 6월 18일에 南川停에 도착하였다는 기록이 보이고 있다. 이곳까지 도착하기에 모두 22일이 소요된 셈이다. 남천정은 지금의 利川郡 夫鉢面 馬岩里 뒷산인 孝養山土城으로 비정되고 있다[43]. 이곳에서 왕은 태자 法敏으로 하여금 지금 德積島로 비정되고 있는 德物島에 가서 蘇定方을 맞게 하였다. 이때 소정방은 7월 10일 다같이 백제 도성을 무찌르자고 약속하고 법민을 돌려보냈다. 돌아온 법민에게 이 보고를 들은

---

42) 成周鐸, 註 1)의 前揭文, 105~11쪽.
43) 鄭永鎬, 1985, 「新羅 南川停址의 研究」, 『邊太燮博士回甲紀念史學論叢』, 69쪽.

왕은 김유신과 品日·欽春 등으로 하여금 5만 군대를 거느리고 가서 백제를 치게 하고 자신은 今突城에 머물렀다. 5만 군대를 거느리고 백제 정벌에 나선 김유신은 7월 9일에야 黃山벌에 이르러 백제군과 싸우게 되었는데 군을 三道로 나누어서 진격하여 네 번이나 싸웠으나 이득을 보지 못하고 사졸들은 힘이 다하게 되었다. 법민이 소정방과 더불어 회담을 마치고 南川停으로 출발하기까지는 적어도 2~3일은 걸렸으리라고 생각된다. 따라서 남천정에 머무르고 있었던 무열왕이 이곳을 출발하여 今突城으로 향한 것은 6월 21~22일경이 될 것이다. 이후 7월 9일 黃山벌 전투가 벌어질 때까지 불과 17~18일밖에 되지 않았으므로 5만의 군대를 동원시켜 출동하기에는 대단히 바쁜 일정이다. 여기서 무열왕이 머물렀던 금돌성이 과연 어느 지점인가 하는 것이 문제의 초점이 된다.

금돌성에 대한 정확한 위치를 설명해 준 자료는 安鼎福의 『東史綱目』에서 처음 볼 수 있다. 이에 의하면 무열왕이 남천정으로 出屯한 다음 금돌성으로 행차하였는데, 금돌성은 지금의 상주 白華山이라고 하였다.44) 이 백화산의 위치에 대하여 『新增東國輿地勝覽』에서는 "白華山에 옛날 石城이 있는데 둘레는 1,904尺이고 성 안에는 다섯 개의 우물과 1개의 시냇물이 흐르고 있다"고 하였다.45)

---

44) 安鼎福, 1975, 『東史綱目』一, 景仁文化社, 375쪽.
    "夏六月新羅王出屯南川停……又遣法敏與庚信及將軍品一欽春 帥精
    兵五萬應之 進次今突城 今尙州白華山"
45) 『新增東國輿地勝覽』卷28 尙州 古跡條.
    "白華山有古石城 周一千九百四尺 內有一溪 五泉 今廢"
    한편 『世宗實錄』地理志에는 "尙州白華山石城, 在中牟縣 去州西五十

사진 Ⅲ-3-9 白華山에 있는 傳今突城 안내판

사진 Ⅲ-3-10 白華山에 있는 傳 宮闕址

이와 같은 사료를 근거로 鄭永鎬는 백화산에 있는 산성을 조사 보고하였다. 白華山城은 이 지방 백화산 정상부에서 좌·우를 에워싼 능선을 따라 약 20km 정도를 축조한 석축산성으로 城은 內城과 外城으로 구분할 수 있다. 성 안에는 '대궐터', '寶門', '內城', '外城', '창터' 등의 지명이 위치와 함께 이곳 주민들에 의하여 전해지고 있다고 하며(사진 Ⅲ-3-9·10), 이것이 신라 때 산성인 것은 경주 남산의 新城이나 月城郡 乾川의 富山城과 같이 잡석을 가지고 고루 쌓은 공통점을 보더라도 분명하다고 주장하고 있다[46]. 이곳은 행정구역상으로는 상주군 牟東面 壽峯里 白華山에 있다. 이와 같은 보고내용에 대해서는 필자도 동의하는

一里 高險 周一千九百四步 內有溪一 泉有五 有軍倉"이라고 되어 있는데, 『新增東國輿地勝覽』에서 '步'가 '尺'으로 바뀐 것은 착오이다. 1938년 朝鮮總督府 中樞院 調査課篇 『慶尙道地理志』에도 『世宗實錄』地理志의 내용과 같이 "周一千九百四步"로 기록되어 있다.

46) 鄭永鎬, 1969, 「傳今突城調査」, 『尙州地區 古蹟調査報告書』, 檀國大學校 博物館, 229~41쪽.

이 調査報告書에서는 성의 둘레가 약 20km 정도라고 하였으나 이번 조사 결과 약 10km 정도인 것을 알 수 있었다. 이것도 산성 중에서는 큰 규모라고 할 수 있다.

바이다. 좀더 사족을 붙여 말한다면 濟·羅의 管山城 전투에는 보은에 있는 삼년산성이 근거지가 된 것처럼 陽山에 있는 助川城에서의 濟·羅전투에는 今突城으로 전해지는 白華山城이 그 근거지가 되었을 것으로 추정할 수 있다. 더구나 이 상주지방은 김유신장군이 진덕왕 때 백제를 정벌한 공로로 伊飡으로 증직되어 上州行軍大總管이 되었던 곳이다[47]. 이에 앞서서는 그의 부친인 舒玄이 大梁州都督을 역임한 바도 있어, 김유신과는 깊은 인연을 가지고 있는 지방이다. 따라서 양산지방에 있는 助川城을 공격했을 때도 이곳을 발판으로 하였으리라고 하는 것이 쉽게 짐작이 간다.

3) 金庾信將軍의 攻擊路

위의 자료를 가지고 羅·濟간의 접경지대를 살펴보면 대략 다음과 같은 선으로 연결된다.

북쪽으로는 남천정이 있었던 것으로 비정되는 利川地方에서 청주·보은·상주의 백화산성으로 연결되는 지점이 완벽하게 신라의 후방기지 역할을 하였고 보은 삼년산성의 전방인 지금 옥천지방의 관산성 전투에서는 백제 성왕까지 참살하는 전과를 올려서 신라의 최전방 구실을 했을 것으로 짐작된다.

다음에는 금돌성으로 비정되고 있는 상주 백화산성에 근거를 둔 신라는 助川城으로 비정되고 있는 영동군 양산면 飛鳳山지방까지 김유신장군의 공격으로 지배하게 되어 최전방의 위치를 확보하게 되었다. 다시 더 남쪽으로 내려가서는 품석장군이 지배하던 대야성이 백제에 의하여 탈취된 후로는 이곳에 대한 전투상

---

47)『新增東國輿地勝覽』卷28 尙州牧 名宦條.

황이 기록된 바 없어 알 수 없지만, 아마도 신라는 백제 말기까지 이 곳을 회복하지 못하였던 것으로 짐작된다. 따라서 옥천의 관산성, 양산의 조천성, 대야성으로 연결되는 선이 신라의 최전방에 해당되는 경계선이었던 것으로 볼 수 있다.

이 세 군데의 접경지대 가운데 합천의 대야성을 근거로 백제를 공격하고자 할 때, 그 거리가 수도인 경주에서 뿐만 아니라 합천에서 백제 수도인 사비까지 공격하는 데는 대단히 멀어서 7월 10일까지 백제 도성을 함락시키자는 소정방과의 약속을 이행하는 것은 불가능한 일이었으리라고 보여진다. 더욱이 왕이 남천정이었던 이천에서 이곳까지 행차한다는 것도 거리상 불가능하다. 따라서 신라군으로서는 보은에 있는 삼년산성을 근거로 해서 옥천 관산성을 통과하여 백제 사비도성으로 공격하는 통로와 금돌성이 있는 것으로 비정되는 상주 백화산성에서 조천성이 있는 영동군 양산을 지나 사비도성으로 진격하는 두 개의 통로만 남게 된다.

이 두 개의 통로 중 김유신과 더욱 관련이 깊은 곳은 상주지방이다. 이미 위에서 설명한 바 있듯이 그의 부친인 서현 뿐만 아니라 그와도 여러모로 깊은 인연이 있는 지역이다. 그 위에 신라의 대군을 수용할 수 있는 규모가 큰 금돌성에 비정되는 백화산성이 있기 때문에 이에 대한 심증을 더욱 굳게 해준다. 또한 백제와의 최후 전투지인 연산 黃山벌과도 제일 가까운 거리이다. 따라서 김유신이 이끄는 5만 군대는 금돌성으로 비정되고 있는 백화산성을 출발하여 전방기지인 영동 양산까지 손쉽게 도달했으리라고 생각된다. 그 거리는 약 30km에 달하므로 이곳까지 도착하자면 하루가 소요되었을 것으로 짐작된다[48]. 양산지방을 전초기지로 확보하고 있는 김유신으로서는 양산면 加仙里를 지나 금산으로 가게 되는 코스를 택했을 것이다. 연산 黃山벌로 통하는 길은 이 통로밖에 없기 때문에 다른 통로를 선택할 여지가 없다.

사진 Ⅲ-3-11 加仙里에서 川內里를 지나 濟原에 이르는 단일 험로

양산에서 가선리를 지나 濟原에 이르기까지 약 8km 거리는 왼편에는 높은 산이 있고 바른쪽에는 금강이 흐르고 있는 단일 통로이다(사진 Ⅲ-3-11 참조). 이 골짜기를 통과하면 제원면 川內里에 다다르게 되는데 川內里山城은 백제시대 산성이므로 이곳에서 일대 격전이 벌어졌을 것으로 추정된다. 이곳 '갯터'를 '黔峴'이라고 풀이하여 곧 '炭峴'이라고 주장한 日人 學者도 있음은 이미 밝힌 바 있다[49]. 이곳이 단일통로에 금강이 깊이 흐르고 있는 요충지대임에는 틀림이 없으나 고개가 아닌 평지이며 또한 '갯터'가 黔峴으로 탈바꿈하게 된 과정이 석연치 않고 炭峴이라고 하는 지명과도 더욱 거리가 멀어 납득하기가 어렵다. 그러나

---

48) 鄭永鎬, 註 15)의 前揭文에서는 金庾信의 5만 군대 통로를 今突城인 白華山城에서 보은쪽으로 북상하여 上桂里山城, 장군재, 옥천 古利山城, 마전, 금산으로 통과했다고 주장하고 있으나 속전속결을 요하는 신라의 입장에서 20km 정도 북상했다가 마전에서 다시 금산으로 10km 까지 남하할 이유가 무엇인지 선뜻 수긍이 가지 않는다.
49) 大原利武, 註 8)의 前揭文.

川內里山城[50]이 있는 이곳이 교통의 요충지인 것만은 분명하다. 이곳은 조선 임진왜란 때 왜군을 무찌른 전적지이기도 하다[51]. 금돌성으로 비정되고 있는 백화산성을 출발한 신라군이 이곳까지 온 통로에 대해서는 全榮來의 의견[52]에 동조한다.

다음 금산에서 진산까지 10km 구간은 대단히 평탄한 도로인데 진산면 晩樂里에도 백제산성이 있다. 이 산성은 內城 약 150m, 外城 약 250m의 2중으로 축조된 석축산성이며 높이 3m의 성벽이 일부 남아 있고 백제 토기조각들을 쉽게 수습할 수 있다[53]. 이곳에서 신라군은 상당히 완강한 저항을 받았으리라고 추정되며 이곳을 통과하면 부암리에 있는 浮岩里山城과 진산에 있는 珍山城, 그리고 숯고개(炭峴, 炭峙)에 도달하게 된다. 역시 이곳에서도 신라군은 백제군의 완강한 저항을 받았으리라는 것이 쉽게 추측된다. 이 요로를 통과해서 숯고개를 넘으면 伐谷面 道山里와 檢川里에 도달하게 되는데 신라 김유신장군의 주력부대는 이곳에서 三道로 나누어서 계백장군이 설치한 三營을 공격하게 되는 것이다. 즉, 주력부대인 中軍은 곰티재에 있는 熊峙山城에 근거를 두고 그 앞에 건너다 보이는 백제 계백장군의 中軍

---

50) 川內里山城은 금산군 제원면 천내리 표고 450m의 정상부분에 자연지세를 이용해서 쌓은 석축산성이다. 성 안에서 출토되는 유물들은 線條紋이 있는 백제시대 토기편과 시루편, 廣口壺片이 주류를 이루고 있으며 조선시대 백자편도 수습할 수 있어서 백제시대부터 조선시대까지 사용되어 내려온 山城임을 증명해 주고 있다.

51) 이곳 길가에는 임진왜란때 승리한 것을 기념하기 위하여 1984년 11월에 錦山郡守 李基鉉이 세운 '갯터싸움 遺墟址'의 石碑가 세워져 있다.

52) 全榮來, 註 14)의 前揭文, 11~2쪽.

53) 成周鐸, 註 5)의 前揭文, 21쪽.

과 대치했을 것이고 左軍은 月星峯[54)]을 넘어서 陽村을 지나 연산의 신흥리에 도달하여 백제 계백장군의 右軍과 대치하게 되며 右軍은 汗三川을 지나서 黃嶺에 도달하여 백제의 左軍과 대치하게 된다. 이와 같이 三軍이 대치한 양국의 전투는 신라 김유신장군의 승리로 끝나게 된다. 그 최후의 격전지는 지금의 連山面 新良里 '黃山里' 벌판이다. 진산에 있는 숯고개(炭峙)에서 연산 黃山里까지는 약 16km로 금산에서 연산 黃山벌까지의 거리는 이 통로가 가장 가까운 거리이다. 이에 반해 全榮來는 금산에서 남쪽으로 馬岩里까지 내려가서 다시 북행하여 驛坪里, 乾川里를 통과하여 炭峴城에 도달하게 된다고 주장하고 있는데 이 통로에는 금산 바로 남쪽 桂珍里에 성의 둘레 약 800m에 달하는 백제산성이 있고[55)] 進樂山에도 백제산성이 있는 것으로 알려져 있다[56)].

　이와같이 炭峴까지 길도 멀고 방어도 완벽한데 과연 신라 5만 군대가 이 길을 택했을까 선뜻 납득이 가지 않는다. 이 통로를 택한다면 炭峴에서 연산 黃山벌까지 다시 28km 정도를 더 걸어야 하는 부담을 가지게 되는 것이며, 금산에서 진산을 지나 연산 黃山벌까지 도달하는 거리보다 약 2배나 더 먼 거리가 되는 셈이다.

---

54) 위 논문의 20쪽. 陽村面 梧山里와 伐谷面 水落里 표고 649m 경계에 있는 月星峯에는 百濟山城이 있다. 성의 둘레 약 1,000m의 石築山城으로 높은 지대인데도 우물이 2개소 있으며 瓦片이 많이 출토된다.
55) 成周鐸, 註 5)의 前揭文, 22쪽.
56) 成周鐸, 註 5)의 前揭文, 錦山地方 百濟山城 分布圖 참조.

5. 맺음말

 이상의 자료를 가지고 정리해 보면 다음과 같은 결론을 얻을 수 있다.

 炭峴에 관련된 지명은 전국 방방곡곡에 많이 산재해 있다. 특히, 백제의 수도가 있었던 충남지역에는 더욱 밀집되어 있음을 알 수 있다. 이 炭峴이라고 하는 지명은 순수한 우리말의 '숯고개'・'숯골' 등의 지명이 한자표기화하는 과정에서 炭峴이나 炭峙, 또는 炭坊으로 표기화된 것으로 보여져 금산군 진산면 교촌리에 있는 '숯고개'도 濟・羅간의 요충지에 위치하고 있는 '炭峴' 또는 '炭峙'로 주장할 수 있는 근거가 충분히 있다고 생각된다.

 그 근거를 『輿地圖書』에서 명백하게 증명해 주고 있다. 이곳에는 물이 깊어서 붙여진 이름인 '수심대'라고 하는 지명이나 바위도 물에 떠내려 간다고 하는 의미에서 지어진 '부수바위'라고 하는 지명이 생겨났고 이와 관련하여 마을 이름도 부암리 마을로 칭해져 현재까지 전해 내려오고 있다. 雨期인 7월에 이곳을 통과하자면 대단히 어려웠을 것으로 보인다. 그래서 沈峴이라고 하는 지명도 생겼으리라고 보여진다. 炭峴(炭峙, 숯고개)과 沈峴이 같이 맞아 떨어지는 지역은 이곳밖에 없으리라고 생각된다. 이와 같은 이유로 진산의 숯고개가 백제의 요로에 위치하고 있는 炭峴으로 부각될 수 있는 넉넉한 조건이 되리라고 믿는다. 다음에 이에 대한 보충설명을 함으로써 이해에 도움을 주고자 한다.

 첫째로, 성충과 흥수가 말한 炭峴과 沈峴은 백제에 있어서 중요한 통로(要路)라고만 하였을 뿐 炭峴에 어떤 산성 등의 시설물이 있다고 하는 말은 없다. 단지 濟·羅 양국 사이에 있는 중요한 통로임을 지적한 것이다. 진산 '炭峴'이 있는 지점은 금산과 마전에서 들어와서 연산 黃山벌로 통하는 삼각지대에 위치하고 있어서 그야말로 요로임에 틀림이 없는 것이다.

이 炭峴에는 금산과 마전에서 들어오는 길목을 지키기 위해서 부암리와 진산에 산성을 각각 축조하여 요새화하고 있다. 중과부적인 백제 입장에서는 이와 같은 요지에서 적군을 무찌를 수밖에 없는 형편이었을 것이다.

둘째로, 백제 멸망 당시의 濟·羅 국경선은 이천에 있는 남천정에서 청주의 上黨山城, 보은의 삼년산성, 상주 백화산의 금돌성으로 연결되는 후방기지와 옥천의 관산성57), 영동·양산의 조천성, 합천의 대야성으로 연결되는 최전방이 양국의 국경지대로 접해 있었던 것으로 보여진다. 신라에 있어서는 이 세 곳이 백제와 더불어 가장 치열하게 접전하던 곳인데, 합천의 대야성은 거리상으로 보아 가장 멀 뿐만 아니라 품석장군이 敗死한 이후 회복하였다고 하는 믿을만한 증거가 없어 그 대상에서 제외된다. 따라서 보은의 삼년산성과 상주의 백화산성만이 신라 5만 군대의 근거지가 되었으리라고 생각되는데, 그 어느 쪽이던 간에 진산에 있는 炭峴 길목으로 통과하게 되어 있다. 신라 5만 군대가 동원됨에 있어서는 그 근거지가 대규모이어야 할 것으로 판단되는데 이에 걸맞는 지점으로서는 10km에 달하는 산성을 가지고 있는 백화산성이 주목된다. 더욱이 이 지방은 김유신과 그의 부

---

57) 최근 韓南大 博物館에 의해 인접한 錦山郡 秋富面 長垈里 일대에서 6세기 후반의 것으로 보이는 新羅古墳이 발굴되어, 이때 이미 新羅의 세력이 이 근방까지 확장되었음을 추측케 해 주고 있다.

친 서현과도 깊은 인연이 있으므로 이같은 심증을 더욱 굳게 해준다. 그러나 삼년산성도 신라의 근거지인 만큼 이곳에 있는 병력도 모두 동원되었으리라고 판단되며 양쪽에서 동원된 병력은 백제의 요로에 해당되는 진산 炭峴에서 합류했을 것으로 생각된다.

셋째로, 炭峴을 넘어선 김유신장군이 이끄는 신라의 5만 군대는 백제 계백장군이 험난한 곳에 '三營'을 설치하고 있음을 알고 三道로 군을 나누어서 진군하게 되었다. 이때 계백장군이 설치한 三營은 계룡산 줄기가 남주하는 황룡재에 있는 黃嶺山城에 左軍을, 그리고 산직리에 있는 山直里山城에 中軍을, 우편에 있는 茅村里山城에 右軍을 각각 배치했던 것으로 보인다. 이곳 계백장군이 지휘하는 中軍이 있었던 것으로 알려진 산직리산성 아래에는 신라군과 네 번 싸워서 모두 승리했다고 하는 勝敵골이란 지명이 지금도 남아 있다. 화랑 관창과의 싸움도 이곳에서 벌어졌을 것으로 판단된다. 이와같이 백제 계백장군이 三營을 설치하자 진산의 炭峴을 넘어선 신라군은 도산리와 검천리에 이르러 中軍은 곰티재[熊峙山城]로, 左軍은 월성봉에 있는 백제산성을 정복하고 양촌면 인천을 지나 신흥리로 진격하여 백제의 右軍을 격파하고 黃山벌로 진격하였고, 右軍은 한삼천을 지나서 백제 左軍의 근거지로 추정되고 있는 황령산성을 공격하여 격파한 후, '黃山벌'로 진격하여 濟·羅의 최후 격전이 벌어졌던 것으로 판단된다. 이때 敗戰한 계백장군의 묘소가 지금의 忠谷里 부근에 전하고 있는데 이곳에 있는 忠谷書院에서는 계백장군을 主壁으로 제향하고 있다.

넷째로, 대전 동쪽 식장산 아래에 있는 자모실고개(자모리)를 신라 5만 군대가 넘었으리라고 하는 설의 허구성이다. 공주, 대전, 옥천, 보은으로 연결되는 통로는 백제 웅진시대의 濟·羅간 국제통로이나 백제가 수도를 그보다 남쪽인 사비로 옮겼는데도 신라 5만 군대가 꼭 이 고개를 넘었으리라고는 생각되지 않는다. 삼년산성이나 백화산성에 근거를 둔 신라군이 우회해서 대전 동쪽 '炭峴'을 선택했을 리 없다. 설령 삼년산성에서 출발했다고 하더라도 마전을 거쳐 진산 炭峴을 지나 연산의 黃山벌로 진출하는 통로를 택했으리라고 보이기 때문이다. 먼저 신라의 5만 군대가 출발한 근거지에 대한 설명과 연산 黃山벌 앞에 있을 三營 및 三道의 위치가 정확하게 설명되지 않는 한 대전 동쪽 炭峴說은 그 설득력이 약하다. 이곳은 백제 웅진시대의 濟·羅간의 통로인 炭峴이다.

　다섯째, 高山 炭峴說이 가지는 불합리성이다. 이곳도 분명히 지명이 炭峴이고 백제산성이 있으며, 濟·羅간의 요로에 해당된다. 그러나 금돌성으로 비정되는 백화산성에 근거를 둔 신라군이 영동 양산을 거쳐 금산까지 진군한 후 진산을 지나 연산 黃山벌까지 6~70리의 최단거리를 두고 무엇 때문에 남하 우회해서 고산 炭峴을 지나 연산 黃山벌에 도달하는 120리 길의 먼 거리를 택했을까 의문이 간다. 이는 금산, 진산, 연산으로 연결되는 통로의 배에 해당하는 장거리이다. 또한 이 길을 선택해서 왔다고 하더라도 계백장군의 三營과 김유신장군의 三道에 대한 설명이 분명하지가 않다. 고산 炭峴설의 김유신장군 공격 추정 노선은 단일로이지, 三道가 아니므로 납득하기가 어렵다. 만약에 이 통로를 선택하였다면 진산지방에 있는 백제군에게 후방을 차단당하는 위험을 무릅써야 할 것이라고 생각된다. 가선리 검현이 백제의 炭峴

이라고 주장하는 설도 있으나 이곳 지명은 '갯터'이지, 炭峴이 아니다. 따라서 납득할만한 지명 변천의 과정에 대한 설명이 선행되어야 한다. 또한 이곳은 평탄한 길이지 험준한 고개가 아니므로 더욱 의심을 자아내게 한다. 그러나 요로인 것만은 분명하다.

결국 신라 5만 군대의 근거지로 알려진 금돌성이 상주 백화산성으로 가정되는 경우 가장 가까운 통로는 영동·금산·진산·연산의 통로이며 이 중간 지점에 炭峴이 위치하고 있어야 한다. 그렇다고 하면 신라의 또 하나의 근거지라고 할 수 있는 보은 삼년산성과도 연결되는 진산 炭峴이 바로 신라 5만 군대가 넘어선 炭峴이 됨을 제시해 둔다. 이 주변에는 진산성과 부암리산성이 양 길목을 지키고 있고 또 물이 깊어서 생긴 '수심대'라고 하는 지명과 바위도 물에 떠내려 갔다고 하는 데서 생긴 '부수바위'의 지명, 또 '浮岩里'라는 지명 등, 沈峴에 해당하는 지명들이 있어서 진산 '炭峴'에 대한 주장을 더욱 굳게 해 주고 있다.

추기   1974년도에 지금은 작고하신 然齋 洪思俊 先生님과 美烏堂 金炯基 先生님 두 분을 모시고 '炭峴' 조사를 시작한 지 16년만에 이 조그마한 결론을 맺게 되었다. 16년 전 학생의 신분으로 조사에 참가했던 沈正輔, 成河珪, 車勇杰, 俞元載 君 등은 이제 중견교수들로 장성하여 학계에 공헌하고 있다. 10년이면 강산도 변한다고 하는 말이 실감나며, 나의 淺學菲才함을 새삼 느끼게 한다. 16년이 지난 오늘에서야 百濟文化開發研究院의 학술연구비 지원으로 위의 여러분들과 孔錫龜 學藝士까지 함께하여 겨우 이 소고를 마무리하게 되었다. 이 분들의 수고에 감사를 드린다.(1990. 10)

出 典

成周鐸, 1990, 「百濟 炭峴 小考」, 『百濟論叢』2, 百濟文化開發研究院, 11~48쪽.

第 4 編 城址比較研究

韓·中 古代 都城築造에 관한 比較史的 考察

1. 머리말

여기에서 古代라 함은 한국에 있어서는 新羅가 三國을 통일하던 7세기 중반까지로, 중국에서는 隋가 中國을 통일하던 6세기 후반까지로 잠정하고, 성곽 중에서도 정치·경제·문화의 중심이 되는 都城 위주로 하여 비교·고찰하고자 한다.

자료는 문헌과 고고학적 발굴조사 자료를 인용하는 것을 원칙으로 하되, 미흡한 점은 지표조사를 통해 얻은 자료로 보완하기로 하겠다. 그리고 문헌과 고고학적 자료에 있어서는 후자의 것에 비중을 두고 취급하였다. 비교교찰 내용은 첫째로 城郭築造의 발생시기, 둘째로 지형의 선택, 셋째로 축성의 기법과 규모, 넷째로 城制의 발달과 변천과정, 다섯째로 상호간에 끼친 영향 등을 중심으로 살펴보고자 한다.

이 글은 韓·中 성곽축조에 관한 비교사적 연구의 첫 시도로 이루어진 것이니만큼, 앞으로 長城과 山城에 이르기까지 폭을 넓혀 연구를 심화시켰으면 하는 바램이다.

2. 韓國 城郭築造의 起源과 發達

1) 文獻資料를 통해 본 韓國 城郭築造의 起源

한국에 城이 있었다고 하는 기록은 『史記』에 처음 나온다. 이를 요약해 보면 朝鮮王 滿(姓은 衛)은 燕人인데 秦·漢 교체기에 동쪽에 있는 조선땅으로 나아가서 무리를 모아 왕이 된 후 王儉에 都邑을 하였는데(註에 이곳은 朝鮮王때 옛 都邑이라고 되어 있다), 위만의 손자 右渠때에 이르러 漢과의 사이에 마찰이 생겨서 漢의 樓船將軍이 齊兵七千名을 이끌고 '王儉'에 이르니 右渠는 城을 굳게 지켰다고 한다[1].

여기에 등장하는 衛滿은 中國人이 아니고 韓人系 燕人이라고 하는 설이 있다[2]. 기록으로 볼 때 중국계로 보는 것이 타당하지만, 한국에서는 가장 먼저 王儉城을 중심으로 왕조를 건국한 인물이라고 주장하는 설도 있다[3]. 그의 계보가 어찌 되었든 간에 그는 조선을 대신해서 들어선 인물인데, 그가 서울로 자리잡은 왕검성은 그보다 선행하여 있었던 고조선의 도성을 답습해 사용한 성일 것으로 짐작된다. 이 왕검성은 현재의 평양이라고 추정되고 있을 뿐 고고학적으로나 문헌으로 고증할만한 자료는 아직

---

1) 『史記』115, 朝鮮列傳55.
2) 李丙燾, 1976, 「衛氏朝鮮興亡考」, 『韓國古代史研究』, 博英社, 78~82쪽.
3) 崔夢龍, 1983, 「韓國古代國家形成에 대한 一考察 –衛氏朝鮮의 例–」, 『金哲埈博士華甲紀念論叢』, 知識産業社.

출현되지 않고 있다.『後漢書』에서는 이 무렵 群小國家들의 성곽 축조에 관한 기록을 다음과 같이 남기고 있다4).

> 夫餘 : 於東夷之域, 最爲平敞, 土宜五穀……, 以員柵爲城, 有宮室倉庫牢獄.
> 馬韓 : 邑落雜居, 亦無城郭, 作土室形如冢, 開戶在上.
> 秦韓 : 或名之爲秦韓, 有城柵屋室.
> 弁辰 : 弁辰與辰韓雜居, 城郭衣服皆同.

부여는 고조선 다음으로 등장하는 한국사상 두 번째 국가이다. 부여에 관한 기록은『史記』129 貨殖傳에 戰國七雄의 하나인 燕에 대한 기사 가운데 고조선・진번과 함께 나타나고 있다. 고구려와 백제가 모두 이 부여의 '別種'이라고 하여, 실제로 고구려와 백제를 건국한 세력집단이다5). 또한 부여는 만주지방에서도 가장 넓은 평야지대인 長春・農安지방을 점유하고 있었던 것으로 알려져 있는데, 그들은 둥근 城柵과 궁실・창고・牢獄등을 갖고 있었다고 한다.

한강 이남지역에 있었던 것으로 알려진 삼한의 위치는 대체로 마한이 경기・충청・전라도 지방, 진한이 낙동강 동쪽의 경상도지방, 변한은 낙동강 서남쪽의 경상도지방으로 비정되는 것이 통설이다. 그러나 한강 유역을 중심으로 한 예성강 이남의 경기 일원과 춘천 서쪽의 강원 일부 지역을 진한, 안성천 이남의 충청・전라지방을 마한, 영남지방을 변한으로 비정하는 견해도 있다6).

---

4)『後漢書』85, 東夷列傳 75.
5) 李基白・李基東, 1983,「第二節 城邑國家에서 聯盟王國으로」,『韓國史講座』①古代篇, 91~2쪽.
6) 李基白・李基東, 註 5) 전게문, 92~3쪽.

삼한은 모두 78개에 달하는 小國으로 나뉘어져 있었는데, 그 중 마한이 54개국으로서 큰 나라는 1만여가, 작은 나라는 수천가에 불과 하였으며, 이를 합치면 10여만호에 달했다고 한다. 한편 각기 12개국으로 된 진한과 변한은 큰 나라가 4~5천가, 소국은 6~7백가가 되어 이를 합하면 모두 4~5만호에 달하였다. 이들 소국 가운데, 그 위치를 확실하게 알 수 있는 나라는 후일 백제의 모체가 된 伯濟國(서울)과 신라의 모체가 된 斯盧國(慶州), 그리고 가야제국들이다. 그런데 이들 국가들은 성을 근거로 하여 국가를 형성하고 있어서 城邑國家[7]로도 불리워지고 있다. 이들 성읍국가들이 성을 근거로 해서 국가를 형성하고 있었던 사실을 『後漢書』에는 진한과 변한에는 성곽이 있었다고 기록하고 있다. 삼한 중 마한만이 유독 성곽이 없었다고 하는 기록은 誤記이거나 일부 국가만을 잘못 기록한 것으로 보인다. 실제로 마한지방이었던 경기·충청·전라지방에도 성을 중심으로 국가가 형성되었으리라고 보여지기 때문이다. 삼국지의 기록을 토대로 볼 때 마한의 무성곽 기록은 대체로 3세기 전반 까지의 사실을 기록한 것으로 볼 수 있다.

위씨조선을 멸망시킨 漢武帝는 그 해(B.C.108년)에 위씨조선의 판도안에 樂浪·眞番·臨屯의 세 군을 설치하고 다음 해에 玄菟郡을 두어, 이른바 漢四郡이 설치되었다. 한사군의 위치에 대하여는 낙랑군이 대동강 유역의 고조선지방, 진번군이 慈悲嶺 이남 한강이북의 옛 진번지방, 임둔군이 함남의 옛 임둔지방, 현도군이 압록강 중류 佟佳江流域의 濊貊땅에 설치되었다고 하는 것이 통설로 되어 있다[8].

---

7) 李基白·李基東, 註 5) 전게문, 99~103쪽.

이 한사군은 고구려가 이를 통합한 美川王 14년(313)까지 통폐합을 해가면서 300여년동안 한반도 서북부 지방을 지배하여 왔다. 이로 말미암아 漢의 문화가 급속도로 한반도로 유입되었는데 그 중에 版築에 의한 성곽축조의 기술도 전수되었으리라고 짐작되며 그 대표적인 것이 大同江面 土城里에 위치한 樂浪土城이다. 이는 동북쪽이 불쑥 튀어나온 부정형에 사각형 평면의 토성으로서 성 둘레가 약 2km에 면적는 125,00여평에 달한다[9].

부여족의 일파인 고주몽이 압록강지류인 동가강(渾江)유역의 忽本(桓仁 · 懷仁)지방에서 건국한 것은 B.C. 37년경이라고 전한다. 이 무렵에는 沸流國을 비롯한 荇仁國 · 梁貊 · 蓋馬國 · 句茶國 등 여러 성읍국가들이 있었던 것으로 『三國史記』[10]에 나와 있으며, 한의 지배를 받았던 沃沮를 병합시키고 성읍을 삼았다고 함은 太祖大王 4년(A.D. 56)의 일이다.

2) 韓國 城郭築造의 發達

(가) 高句麗

『三國史記』권13 고구려본기 東明聖王條에 의하면 고구려는 B.C. 37년에 부여로부터 남하하여 내려온 주몽(東明聖王)에 의해 건국되었고, 건국 3년 뒤인 B.C. 34년에 성곽과 궁실을 축조하였다고 한다. 그 동안의 조사에 의하면 성곽과 궁실을 축조하였던 곳이 지금의 요녕성 桓因縣 동북쪽 7km지점에 있는 五女山城에 비정되고 있다. 이 산성은 표고 800m의 높은 산 위에 쌓은 석축

---

8) 李基白 · 李基東, 註 5) 전게문, 67쪽.
9) 駒井和愛, 1977, 「樂浪郡治址」, 『中國都城 · 渤海硏究』, 雄山閣, 105쪽.
10) 『三國史記』 高句麗 東明聖王本紀.

산성인데, 높은 산임에도 불구하고 산 위에는 남북이 약 1,000m, 동서의 너비 약 300m되는 넓은 평지와 풍부한 샘물이 나오는 연못이 있다. 그런데 성안에서 아무런 유물도 수습하지 못하고 있어 고구려 초기의 도성지로 내세울만한 근거가 약하다. 그러나 산성부근에서 발견된 圓丘式積石墓와 段階式積石墓에서 출토된 토기 및 철제환두도, 마구 등이 고구려 초기에 해당되는 유적과 유물들이어서 이 산성 역시 이 무렵의 것으로 추정되고 있다[11]. 고구려는 이때까지만 해도 평지에 도성을 축조하고 정착하는 단계에까지는 이르지 못했던 것 같다.

『三國史記』에는 琉璃王 22년(A.D.3)에 도읍을 國內(城)로 옮기고 尉那巖城을 축조하였다고 한다. 국내성은 길림성 集安縣 境內에 있었던 것으로 비정되며, 위나암성은 집안현 서북쪽 2.5km지점의 丸都山 위에 있는 山城子山城(일명 丸都古城)으로 비정되고 있다.

평지에 있는 국내성은 둘레 2,866m의 석축 성지이다. 방형과 장방형의 석재를 사용하였으며, 현존 높이는 1~4m, 밑바닥의 폭은 7~10m에 달하고, 평면은 대략 방형으로 되어 있다. 1975~77년 발굴 당시 석축 성벽 하부에서 폭 7~8m, 높이 1.7~2m의 토축 부분이 확인되었으며, 石斧・石刀등과 토기편 14점이 수습되었다. 이 토축은 漢代에 축조된 縣治所의 토성지이며, 석축 성벽도 2차에 걸친 수축이 있었던 것으로 보고되었다[12].

---

11) ① 魏存成, 1980, 「高句麗初・中期的都城」, 『北方文物』 5, 28쪽.
　　 ② 李殷昌, 1986, 「高句麗園林史研究」, 『韓國傳統文化研究』 제2집, 曉星女子大學校 韓國傳統文化研究所.
12) 集安文物保管所, 1984, 「集安高句麗國內城址的調査與試掘三. 幾點的認識」, 『文物』 1期, 文物出版社, 54쪽.

동·남·북쪽 3면에 濠가 시설되어 있으며, 문지는 동서에 2개소, 남북에 1개소씩 있고 甕城도 부설되어 있다. 네모서리에는 角樓址가 있고, 일정한 간격으로 방형의 女牆이 부설되어 있다. 동문지 밖에는 건물터가 있는데 온돌 시설은 없고 주초석만 남아 있는데, 이 곳에서 '太寧太歲……'라고 새겨진 회색기와 조각이 수습되었다. 이는 미천왕 26년(A.D.325)에 해당된다. 도읍을 국내(성)로 옮기고 축조하였다는 위암나성의 위치에 대해서는 국내성과 함께 많은 논쟁이 되어 왔으나, 본고에서는 위나암성이 곧 환도성이며, 현재의 산성자산성이라고 주장하는 魏存成의 학설13)을 따르고자 한다.

산성자산성은 동·서·북쪽 삼면이 산으로 둘러 싸여 있고 남쪽만이 트여 있는데, 이곳에는 옹성문이 부설되어 있고 그 앞에는 通溝河가 흐르고 있다. 석축산성인 이 성은 둘레가 6,951m에 달하고 성벽의 높이는 5m이상이며, 여장도 있다. 성 안에는 속칭 '點將臺'가 있는데 이곳에서 바라보면 부근 산천이 한 눈에 들어오고 집안현성(국내성)이 환히 내려다 보인다. 점장대 북쪽에는 남북의 길이 92m, 동서의 너비 62m인 큰 건물터가 있다. 3층의 계단과 주초석들이 배열되어 있으며, 이곳에서 붉은 색의 고구려 와편이 많이 출토되고 있어 바로 궁전이 있었던 건물터인 것으로 추정되고 있다. 또한 군사가 주둔하였던 곳으로 추정되는 건물터도 있다. 성안의 동남쪽에는 50~60㎡의 속칭 '飮馬池' 또는 '蓮花池'로 불리는 연못이 있는데 지금도 풍부한 수량을 제공해 주고 있다.

---

13) ① 魏存城, 註 11)-①의 前揭文.
　　② 李基白·李基東, 註 5)의 前揭文, 89쪽.

국내성과 세칭 산성자산성 즉, 위나암성과 환도성에 관한 기록은『三國史記』고구려본기에 다음과 같이 나오고 있다.

琉璃王 21년 2월에 사냥을 하다가 멧돼지를 놓치자 薛支를 시켜 이를 잡도록 하였다. 그는 國內尉那巖에 이르러 이를 잡아 國內(城) 민가에 기르도록 하고 돌아와서 王에게 고하되 '國內尉那巖은 山水가 깊고 험하여 戰火의 위험이 없을 뿐더러 땅이 비옥해서 五穀을 가꾸는데 적합하고 수렵과 漁獵을 통해서 많은 수확을 얻을 수 있으므로 도읍을 이곳으로 옮기는 것이 좋겠다.'고 권하였다. 王은 이 말을 듣고 國內의 지세를 살펴본 후 다음해에 國內로 천도하고 尉那巖城을 축조하였다.

유리왕때 도읍을 국내(성)로 옮겼다고 하는 것으로 미루어 보아 이미 있었던 성을 그대로 사용한 것이 아닌가 추정된다. 이것은 국내성 석축 밑에 토성이 있다는 조사 결과에 의해 뒷받침된다. 국내성은 평지에 있기 때문에 적의 침략을 방어하기 위하여 위나암성을 축조할 수밖에 없었던 것이다. 고구려 민족에게 주어진 지리적 여건이 산성축조의 필요성을 느끼게 했던 것이다. 山上王 2년 (198)에 환도성을 축조하였고 同王 13년(209)에 도읍을 환도로 옮겼다고 하며, 東川王 20년(246)에는 幽州刺使 毌丘儉이 침입하는 난리를 겪자 다음해(247)에 도성으로 다시 돌아올 수 없으므로 平壤城을 축조하고 백성과 종묘·사직을 옮겼다. 그후 故國原王은 국내성과 환도성을 다시 수축하고 이 곳으로 도읍을 옮겼는데(343), 燕 慕容皝의 침입으로 궁실과 환도성이 불타 없어지자 平壤 東黃城으로 도읍을 옮기게 되었다(343). 이 평양 동황성은 지금의 강계지방에 비정되고 있다. 동천왕때의 지금 평양

지방은 아직 낙랑의 지배하여 놓여 있었기 때문이다[14]. 이때까지만 해도 고구려의 세력은 압록강 유역의 산악지대를 근거지로 하고 있었다. 그러나 초기에 산성을 근거지로 해서 세력을 축적하고 있었던 시절보다는 국내성의 평지도성과 산성자산성(위나암성, 환도성)이라고 하는 산성을 겸용하는 한 단계 발전된 도성 형태를 갖추어 나가고 있었음을 알 수 있다. 국내성과 산성자산성은 다같이 동ㆍ남향의 성곽이며, 성 안에는 궁궐터가 남아 있다.

고구려는 미천왕 14년(313) 낙랑군을 강습하여 이를 병합하고 다음 해에는 대방군마저 공격해 병합하니 중국 군현은 한반도에서 소멸되었다. 이와 같이 남쪽 공략에 성공한 고구려는 장수왕 15년(427) 평양으로 천도하게 되었는데 이때의 평지 도성은 현재 대동강 北岸의 평지에 있는 安鶴宮址이고, 산성은 안학궁지 뒷산에 있는 大成山城[15]이다. 안학궁지의 성 둘레는 사방 622m의 판축 방형토성으로 성문은 남쪽문만이 3개이며, 동ㆍ서ㆍ북쪽의 성문은 각각 1개씩 모두 6개소가 부설되어 있다. 北宮ㆍ中宮ㆍ南宮이 성의 중추부에 위치하고 있고, 좌ㆍ우에 東宮과 西宮이 배치되어 있으며 성의 동ㆍ서 양쪽 성밖에 濠가 부설되어 있다.

평지도성인 안학궁과 짝을 이루어 축조된 대성산성은 안학궁 뒷산의 표고 274m의 대성산에 있다. 성 둘레는 9,280m에 달하며, 풍부한 수량을 가지고 있는 연못과 2개소의 문터, 그리고 2개소의 건물터가 있는 것이 확인되었다. 이와 같은 도성제는 평지인

---

14) 李丙燾, 註 2)의 前揭文, 370~3쪽.
15) 關野貞, 1988, 「高句麗の 平壤城 及び長安城にに就いて」, 『史學雜誌』第39篇 第1號, 52~61쪽.

국내성과 산성인 산성자산성과 맥을 같이 하는 城制라고 할 수 있다. 이와 같은 성의 기능에 대해 『周書』 高麗傳은 '治平壤城. 其城東西六里, 南臨浿水, 城內唯積倉儲器備寇, 賊至日, 方入固守, 王則別爲宅於其側, 不常居之'라고 기록하고 있다.

『三國史記』卷19 고구려본기의 기록에 의하면 陽原王 8년(552)에 長安城을 축조하기 시작하였고 平原王 13년(571)에 궁실을 중수하였으며, 同王 28년(586)에 이곳으로 천도하였다고 한다. 장안성은 평양시가를 둘러싸고 있는 평양성에 해당된다.

장안성은 평지와 산릉의 자연지세를 이용하여 축조하였는데, 둘레 23km에 총면적은 1,185,000㎡이다. 장안성은 왕이 있는 內城과 관아가 있는 中城, 시민이 거주하는 外城이 있어 성벽으로 각각 이를 구분하고 있다. 내성은 장안성의 평지도성에 산성을 추가 부설함으로써 국내성이래의 평지도성+산성의 築城制를 답습하고 있다. 장안성이라고 하는 명칭은 당 장안성의 명칭에서 유래된 것이며 羅城制의 도입은 北魏 洛陽城制를 이어받아 唐 長安城의 都城制를 답습한 것으로 보인다[16].

(나) 百濟

『三國史記』卷23 百濟本紀 溫祚王條에 의하면 夫餘系인 沸流 · 溫祚 집단이 북쪽으로부터 남쪽으로 내려와 지금의 서울 부근에 있는 '漢山'에 올라가서 정착할 곳을 정한데 대해 다음과 같이 묘사하고 있다.

---

16) ① 魏存成, 註 11)-①의 前揭文, 35쪽.

② 李殷昌, 註 11)-②의 前揭文, 125~64쪽.

③ 全榮來, 1987, 「古代山城の發達と變遷」, 『東アジアと日本』 考古美術篇, 吉川弘文館, 510쪽.

唯此河南之地, 北帶漢水, 東據高岳, 南望沃澤, 西阻大海, 其天險
地利, 難得於勢, 作都於斯, 不亦宜乎

이 기록으로 미루어 보면 온조집단이 도읍지로 작정한 河南의
땅은 북쪽에 漢水가 흐르고 있고, 동쪽은 높은 산으로 막혀 있으
며, 서쪽은 큰 바다로 막혀 있고, 남쪽으로는 비옥한 옥토가 바라
다 보이는 곳이라고 한다. 이러한 조건을 갖춘 도읍지의 위치에
대하여는 여러 가지 설이 있지만, 그간 조사와 발굴을 통해 서울
특별시 강남구에 있는 夢村土城으로 비정하는 견해가 가장 유력
시되고 있다. 1997년 이후 風納土城의 조사로 이 성지를 河南慰禮
城으로 비정하는 주장이 제기되고 있으나, 축조시기는 몽촌토성과
거의 같은 시기이므로 원문 그대로 게재하기로 하였다. 2001. 10)
이 夢村土城은 한강 남쪽 표고 42.9m의 언덕위에 있는데 지세
는 서고동저, 북고남저의 남향을 하고 있다17). 城 둘레는 2,295m
이며 면적은 216,000㎡(약 67,000평)이고, 270m의 外城과 垓子가
부설되어 있다. 축성방법은 기본적으로 자연지형을 이용하면서
부분적으로 보축하고 있고 木柵도 설치하고 있으며, 문터는 3곳
이 있었던 것으로 추정되고 있다. 또한 판축부분이 확인되었는
데, 판축은 흑색 점토와 뻘, 적색 점토, 모래, 산자갈, 산흙 등을
섞어 여러 층으로 단단하게 다지고 있다18).
1987년의 몽촌토성 동북지구 발굴보고에 의하면 주거지 5기,
저장공 9기, 옹관묘 1기, 토광적석묘 1기 등을 발굴하였는데, 이
곳에서 출토된 토기들은 4~5세기 경의 것이 주류를 이루고 있

---

17) 成周鐸, 1983, 「漢江流域 百濟初期 城址硏究」, 『百濟硏究』 제14집,
   忠南大學校 百濟硏究所.
18) 夢村土城 發掘調査團, 1984, 『夢村山城 發掘調査報告』, 211~7쪽.

다. 그러나 西晋代 灰釉錢文陶器片의 출토로 보아 이 성이 축조된 연대는 A.D.300년 전후로 보이며, 5세기 중엽까지 사용했던 성터로 판단되고 있다[19].

『三國史記』卷24 百濟本紀 近肖古王 26年條에 의하면 왕은 태자와 더불어 精兵 3萬을 거느리고 고구려 평양성을 쳐서 고국원왕을 전사케 하였다. 왕은 군사를 이끌고 후퇴하여 '漢山'에 移都하였다고 하는데, 이것은 고구려의 반격을 염려해서 취해진 조치이다. 그러면 이도하였다고 하는 '漢山'이 어느 곳인가 하는 것이 문제가 된다.

그동안 조사로 '한산'의 위치는 지금의 南漢山城과 二聖山城이 '漢山'으로 추정되고 있다. 이성산성은 廣州郡 西部面 春宮里(宮村) 표고 207m에 위치하고 있는 석축산성이며, 둘레는 1.7km의 테메형산성이다[20]. 최근 발굴 보고에 의하면 6세기 중엽에 신라가 축조하여 8세기 초에 개축을 한 일이 있으며, 9세기에 폐성된 것으로 보고되고 있다[21]. 그러나 남한산성에는 백제 온조왕과 관련된 기록[22]이 많이 나오고 있어 아주 무관하다고는 할 수 없을 것 같다. 근초고왕때 '移都漢山'이라고 한 '한산'은 남한산성을 중심으로 한 부근일 것으로 추정된다. 고구려의 남침에 대비해서는 江北에 있는 북한산의 '한산'보다는 江南에 있는 '한산'이 지리적으로 유리할 뿐만 아니라 도성으로 비정되고 있는 몽촌토성(또는 풍납토성) 일대보다 남쪽에 위치하고 있어야 사리적으로

---

19) 서울시 · 서울대학교박물관, 1987,『夢村土城 東北地區 發掘報告』, 211~7쪽.
20) 成周鐸, 註 17)의 前揭文, 20~1쪽.
21) 심광주, 1988,『二聖山城에 대한 연구』, 한양대학교 대학원.
22) 洪敬謨 重訂 1846,『南漢志』城址條.

맞기 때문이다.

백제는 蓋鹵王(455~475)때 이르러 고구려 장수왕의 침략을 받아 왕이 살해되자 그의 아들 文周王이 熊津(公州)으로 도읍을 옮기게 되었다. 서울을 옮긴 백제는 熊津城(公山城)을 축조하였는데 그 규모는 대략 다음과 같다.

웅진성은 공주 시내 북쪽 110m의 언덕 위에 토축과 석축으로 축조한 둘레 2,660m[23])의 包谷型山城이다. 석축은 본래 토축이던 것을 후대에 개축한 것으로 보인다[24]). 그동안 성안에 있는 挽阿樓址와 臨流閣址, 東門址, 將台址 등이 발굴되었고, 최근에는 백제때 연못터로 추정되는 石築과 함께 보고자들이 왕궁지로 비정하는 건물지가 조사되었다[25]). 그런데 이 보고서에 의하면 성내의 서쪽 봉우리 평탄한 지역에 반지하식 건물지 1기와 掘建式 건물지 1기, 積心石式 건물지 5개소가 있는데, 이 가운데 2개소는 백제시대 것이고 3개소는 통일신라시대 것이다. 이 산성은 북쪽으로 금강이 흐르고 남향을 하고 있어 지리적 조건이 몽촌토성과 유사하며, 백제 때 축조된 것은 확실하다고 할 수 있다. 그러나 왕궁지로 추정한 자리가 협소할 뿐만 아니라 백제 때의 건물도 2동에 불과하고, 관상용 연못으로 추정되는 유구는 集水用일 가능성도 있어 보고자의 견해를 그대로 받아들이기는 어렵다.

백제는 웅진으로 천도한지 63년만인 聖王 16년(538)에 泗沘(扶餘)로 또 한번 천도하게 된다. 이는 협소한 웅진지방으로서는 큰 발전을 기대하기가 어려웠기 때문인 것으로 판단된다.

---

23) 安承周, 1982,『公山城』, 公州師範大學 百濟文化研究所.
24) 成周鐸, 1980,「百濟熊津城研究」,『百濟研究』제11집, 64~71쪽.
25) 安承周・李南奭, 1987,『公山城 百濟推定王宮址 發掘調査報告書』, 公州師範大學 博物館.

泗沘城은 표고 106m의 부소산에 축조되었으며, 지형은 웅진성과 같이 남고북저이며, 산성 뒤에는 금강이 흐르고 앞에는 넓은 들판이 있는 지리적 조건을 하고 있다. 성은 軍倉址가 있는 표고 70~90m의 등고선을 따라 1,400m의 테메형산성을 토축으로 축조하고, 泗沘樓가 있는 표고 106m지점에도 둘레 700m의 테메형산성을 토축으로 축조하였다. 이 두 개의 테메형산성을 연결하여 산릉전체를 두르는 포곡형산성을 축조하였는데 그 둘레는 2,200m이다. 테메형산성＋포곡형산성의 이른바 복합식산성을 이루고 있는데, 이것은 백제후기의 독특한 百濟式山城이라 할 수 있다[26]. 1981년 군창지소재 산성을 절개해서 조사한 결과 4층으로 이루어져 있음이 확인되어 초축 이후 3차에 걸쳐서 보수가 이루어진 것임을 알 수 있었다. 초축은 천도 이전의 시기에 이루어지고, 백제시대에 2차에 걸친 수축이 있은 다음 조선시대에도 수축된 것으로 판단되었는데, 첫 번째 수축은 聖王이 천도할 때로 보여지며, 두 번째 수축시기는 武王대로 추정된다. 이 테메식산성의 안쪽 남북으로 축조된 토루는 통일신라시대에 축조되었

---

26) ① 成周鐸, 1982, 「百濟泗沘城研究」, 『百濟研究』 제13집, 131쪽.
   ② 成周鐸, 1997, 「百濟熊津城研究 再齣」, 『百濟研究叢書』 5, 충남대학교 백제연구소.
(補註) 이 글이 발표되고 나서 1990년대 이후 부소산성에 대한 발굴조사가 진전되어, 군창지와 사비루 소재 테메식산성은 통일신라시대에 축성된 것임이 새롭게 확인되었다. 이에 따라 필자를 포함하여 주장하였던 백제의 복합식산성이라는 설은 존재 근거가 박약해지게 되었다. 필자는 이 발굴조사 결과를 받아들여 부소산성이 '백제 포곡식산성→통일신라 테메식산성'으로 변천하였음을 밝힌 바 있다(拙稿, 1994, 「韓國의 古代都城」, 『東洋都市史 속의 서울』, 서울市政開發研究院). 여기에서 이를 補註로 첨언하여 복합식산성이라는 설을 철회하였음을 공식적으로 밝혀둔다.

고 그 중간에 있는 남북토루는 조선시대 축조되었음이 밝혀져 수정 발표한 바 있다.

羅城은 이 사비성을 중심으로 해서 동쪽으로 靑山城과 필서봉을 거쳐 금강에 접하여 있고, 서쪽으로는 舊校里·東南里·軍守里로 이어지고 있는데 그 길이는 약 6km로 밝혀졌다. 성안의 행정구획은 五部制가 실시되었던 것으로 알려져 있으며, 나성이 축조된 시기는 7세기 초(武王 6년경)일 것으로 추정하였으나 최근에는 6세기 중반대까지 상회하는 것으로 의견이 모아지고 있다.

나성 동쪽 약 4km지점에는 둘레 약 6.5km의 靑馬山城이 있는 바, 이는 백제시대 축조된 산성가운데 가장 규모가 큰 포곡형산성이다. 백제 후기 사비성의 성제는 사비도성＋청마산성의 성제를 채택하고 있다.

(다) 新羅

신라는 진한 12개 성읍국가중의 하나인 斯盧를 모체로 하여 성장한 나라이다. 『三國史記』卷1 新羅本紀에 의하면 신라를 건국하였다고 전하는 朴赫居世 21년(B.C. 37)에 京城을 축조하고 '金城'이라 호칭하였다고 한다. 이 '金城'에 대하여는 그 정체를 파악하기가 어려운 점이 있으나 왕의 거처에 대한 별칭으로 보는 견해가 있다[27].

婆娑尼師今 22년(101)에 축조하였다고 하는 月城은 지금도 남아 있는데, 이 月城 垓子(濠)에 대한 조사 결과에 의하면 垓子(濠)는 자연지형을 이용하고 부분적으로 城壁外郭을 석축으로 한

---

27) 尹武炳, 1971, 「제2절 역사도시 경주의 보존에 대한 조사」, 『문화재의 과학적 보존에 관한 연구(1)』, 과학기술처, 127쪽.

흔적이 있으며, 성벽의 기저부를 따라서 자연석으로 4~5단의 80cm높이로 석축을 하였다[28]. 동문지와 雁鴨池 사이는 할석으로 잘 맞추어 쌓았으며 높이 1~1.8m, 폭 23~42m의 뻘층이 있고 이곳에서 삼국시대 토기가 출토되었는데 제작연대에 대하여는 확실한 결정을 내리지 않고 있는 형편이다. 신라의 왕도는 건국 초기부터 고려왕조로 바꾸어질 때까지(936) 근 천년동안 한 곳에 있었기 때문에 시대의 발전에 따라 시가지가 바뀌어졌으므로 원형을 찾아보기는 어려운 실정이다. 그래서 그 동안에 조사보고된 자료를 가지고 신라의 왕도를 살펴보기로 하겠다.

도성의 중심지역이라고 할 수 있는 궁전은 월성을 중심으로 있었으며, 통일 후에는 이 지역을 넓혀 궁전들이 확장·건립되었던 것으로 알려져 있는데, 안압지와 臨海殿址는 왕궁의 일부를 이루고 있었던 것으로 알려져 있다[29].

新羅王京의 규모는 동서 길이가 3,900m이다. 그 중간지점에 120m의 주작대로가 있었던 것으로 밝혀졌다. 이 대로는 사적 제 17호로 지정되어 있는 邑南古壘가 북천으로부터 똑바로 월성을 향하여 남하하여 남쪽의 월성 중심부로 이어지고 있다[30]. 월성을 중심으로 하여 자연발생적으로 형성되던 徐羅伐의 시가지는 慈悲王12년(469) 비로소 坊里名을 정하게 되고 炤智王 12년(490)에는 최초로 시장이 생기게 되었으며, 그로부터 10년 뒤에는 東市가 개설되어 東·西 兩市 체제가 형성된 것으로 보인다. 이와 같은 양시 체제의 도시계획은 중국식 제도를 채용하여 처음으로

---

28) 문화재연구소·경주고적발굴조사단, 1985, 『月城垓子試掘調査報告書』, 130~2쪽.
29) 藤島亥次節, 1969, 『朝鮮建築史論』其二, 景仁文化社, 104쪽.
30) 尹武炳, 註 27)의 前揭文, 132쪽.

왕도의 도시 계획을 실시했다고 하는데 중요한 의의를 지니고 있다[31]. 藤都亥次郎은 신라 王京計劃案 상상도에서 월성을 중심으로 한 中軸線인 주작대로에 해당하는 도로의 서편에 월성이 위치하여 있고 그 뒤에 東市·西市를 포괄하고 있는 左京과 右京이 있으며 월성 앞에 주거지역이 있었던 것으로 복원하고 있다[32].

월성은 나성과 같은 방위시설이 부설되어 있지 않았기 때문에 주변에 이와 준하는 방위시설을 하였으니 월성 주위의 南山新城. 明活城, 西兄山城, 仙桃山城 등이 그것이다. 이들에 대한 축성기록을 『삼국사기』에서 보면 慈悲麻立干 16년(473)에 명활성을 수축하였고, 眞平王 13년(591) 남산성을 축조하니 둘레가 2,584보라 하였으며 同王 15년(593)에는 명활성을 개축하니 둘레가 3,000보요 서형산성을 축조하니 둘레가 2,000보라 하였다. 이 기록들로 미루어 보면 6세기 후반에 나성 성격을 가진 도성 방위시설이 부설된 것으로 보인다. 경주 분지는 남북이 약 10km, 동서 약 8km에 달하는데 이를 수호하기 위하여 위의 4개성을 축조하였고, 그 외곽으로 關門城, 富山城, 北兄山城 등을 배치하여 도성을 방위하고 있다. 이들 가운데 남산 신성은 약 3.9km에 달하는 큰 산성으로서, 축성을 기념하는 碑文이 5점 발견되었다. 비문내용을 살펴보면 10~15명이 집단이 되어 성벽 축조의 책임을 맡았으며, 이 집단은 200집단 이상에 달하였고 10~30m 정도를 분담하여 축성했다고 한다. 이 축성에 동원된 사람들은 당시 신라의 지배하에 있었던 지역전체에 걸쳐 있었을 가능성이 높다. 비문에 나오는 지명 가운데에는 경상남북도 뿐만 아니라 충청도 지방에

---

31) 尹武炳, 註 27)의 前揭文, 129쪽.
32) 藤島亥次郎, 註 29)의 前揭文 附圖 第11 新羅王京計劃案 想像圖.

까지 미쳤던 것으로 알려져 있다[33].

3. 中國 城郭築造의 起源과 發達

1) 起源

중국에 있어서 성의 개념은 곧 國家와 國都를 의미하며, 안쪽
에 있는 것을 성, 바깥쪽에 있는 것을 곽이라 하여 內城과 外郭
으로 구분하고 이를 합한 것을 城郭이라고 한다[34]. 이와 같은 개
념을 가지고 있는 중국에 있어서 성곽축조에 관한 고고학적 자
료를 살펴보자.

(가) 鄭州 商城

중국에서 가장 오래된 성터로는 河南省 鄭州市에 있는 鄭州商
城을 들 수 있다. B.C. 1500년 전에 축조되었다고 추정되는 이
성은 그 둘레가 6,960m에 달하며 정사각형에 가까운 형태를 하
고 있는 판축 토성이다. 성내 동북부의 약 40만㎡에 달하는 비교
적 높은 지대에는 크고 작은 판축기단이 남아 있는데, 이곳은 商
代 귀족들이 살던 궁전터로 추정되고 있다. 또 성 밖에는 같은
시기의 일반 평민들의 주거지가 있고 지하로 된 방은 아마도 노
비들이 살던 주거지였을 것으로 추정된다. 한편 반지하로 된 가
옥은 陶製, 骨製, 鑄銅, 釀造를 하였던 작업장으로 추정되고 있으
며, 이밖에 소형 묘지도 있다. 이 성터에 대하여 商의 都城 亳이
라고 하는 설과 商代 中期 仲丁이 천도하였다고 하는 隞都로 비

---

33) 井上秀雄, 1976, 「朝鮮の都城」, 『都城』 上田正昭編, 290～1쪽.
34) 諸橋轍次, 1968, 「城」, 『大漢和辭典』, 大修館書店, 81쪽.

정하는 설이 있다[35].

(나) 盤龍城

B.C 15세기경에 축조된 것으로 알려진 盤龍城址는 湖北省 黃陂縣 叶店에 위치하고 있다. 남북 약 290m, 동서 약 260m의 반룡성은 판축으로 되어 있고, 남향을 하고 있으며, 성문은 1개소로 되어 있는 方形土城이다. 성내 동북부에는 坐北朝南의 大形宮殿址가 있고 성 밖에는 주민들의 주거지구와 수공업지구가 있으며 묘지구역도 있다[36].

(다) 殷墟(安陽 小屯)

B.C. 14세기 무렵 盤庚이 천도하여 270여년간 도읍으로 하였다고 하는 은허는 지금 安陽 小屯에 위치하고 있으며, 일찍이 갑골문이 발굴된 곳이다. 이곳에서는 宮室, 廟宇, 一般住宅, 墳墓, 土穴, 움집곳간, 地牢 등이 확인된 바 있다. 당시 궁실로 추정되는 규모가 큰 건물터는 판축으로 되어 있으며, 가옥 형태는 대부분 矩形과 凹形으로 되어 있고 정남향을 하고 있다. 30~60cm의 天然鵝卵石 柱礎돌이 발견되었으나 기와는 발견되지 않고 있어 아직 기와집을 짓는 단계까지는 이르지 못한 것 같다. 주택을 동서와 남북으로 배열하고 가운데는 정원으로 만들었는데 日照를 위해 남향을 강조하고 있는 점이 특징이다. 은허에서는 각종 수

---

35) ① 董鑒泓, 1984,「第一節 殷商時代的城市」,『中國城市建設發達史』, 明文書局, 7~9쪽.
     ② 安金槐 1985,「鄭州商城」,『中國大百科全書 考古學』中國大百科 全書出版社, 649쪽.
36) 俞偉超,「盤龍城遺址」, 註 35)-②의 前揭文, 361~2쪽.

공업 작업장과 함께 부근에서 귀족들의 묘지도 발견되었으나 성곽은 아직 확인되지 않고 있다. 다만 동북쪽에 길이 750m, 너비 20m, 깊이 약 5~10m의 해자를 파서 방어시설을 하고 있을 따름이다[37].

(라) 周代 城郭

서주 초기의 도성은 豊京과 鎬京인데, 모두 西安의 豊水 東西岸에 있다. 그러나 현재까지의 조사로서는 도성으로 인정할 만한 유적이 발견되지 않고 있다.

서주 초기의 정치 중심지는 豊·鎬 兩京이었다. 따라서 商代의 중심지구였던 황하 하류지방을 통치하기에는 불편하였기 때문에 武王이 周公에게 명하여 洛陽에 王城과 成周 兩個城市를 건설하게 하고 낙양 왕성에는 8師(每師 2,500人)를 주둔시켜 成周에 거주하는 상의 遺民을 통치하게 하였다.

낙양(王城)은 B.C.8~7세기에 周公旦이 축조한 것으로 기록에 나오지만 이곳에서 발견된 토성들은 대부분 춘추시대 유적들이어서 기록과 잘 맞지 않는다. 이 성지는 漢代에 축조한 河南縣城址와 겹쳐 있어 고증하기가 더욱 어렵다. 2,890×3,320m의 方形에 흡사한 이 토성을 미터법으로 환산하면, '方九里'라고 하는 기록과 상부하는 점이 있고 중심부분의 건물터도 성 중앙에서 약간 南쪽으로 치우쳐 분포하고 있으므로 '王城居中'이라고 하는 『周禮』考工記의 기록도 맞고 있다.

또한 商의 '頑民'들을 통솔하기 위해 축조한 成周는 낙양 동쪽 7.5km지점에 있는데 성내에는 閭里가 있다고 전하나 실증할 만

---

37) 董鑒泓, 註 35)-①의 前揭文, 9~10쪽.

한 자료는 없다. 위의 『周禮』 考工記에 기재되어 있는 '匠人營國, 方九里, 芳三問, 國中 九經九緯, 經涂九軌, 左祖右社, 前朝後市, 市朝一夫'라고 하는 도성 營造法은 이후 중국 도성 축조에 큰 영향을 주고 있음이 사실이나 周代의 도성에 대하여는 아직 확실한 증거가 제시되지 않고 있다[38]. 다만 낙양의 왕성이라고 할 수 있는 大城 즉, 小城+大城의 城制를 채택하고 있는 것이 특징이다.

(마) 曲阜 魯城遺址

B.C.770년 周王이 東遷한 이래 왕조가 분열되어 춘추전국시대에 접어들게 되었다. 토지 사유제의 확립, 수공업과 상업의 발전으로 인한 경제력의 증가와 철공구의 발달 그리고 인구의 증가는 각 나라 사이에 전쟁을 불러 일으켰고, 따라서 정치와 경제의 중심이 되는 도성에 대한 방어가 자연적으로 필요해져 성벽을 축조하는 도성의 발달을 가져왔다. 이 때의 대표적인 도성 중 하나라고 할 수 있는 山東省 曲阜縣의 魯城遺址에 대해서 살펴보기로 하겠다.

曲阜 魯城遺址는 서주 말기에 축조된 것으로 알려져 있는데, 남벽이 3,250m 북벽이 3,560m 동벽이 2,531m 서벽이 2,430m 등 총 11,771m에 달하는 남향의 장방형 토성이다. 성벽은 서주 말기부터 西漢 때까지 6차례에 걸친 수축이 있었던 것으로 조사 결과 밝혀졌다. 사방에는 垓字(濠)가 부설되어 있고 동·서·북 3면에는 각각 성문이 3개씩 부설되어 있으며 남쪽에는 2개의 문이 부설되어 있는데 문의 너비는 7~15m이다. 성 중앙부에서 중

---

38) 董鑒泓, 註 35)-①의 前揭文, 10~1쪽.

남부에 걸쳐 周公廟가 있고, 그 동·서·북 삼면에는 魯王의 궁성으로 추정되는 판축기단이 남아 있다. 사방으로 통하는 5개의 도로가 성문을 향해 나 있는데, 그 가운데 남북가도가 간선도로로 개설되어 있다. 노성의 궁실은 성곽 중심부분에 위치하고 있어 『周禮』 考工記의 계획에 의하여 이루어졌던 것으로 보인다. 성안의 서북부에서는 周代의 冶銅·製鐵 등의 유적이 남아 있고, 도기 등 많은 유물이 출토되고 있다39).

주대 낙양의 小城과 成周의 外郭城 성격을 띤 大城. 그리고 곡부 노성은 '坐西朝東'의 양식을 답습하고 있는 것이 공통된 점이라 할 수 있다40).

이밖에 춘추전국시대의 도성으로서 趙의 邯鄲城, 齊의 臨淄城·鄭韓故城·淹城, 燕의 下都등이 있으나 曲阜魯城과 유사한 성격이므로 생략하기로 한다.

2) 發達

(가) 秦·漢時代 長安城

漢 高祖는 秦을 멸망(B.C.206)시키고 長安縣을 설치(B.C.202)한 후, 秦代에 축조한 興樂宮에 長樂宮과 未央宮을 축조하고 낙양에서 장안으로 천도하였다. 장안성은 陝西城 西安市 서북쪽 3km지점에 있다. 惠帝元年(B.C.194)에 처음으로 성벽을 축조하기

---

39) ① 駒井和愛, 1977, 「曲阜魯城の遺跡」, 『中國都城·渤海研究』, 21~42쪽.
② 賀業鋸, 1986, 「魯都規劃與營國制度」, 『中國古代城市 規劃史論叢』, 37~53쪽.
40) 楊寬 著·西嶋安生 監譯, 1987, 「五. 西周都城の配置構造」, 『中國都城の基源と發展』, 學生社, 66쪽.

시작하여 5년 만에 완성하였으며, 武帝때에 北宮·桂宮·建章宮을 축조하고 上林苑과 昆明池도 확장 축조하였다.

성벽은 전부 판축으로 되어 있으며, 높이는 12m이상, 기저부의 너비는 12~16m이며, 성밖에는 濠가 부설되어 있다. 성의 둘레는 동쪽이 약 6,000m, 남쪽이 약 7,600m, 서쪽이 4,900m, 북쪽이 7,200m로 총 25,700m이며 성 안의 면적은 약36k㎡이다. 성의 평면은 대체로 불규칙적인 사각형을 형성하고 있다. 모두 12개소의 성문이 있는데 그 너비는 6m이며, 중앙에 부설된 황제의 전용도로 너비는 20m이다.

궁중의 주요 건축물 가운데 未央宮은 황제가 조회를 받는 궁전이며, 평면은 정사각형이다. 총 면적은 약 5k㎡로 성 전체면적의 7분의 1에 해당된다. 제후들이 조회하러 입궐할 때에 東闕로부터 들어오게 되어 있어 '坐西朝東'의 성제를 하고 있다.

일반민의 주택구역은 '里'를 단위로 하고 있는데, 160개의 閭里가 있었으며, 대부분 성 북쪽에 위치하고 있다. 장안에는 9개市場이 있는바, 6개 시장의 위치는 성 서쪽에 있으므로 西市라 하고, 3개 시장은 성 동쪽에 있으므로 東市라 하였다. 上林苑은 秦都 咸陽에 마련한 것인데, 漢代에 이르러 일시 폐지하였다가 武帝때 이를 궁전으로 삼고 확충하여 둘레가 200여리에 달하였고, 苑內에는 수십개소의 離宮과 별관이 있었다. 그리고 도성의 水源문제 해결과 水軍의 훈련을 위하여 장안성 서북쪽에 면적 약 10여k㎡에 달하는 昆明池를 부설하고 있다.

東漢 때 낙양으로 천도한 후 長安城은 西京이라고 하여 주요 도성으로 성장하게 되었는데, 獻帝가 한때 이곳으로 천도한 일이 있고 西晉 末 愍帝 때도 역시 도읍으로 정하였다. 이후 前越·前

秦·後秦·西魏·北周 등이 이곳에 도읍을 정하였고 隋代에는 새로 大興城을 만들었으며, 唐代에는 다시 長安이라고 명칭을 바꿨는데 이후 서한시대의 장안성은 원래 모습을 잃고 말았다. 秦·漢時代 도성은 宮을 중심으로 하는 정치활동 중심지구와 일반민의 주거지 및 수공업공장과 시장으로 구성되어 있는 경제활동 중심지구로 구성되어 있었다[41].

(나) 漢·魏 洛陽城

漢 낙양성은 하남성 낙양시 동쪽 약 15km지점에 있는 서주때의 成周도성이다. 낙양성은 曹魏·西晋·北魏의 도성이기도 하다. 漢 光武帝 建武元年(A.D.25)에 도읍을 정하였는데, 獻帝 初平元年(190)에 천도할 때는 궁궐과 주거지가 모두 불타 버렸다. 魏文帝 黃初元年(220)에는 漢代의 옛 터에 도성을 건설하였는데, 西晋은 이를 답습하여 사용하였고, 永嘉5년(311)에는 낙양이 戰亂으로 다시 파괴되었다. 北魏 孝文帝 太和 19年(495) 平城에서 이 곳으로 천도한 후 대규모로 개축하여 도성의 型制가 일변하기에 이르렀다. 孝靜帝 天平 元年(534)에 鄴城으로 천도한 바 있고, 元象 元年(538)에는 전란으로 洛陽城이 또 한번 파괴되었다. 隋唐代의 낙양성은 지금의 낙양시 지구로 옮기게 되어 漢魏時代 낙양성은 폐기되고 말았다.

漢代 낙양성은 평면이 장방형을 이루고 있으며, 남북이 9리 동서가 6리로서 세칭 '九六城'이라고 한다. 성벽은 판축으로 되어

---

41) ① 王仲孫, 1985, 「漢長安城遺址」, 『中國大百科全書 考古學』, 181~5쪽.

② 中國社會科學院 考古學研究編著·關野 雄譯, 1988, 「漢代の城邑と環境の軍事施設」, 『新中國の考古學』, 平凡社, 363~7쪽.

있고, 성 둘레는 13,060m이다. 성문은 모두 12개소가 있으며 성 안에는 24개소의 거리가 상호 교차되게 부설되어 있다. 성 가운 데 주요 건물은 南宮과 北宮으로 이루어져 있으며, 무기고와 창 고는 북쪽 구석에 자리하고 있다. 南郊에는 南市, 東郊에는 東市 가 있고, 金市는 南宮 서북쪽에 있으며 商工業地區도 있다. 魏晉 時代 낙양성은 漢代 낙양성의 폐허 위에 건설한 것으로, 北邙山 아래의 서북쪽 구석에 군사시설을 목적으로 하는 金鏞城을 축조 한 것이 특이하다.

北魏의 낙양성은 대체로 전대의 것을 이용하였으나, 漢代 이 래로 내려오던 南·北 兩宮制度를 한 개의 궁성제도로 통합하고 그 위치를 도성의 북부에서 약간 서쪽으로 치우친 곳 즉 漢魏時 代의 北宮 위치에 세운 것이 구조상 주요한 변혁이라 할 수 있 다.

궁성의 범위와 성문의 위치가 바뀌어짐에 따라 성내의 구조와 街道에도 변화가 많이 생겨, 남궁이 폐기되고 선양문으로 통하는 中央大路의 銅駝街가 개설되었으며, 이것을 중심으로 좌우에 종 묘와 사직 및 관공서가 들어서게 되었다.

宣武帝 景明 2年(501)에 동서 20리 남북 15리의 외곽성을 축 조하고, 320개의 방형 坊里를 만들었다. 따라서 漢代 이래의 舊 城은 '內城'으로 되었다. 大市·小市·四通市 등과 상공업지구는 모두 내성 밖으로 옮겨져 궁성 남쪽에 설치하였으니 『周禮』 考 工記에 나오는 '前朝後市'의 전통이 완전히 깨어져 획기적인 변 화를 가져오게 되었다. 이후 이 낙양성의 城制는 隋代의 大興城 과 唐代의 長安城 및 洛陽城에 끼치는 영향이 컸다[42].

---

42) 王仲孫, 註 41)-①의 전게문, 181~3쪽.

중국 도성 중 대표적인 성격을 가지고 있는 전한의 장안성과 후한의 낙양성 특징을 살펴보면, 공통점은 양자가 규모는 크지만 모두 내성의 성격을 가지고 있다는 것이다. 이에 비해 서로 다른 점은 전자가 '坐西朝東'하였으나 후자는 '坐北朝南'으로 방향이 바뀌어졌다고 하는 점이다43). 후한대의 낙양성을 계승받은 낙양성은 궁성을 성의 중앙 북부에 두고 중앙에 큰 도로를 개설하는 한편 이 중축선을 중심으로 동·서 대칭의 형국으로 바뀐 것이 특징이며, 외곽성을 부설한 것은 한단계 발전된 축성법이라고 할 수 있다.

(다) 南朝 建康城

남조의 건강성은 춘추시대 말기에 吳國을 멸망시킨 越國에 의하여 축조된 이래 南朝의 정치중심지가 되었다. 건강성은 북쪽에 鷄籠山 및 覆舟山과 玄武湖로 둘러싸여 있고, 남쪽에는 秦淮河가 흐르고 있으며, 서쪽에는 石頭山이 위치하고 있는 자연지세를 이용해 축조한 도성이다. 역대 왕조들이 편의대로 확장함으로써 도성의 평면형태는 불규칙적이며, 따라서 중국 고대도성 가운데 불규칙적인 형태를 하고 있는 유일한 예라고 할 수 있다. 城市지구 또한 자발적인 발전으로 인하여 문란한 편이지만, 궁전이 있는 부분만은 일정한 계획하에 이루어졌다44). 이 건강성의 복원을 시도해 본 결과, 東晉이 남천해 올 때 孫吳의 建鄴城을 확장하여

中國社會科學院 考古學硏究所編著·關野雄譯, 註 41)-②의 전게문, 469~674쪽.
駒井和愛,「三.洛都規劃槪述」, 註 39)-①의 전게문, 158~81쪽.
43) 楊寬 著·西嶋安生監譯, 註 40)의 前揭文, 192쪽.
44) 董鑒泓, 註 35)-①의 前揭文, 29~31쪽.

魏晉의 洛陽城을 재현시켰고, 劉宋時代(420~478)에 북쪽으로 확장해 대지를 조성한 후 이를 둘러싼 대규모의 외곽성을 갖추게 됨으로써 내성과 외곽을 갖춘 二重의 大都城을 완성하였다. 이 도성 체제가 백제 泗沘都城과 일본 大宰府都城에 영향을 끼쳤다고 하는 견해가 있다[45].

(라) 樂浪治所

漢 武帝(B.C.142~87)는 천하를 통일한 후 郡縣制를 실시하고, 군현에 성곽을 축조하도록 명령하였다. 한무제는 이 정책의 일환으로 한반도에 있는 군의 치소에도 성곽을 축조하도록 하였다. 樂浪·眞番·臨屯·玄菟의 4개군 중 낙랑 치소에 대해서는 앞서 2절의 말미에서 소개하였으므로 생략하기로 한다.

4. 맺음말 -比較考察을 중심으로-

이상의 자료를 가지고 비교 고찰해 보면 대략 다음과 같은 결론을 얻을 수 있다.

한국에서 도성의 방위시설인 성곽 축조 시기는 문헌상으로는 紀元前까지 올라간다. 이후 군소 국가들이 성을 중심으로 성읍국가를 형성하고 있었던 것으로 알려져 있으나 발굴을 통해 알려진 자료는 아직 없다. 이 가운데 고구려가 國初에 근거지로 하였다고 전하는 곳은 桓仁의 五女山城으로 비정되고 있으나 방증할

---

45) ① 秋山日出雄, 1988,「朝鮮都城 建康の復原序設」,『橿原考古學研究所論集』第七.
   ② 成周鐸, 1988,「百濟都城築造의 發展過程에 對한 考察」,『百濟研究』제19집, 忠南大學校 百濟研究所, 68쪽.

만한 유적과 유물이 아직 확인되지 않고 있어 불분명하다. 1세기 초에 평지 도성인 國內城과 산성인 尉那巖城에 도읍을 옮겼다고 하는데 國內城은 漢代의 城址를 고구려가 답습해서 사용한 것 같다. 이것은 오녀산성같은 산악지대에 근거를 두고 살던 고구려 가 평지로 근거지를 옮겨가는 과정을 의미하며, 漢代의 성곽제도 가 고구려 초기부터 영향을 끼쳤음을 엿볼 수 있게 하는 자료이 다. 고구려가 유사시에 대비하여 평지도성과 산성이 짝을 이루는 성제를 채택한 것은 1세기초부터라고 할 수 있다.

신라는 문헌상으로 볼 때 기원을 전후해서 金城과 月城을 축 조하였다고 하는 기록이 있으나, 현재까지 발굴조사에서는 초축 연대를 확정할 만한 자료가 나오지 않고 있다. 월성을 중심으로 하는 도성과 도성을 방위하는 주변산성이 한 조를 이루는 성제 를 완비한 것은 5세기 중반이후부터이다.

백제는 초기 도성으로 비정되고 있는 몽촌토성의 상한년대가 현재까지의 발굴 조사결과 3세기경으로 알려져 있다. 내성·외 곽이 완성된 시기는 고구려에 있어서는 長安城 백제에 있어서는 泗沘城 때 이르러서이므로, 다같이 6세기 중반 경에 이루어지는 공통점을 가지고 있다.

중국에 있어서 가장 오래된 城址는 B.C.15세기경에 축조된 것 으로 알려져 있는 鄭州 商城이다. 그러나 B.C.14세기경의 殷墟에 서는 성곽시설이 아직까지 발견되지 않고 있어 전자와 다른 점 이 있다. 다음 周代 初期의 豊·鎬 兩京은 문헌에 전하고 있으나 유적이 겹쳐 인멸된 탓인지 이를 알려줄 고고학적 발견자료가 아직 없다. 周代의 대표적인 성곽으로서는 B.C.3세기 경의 전국 시대 말기에 축조된 曲阜 魯城을 들 수 있을 것 같다.

첫째로 양국의 성곽축조 발생시기를 비교하면, 중국의 경우 B.C.15세기경의 鄭州 商城때부터 이루어졌고, 한국에 있어서는 문헌자료로 전하는 기원전후를 기준으로 한다면 약 15세기의 차이가 있으며 고구려의 오녀산성을 기준으로 해도 비슷하다.

한편 성곽축조의 발전시기에 있어 중국에서 B.C.3세기 무렵에 축조된 曲阜 魯城을 기준으로 할 때, 고구려와는 국내성과 위나암성이 축조된 1세기를 기준으로 약 4세기 정도의 시간적 차이가 있다. 또 백제에 있어서는 몽촌토성을 기준으로 하는 경우, 중국과 6세기 정도의 차이가 난다. 그러나 고구려의 장안성, 백제의 사비도성을 기준으로 하는 경우에는 약 9세기의 차이가 있다. 신라에 있어서 성곽축조의 발생시기는 고구려, 백제와 비슷한 시기로 볼 수 있으나 그 발전시기는 月城의 고고학적 조사 결과가 나올 때까지 일단 보류해 둔다.

앞에서 언급한 바와 같이 월성을 중심으로 한 방위시설이 완성된 시기는 5세기 중반 이후부터로 생각되지만, 그 시점은 앞으로의 조사 결과에 따라 약간은 유동적일 수 있을 것이다.

둘째로, 지형 선택에 있어 고구려의 경우 산악지대에 축조한 산성에서 평지도성으로 내려오는 추세를 보인 후 평지도성과 이를 수호하는 산성을 축조하는 모습을 보이는 것과 달리, 중국에 있어서는 평지도성을 고수하고 있는 것이 서로 다르다.

셋째로, 축성에 사용한 재료는 고구려 도성의 경우 安鶴宮만이 판축토성이고 나머지는 석재를 사용해 축성하였다. 백제의 초기도성으로 비정되고 있는 몽촌토성은 기본적으로 토축으로서 판축으로 되어 있는 부분도 있고, 이를 보완하기 위하여 護石을 두른 곳도 있는바 웅진성과 사비성도 이와 유사하다. 신라의 월성은 토축으로 되어 있지만, 이에 부수된 산성은 모두 석축으로 되어 있어 토축보다 석축이 주류를 이루고 있다. 반면 중국에 있어서는 정주성에서 낙양성에 이르기까지 한결같이 판축에 의존한 토성으로 축조한 점이 서로 다르다. 따라서 고구려계의 도성체제와 백제계의 도성체제가 유사성을 가지고 있으며, 판축의 기법은 백제가 고구려보다 중국의 영향을 더 많이 받았을 가능성이 있다.

규모에 있어서는 고구려의 경우 오녀산성이 남북 약 1km 동서 300m이며, 국내성이 약 2.7km 이에 부수된 위나암성이 약 7km, 안학궁지는 622m이고 이에 부수된 대성산성이 약 9.2km, 평양성은 23km이다. 백제는 몽촌토성이 약 2.3km, 웅진성(공산성)이 약 2.45km(일설 2.66km), 사비성은 부소산성이 약 2.2km에 나성이 약 8km, 그리고 이에 부수되었다고 보여지는 靑馬山城이 약 6.5km이다. 신라의 경우에는 월성이 약 2.4km, 이에 부수되었다고 보여지는 남산 신성이 약 3.9km이다. 중국에 있어서는 鄭州 商城이 약 7km, 曲阜 魯城이 12km, 長安城은 25.7km, 洛陽城은 약 13km이다. 순수 도성의 경우에 있어서는 平壤城이 중국 도성과 필적할 만할 뿐 모두 규모가 작다.

넷째로, 城制에 있어 고구려는 초기에 오녀산성같은 산성을 근거로 세력을 확장해 나간 것으로 보인다. 이후 평지의 도성에도 꼭 산성을 수반해 축조하는 城制를 삼국이 다같이 채택하고 있다. 고구려 국내성은 방형이며, 장수왕 15년(427)에 축조한 안학궁도 방형이고, 그 밖에는 삼국이 모두 자연지세를 이용해 도성을 축조하였다. 그런데 중국에 있어서는 모두 정방형의 도성을 축조하고 있어 서로 다르다.

백제 도성지로 알려져 있는 몽촌토성이나 웅진성, 그리고 사비도성의 궁전지는 아직 확인되지 않고 있다. 고구려가 안학궁과 대성산성같은 城制에서 長安城 같은 궁전의 내성과 나성같은 외곽을 수반하는 도성으로 발전한 것처럼, 백제도 사비 천도(538) 이후 이와 같은 城制를 완성한 것으로 추정되는데 대개 그 시기는 6세기 중반 전후일 것으로 보인다.

신라에 있어서는 초기의 자료가 없어서 비교할 길이 없다. A.D. 469년(자비왕 12)에 坊里制가 채택되고 東·西 兩市가 개설되었으며, 월성 앞에 주거지역이 있었고 월성을 中軸線으로 朱雀大路가 개설되어 있는 것으로 알려져 있다. 그리고 삼국은 다같이 '坐北朝南'의 城制를 채택하고 있다.

중국에 있어 가장 오래된 鄭州 商城은 남북이 2km, 東西가 1.7km의 장방형 판축 토성이나 유적이 겹쳐 있어 그 이상은 알 길이 없고, 西周 末期(B.C.3세기경)에 축조된 曲阜 魯城에 이르러서 『周禮』考工記의 城制대로 '左朝右社 前朝後市'의 城制가 완성되었다. 漢 장안성은 규모가 이보다 크면서, 曲阜魯城과 같은 '坐西朝東'의 성제를 채택하고 있다. 성내는 閭里制를 채택하여 다스렸고, 동서에 9개의 시장을 보유하고 있다. 北魏 낙양성에 이르러서는 이와 같은 성제가 바뀌어지고 있다. 孝文帝 19년 (A.D.495)에 漢代의 남·북궁을 합쳐 하나의 궁전으로 통합하고 북쪽의 중축선상에 위치하게 하였으며, 중앙대로를 사이에 두고 동서 대칭의 성제를 채택하고 있다. 501년에 동서 20리, 남북 15리의 외곽성을 축조하였는데 이것은 한국의 나성과 같은 성격이라고 할 수 있을 것이다. 이전까지의 '坐西朝東'의 궁전배치가 '坐北朝南'의 배치로 바뀌어져 고구려·백제계의 성제와 유사한 점을 보이고 있다.

끝으로 상호간의 영향에 대해 살펴보기로 한다. 성곽 축조의 발생이나 도성제의 완성시기는 한국보다 중국이 훨씬 앞서 있으며, 규모도 크다. 漢代의 방형 토성과 판축기법은 고구려와 백제에 영향을 주었다. 한편 '坐北朝南'의 성제는 오히려 韓國系 성제의 일면이 北魏에 의하여 중국으로 수용·확정된 것으로 보인다. 그리고 한국에 있어서는 중국의 평지 도성제를 받아들이면서도 지리적 조건과 규모에 맞게 축성하고 있다. 즉 평지 도성인 내성과 이를 수호하기 위한 산성을 배후에 배치하고 다시 外郭인 나성을 부설하는 성곽제도를 채택하고 있다. 성곽은 두 나라 모두 국방에 대비하여 축조하고 발달하였기 때문에 중국이 한국보다 앞서 발달한 것은 전국시대라는 혼란기를 앞서 경험했기 때문이라고 할 수 있다. 전쟁이 파괴와 문화말살을 가져오기도 하지만 이것을 통해 오히려 상호간 문화의 교류와 발달을 가져오기도 하는데, 그 좋은 예의 하나로 樂浪이 한국의 성곽문화에 끼친 영향을 들 수 있다.

出典

成周鐸, 1989, 「韓·中 古代 都城築造에 관한 比較史的 考察」, 『百濟研究』第20
輯, 忠南大學校 百濟研究所, 131~150쪽.

韓·日 古代 城門礎石 初探

1. 머리말

한국의 성곽이 일본열도에 직접적인 영향을 끼친 것을 일본에서는 朝鮮式山城이라고 부르고 있다[1]. 성과 관련이 있는 유적인 神籠石에 대해서도 이것이 조선식산성의 범주에 속하는 것이라는 사실이 점차 밝혀지고 있는 단계이다[2]. 성에는 그 구성요소로서 벽체(體城)[3]·門·水口 등이 기본적인 것이며, 이후 女墻

---

1) 小田富士雄, 1984, 『北九州瀨戶內の古代山城』(日本城郭史硏究叢書 第10卷)에서는 神籠石系山城, 朝鮮式山城, 奈良時代山城으로 이해하고 있으며, 同1985, 『西日本古代山城의 硏究』(日本城郭史硏究叢書 第13卷)과 『九州古代文化의 形成』下篇(歷史時代·韓國篇)에서도 朝鮮式山城과 神籠石, 奈良時代山城으로 파악하고 있는 것을 기준으로 하였다.
2) 小田富士雄, 註 1)의 전게문. 위 책에서의 논지는 시종 '古代山城'의 범주내에서 이해하고 있으며, 神籠石을 山城의 유형에 포함시켜 논쟁의 과정을 학설사의 입장에서 정리하고 있다.
3) 城壁은 土壘와 石築, 塼築에 사용하는 用語인데, 木柵의 경우에도

(胸壁 : 城壁 위에 낮으막하게 쌓아올린 석축성벽)과 雉城 또는 曲城[4]) 그리고 성 내외의 각종 시설물도 증가하게 됨으로서 그 형태와 형식도 변천해 내려왔다.

성의 내외를 출입하는 문에는 열고 닫는 개폐장치가 부착되어 있게 마련인데, 그 대부분은 양쪽으로 성의 문짝(門扉)이 형성되어 있다[5]). 문은 體城과 단절되는 부분(開口部)에 있으며, 그 안쪽에 기둥을 세우는데, 때로는 개구부의 저변에 門枋을 설치하는 등 여러 가지 형식이 있다. 또한 성문의 규모나 여러 가지 형식·구조는 시대에 따라서 각종 형태를 달리하고 있다. 예를 들어 한국에 있어서 조선왕조 시기의 성문은 대부분 門樓를 부설하고 있으며, 성문은 단순한 門柱에 의해서 상·하로 조그만 문지도리구멍으로 고정되어 있다. 이것들은 성 안쪽에서 열고 바깥쪽으로 닫은 다음 빗장을 옆으로 끼워서 채워두게 하는 자물쇠 대용역할을 하게 되어 있다[6]).

한국 삼국시대의 성문은 조사된 예가 드물며, 문의 초석에 대해 조사된 예는 더욱 드물다[7]). 일본 내의 성문초석을 비교할 수

柵에 의한 壁이 壁體라고 표현할 수밖에 다른 用語가 없다. 體城은 韓國의 城郭에 있어서는 女墻·雉城·擁城 등의 부대시설을 제외한 성벽 자체를 의미하고 있다.
4) 雉城과 曲城은 형태가 다른 용어이다. 雉는 한국의 15세기 邑城에서는 敵臺라고 표현할 수 있다. 이것들은 직립하고 있기 때문에 성벽 아래서 바싹 붙어 다가오는 적을 성상에서는 공격하지 못하기 때문에 斜角지대에서 공격할 목적으로 발생한 것이다.
5) 兩面門扉가 아닌 單式門扉는 小形門 또는 暗門 등에 시설되었다.
6) 內開形 城門의 橫長木은 고대의 門枋이 변형된 것인지는 불분명하다. 木材로 구성된 문의 구조는 고대의 석재를 충실하게 재현한 것이 있게 마련인데, 韓國에 있어서는 門扉이외의 門側部는 시대가 하강하면서 석축의 직사각형 石材로 대치해서 방어력을 증대시켰다.

있는 대상은 역시 극히 한정되어 있다. 즉, 水城, 大野城, 基肆城, 鞠智城 등 뿐이다. 이들 성문초석들은 한국내에서 발견된 것과 같은 형식이라고 생각되지만 자료 검토를 통해 면밀하게 분석해 보지 않으면 안되리라고 생각된다.

본고에서는 한국내에서 발견된 3例에 대해 설명하고 일본 국내의 예를 들어 설명한 후 어느 정도의 同異点이 있는지 살펴보고자 한다. 성문초석의 변화는 비교가 가능한 시기의 것으로서 5세기 후반의 三年山城, 6세기 후반의 平壤城, 7세기 후반의 蛇山城 등과 일본에 있어서는 前期에 해당하는 성지에서 조사된 것[8])에 국한한 것임을 밝혀 둔다.

2. 城門礎石資料의 檢討

1) 三年山城 西門型式

『三國史記』 신라본기에 의하면 삼년산성은 慈悲麻立干 13年에 축성되었는데, 城役이 3년간에 걸쳐 축성공사가 이루어져서 이름붙여졌다고 한다. 이 시기는 신라가 고구려의 영향력에서 벗

---

7) 한국에 있어서 고대성지 조사에서 문초석과 문지가 발굴·조사된 예는 드물다. 楊洲 大母山城 門址(懸門式), 順興 飛鳳山城(초석은 후대와 중복혼용), 咸安 城山山城 東門址(최근 조사중), 忠州 南山城(懸門式), 丹陽 溫達山城의 南·東·北門址(懸門式), 公州 公山城(朝鮮王朝時期), 提川 德周山城(시기불명, 4개소), 丹陽 赤城山城 北門址(계단식), 扶餘 扶蘇山城 및 羅城 門址(조사중, 보고서 미간), 蔚州 華山里城(단순 초석식) 등이 있는데, 비교·검토의 대상이 될 수 없다.

8) 天智期의 축성과 관계된 7세기 말기에 기록이 남아 있는 것만 대상으로 하였다. 또는 필자가 직접 관찰한 것에 한하여 자료로 삼았다.

어나 자립·발전하던 시기에 해당된다.

　현재 충청북도 보은군 보은읍 漁岩里에 위치하고 있으며, 삼국시대 산성 가운데 성벽이 가장 잘 남아 있다9). 이 산성은 A.D.660년에 신라가 백제를 멸망시킨 후 太宗武烈王, 김춘추가 唐 高宗이 파견한 웅진도독 王文度를 맞이하여 詔書를 받았던 곳으로 추정되며, 신라의 對백제방면 전초기지 역할을 한 대표적인 산성이다10). 이후 10세기 초까지 군사적인 요충지로 사용되다가 폐성되었다. 조선시대에는 烏頂山城 또는 烏項山城으로 기록되어 있다11).

　삼년산성은 서향을 하고 있는 소계곡의 중턱을 둘러싼 포곡식 [拷栳峯形]산성인데, 정면은 계곡방향의 서문이다12). 1980년 보은지방의 대호우로 서문지가 파괴되었다. 이 때 드러난 초석의 하층에서 별도의 문초석이 발견되었다. 하층의 문초석은 상층의 문초석보다 古式인 것만은 분명하다. 이 유구의 조사로 말미암아 5세기 전후의 성문초석의 型式을 알게 되었다13).

　하층 문초석은 Ⅰ期 것으로, 상층 문초석을 Ⅱ期 것으로 설명

---

9) 三年山城의 잔존성벽은 높이 13~20m, 폭 10.5m를 기준으로 하고, 성벽은 바깥쪽 하단에 1~2단의 보축이 있다.

10) 成周鐸, 1976, 「新羅三年山城研究」, 『百濟研究』 7, 忠南大學校 百濟研究所.

11) 『世宗實錄』 地理志와 『新增東國輿地勝覽』에 주위가 1,200보 또는 3,699척, 벽고 18척이라고 기록되어 있다. 당시의 尺度인 布帛尺 (0.4673m)으로 환산하면 현존유구와 일치한다.

12) 사방이 높고 험하며, 중앙이 깊은 凹형인 지형을 이용한 산성의 형식을 拷栳峯形(包谷式)이라고 하며, 한국에서는 전통적인 山城 立地의 이상형으로 보고 있다.

13) 報恩郡, 1980, 『三年山城 西門址調査報告』.

할 수 있다. Ⅰ기와 Ⅱ기의 문초석이 가지고 있는 기본요소는
같지만, Ⅰ기는 성문짝이 外開型式인데 반해 Ⅱ기는 성문짝이
內開型式인 것이 큰 차이점이다.

(가) Ⅰ期 門礎石의 構造

삼년산성 서문지 최하층의 문초석의 구조는 자갈이 깔려 있는
단단한 토층 위에 화강암으로 만든 信枋石이 H자형의 연접구조
로 시설되어 있다14)(그림 Ⅳ-2-1).

門口部는 성벽이 단절된 문구부 내에 있는데, 여기에서 성벽
의 폭은 11.5m정도로 되어 있고, 성으로의 내향 10m의 지점에
門枋石이 있다15). 門枋의 양끝에는 세로 방향으로 평행하는 신
방석 위에 長柱孔이 있다16). 이 門枋과 信枋이 연접하는 부분의
안쪽으로 동일한 평면 위에는 橫長의 門楦柱의 구멍이 있다17).
이 네모난 구멍의 외측에는 단을 낮추어서 柱孔이 있다.

문방 중앙에는 1.66m의 간격을 두고 얕은 홈이 매끄러운 상태
로 남아 있는데, 이것은 우마차의 바퀴자욱으로 남겨진 흔적임을
알 수 있다. 이와 같은 구조를 살펴볼 때, 문구부와 장주공의 중
심간격은 4.22m, 네모난 구멍의 내단간격은 3.4m이며, 실제로 개
폐한 성문은 성문주공의 중심간격이 3.58m가 기준으로 되어 있다.

---

14) 信枋石은 중국어의 石地栿에 해당된다. 門口部 양측의 기반초석이
다.
15) 門枋石은 양쪽의 信枋石 사이를 연결하는 것으로 門扉의 한계점이
된다.
16) 長柱는 門口部의 양쪽에 세운 木主의 門柱이다. 문주는 門高와 門幅
에 따라 數를 달리한다.
17) 門楦柱는 門扉와 長柱穴 사이의 빈틈을 메워서 門扉柱를 보호하기
위한 기둥으로 日本語의 方立에 해당한다.

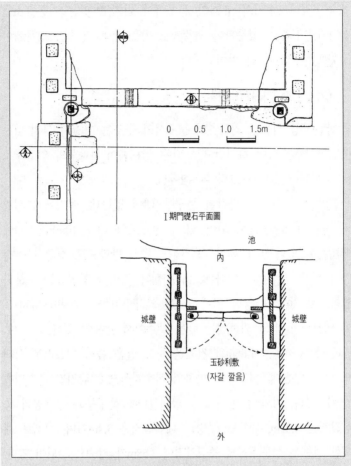

0   0.5   1.0   1.5m

그림 Ⅳ-2-1 三年山城 西門 Ⅰ期 門礎

　장주공은 안쪽에 2개, 문방을 중심으로 한 바깥쪽에 2개, 모두 4개이다. 정방형에 가까운 장방형의 주공은 북쪽의 경우 성내에서 첫째번 주공이 세로 23cm, 가로 20cm, 깊이 5cm이다. 여기에서 중심간 93cm의 거리에 둘째번의 주공이 똑같은 규모로 남아 있다. 바깥쪽의 3·4번 2개의 주공은 세로 23cm, 가로 20cm, 깊이 5cm이다. 문방을 중심으로 안쪽과 바깥쪽의 장주공은 별개의 석재일 뿐만 아니라 바깥쪽의 장주공은 약간 문구쪽으로 위치하고 있다.

네모난 구멍의 바깥쪽 문방에서 15cm 낮은 위치에 門扉柱孔이 있다. 위는 둥글고 아래는 방형을 하고 있는 형태이다. 外輪의 직경은 25cm, 內輪의 직경은 22cm인데, 상부에서 내륜까지의 윤곽부는 회전으로 인해 마모된 흔적이 두줄 남아 있다18). 내륜의 중심부에 11×11cm 크기의 정방형 軸受孔이 있는데 깊이는 9cm이다19). 문방은 폭이 29~30cm이며, 軌跡部는 각각 폭 14cm, 중앙부의 깊이는 최대 4cm이다. 門枋石은 위쪽에서 아래쪽 15cm까지 돌대가 있는 선을 시문하고 있다. 문구부의 저부에는 판상석이 깔려있던 흔적이 남아 있다.

(나) II期 門礎石의 구조

삼년산성 서문의 I기 문초석보다 윗층에 있는 II기의 초석은 신방석이 원위치에 있지 않고, 남쪽의 초석은 노출되어 약간의 이동이 있었다. 이들 II기의 초석은 I기의 것이 토사에 의해서 매몰된 뒤 그 위층에 새로 조성된 것이다.

성벽 또한 안쪽으로 보완해서 축조한 상태로 新造된 것이었다.

---

18) 門扉柱孔은 上圓下方形인데, 上圓部는 1/2圓에 해당한다.
   2조의 마멸흔적은 門扉柱의 下部圓柱部와 하단의 小圓柱部(方穴內의 장부)가 있는 것을 의미한다. 下部圓柱部에 2줄의 鐵環을 감은 것을 인정할 수 있다.
19) 內輪 중심의 方形軸受孔에 鐵製의 納柄이 있고, 중앙에 圓孔을 두고 고정시키고 있다. 중앙의 圓孔內에 門扉柱最下장부의 小圓柱가 들어가게 되어 회전하는 양식이다.

북측의 信枋石은 전장 2.55m, 폭 0.90m, 두께 0.55m의 화강암을 갈고 다듬어서 만든 것인데, 長柱孔·方立孔·城門柱孔의 형태와 구조는 I기의 것과 형식상 같은 계통에 속한다(그림 IV-2-2).

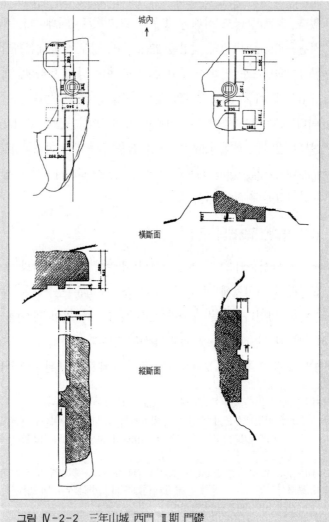

城內

橫斷面

縱斷面

그림 IV-2-2　三年山城 西門 II期 門礎

장주공은 북쪽 신방석에서 세군데가 확인되었을 뿐인데, 좀더 많았던 것으로 추정된다. 안쪽 첫째번의 장주공은 세로22.5cm, 가로 19.5cm, 깊이 5.4cm인데, 둘째번 것은 흔적만 남아 있을 뿐이다. 바깥쪽 세 번째의 장주공은 세로 22.5cm, 가로 20.20cm로 규모면에 있어서는 약간의 차이가 있지만 기본형은 동일하다. 주공의 간격은 안쪽이 88cm, 바깥쪽이 45cm이다.

門楦孔은 열을 이루는 문주공에서 직각으로 된 문방에 연접하여, 같은 평면 위에 위치하고 있는데, 세로 9cm, 가로 24cm, 깊이 4.5cm의 크기이다.

門扉 柱孔은 문방석의 윗쪽에서 안쪽으로 12.5cm, 바닥쪽으로 단을 낮추어서, 위는 둥글고 아래는 네모난 형태로 만들고 있다. 圓輪은 세로 21.5cm인데, 가운데 軸受孔은 세로 9.3cm, 가로 9.6cm, 깊이 6.3cm크기의 정방형에 가까운 장방형으로 되어 있다.

남쪽의 신방석은 같은 양식인데 주공의 규모가 다르다. 장주공은 안쪽의 것이 세로 22.5cm, 가로 19.5cm이고, 바깥쪽의 것은 22.5×19.8cm인데, 門楦柱孔은 9×23cm, 깊이 4.1cm이다. 문비주공의 직경은 23.0cm이며, 축수공의 깊이는 6.1cm이다.

신방석의 상태로 보아서는 문방이 있었던 것으로 보인다. 따라서 Ⅱ기의 초석은 Ⅰ기 초석과 기본형식은 같지만 성의 문짝은 內開·外開形이라고 하는 차이가 있다[20].

---

20) 門의 內開形과 外開形은 門枋 안쪽에 門扉軸受孔이 있으면 內開形이고, 반대로 바깥쪽에 있으면 外開形이다. 내개형은 외부로부터의 압력을 門扉 중간 높이에 橫長木을 얹어 막게하고, 外開形은 門枋石 자체가 압력을 막고, 또 문설주(方立) 중간 높이에 橫木을 얹어 놓을 수도 있다.

2) 平壤城의 門礎石 型式

이 문초석에 대해서는 1937년 小泉顯夫가 당시 평양신사 앞에서 발견된 고구려 시기의 성문유구를 조사보고함으로서 널리 알려지게 되었다[21]. 고구려가 지금의 평양에 천도한 것은 長壽王代이며, 다시 長安城을 축성한 것은 陽原王 8년(552년)이요, 천도는 平原王 28년(586)이다. 따라서 대략 6세기 후반이전에 조성된 성문으로 추정된다.

이 성의 문지는 문구부 양쪽에 55cm의 간격을 두고 방형의 木柱(長柱)를 세운 柱座가 만들어져 있으며, 문방 외측에도 주좌가 만들어져 있다. 문방 내측에 6개의 방형초석이 배열되어 있고 초석 위에는 枋柱座가 있다. 문방 외측에도 주초석이 있는데, 북측에 1개소, 남측에 3개소가 남아있다. 문방은 성내에서 6개의 장주를 지나서 135cm정도의 간격을 두고 장대석으로 만들어져 있으며, 양쪽 끝 가까이에 長柱列과 직각을 이룬 門楹柱孔이 있다. 이 門楹柱孔 안쪽으로 단을 낮추어, 방형초석이 있는데 이 초석에 축수공이 있다. 이것이 문비주공으로 중앙에는 철제의 半球形을 가지고 있는 장식금구를 상감하고 있어 軸受의 상태를 알 수 있다(그림 Ⅳ-2-3).

문방의 중앙에는 1.45m 간격을 두고 폭 28cm의 凹部가 파여져 있는데, 이것은 궤적임이 분명하다. 문비주공에서 안쪽으로 2.1cm의 거리에 ㄱ자형의 혈공을 만든 시설이 있는데, 성문을 열었을 때 여기에 매어두게 한 것을 알 수 있다.

---

21) 小泉顯夫, 1938,「平壤萬壽臺 及 其附近の建築址」,『昭和 12年度 古蹟調査報告』, 朝鮮古蹟研究會.
　　―――, 1986,『朝鮮古代遺蹟の遍歷』, 六興出版.

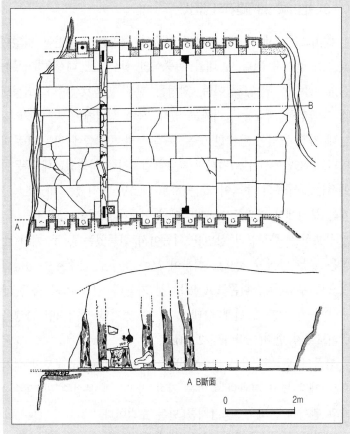

그림 Ⅳ-2-3 平壤神社 앞 城門址 實測圖

　문설주의 양단간 간격은 4.1m이며, 축수공의 간격은 4.25m, 長柱 간격은 5.0m인 것을 도면상으로 파악할 수 있다. 아래쪽은 판석으로 네모나게 해서 기반으로 하고 있다.

　이 문초석은 長柱·門樞이 동일 평면이 아닌데, 축수공의 형식이 삼년산성 것과는 다르다[22].

───────────────

22) 軸受孔의 형식은 三年山城 西門보다 축소된 것이다.

3) 蛇山城 東門礎石의 型式

蛇山城은 7세기 중·후기에 삼국의 치열한 공방전이 있었던 곳으로 알려져 있다[23]. 내외 이중식의 산성으로 내성은 일부는 석축, 일부는 판축토성이며, 외성은 전부 판축토성이다. 외성의 경우 북향한 계곡을 둘러싸고 있다. 북쪽 성벽에는 水門址가 있는데 가장 출입이 용이한 곳은 동쪽 성벽 중간쯤에 있는 동문지이다. 1985년에서 1987년까지 3년에 걸쳐서 조사되었는데 동문지에서는 문구부와 초석이 있는 하부 구조만 밝혀졌는 바, 초석 2개는 문지에서 바깥쪽 25m지점까지 이동해서 남아 있다[24].

문초석은 화강암의 상면을 다듬어서 만들었는데, 두 개의 초석은 같은 양식인 것으로 미루어 보아 좌우로 마주보고 있었던 것으로 추정된다. 현존하고 있는 것 가운데, 남쪽 것과 북쪽 것은 이동된 탓으로 원래 상태는 알 수 없지만 형식적인 특징을 살펴보고자 한다(그림 Ⅳ-2-4).

남쪽의 초석은 길이 125cm, 폭 95cm, 두께 60cm 정도의 괴석으로 가장 넓고 판판한 윗면을 갈아 장방형의 문설주 및 장주 2개와 원형의 문비축수공 1개를 만든 초석이다.

원형의 문비축수공은 상단이 지름 24~26cm, 하단은 17.5~18cm, 깊이 21cm의 不整圓筒形이다. 이 축수공 옆에 5cm의 간격을 두고 세로 22.5cm 가로 10cm 깊이 7.5~8cm의 縱長形의 문설주이 있고, 다시 18cm의 간격을 두고, 세로 22.5cm, 가로 10cm,

---

23) 尹武炳·成周鐸, 1977,「百濟山城의 新類型」,『百濟研究』8, 忠南大學校 百濟研究所.
24) 蛇山城 발굴은 1985·86·87년 3차에 걸쳐서 진행되었다. 보고서는 1993년에 발간할 예정이다.

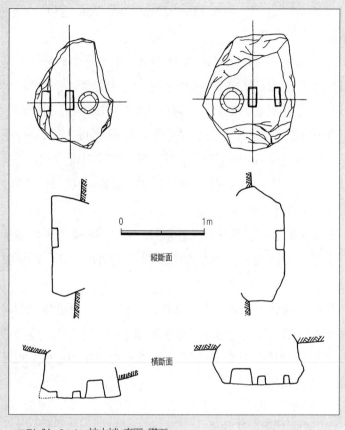

縱斷面

橫斷面

0   1m

그림 Ⅳ-2-4 蛇山城 東門 礎石

깊이 7.5cm의 장방형 주혈공이 조성되어다.

　북쪽 초석은 길이 139cm, 폭 110cm, 두께 60cm의 넓은 면을 판판하게 다듬어서 원통형의 문비축수공과 문설주공을 조성하고 있다. 축수공은 상단 지름 24cm, 하단 지름 18~20cm, 깊이 17.5 ~18cm이다. 이 축수공의 끝에서 5~5.5cm의 간격을 두고, 세로 22.5~23cm, 가로 10cm의 문설주공이 있다. 이 문설주공에서 다시 22.5cm의 간격을 두고 세로 22.5cm, 가로 7cm, 깊이 10cm의 細長形 주공이 있다.

이와 같은 주공의 구조로 보아 사산성의 동문지에 사용된 초석은 형식상 삼년산성이나 평양성과는 별개의 것임을 알 수 있다. 축수공과 문설주의 위치에 따라서 2종류의 추측이 가능하다.

첫째번은 축수공이 옆으로 주공을 모두 문구 바깥쪽의 개구부를 축소하면서 고정시키는 역할을 했을 경우인데, 이런 경우 남·북의 초석은 서로 바뀐 위치로 이동해도 −90°의 방향에 두지 아니하면 안된다.

둘째번의 경우는 현재의 도면상으로 보는 위치에 설치한 경우이다. 이 경우 성문을 어느쪽으로 열고 닫았는지 알 수가 없다[25].

똑같은 평면상에 축수공과 문훤주가 있고, 그 문방이 확인되지 않는 점은 삼년산성이나 평양성의 경우와는 다르다. 성문축수는 축수공 내부에 쇠로 박았을 경우 같은 양식의 가능성을 배제할 수가 없다[26].

4) 水城 門礎石의 構造

大宰府에서 博多灣 방면으로 뻗어 있는 水城은 동·서문의 초석이 알려져 있다[27]. 동문 문초석(그림 Ⅳ-2-5의 ④)은 장방

---

25) 초석 전체의 형태에서 판단하면, 큰 원주가 있고, 그 안쪽에 이중의 門楦柱를 설치한 후, 다시 안쪽에 門扉軸受孔을 만든 것으로 판단된다. 이런 경우 문짝의 방어력은 이중으로 된 門楦柱에 의해서 보강된 것이 된다.
26) 문짝軸受孔의 내부는 마멸된 흔적이 있고, 녹이 슨 쇠의 흔적도 남아있다.

형에 가까운 길이 2.3m, 폭 90cm의 판판한 화강암의 평탄한 면을 면을 이용해서 축수공과 장방형의 문획공을 판 것이다. 축수공은 장방형의 문설주공과 직교하지 않는 위치에 있으며, 여기에서 간격을 두고 원형의 長柱孔이 있다. 장주공은 지름 16.5cm, 길이 9cm이며, 문설주공의 지름은 15cm, 깊이는 7.5cm이다. 이것과의 짝으로 보이는 것이 원위치에서 이동해서 서문 가까이에 있는 吉松의 兒島三郎씨 댁에 있는 초석이라고 한다(그림 Ⅳ - 2 - 5의 ②). 축수공의 지름은 10.4cm, 깊이는 6cm이며, 문설주공은 세로 32cm, 가로 13cm, 깊이 6∼6.5cm 정도가 도면상으로 파악한 수치이다. 문초석의 형태로 보아서 外開型式이라고 알려져 있다[28].

서문의 초석은 제3호 초석이 역시 兒島三郎씨 댁에 있는데(그림 Ⅳ - 2 - 5의 ⑤), 파편에 해당된다. 축수공과 문설주공이 직교하는 형식인데, 문설주공은 세로 26cm, 가로 12.5cm, 깊이 5cm이며, 축수공의 지름은 16cm, 깊이는 9cm이지만 문설주공은 제법 긴 모양을 하고 있다[29].

水城의 문초석은 모두 5개가 있는 것으로 알려져 있는데, 東門礎·西門礎 또는 1·2·3·4·5호라고 부르고 있다(그림 Ⅳ - 2 - 5). 2·3호, 4·5호가 각각 한쌍으로 보여지는데, 각각 형식상의 차이가 분명하다. 그러나 2가지의 형식 중 어느 쪽의

---

27) 鏡山猛, 1968, 『大宰府都城の硏究』, 風間書店.
28) 鏡山猛, 註 27)의 전게서, 118쪽에는 "장방형의 홈은 10.5×5寸, 깊이 2寸, 軸孔은 지름 5寸, 깊이 2寸이다"라고 하였는데, 이것은 Fig56 - ②와 같다. 규격은 도면상의 測値이다.
29) 鏡山猛, 註 27) 전게서, 118∼9쪽, 제3호 문초석의 설명은 Fig56 - ③이 아니고, ④에 대한 설명의 오기처럼 보인다.

형식이 선행하는지에 대해서는 판단하기가 어렵다.

표 Ⅳ-2-1 水城 門礎 實測値[30]　　　　　　　　　　(단위 : cm)

	초석의 크기		柱의 柄穴		門楹柱孔(方立穴)			門扉의 回轉軸穴		비 고
	종	횡	지름	깊이	길이	폭	깊이	지름	깊이	
1	300	230	무		(A)48 (B)33	23 불명	3 7			2면이 결실
2	85	60	불 명		32	13	6	10.4	6	2면이 결실
3	240	140	무		33	12	6	11	6	완전
4	226	88	16.5	9	25	14	8	15	7.5	완전
5	130	90	불 명		26	12.5	5	16	9	2면이 결실

5) 大野城의 門礎石 構造

大野城에는 남쪽에 3개소, 북쪽에 1개소의 성문지가 남아 있는데 성문의 이름도 각각 남아 있다[31].

이 가운데 대재부 입구의 문초석은 문초석의 일부가 노출되어 있는데 최근의 발굴조사에 의해서 성문에 해당하는 부분의 구조와 형식이 밝혀졌다[32]. 당초에 노출되어 있던 문초석은 Ⅱ기의 것으로 판명되었다. 초석 유구의 문방부에 혼입된 석재 1점은 Ⅰ기의 초석을 폐기하고 Ⅱ기에 단순한 일종의 板石石材로 이용했다고 한다.

Ⅱ기의 대재부입구 성문의 초석은 원주와 門楹柱, 그리고 門

30) 九州歷史資料館資料普及會, 1979, 『水城』, 昭和 51·52·53年度 發掘調査槪報와 史跡環境整備事業實施槪要, 15~6쪽.
31) 九州歷史資料館資料普及會, 註 30)의 전게서.
32) 鏡山猛, 註 27)의 전게서, 142~4쪽.

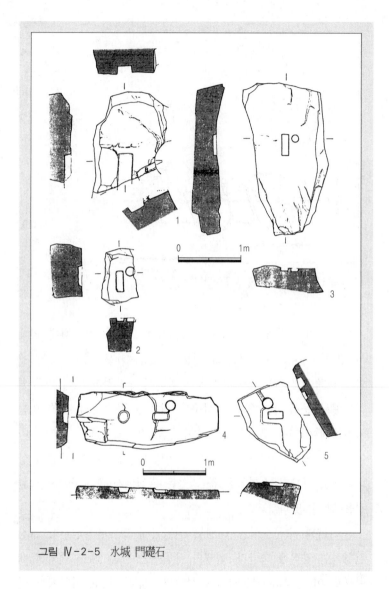

그림 Ⅳ-2-5 水城 門礎石

橝柱孔의 안쪽에 방형의 門扉軸受孔이 있는 형식으로 구성된 內
開式이다(그림 Ⅳ-2-6).

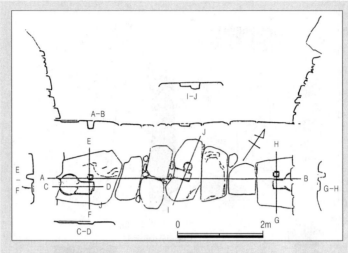

그림 Ⅳ-2-6 大野城 大宰府口 外側 門礎

대재부입구 문초석의 Ⅰ기는 掘立長柱와 문시설석재에 의해서 판단이 가능하다. Ⅰ기의 정문은 掘立圓柱를 세우고 문설주와 문비축수공은 별도로 초석을 준비해서 구성하고 있다. 원주와 직교해서 문방 방향으로 문설주를 세우고, 문설주의 안쪽 또는 바깥쪽에 이어서 원형의 문비축수공을 만들고 있다. Ⅰ기에 이어서 Ⅱ기에 이르면 원형장주에서 외향해서 문설주를 세워서 상대적으로 규모가 소형화한 문을 만든 흔적에서 축수공이 변화한 것을 알 수 있다.

大野城의 수문초석은 대체로 원위치에 있었던 것이며, 가장 전형적인 양식에 속한다. 원형의 굴립주는 지름 50cm 내외의 대형으로 이 장주와 직교해서 문설주의 穴孔이 있고 여기에서 다시 직교해서 원형의 문비축수공을 만들고 있다(그림 Ⅳ-2-7·8)[33]. 장주에서 옆으로 직교하는 문방이 표출된 점에서 양식상의 계열이 인정된다.

6) 基肄城·鞠智城의 門礎石 構造

基肄城에는 남문·동남문(佛谷門)·동북문·북문(北御門·北帝門)이 있는데, 이들 가운데 문초석의 것으로서는 동북문의 것이 알려져 있다.

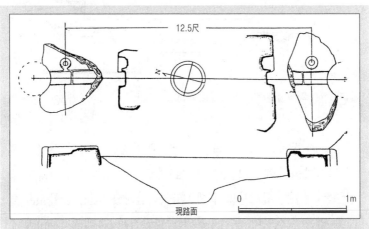

12.5尺

現路面

0   1m

그림 Ⅳ-2-7 大野城 水城口 門礎石

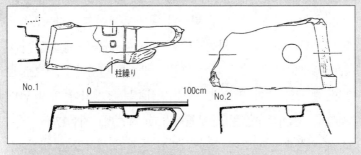

No.1   柱繰り

0   100cm   No.2

그림 Ⅳ-2-8 大野城 北門址 礎石

---

33) 福岡縣敎育委員會, 1991, 『特別史跡大野城跡』Ⅲ, 大宰府口城門跡發掘調査槪報.

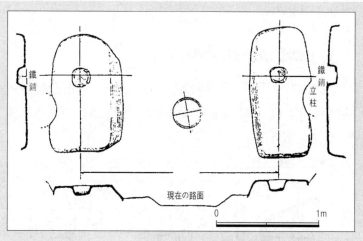

그림 IV-2-9　基肄城 東北門地 礎石

基肄城 동북문지의 초석은 장방형에 가까운 석재의 상면에 원형에 가까운 축수공이 있는데, 그 바깥쪽의 초석에 원형의 굴립장주를 세우는 활모양의 홈의 흔적을 남기고 있다. 문흰공은 별도로 없는 형식인데, 문축수공의 중앙간격은 6.4척(약 1.9m)의 소형에 속한다(그림 IV-2-9)[34].

鞠智城의 문초석은 모두 단순한 형태를 보이고 있다. 모두 원형의 축수공이 하나씩 파여져 있다. 접합이 가능한 掘切門礎石과 木野神社門礎石은 양쪽 끝에 원형의 장주를 연접하는 것으로 보인다. 弧形의 홈이 있는데, 역시 문설주는 조성되어 있지 않다. '池の尾' 문비축수공은 장부공이라고 하는데, 지름17cm, 깊이 14cm, 안쪽으로 회전에 의한 마멸된 흔적이 남아있고, 여기에는

---

34) 熊本縣校育委員會, 1983, 『鞠智城跡』熊本縣文化財調査報告 제 59집,
　　16~26쪽.

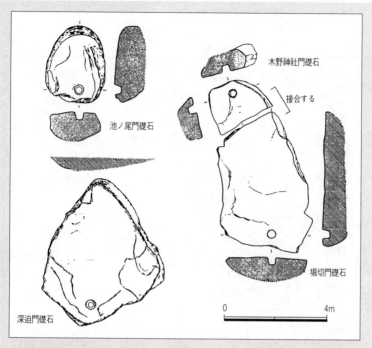

池ノ尾門礎石

木野神社門礎石

接合する

堀切門礎石

深迫門礎石

0   4m

그림 Ⅳ-2-10　鞠智城 門礎石

녹슨 쇠자욱이 남아 있다(그림 Ⅳ-2-10).

　堀切문초석의 축수공은 상단지름 16cm, 저변 지름 10cm, 깊이 15cm로 역시 속에 녹슨 쇠자욱이 남아 있다. 沈迫門礎石의 경우는 內開形으로 추정되는데, 축수공은 완전한 동심원상은 아니지만 2단의 홈이 있고 옆으로는 약간의 장방형의 홈이 있다. 축수공은 지름 18~20cm, 깊이 14cm이다.

표 Ⅳ-2-2 鞠智城의 門礎石

명 칭	위 치	岩質·크기·平面形態	조사 결과	비 고
池の尾	북쪽에서 남쪽으로 뻗은 木野·頭合의 능선이 방향을 틀어서 서쪽으로 구부러진 變換点에 있다.	·花崗巖 ·長軸 1.43m ·短軸 1.15m ·卵型	원위치에서 북서쪽으로10m정도 이동된 것으로 생각된다. 대응되는 문초석은 발견되지 않고 있다. 작은 구멍이 있음.	〔細穴孔,장부공〕 직경 17cm, 깊이 14cm,내면은 마멸되어 평활함. 바닥에 녹슨 철이 있음.
掘切	隅府·黑虫至방면에서 城內로 통하는 중요한 통로 가운데 하나에 掘切箇所가 있는데, 여기에 門礎石이 있다. 처음에는 언덕에 세워져 있었다가 뒤에 현 위치에 설치했다고 하는데 확실치 않다.	·큰 花崗巖 ·長軸 2.66m ·短軸 1.84m ·두께 20~50cm ·長方形의 변형 ·표면은 깎여져서 판판하고 매끄럽 다.	木野神社石段의 礎石과 같은 것이다. 이 초석에도 작은 구멍이 있다.	〔細孔, 장부공〕 직경 16cm, 깊이 15cm,밑지름 10cm
深迫	鞠智城 전체로 보면 동남쪽 위치, "長者どんの的石"이라고 불리우는 門礎石이 谷頭 부근의 밭 언덕에 있는데 반쯤 기울어진 상태로 남아있다.	·큰 花崗巖 ·長軸 2.68m ·短軸 2.28m ·두께 80cm ·상면은 가공한 흔적이 없다. ·대체로 매끄러움	대응되는 문초석이 뽑혀나온 구멍을 확인. '內開'의 문지도리로 추정됨. 뒤 언덕에서 굴러 떨어졌다고 하는데, 문초석에 다소의 경사는 있지만, 직경 20㎝, 길이 14㎝ 원위치에 가까운 곳에 있다고 생각된다.	〔細穴孔, 장부공〕

3. 考察

성문의 구조와 형식은 성의 규모(성문의 규모)나, 용도·위치에 의해서 同異点이 있게 마련이다. 예를 들자면 도성과 산성,

대규모의 성문과 임시적 용도의 暗門, 平坦通行門과 懸門 양식 등 여러 가지 조건에 따라서 얼마든지 달라질 수 있다. 중국의 경우 Ⅰ·Ⅱ·Ⅲ형식으로 구분하는데,

> Ⅰ형 : 石柱礎石을 사용해서 礎上에　木地栿을 놓고 그 위에 기둥을 세움.
> Ⅱ형 : 方形의 초석을 사용하고 그 위에 기둥을 세움.
> Ⅲ형 : 기초석을 놓고 그 석재 위에 石地栿을 얹어 그 위에 기둥을 세움.

위와 같이 정리되는 바, 이것들은 역사적으로 살펴보면, Ⅰ형식은 長安城이 전형적이고, Ⅱ형은 남북조시대의 것이지만 중국에는 없고, 고구려의 평양성문에서 찾아볼 수 있다. 다만 唐代의 장안성과 洛陽城은 모두 Ⅱ형에 속하는데 唐代까지도 Ⅰ·Ⅱ형이 혼용되고 있다. Ⅲ형은 『營造法式』의 규정(그림 Ⅳ-2-11·12)에 의한 것들이다[35].

위의 기준으로 볼 때 한국과 일본의 고대 성문양식은 Ⅰ형 또는 Ⅱ형과 관계가 있으며, 이것을 기본으로 해서 각자 독자적인 필요성에 따라서 변용되어졌다고 생각된다.

삼년산성 서문의 경우, 같은 평면상의 장주·문설주의 초석위

---

35) 傅熹年, 1997, 「唐長安大明宮玄武門乃重玄門復原研究」, 『考古學報』 2期, 139~40쪽.
　李　誠 『營造法式』卷3, 門砧限地栿
　造城門石地栿之制, 先施地向上安土襯石, 以長三尺廣二尺厚六尺存率上向露棱廣五寸, 下高四寸, 其上施地栿, 每段長五尺廣一尺五寸, 厚一尺一寸, 上外棍二寸, 混內一寸鑿眼立排又柱.
　門砧과 地栿은 (그림 Ⅳ-2-11·12)를 참조. (『營造法式』卷 29에서)

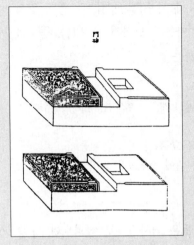

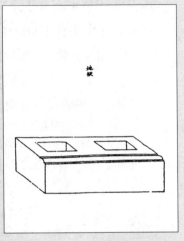

그림 Ⅳ-2-11　門砧(《營造法式》卷29에서)　　그림 Ⅳ-2-12　地栿(《營造法式》卷29에서)

에 立柱하는데, 평양성의 경우에는 장주와 문설주사이에 고저차가 있다. 그러나 기본적으로 문방과 궤적의 존재 등, 공통점이 많게 된다. 이들 고식의 양식은 문구부가 성벽의 단절면을 이용하는 동시에 많은 長柱와 이것에 직교하는 문설주, 이중층단구조의 문비축수공의 존재가 필수적인 것으로 나타나고 있다.

사산성의 초석형식은 이들 예와 다른 모습이다. 軸受孔의 단순화와 장주의 별도화, 이중의 門楦柱를 특히 지적할 수 있다.

일본내의 성문초석은 보다 단순화한 형식이 많다. 가장 정형에 가까우면서도 변형을 시작한 것은 大野城과 水城 입구 문초석에서 볼 수 있다. 이 수성 입구 문초석에서 문방이 생략된 형식이 즉, 대재부입구의 Ⅰ기 문초석에 해당된다고 생각된다.

이들 그 例 즉 대야성·수성 입구 문초석과 대재부 입구 Ⅰ

기 문초석은 원형굴립주와 여기에 직교하는 문설주, 그리고 다시 90° 직교하는 문비축수공으로 정형화한 형식으로 보여진다. 이와 같은 형식과 더불어 수성 동문초석은 대재부입구 Ⅱ기의 문초석과 더불어 변형된 형식으로 발전되었다고 보여진다. 이들의 변형된 형식은 서로 직교하는 주공이 약간 변형되던지, 문비축수공의 필요에 따라서 소형화한 점을 지적할 수 있다.

또 하나의 유형은 수성 서문(2·3호)과 같이 축수공이 거의 같은 깊이로 파여진 형식이다. 이것들도 대야성 북문지 초석에서 보이는 두 개의 서로 다른 유형으로의 변화와 같은 과정을 거친 것으로 이해된다.

기이성과 국지성의 초석은 원형장주와 축수공만이 인정될 수 있을 뿐인데, 문설주의 주공은 없다. 이런 점으로 보아 이것들은 이미 큰 변화를 수용한 이후의 형식에 속한다고 할 수 있다. 예를 들면 목제의 문설주는 화재에 대해서 약점을 가지고 있기 때문에 문구부 자체가 Ⅱ형으로 변형된 이후에는 사용되지 않은 것이 한국에서는 일반적인 변화과정이다. 그러나 장주가 남아있는 점은 별도의 현상에 속한다. 직사각형의 석재를 이용해서 문구부를 일부 축소시킨 이후의 경우에는 단순한 축수공 이외의 문초석은 필요가 없어지기 때문이다.

A.D. 7세기의 후반에서 말기까지 일본에 축조된 한반도 계열의 성문은 한국에 있어서 5세기와 6세기의 형식에 기초를 둔 형식의 문이 조영되었을 가능성이 있지만 한국에서 보이는 7세기대의 변형과 더불어 일본에서도 한번 변형된 양식이 유입된 것으로 보인다. 이러한 변화는 성문의 형식과 구조를 규정하는 문초석의 구조를 대략 비교하는 것으로 이해된다. 따라서 기능적으

로 변화하는 단순화의 추세는 알아낼 수 있지만 시기별의 양식 변화는 보다 많은 자료의 비교검토를 통해 달성될 수 있는 과제라고 생각된다.

出 典

成周鐸・車勇杰, 1993,「韓・日 古代 城門礎石 初探」,『古文化論叢』第30輯(中), 九州古文化硏究會, 731~746쪽.

日本 大宰府城郭과 百濟 泗沘都城과의 比較考察

1. 머리말

660년 7월, 羅唐聯合軍의 공격으로 백제는 멸망하였다. 그 후 3년간에 걸쳐서 백제는 일본 구원군의 후원으로 부흥운동을 펼쳐서 그 성과가 큰 바 있었다. 그럼에도 불구하고 백제부흥군은 내분으로 말미암아 663년 8월 陸海軍이 모두 패함으로써 종말을 고하고 말았다. 그 결과 많은 백제유민들이 바다를 건너 西日本 연안 지역에 정착하게 되었으며, 그들은 신라군에 대비해서 축성을 하게 되었다. 축성년대는 664년에서 667년까지 4년간에 걸친 축성기록이 『日本書紀』에 전해지고 있다. 大宰府城郭의 일부분인 大野城이나 基肄城등은 축성자의 성명까지 전해지고 있어서 중요한 사료임은 두말 할 나위도 없다. 일본 長門國에는 백제인 達率笒炑春初가 축성하고, 대야성과 기이성은 백제인 達率憶礼福留·達率四比福夫가 축성하였다고 하는 기록이 바로 그것이다. 이에 앞서 대재부성곽의 일부인 水城이라고 불리우는 토성도 백제인이 축조하였다고 하는 사실을 전하고 있다.

일본 대재부성곽의 구조 배치를 살펴보면 대재부성곽의 內城에 해당하는 政廳인 都府樓와 이를 수호하기 위해서 축성한 外郭城 즉, 백제의 羅城에 해당하는 水城이라고 불리우는 토성 등이 있으며, 정청인 都府樓 뒤에는 대야성, 그리고 전면에는 基肄城을 배치하고 있는 구조를 가지고 있다. 이와 같은 대재부성곽의 배치구조는 그 원류로 알려져 있는 백제 사비도성과의 지형 · 규모 · 축성기법 · 문지 · 건물지 등 근래에 얻어진 고고학적 자료를 중심으로 兩側城址를 비교고찰 함으로써 이에 대한 同異点을 알아보고자 한다.

2. 日本 大宰府城郭

1) 大宰府城郭

大宰府에는 대재부의 장관인 都督(또는 大宰)이 정무를 집행했던 도부루라고 불리우는 정청이 있다. 중국의 宮殿과 우리나라 삼국시대의 왕궁에 해당되는 관청이다. 이 정청은 筑紫野盆地의 북단과 대야성의 남쪽 기슭에 해당되는 지점에 위치하고 있다. 세칭 '都府樓'유적지의 중심건물인 正殿이 이곳에 있다. 정청 유적지를 중심으로 해서 좌우에 각각 12坊과 남북 22條의 條坊制가 실시되었다고 알려져 있는데1) 이 도부루는 3차에 걸쳐서 축성되었다고 한다. 대재부가 현재의 위치에 설치된 시기는 일본

---

1) ① 鏡山 猛, 1968, 『大宰府都城の研究』, 風間書房, 109쪽.
　② 小田富士雄, 1993, 「古代防衛プラン-山城-」, 九州歷史大學講座, 2쪽.

天智初年(7세기 후반)경으로 알려져 있으며, 현재의 都府樓 규모는 8세기초에 완성된 것으로 알려져 있다. 이 政廳을 수호하기 위해서 水城과 大野城, 基肄城 등의 방위시설을 축조하고 있다.

2) 水城

대재부성곽에는 '水城'이라고 하는 외곽시설이 시설되어 있다 (그림 Ⅳ-3-1의 C지점). 博多灣 연안에서 筑紫平野에 이르는 평지에 축조되어 있다. 토성의 길이는 1.2km, 높이 약 13m, 기저부폭 80m에 달하며, 동서 양단에는 성문이 부설되어 있다. 이 토성은 양단이 높고, 중앙부분을 관통해서 흐르고 있는 어항천 부근이 가장 낮은 지역이다. 그 차는 최대 7.3m에 달한다. 토성의 전면(博多쪽)에는 폭 60m, 깊이 약 4m의 濠가 부설되어 있는데 滿水인 경우 24만㎡의 저수가 가능하다. 저수를 하기 위해서 토성 아래에는 물을 흘러 보내기 위한 나무로 만든 통(木桶)을 묻고 있는데 목통은 토성과 직교하고 있으며, 길이는 79.5m이다. 1990년도 조사에서 이 위치에서 약 700m 떨어진 장소에서 같은 유적이 발견됨으로서 토성 아래에는 복수의 목통이 부설되고 있었음이 확인되었다. 『日本書紀』에는 "큰 제방을 축조하고 저수를 하였는데 이를 '水城'이라고 명명하였다"고 기록되어 있어 문헌과 유적이 일치하고 있음을 입증해 주고 있다. 동쪽 목통의 취수구 부근에서는 '水城'이라고 하는 묵서가 있는 토기가 출토되었으며, 炭火木層도 확인되었다.

사비도성의 나성에 해당되는 '水城'에는 이 밖에도 '小水城'이 있다. 이것은 현재의 대야성시에서 春日市에 걸쳐 있는 구릉지대의 間道에 부설된 규모가 작은 것으로서, 天神山土城, 帶土居土

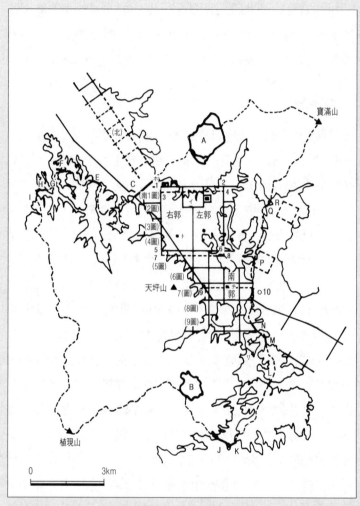

그림 Ⅳ-3-1 大宰府 羅城(郭)내의 구성

城。上大利土城 등 3개소가 있으며, 그 사이에도 2개소 더 있는
것으로 알려져 있다. 이를 토성들을 연결해서 대재부의 외곽을
형성하는 나성이 있었을 것이라고 하는 예상안이 제기되고 있다.

이와같이 예상되고 있는 나성의 규모는 동서 8km, 남북 8~10km 정도인데, 아직도 확인되지 않고 있는 부분은 동쪽에 부설된 토성이라고 한다2).

3) 大野城

대야성(그림 Ⅳ-3-2)은 대재부정청 배후에 표고 410m의 四王寺山에 위치하고 있는데, 북쪽으로는 큰 계곡이 흐르고 있다. 성은 이 계곡을 둘러싸고 있는 馬蹄形의 능선을 따라서 축조하고 있는데 그 둘레는 약 5.2km이다. 포곡식산성으로 분류되며, (그림 Ⅳ-3-2)에서 볼 수 있는 바와 같이 남북 양쪽에 테메형 산성이 축조되어 있음을 볼 수 있다. 테메형산성과 포곡식산성의 선·후 관계에 대해서는 아직 확인된 바 없지만, 복합식산성임에 틀림이 없다. 지형은 남고북저형이다. 토성은 판축으로 축조하고 있지만 골짜기는 석축으로 축조하고 있다. 북쪽에는 百間石垣이라고 불리우는 석성이 축조되어 있다. 남쪽에는 大石垣이라고 불리우는 석성이 축조되어 있는데, 전자는 길이 180m, 기저부의 폭 9m, 높이 8m에 달한다. 성내는 북쪽에 1개소, 남쪽에 3개소가 부설되어 있다. 남쪽 대재부로 통하는 성문은 처음에는 掘立柱式으로 되어 있던 것을 뒤에 초석식 성문으로 개축한 것이다. 그 폭은 5.4m이고 사방이 트인 櫓門式의 성문으로 추정되고 있다. 굴립주식 성문지 밑에 기둥뿌리가 남아 있어 樹輪연대

2) ① 鏡山 猛, 註 1)-①의 前揭書, 115~130쪽.
   ② 福岡縣敎育委員會, 1976·1979, 『水城』.
   ③ 小田富士雄, 註 1)-②의 前揭文, 2쪽.
   ④ 石松好雄, 1993, 「大宰府の防衛—水城と大野城—」, 九州歷史大學 講座, 6~7쪽.

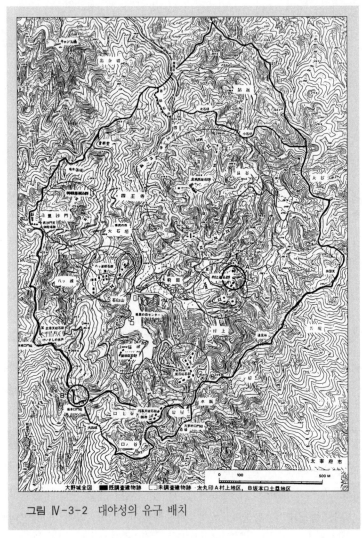

그림 Ⅳ-3-2 대야성의 유구 배치

를 측정한 결과 648년경의 수목이었던 것으로 알려져 있다. 이
기둥뿌리는 중심부 일부만 남아 있고 樹皮나 주변 부분은 없으
므로 이를 감안 해 보면 『日本書紀』에 기록되어 있는 축성년대
와 비슷함을 알 수 있다.

성내의 면적은 약 180ha이며, 성내에는 7개소 70여동의 초석군이 확인되었다. 건물은 대부분 세로 3간, 가로 4~5간 건물로 이것은 모두 창고지였던 것으로 판단하고 있다. 이 밖에도 3간× 9간, 3간×7간의 官衙式 건물도 있다3).

4) 橡(基肄)城

基肄城(그림 IV-3-1의 B)은 佐賀縣 三養基郡 基山町에 있는 표고 415.2m의 基山에 축조한 산성이다. 성의 북문은 대재부정청의 정면으로 마주 바라다 보이는 위치에 부설되어 있으며, 大野山과는 남북으로 대칭하고 있다. 북고남저형의 지형에 골짜기를 둘러싸고 있는 양측의 산릉을 따라서 토성을 축조하고 있다. 토성의 길이는 3885m이며, 높이는 1.5m, 기저부의 폭은 2.5m 정도이다. 동서남북 사방에 문지가 남아있다.

이 산성의 지형은 중앙에 넓은 골짜기가 있기 때문에 정 남향으로 물(筒川)이 흘러 내려가게 되어 있다. 따라서 남문의 시설이 제일 견고하게 부설되었던 것으로 알려져 있다. 대야산의 '百間石垣'과 같은 '南門石垣'은 폭 26m, 중앙부 외측 높이 8.5m, 내측 노면에서의 높이 4m, 상단 폭 3.3m이며, 석성의 동쪽 끝에 수구가 부설되어 있다. 그 구조는 고분의 연도와 유사하며, 길이는 9.5m 폭 1m 높이 1.4m이다. 성은 바깥쪽으로 경사지에 축조되어 있다. 성내에는 40여동의 건물지와 주초석들이 남아 있는데, 대야산에 있는 건물의 성격과 같은 창고군으로 추정되고 있다4).

---

3) ① 鏡山 猛, 註 1)-①의 前揭書, 131~151쪽.
　　② 福岡縣教育委員會, 1971, 『大野城跡VII』, 17쪽.
　　③ 石松好雄, 註 2)-④의 前揭文.

3. 百濟 泗沘都城

1) 王宮址

도성에서 가장 중요한 곳은 권력의 중심부인 왕궁이다. 그런데 백제 사비도성의 왕궁지는 지금까지 명백하게 밝혀지고 있지 않기 때문에 이 점에 초점을 맞추어 고찰해 보고자 한다.

扶蘇山城이 축조되어 있는 부소산을 근거지로 해서 좌우로 나성이 축조되어 있는 지형적 조건을 감안 해 볼 때 백제시대 왕궁은 부소산성 남문지 바로 앞에 있는 前 국립 부여박물관 자리5)에 위치하고 있었을 것이라고 하는 점이 그동안 학계의 공통적인 견해이다.

이 지역을 1982년 이래 집중적으로 조사한 바 있다. '82〜'83년도에 걸쳐서 이곳 광장을 발굴조사 하여, 瓦製排水口와 깊이 1.2m의 석축 池塘을 비롯해 많은 백제시대 유물을 수습한 바 있다. 그 후 '87년도 조사에서는 지당과 인접해 있는 동편에서 남북 30m, 동서 25m, 폭 9〜10m의 백제시대 교차로가 확인되어, 당시 왕궁 주변은 계획된 설계하에 이루어졌을 가능성이 있음을 알게 되었다. '88〜'90년도의 조사에서는 現 부여문화재연구소 동쪽에 인접한 지역에서 백제시대 우물터와 석축 배수로, 築石, 건물지의 기단부분이 확인되어 백제시대의 가장 중요한 부분임이 밝혀졌다.

다음에는 도성 내의 坊條制 문제에 대해서 살펴보겠다.『周書』백제전에는 백제의 도성안이 上部·前部·中部·下部·後部

---

4) 鏡山 猛, 註 1)-①의 前揭書, 152〜168쪽.
5) 1993. 8. 이전, 현 부여 문화재연구소 자리.

의 五方制로 구성되어 있었다고 전하고 있다. 또한『隋書』백제 전에는 畿內에 五部가 있고 部에는 五巷이 있었으며 士人들이 거주하고 있었음을 전하고 있다. 이것을 입증하는 左卩·中卩·上卩(卩은 部의 略字) 乙瓦를 비롯해서 前部銘의 표석이 출토된 바 있다. 5방제로 통치되고 있었음은 문헌이나 출토유물을 감안해 볼 때 분명하다. 다만 이것이 자연부락 단위의 5방제인지, 질서정연한 5방제였는지 현재로는 확인하기 어려운 점이 있다[6].

2) 羅城

백제 사비도성의 外郭이 곧 羅城이다. 동쪽나성은 부소산성 동문지의 북쪽에서 시작해서 동쪽 靑山城을 경유해서 石木里에 이르고 있다. 이곳에는 지금 부여에서 공주로 통하는 도로가 있는데 이 부근에 북문이 있었던 것으로 전해지고 있다. 나성은 여기에서 陵山里 구릉을 통과해서 塩倉里 錦江 주변까지 연결되어 있다. 능산리에는 백제고분군이 밀집되어 있는 지역이며, 그 아래로 부여·논산간의 국도가 통과하고 있다. (이 책 84쪽, 그림

6) ① 忠南大學校博物館, 1982,『扶餘百濟王宮址發掘調査槪報』.
   ② _____, 1983,『扶餘百濟蓮池遺跡發掘調査』, 指導委員會會議資料.
   ③ _____, 1987,『扶餘宮北里 (推定百濟王宮址) 發掘調査槪報』, 指導委員會會議資料.
   ④ 尹武炳, 1988,『扶餘宮北里 (推定百濟王宮址) 發掘調査槪報』, 指導委員會會議資.
   ⑤ ____, 1989,『扶餘宮北里 (推定百濟王宮址) 發掘調査槪報』, 指導委員會會議資.
   ⑥ 成周鐸, 1993,「百濟泗沘都城再齣」,『國史館論叢』第45輯, 國史編纂委員會.

Ⅰ-3-2)를 보면 A·B·C 지점은 나성의 단면이 자연적으로 또는 발굴에 의해서 노출되어 있다. A-A′ 지점은 자연적으로 노출된 부분인데 이 지점의 나성은 단순한 성토기법에 의해서 축조되었음이 확인되었다. B-B′ 지점은 최근 발굴된 지점인데, 이곳은 列石을 부설하고 축조하였으며 炭火木層도 검출된 바 있다. C-C′ 지점은 상수도공사로 단면이 노출된 지점으로서 판축으로 축조되어 있다. D지점은 금년도(1993)에 발굴조사된 곳으로, 9.5m의 동문지가 확인되었다. 나성의 폭은 기저부 폭이 13m, 상단의 폭이 4m, 높이 5.2m 정도인데 일정하지는 않다.

서쪽 나성은 부소산성 서문지 부근에서 시작해서 官北里, 舊校里, 東南, 軍守里, 城末里까지 연결되어 있는 것으로 알려져 있는데, 일부분을 제외하고는 거의 파괴된 상태이다. 성의 둘레는 약 8㎞정도인데 남쪽 나성만 있다고 하면 거의 圓形에 가까운 형태이다7). 나성 내에는 사방에 연못이 부설되어 있어 성내의 유수를 저수한 다음 성 밖에 금강으로 흘러 들어 가게 되어 있는 것으로 알려져 있다. 이것은 성내의 유수를 처리할 뿐만 아니라 內濠의 역할까지 한 것으로 사료되는데 그 대표적인 것이 宮南池라고 할 수 있다8).

---

7) (補註) 최근 羅城에 대한 일련의 조사에서 서나성과 남나성이 당초부터 존재하지 않았던 것으로 밝혀지고 있다(충남대학교 백제연구소, 2000a, 『부여 동나성·서나성 발굴조사 약보고』 및 ____, 2000b, 『泗沘羅城). 이 성과에 의하면 泗沘 나성은 부소산성에서 석목리-능산리-염창리로 이어지는 北·東羅城만 축조된 것이 된다.
8) 拙稿, 註6)-⑥의 前揭文.

3) 扶蘇山城

  사비도성의 배후에는 표고 110m의 부소산이 있다. 남쪽의 토
루는 표고 70~80m의 능선을 따라서 축조하고 있으며, 북쪽은
북문지와 水溝가 있었다고 생각되는 표고 10m의 평지에 축성하
고 있다. 따라서 남고북저형의 지형이다.

  (이 책 74쪽, 그림 Ⅰ-3-1)에서 볼 수 있는 바와 같이 군창
지가 위치하고 있는 남측은 표고 70m, 북측은 표고 80~90m의
능선을 따라서 테메형산성을 축조하고 있다. 둘레는 1.4km로 성
문은 남쪽에 2개소, 북쪽에 중문지로 알려진 곳에 1개소가 부설
되어 있다. 또 하나의 테메형산성은 서쪽에 있는 사비루와 望樓
址를 둘러싸고 있는 표고 90m의 능선을 따라서 축조하고 있다.
둘레는 700m 정도이다.

  이제까지 부소산성은 테메형산성이 먼저 축조된 후, 포곡식산
성을 덧붙여 축조해서 복합식산성이 완성되었다고 판단하였다.
그러나, '91년도 조사에서 테메형산성과 포곡식산성이 같은 시기
에 축성되었다고 하는 의견도 제시되었다. 즉, '91년도 추정 동문
지 제 2차 조사에서 '大通'印刻銘瓦(527~528)가 출토되어 백제가
서울을 웅진(공주)에서 사비(부여)로 천도하기 이전에 축성되었
다고 하는 사실이 확인되었다. 이 부근은 초축을 제외하고 2차에
걸쳐서 개축한 것으로 알려졌다. 토성은 판축으로 축조되어 있
다. 이와 같은 양식의 축조기법이 전년에 발굴조사된 남문지 부
근의 조사에서도 확인되었다. 개축사실은 '81년도에 조사된 군창
지 소재 산성에서도 표토층을 제외하고 2차에 걸쳐서 개축 되었
음이 확인된 바 있다. (그림 Ⅰ-3-1)을 보면 A-A′ 지점은 초
축의 표토층을 제외하고 2차에 걸친 개축이 있었던 지점이며,

B-B´ 지점은 초축 당시의 상태로 남아 있는 지점이다. 따라서 외곽선에 해당되는 동문지 부근의 토성과 남문지 부근의 토성은 같은 시기에 축조되었다고 할 수 있다.9)

문지는 남문 2, 동문 1, 서문 1, 북문 1개소 등 도합 5개소가 부설되어 있다. 앞서 언급한 바와 같이 군창지가 있는 테메형산성의 문지만도 남문 2, 중문 1 그리고 남문지 동편 단절된 부분도 문지라고 볼 수 있어서(그림 Ⅰ-3-1 참조), 모두 4개소의 문지가 있는 것으로 판단된다. 성에는 보통 4개소의 문지가 있는 것이 통상적인 예이므로 군창지 소재 테메형산성만도 독립된 산성으로 볼 수 있다.

'81년도에서 2년간에 걸쳐서 군창지 소재 테메형산성 내에 있는 건물지를 발굴조사 해 본 결과 북측 건물지에서는 탄화미가 출토되었고, 남쪽 건물지에서는 팥, 동쪽 건물지에서는 철제 열쇠와 백제토기 등이 출토되고 있어 이들 4개소의 건물은 창고임이 밝혀졌다10).

---

9) (補註) '90년대 이후 사비루와 군창지의 테메식산성에 대한 일련의 발굴조사결과 이들이 통일신라시대에 축조되었음이 밝혀져, 필자는 종래 부소산성이 테메식→포곡식으로 선후관계를 갖고 있는 복합식 산성이라는 주장을 철회한 바 있다. 이에 대해서는 本書 第Ⅰ篇 3장의 「百濟泗沘都城」을 참조하기 바란다.

10) ① 拙稿, 註 6)-⑥의 扶蘇山城 參照.

② 崔茂藏, 1991, 「扶蘇山城推定東門址發掘槪補」, 『百濟研究』 第22輯, 忠南大學校 百濟研究所, 125~147쪽.

③ 洪性彬, 1990, 「扶疏山城東門址及び周邊城壁發掘調査略補」, 『昌山 金正基博士華申紀念論叢』, 599~610쪽.

④ 文化財研究所, 1982, 『扶餘地區 軍倉址發掘調査 指導委員會會議資料』.

4) 靑馬山城

청마산성은 부여읍 능산리에 위치하고 있다. 東羅城과 인접해 있는 백제 최대의 석축의 포곡식산성으로 그 둘레는 6.5㎞이다. 서쪽 성벽의 일부는 높이 4~5m, 폭 3~4m 정도로 견고하게 축성하고 있다. 성내에는 濠가 있었으며, 성벽은 기초부분에 내려올수록 잡석을 많이 넣고 축조하고 있다. 지형이 서쪽이 낮으므로 水溝와 성내의 이 부근에 부설되어 있었을 것으로 판단되나 유적은 아직까지 확인되지 않고 있다. 백제 사비도성과 밀접한 관계가 있는 산성으로 추정되고 있으나 아직까지 조사된 바가 없다. 아마도 도피용 산성이 아닌가 생각된다[11].

4. 比較 考察

백제인에 의해서 축성된 대재부성곽과 백제 사비도성의 조사 자료를 가지고 비교고찰 해 보면 다음과 같은 相似点과 相異点을 찾아 볼 수 있다.

① 대재부성곽과 백제 사비도성의 양쪽 평면계획을 먼저 비교해 보자. 백제왕궁에 해당하는 대재부정청은 대야성 南麓의 (그림 Ⅳ-3-1)에서 볼 수 있는 대재부성곽의 중앙 북측에 위치하고 있다. 이것은 부소산의 남록 즉, 부여 羅城 內의 중앙 북측에 위치하고 있는 왕궁지와 같은 위치이다. 대재부성곽에는 백제 나성에 해당하는 '水城大堤'를 비롯하여 上大利土壘, 小水城

---

11) ① 拙稿, 註6)-⑥의〔靑馬山城〕參照.
   ② 扶餘郡誌編纂委員會, 1987,「第2章 城址」,『扶餘郡誌』, 714쪽.

등의 토루가 확인되고 있어 大宰府羅城(성곽) 설이 제기되기에 이르렀다. '水城大堤' 만으로도 부여 나성과 같은 역할을 했으리라고 하는 사실은 충분히 이해되고도 남음이 있다. 방위시설에는 대재부정청의 배후에 있는 대야성과 남쪽에 있는 椽(基肄)城이 한 세트로 구성되어 있다. 사비도성이 위치하고 있는 부여에 있어서도 좌우로는 나성, 배후에는 부여산성과 동측에 백제 최대의 청마산성을 배치하고 있다. 양자는 위치와 대소의 차이, 방향 등의 차이는 있으나 전적으로 똑같은 계획으로 축성되었음을 알 수 있다. 특히, 대야성과 부소산성은 표고와 규모의 차이는 있지만 남고북저형의 지형까지 동일하다. 『周禮』 考工記의 계획에 의해 궁전을 중앙에 배치하고 左祖右社, 南朝北市의 정통적인 中國都城과는 근본적으로 차이가 있음을 알 수 있다.

② 대재부성곽에는 條坊制를 실시하고 있다. 백제 사비도성은 5방제도에 의해서 통치되었다고 알려져 있을 뿐 그 이상의 것은 아직 알려지지 않고 있다. 이 조건만을 가지고 비교해 보면 대재부성곽의 조방제가 일보 진전한 점이 있음을 알 수 있다.

③ 대재부외곽에는 '水城大堤'를 비롯해서 '小水城' 등의 토루로 연결된 나성이 있다고 하는 새로운 의견이 제시되고 있다. 즉, 서쪽은 天神山土壘에서 남쪽으로 權現山에 이르고 다시 동쪽으로 基肄城에 이르고 있다. 그 위에 수성·대야성을 연결하는 북쪽 한계선이 寶滿山까지 연결되어 있다. 동쪽 한계선은 여기에서 남쪽으로 阿志岐·永岡·大振山으로 연결되어 關屋土壘까지 연결되고 있으며, 그 규모는 남북 8~10㎞, 동서 8㎞ 정도라고

한다12). 이와같은 예상 선이 확실하다고 하면 부여 나성이 자연적인 지형을 따라서 8km의 토성을 축성한 것과 같은 축성법이라고 할 수 있다. '수성대제'의 규모와 목통의 사용, 저수 목적의 濠 등은 부여 나성 보다 한 단계 발전된 점을 엿 볼 수 있다. 두 성은 탄화목층을 출토하고 있는 공통점도 있지만 부여나성의 경우, 성토기법, 판축기법, 또는 석축의 기단 등 경우에 따라서 다른 축성기법을 이용하고 있는 점은 독특하다고 할 수 있다. 성문은 현재까지는 수성에서 2, 부여나성에는 1개소만 확인되고 있는 실정이다.

④ 대재부정청 배후에 있는 대야성과 백제 사비도성인 부여 읍내 배후에 있는 부소산성을 비교해 보겠다. 두 성의 공통점은 외견상으로 대야성에는 동서에 2중으로 축조된 토성이 있고 부소산성에도 동서 2중의 토성이 있다. 그리고 이 토성의 외곽을 연결하는 포곡식산성이 축조되어 외견상 복합식산성을 형성하고 있는 공통점을 가지고 있다. 부소산성의 경우 테메형산성과 포곡식산성의 축조가 선후관계를 가지고 있다고 하는 의견이 제시되었지만 현재는 포곡식산성이 선행하고 테메형산성을 형성한 내부 토루는 통일신라시대와 조선시대에 축조되었음이 밝혀졌다. 또한 부소산성의 군창지가 있는 테메형산성은 4개소의 성문을 보유하고 있어 한때는 독립한 산성으로 운영되었을 가능성도 배제할 수는 없다. 대야성의 경우에는 아직까지 테메형산성과 포곡식산성의 선후관계에 대해서는 밝혀지지 않고 있는 단계이다. 대야성은 둘레 6.5km의 판축 토성과 石壘로 둘러 싸인 성내에는 70

---

12) 小田富士雄, 註 1)-②의 前揭文, 2쪽.

여동의 창고군이 있다. 부소산성은 2.2km의 토성과 군창지 소재 산성 안에는 4개동의 건물지만 확인되고 있어서 대야성과 비교해 보면 훨씬 규모가 작다. '百間石垣'과 같은 석루가 부소산성에는 없지만 판축기법의 축성술이나 남고북저의 지형등은 동일한 점이라고 할 수 있다. 부소산성은 북쪽에서 서쪽을 거쳐 남쪽까지 3개 방향에 걸쳐서 금강이 흐르고 있어 자연적인 방위를 형성하고 있을 뿐만 아니라 자연 경관도 좋아서 왕궁의 비원 역할도 했을 것으로 추정되고 있으나 大野城에는 없다.

⑤ 대재부성곽의 일부인 기이성은 둘레 약 4km의 토성이다. 성 안에는 40여 동의 창고군이 있으며 수문도 독특하다. 이와 대비되고 있는 부여 청마산성은 6.5km의 백제 최대의 포곡식산성이다. 석축산성으로만 알려져 있을 뿐 수구나 건물지 등은 아직 조사되지 아니한 산성이다. 양 성의 위치가 청마산성은 도성의 동쪽, 기이성은 남쪽에 위치하고 있는 점이 다를 뿐 성격은 같은 산성일 것으로 추정되고 있다. 청마산성은 백제 사비도성의 도피 용산성이 아닌가 한다.

⑥ 성곽 조사에 있어서 가장 중요 점은 축성 연대 문제이다. 대재부성곽은 『日本書紀』에 연대와 백제인의 축성자 이름까지 기록되어 있다. 이것을 뒷받침하는 '水城'銘 墨書土器도 출토되고 있다. 대야성 대재부입구 성문지 출토의 檜木의 柱根年代가 648년 보다 하강한다고 하는 사실은 『日本書紀』의 축성년대와 비슷한 점이 있어서 주목된다. 그런데 백제 사비도성에 관련된 축성 년대와 축성자의 이름은 문헌에 전해지고 있지 않고 있다. 다만

부소산성 동문지 조사에서 출토된 '大通'銘 와편이 축성년대를 추정할 수 있는 유일한 물증으로 수습되었을 뿐이다.

出 典

成周鐸, 1993, 「太宰府城郭と百濟泗沘都城との比較考察」, 『考古學ジャーナル』 369, 25~30쪽.

第 5 編 기 타

01

韓國의 都城

1. 머리말

   본고에서 제시한 한국 고대라 함은 문헌상으로 고구려·백
제·신라 삼국이 나라를 세웠다고 전해지는 기원전후로부터 삼
국을 통일한 신라가 고려왕조로 바뀌는 10세기 초까지의 시기를
말한다. 따라서 우리나라 고대 성곽이라 함은 고구려·백제·신
라의 도성을 의미하며, 가야도 이 시기에 해당하므로 포함시킬
수 있어 함께 그 일부를 고찰의 대상으로 삼았다.

   우리나라의 고대국가들은 세계 모든 민족들과 마찬가지로, 처
음에는 성을 근거로 하는 城邑國家 혹은 都市國家로 불리우는
국가형태1)로 출발하였다. 따라서 국가의 기원과 성의 기원은 일
정한 관계를 가지고 있으며, 성곽사적 입장에서 본다면 성곽의

---

1) 李基白·李基東, 1983, 「제2장 城邑國家와 聯盟王國」, 『韓國史講座
(古代篇)』, 一潮閣.

발생이 곧 국가의 발생과 직결된다고 할 수 있다.

城郭이라 함은 왕이 거주하는 內城과 일반 국민들이 거주하는 外郭城을 의미하며, 이것을 모두 합한 것을 都城이라고 부른다. 우리나라에 있어서 초기의 성곽들은 엄밀한 의미로 보면 都城이라고 부를 수 없는 단계이나 통용해서 사용했음을 밝혀 둔다.

본고에서는 첫째로 正史인『三國史記』에 나오는 삼국의 定都와 遷都에 관한 기록과 그동안 조사 보고된 고고학적 조사자료와 비교검토해 봄으로써 문헌과 고고학적 조사자료를 접목시켜 고찰해 보려고 시도하였다. 다음에는 이 자료를 근거로 성의 위치와 규모, 구조와 기능 및 城制, 그리고 도성으로서의 발달과정을 살펴보고 나아가 삼국 도성의 특성을 규명해 보고자 한다.

필자는 '94년 봄 국사편찬위원회의 위촉을 받아 삼국시대의 문화가운데 '都城'에 대한 小稿를 작성한 바 있다. 본고는 이 소고를 토대로 하였으며 그 이후 얻어진 새로운 자료를 첨가하고, 나아가 도성의 기능적인 면에 초점을 맞추어서 작성하였다.

2. 高句麗 都城

1) 卒本城 - 五女山城과 下古城子古城

『三國史記』卷13 高句麗本紀에 의하면 고구려의 왕도는 卒本, 國內尉那巖, 平壤, 長安城의 순으로 천도했음을 전해주고 있다[2].

---

2) ① 이 밖에도 山上王 2년(198) 丸都城 축조기사와 同王 13년(209)에 이곳에 천도한 사실을 전하고 있고, 故國原王 13년(343)에 平壤 東黃城으로 移居한 사실이 전하고 있다. 國內城과 丸都城, 平壤 東黃城의 위치문제는 고구려의 역사 연구에 있어서 논쟁 과제 중의 하나이다(李基白・李基東, 註 1) 89쪽 참조). 본고에서는 尉

본고에서도 이 순서대로 서술하기로 한다.

(가) 五女山城

고구려를 건국했다고 전해지는 주몽집단이 무리를 이끌고 토지가 비옥하며 산하가 險高한 卒本川 (魏書 紇城骨城)에 정도한 것은 B.C.37년 경으로 전해지고 있다. 이곳은 지금의 요녕성 桓因縣城 동북쪽 8.5㎞ 떨어진 곳에 위치하고 있는 五女山城으로 비정되고 있다. 오녀산성은 표고 800m의 험준한 산위에 축조한 석축산성이다. 남·북 길이 약 1,000m, 동·서 너비 약 300m의 장방형산성이다. 3면이 험준한 산으로 막혀 있고 동쪽만이 트여져 있으며, 渾江이 동에서 남으로 흐르고 있다. 동·서·남쪽 3곳에 문지가 남아 있고, 성 안에는 '天池'라고 불리우는 연못과 '点將臺' 등이 남아 있다. 성 안에는 석기, 도자기, 철기 등 유물이 출토되고 있으며, 이 산성 남쪽 5㎞ 떨어진 곳에 고구려 초기의 무덤이 있어서 이 산성이 고구려 초기의 성터임을 방증해 주고 있다.

(나) 下古城子古城

桓因縣城 서쪽 4㎞ 떨어진 혼강 맞은편에 '下古城子古城'이 있다. 오녀산성과는 약 10㎞ 떨어진 거리이다. 동쪽 성벽은 강물에 씻겨 내려가 없어지고 말았으나 서·남·북쪽 3면의 성벽은 비

那巖城-丸都城-山城子山城의 同處의 通說을 따르고자 한다. 平壤 東黃城의 위치에 대해서는 江界부근(李丙燾, 1976, 「제2장 高句麗 東黃城考」, 『韓國古代史硏究』, 博英社, 373쪽 참조)으로 보는 견해도 있으나 현재까지는 定說이 없다.

② 이하 축성기록에 대해서는 뒤의 (표 Ⅴ-1-1) 三國時代 城郭 築城 記錄 一覽表 참조.

교적 잘 남아있다. 남아있는 둘레의 길이는 약 600m, 높이 약 2m의 版築土城이다. 성 안에서는 고구려 초기의 鬼面紋瓦當이 출토된 바 있으며, 근년에는 石矛·석촉·숫돌·陶瓷蓋 등이 출토되었다. 이 평지토성 부근에는 오녀산성과 마찬가지로 고구려 초기의 고분군이 있어 이 성터는 고구려 초기의 평지토성으로 판단하고 있다[3].

오녀산성 안에는 '天池'가 있고, 하고성자고성에도 지금 양어장으로 활용하고 있는 곳이 당시의 城壕였던 것으로 판단되어 성으로서의 조건을 구비하고 있다고 하나 왕이 거주하던 궁궐터 등 결정적인 단서는 아직 확인되지 못하고 있는 단계이다.

2) 國內城과 尉那巖城

(가) 國內城

『三國史記』卷13 琉璃王 22년(A.D. 3)조에 왕이 도읍을 國內(城)로 옮기고 尉那巖城을 축조했다는 사실을 전하고 있다. 이 國內城은 현재 길림성 집안현 내에 있는 성터로 알려져 있으며, 위나암성은 집안현에서 서북쪽으로 2.5㎞ 떨어진 丸都山위에 있는 山城子山城 혹은 丸都城으로 불리우는 산성으로 비정되고 있다.

국내성은 평지에 있고 위나암성(일명 山城子山城)은 산위에 있다. 이 두 성은 우리나라 역사상 축성연대가 확실한 최초의 성지로 알려져 있다(그림 Ⅴ-1-1).

---

3) ① 魏存城, 1994, 「제1장 城址 建築址」, 『高句麗考古』, 吉林大學校出版社, 12~7쪽.
② 服部敬史外 3人, 1994, 「高句麗都城と山城」, 『青丘學術論集』 5, 韓國精神文化研究財團, 61쪽.

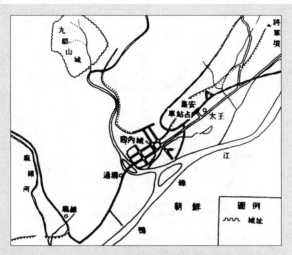

그림 Ⅴ-1-1 國內城과 尉那巖城(丸都山城) 位置圖

국내성의 성벽은 동면 554.7m, 서면 664.6m, 남면 751.5m, 북면 715.2m, 전체의 성벽 길이는 2,686m이며, 동·서가 남·북에 비해서 약간 긴 方形이다(그림 Ⅴ-1-2). 동·서로 통하는 4개의 문지와 남·북으로 통하는 2개의 문지가 있는데 북문지가 비교적 잘 남아 있다. '63년 성안에 浴池를 수축할 때 발견한 건물터에서 "太寧四年太歲○○閏月六日己巳造吉保子宜孫"이라는 銘文瓦當이 수습되었는데, 이는 美川王 26년(325)에 해당된다. 남·북 성벽조사에서 석축성벽 밑에 방형의 土築부분이 확인되어 漢代 高句麗縣 治所로 추정하였으며, 석축은 고구려가 이 곳을 근거지로 하였을 때 개축한 것으로 보고 있다. 고구려는 琉璃王 3년(B.C. 17)에 이곳에 정착해서 長壽王 15년(427) 평양으로 천도할 때까지 444년 동안 정치·경제·문화의 중심지였다. 그 동안 여러 차례에 걸쳐 국내성이 수축되고 있었음을 『三國史記』는 전

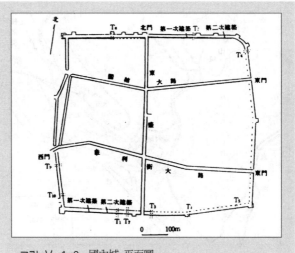

그림 Ⅴ-1-2 國內城 平面圖

하고 있다.

한편 縣政府 기초공사에서 基壇石·八角形柱座礎石·圓形柱座礎石과 와편 등 격조높은 유물이 출토되어 이 부근이 궁전지였을 가능성을 시사해 주고 있다. 好太王碑에 나오는 通溝城이 바로 이 '國內城'이라고 하는데는 학계의 공통된 의견이다. 국내성은 서쪽으로는 通溝河가 흐르고 있어 천연적인 城壕를 이루고 있고 앞에는 압록강이 흐르고 있는 요새지이다[4].

---

4) ① 李殿福 著, 車勇杰·金仁經 譯, 1994,「1. 古城, 초소, 關隘유적지」,『中國內의 高句麗遺蹟』, 19~24쪽.
② 魏存成, 註 3)-①의 前揭文, 14~16쪽.
③ 拙稿, 1993,「韓·中古代 城郭築造에 관한 比較史的 考察」,『中國都城發達史』, 235쪽.
④ 杉山信三·小笠原好彦 篇, 1992,『高句麗の都城遺跡と古墳』, 東朋社, 11~3쪽.
⑤ 李殷昌, 1986,「高句麗園林史研究」,『韓國傳統文化研究』, 曉星女子大學校 韓國傳統文化研究所, 135~6쪽.

(나) 尉那巖城

尉那巖城은 압록강 지류인 通溝河 하류 右岸에 위치하고 있다. 위나암성이 있는 丸都山은 통구하로 통하는 낮은 남문으로부터 표고 676m의 험준한 산능선을 따라 축조하엿는데, 동벽이 1,716m, 서벽이 2,440m, 남벽이 1,786m, 북벽이 1,009m, 총 6,951m이다.

성문은 동벽과 북벽에 2개씩 있고 남벽에 1개가 있어 도합 5개가 부설되어 있으며, 서쪽 성벽에는 성문이 없다. 성문의 폭은 2~3m이다. 성 안에는 동·서 북쪽에 샘이 하나씩 있으며, '飮馬池' 또는 '蓮花池'라고 불리우는 연못도 있다. 이 샘물은 남쪽 성문 부근에서 합쳐져서 통구하로 흘러 들어가고 있다. 이 연못들은 궁전의 園林으로 이용되었을 것으로 보인다.

성 안에는 건물지 세 곳이 있다. 宮殿址는 동벽 안쪽 산기슭 높은 평지에 위치하고 있으며, 규모는 남북 길이 92m, 동서 폭 62m이다. 안으로 들어가면 3층의 대지를 형성하고 있는데 방향은 南偏西 60°이다. 궁전지는 아직 발굴조사된 바 없다. 성의 서벽 안쪽 중간지점에는 고구려시대의 古墳과 土墳 37개소가 보존되어 내려오고 있다.

위나암성은 琉璃王 22년(3)에 축조되었고, 제10대 山上王 2년(198)에 개축하여 丸都城이라 부르고 13년동안 도성으로 사용한 일이 있으며 故國原王 12년(342)에는 3년동안 丸都城에 移居한 일이 있는 산성이다(그림 Ⅴ-1-3 참조).

고구려는 초기 桂婁部·灌奴部·順奴部·絶奴部·消(涓)奴部 등 五部族의 지배계급이 있었으며, 이가운데 소(연)노부가 왕족이 되었다가 다시 계루부 집단이 왕족이 되었다[5]. 이 5부족은

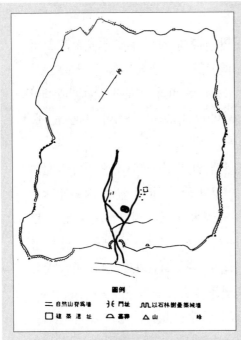

그림 Ⅴ-1-3   尉那巖城(丸都山城) 平面圖

계루부가 거주했던 內部 즉 黃部와 절노부가 거주했던 後部 즉 北部, 순노부가 거주했던 左部 즉 東部, 관노부가 거주했던 右部 즉 西部의 五部制度로 통치했었다. 고구려 초기에는 桂婁가 王畿를 구성하였고, 왕기는 국왕이 거주하던 왕도와 그 주변의 東·西·南·北의 四部가 있었으며, 왕도에는 왕성·왕궁이 있었고 그 밖에도 民·廟社 등도 있었다고 한다6).

이와 같은 五部制度가 도성안에도 실시되었다고 하는 것은 아직도 밝혀지지 않고 있다. (그림 Ⅴ-1-2)에서 볼 수 있는 바와 같이 거의 方形에 가까운 국내성 안에서 이와 같은 단서를 제공할 만한 자료가 아직 확인되지 않고 있는 것이다. (그림 Ⅴ-1-2)에 보이는 현재의 동·서 4개, 남·북 2개의 문지는 후대의 것으로 고구려 초기의 문지가 아니다7). 고고학적 자료를 근거로

---

5) 『三國志』 魏志 東夷傳 高句麗 및 『後漢書』 東夷傳 高句麗.

6) 李鍾旭, 1982, 「高句麗初期의 地方統治制度」, 『歷史學報』 94·95합본, 131쪽.

7) 李殿福 著, 車勇杰·金仁經, 譯, 註 4)-①의 前揭文 13쪽, 國內城平

해서 본다면 漢代의 성지에 고구려가 국도로 작정하고 사용한 것만은 확실하다.

평지 국내성과 짝을 이루고 있는 위나암성 안에 있는 궁궐지에 대해서는 앞서 언급한 바와 같이 아직 정밀조사가 이루어지지 않아 확인할 수 없지만, 앞서 설명한 성 동쪽 성벽 안쪽의 넓은 평지로 지목되고 있다.

이 산성은 평지에 있는 도성인 국내성이 적의 침공을 받았을 경우 이 산성에 들어가서 적에 대응하는 근거지로 삼았을 것으로 판단된다. 『三國史記』 고구려본기에 나오는 琉璃王 22년(3)에 國內로 천도하고 위나암성을 축조했다는 사실, 山上王 2년(198) 환도성을 축조하고 同王 13년(209) 丸都로 이도했다는 사실, 東川王 20년과 21년(246, 247)에 환도성이 毌丘儉의 침공을 받았다는 사실, 그리고 故國原王 12년(342) 환도성을 修葺하고 국내성을 축조했었다고 하는 기록은 앞서 설명한 국내성과 위나암성을 중심으로 한 사건들로 판단되어, 평지의 국내성과 산성인 위나암성이 한 조를 이루는 도성제를 가지고 있었음을 알 수 있다.

3) 平壤城 - 安鶴宮 · 大城山城 · 淸岩洞土城

『三國史記』卷18 高句麗本紀 長壽王 15년(427)조에 고구려는 도읍을 평양으로 옮겼다고 기록되어 있다. 이때 평양에 축조한 성은 현재의 평양 북동쪽 약 12㎞ 떨어진 평양시 대성구 안학동 대성산성 남쪽 기슭에 있는 安鶴宮址로 비정하고 있다. 안학궁은 배후에 大城山城이 있고 서쪽에는 淸岩洞山城이 있어 상호 밀접한 관계가 있는 것으로 알려져 있다(그림 Ⅴ-1-4 참조)8).

面圖 關野貞과 通溝 인용 도면 참조.

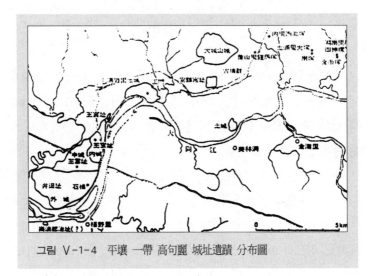

그림 Ⅴ-1-4 平壤 一帶 高句麗 城址遺蹟 分布圖

(가) 安鶴宮址

안학궁지는 '58년도부터 발굴조사가 이루어져서 성벽 일변의 길이가 622m의 거의 方形土城이며, 성의 총 둘레는 2,480m, 면적은 30여만㎡임이 밝혀졌다. 성벽의 하부 폭은 평균 4~8.8m, 높이는 8~10m, 상부폭은 4.4m 정도이다. 성문은 동·서·북 삼면에 각 1개씩, 그리고 남문은 3개소가 부설되어 모두 6개소이다. 성안에는 52채의 건물지가 있는데 그 가운데 궁전터가 5개소이며, 5종류의 건축군이 있었던 것으로 알려져 있다. 궁전은 남북을 축으로 해서 한대의 天文占星思想인 五星座의 배치에 따라, 동·서·남·북·중의 5개 궁전으로 배치하고 있다. 南宮은 正殿을 중심으로 행사를 거행하는 궁전이고, 中宮은 왕이 정무를 보는 궁전이며, 北宮은 寢殿으로 추정하고 있으며, 東宮은 王太

---

8) 註 4)-②·③·④·⑤의 前揭文 참조.

子를 위한 궁전이며, 西宮은 宮人들을 위한 궁전인 것으로 알려져 있다(그림 V-1-5 참조).

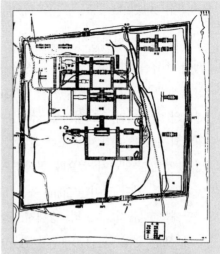

그림 V-1-5　安鶴宮 建物 配置圖

석축기법에 있어서 네모난 석재를 외면에 조금씩 뒤쪽으로 물려 쌓은 안학궁의 석축기법과 국내성의 축조기법은 공통점이 있다. 거의 방형성이라고 하는 점에서도 공통점이 있으나, 문지에 있어서는 안학궁지가 동·서·북 에 각기 하나씩 그리고 남쪽에는 3개소의 성문을 부설하였다. 이에 비해 국내성은 (그림 V-1-2)에서 볼 수 있는 것과 같이 동·서 각기 2개소 남·북 각기 1개소 등 모두 6개소를 부설하고 있어 수는 같으나 부설방법은 달리하고 있다[9].

동·서 양쪽으로 濠가 부설되어 있으며, 성 안에는 後苑이라고 할 수 있는 정원지와 남궁 옆에 있는 정원지, 그리고 동·남쪽 모퉁이에 부설된 연못이 있어 조경도 이루어졌음을 보여 주고 있다. 조성연대의 상한선은 427년이며, 하한선은 장안성의 축조가 논의되기 시작한 것으로 추정되는 540년경으로 파악하고 있다[10].

---

9) 註 4)-④의 前揭書, 通溝의 도면에는 동·서·남·북 4 개소의 문지가 부설되어 있는 것으로 작성되어져 있다.

(나) 大城山城

大城山城은 안학궁의 배후에 있는 산성으로 표고 274m의 大城山 主峰을 기점으로 해서 능선을 따라 축조한 석축산성이다. 성의 둘레는 7,218m, 면적은 약 2,723㎡로 위나암성과 거의 같은 규모의 산성이며, 그 성격도 국내성에 부설된 위나암성과 같이 왕궁의 수호를 위해서 축조한 산성이다. 성에는 20개소의 문지가 있는 것으로 알려져 있으나 공식적으로 확인된 것은 남문지 뿐인데 문의 기단 길이는 20m, 폭은 14m, 높이는 1.5m 정도이다. 성안에는 건물터, 창고터, 장대지, 雉 등이 있는 것으로 알려져 있다. 또한 성안에는 170개소의 연못이 있었던 것으로 알려져 있으며, 그 가운데 8개소는 발굴조사되었다고 한다. 연못에서 나오는 풍부한 수량은 식수로 사용되었을 뿐만 아니라 宮苑의 園林으로 이용되었을 가능성이 높다.

『周書』고려전에 의하면 "平壤城은 東西 六里의 규모로 浿水에 임하고 있다. 성안에는 군비를 축조해 보관해 두고 적군이 오게 되면 성안에 들어가서 지키게 한다. 왕은 곁에 別宅을 짓고 거주하게 했는데 항상 거주하지는 않고 있다"고 설명하고 있다. 여기에 평양성은 대성산성을 가리킨 것이며, 이 성에 대한 성격을 잘 설명해 준 자료라고 할 수 있다(그림 Ⅴ-1-6 참조)[11].

(다) 清岩里土城

안학궁과 밀접한 관계가 있는 산성으로 대성산성 이외에 清岩

---

10) 杉山信三·小笠原好彦 編, 註 4)-④의 前揭書 43쪽.
11) 魏存成, 註 3)-①의 前揭文 24쪽.
　　杉山信三·小笠原好彦 編, 註 4)-④의 前揭文, 42~4쪽.

洞山城이 있다. 이 토성은 안학궁 서쪽인 평양시 대성구 청암동에 위치하고 있다. 거리는 대성산성보다 멀리 떨어져 있다.

성의 둘레는 3,675m, 면적은 523,030㎡(158,217평)이다. 북·동·서 3문이 부설되어 있으며, 성 안에서는 八角形塔을 중심으로 한 一塔三金堂式 伽藍이 발굴조사되었고, 투각화염문금동관이 출토된 바 있으며, 고식의 와당과

그림 Ⅴ-1-6 大城山城과 安鶴宮

국내성에서 발견된 초석과 같은 양식의 초석이 발견되었다. 이것을 근거로 해서 關野貞은 427년 장수왕 때 천도한 평양성이 바로 이 淸岩洞土城이라고 주장하고 대성산성과 셋트를 이룬 성지로 판단하였다. 이후 千田剛道, 田村晃一, 田中俊明 등 일인학자들은 청암동토성을 전기 평양성으로 보고 있다(그림 Ⅴ-1-4 참조).

그러나 북한학자 崔羲林, 채희국 등은 안학궁성에서 출토된 토기와 와당들이 4세기 말~5세기 초까지 상회함을 근거로, 이곳이 전기 평양성의 근거지이며 대성산성이 셋트를 이루고 있다는 주장을 하고 있다. 이 의견에 閔德植도 찬동하고 있으며, 魏存成도 같은 의견이다[12].

---

12) ① 魏存成, 註 3)-①의 前揭文, 25쪽, 杉山信三·小笠原好彦 編, 註

長壽王 15년(427) 평양성(安鶴宮址)으로 천도해서 陽原王 8년 (552) 평양 장안성으로 천도할 때까지 125년 동안 어떠한 체제를 가지고 통치했는지는 문헌이나 고고학적 조사자료에서도 잘 나타나고 있지 않으며, 아마도 초기 국내성 천도 당시의 5부제도로 통치했을 가능성이 있는 것으로 짐작할 뿐이다.

(라) 平壤 長安城

『三國史記』卷19 高句麗本紀 平原王 28년(586)조에 의하면 왕은 이 해에 장안성으로 천도를 하였다고 한다. 이 장안성은 陽原王 8년(552)에 착공하여 41년만인 嬰陽王 4년(593)에 완공한 것인데 현재 평양시가를 둘러싸고 있는 평양성으로 비정하는데 학계의 의견이 일치하고 있다.

평양에 있는 장안성은 산릉과 평지가 결합된 자연지세를 최대한 이용해서 축조한 도성이다. 북쪽은 錦繡山으로 막혀 있고, 동·서·남쪽 3면은 대동강과 보통강으로 둘러싸여 있다. 산성과 도성을 연결해서 축조한 것은 이 성곽이 처음이다.

성의 둘레는 23㎞, 면적은 1,185,000㎡의 석축도성이며, 북성·내성·중성·외성으로 구획되어 있다. 이 도성의 특징은 나성에 해당하는 외성의 존재와 坊條制의 格子網式 都市를 이룩했었다고 하는 점이다. 내성에는 왕이 거주했고, 중성은 官衙가 있었으며, 외성에는 백성들이 거주했었고, 북성은 왕성 배후의 방어용 산성 또는 宮苑으로 사용했던 것으로 알려져 있다[13].

---

4)-의 前揭文④, 29~32쪽.
② 閔德植, 1993, 「高句麗平壤城의 築造過程에 관한 硏究」, 『國史館論叢』 39, 國史編纂委員會, 12쪽.
13) ① 杉山信三·小笠原好彦 編, 註 4)-④의 前揭書, 32~4쪽.

(그림 Ⅴ-1-7)의 평양 장안성 평면도에서 볼 수 있는 것과 같이 이 성에는 성문이 대단히 많이 부설되어 있다. 중성에 부설된 보통문과 정양문에서는 고구려시기의 주초석 일부가 확인되어 이 성의 축조시기를 시사해 주고 있다. 대동강과 보통강이 천연적인 城壕를 형성하고 있을 뿐만 아니라 성안에도 호를 부설하고 있다14).

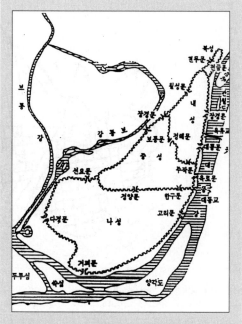

그림 Ⅴ-1-7 平壤 長安城 平面圖

왕궁지에 대한 문제는 아직도 이견이 있다. 왕궁지가 만수대 남쪽 양지바른 지대라고 하는 최희림의 주장과 내성의 중앙지대에 있는 만수대의 건물터라고 하는 채희국의 주장, 그리고 北城 內 永明寺 부근이라고 하는 關野貞의 견해가 있다. 또한 성벽 축조의 구조상 내외성은 동일시기 것으로 보고 성을 3구분하는 견해도 있으며, 條坊制(그림 Ⅴ-1-8)의 실시는 이 곳으로 천도하기 이전 것으로 보는 견해도 있다. 그런데 閔德植은 陽原王 8년

---

② 魏存城, 註 3)-①의 前揭文, 266쪽.
14) 李殷昌, 註 4)-⑤의 前揭文, 159쪽.

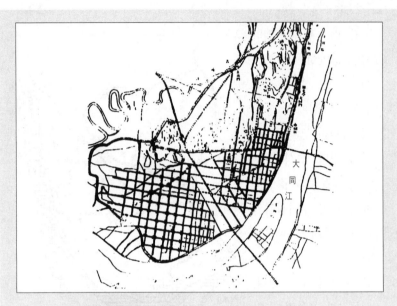

그림 Ⅴ-1-8 平壤城圖

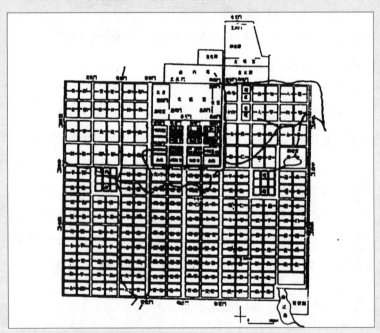

그림 Ⅴ-1-9 唐 長安城 平面復原圖

(552)에 궁궐을 착수하고 平原王 28년(566)에 내성을 축조 완공하였으며, 586년에 천도한 후 平原王 31년(589)에 나성을 축조하고, 嬰陽王 4년(593)에 북성공사를 완성했다고 보고 있으며, 條坊制는 한국식 성에 중국의 체제를 갖추었다고 보고 있다[15].

　평양의 장안성과 명칭이 동일한 唐 장안성은 隋 文帝 開皇 2년(582)에 착공하여 다음해에 천도하고, 大興城이라고 불렸는데 수를 멸망시킨 당이 이를 접수하여 장안성이라고 개칭한 것이다. 당 장안성은 평면복원도(그림 Ⅴ-1-9)에서 볼 수 있는 것과 같이 宮城과 皇城을 중심으로 한 내성과 條坊制에 의한 街道 및 東市·西市 등을 형성하고 있는 外郭城으로 대별할 수 있다. 동·서의 길이 9,721m, 남·북의 길이 8,651m 총 둘레는 36.7km의 方形城郭이다. 그리고 曲江池와 太液池 등 宮殿苑林을 구비하고 있으며, 城中 流水의 처리는 溝渠를 통해서 처리하고 있다[16].

　당 장안성과 고구려 평양 장안성을 비교해 볼 때 규모면에 있어서는 36.7km : 23km로 2/3정도이며, 당 장안성은 산릉에 의지하고 자연지대를 이용해 축조한 다른 점이 다름을 알 수 있다. 따라서 고구려 평양 장안성은 중국도성이 고구려화된 도성축조기법의 특성을 지니고 있다고 할 수 있다.

---

15) ① 閔德植, 註 12)-②의 前揭文, 48쪽.
　　② 閔德植, 1993, 「高句麗의 平壤城刻字城石에 관한 研究」, 『韓國上古史學報』 13.
16) ① 馬得志, 1982, 「唐代長安與洛陽」, 『考古』 6期.
　　② 『中國大百科全書』, 1986, 497쪽.

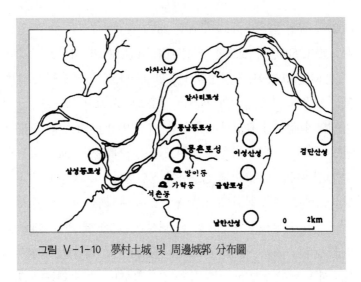

그림 Ⅴ-1-10 夢村土城 및 周邊城郭 分布圖

3. 百濟 都城

1) 河南慰禮城－夢村土城과 風納洞土城

『三國史記』卷 23 百濟本紀 溫祚王條에는 고구려계인 沸流·溫祚 집단이 B.C. 17년에 河南慰禮城에 정착하고 있음을 전하고 있다.

이 하남위례성은 북쪽으로는 漢水를 끼고 있으며, 동쪽으로는 높은 산이 막혀 있고 남쪽으로는 비옥한 들판을 바라보고 있으며, 서쪽으로는 大海로 막혀있는 위치라고 설명하고 있다. 따라서 백제가 처음으로 정착해서 서울로 정한 하남위례성은 漢水, 즉 한강유역에 있는 성터일 것이라고 하는데는 모두 공통된 의견이다.

한강유역 남쪽에서는 현재 강동구 석촌동에 있는 백제고분

3·4·5호분에 대한 조사가 '75년도에 이루어졌고, '84년도에는 3·4호분의 재조사, '84년부터 '89년까지는 몽촌토성의 발굴조사로 백제초기 한성시대의 중심지가 이 지역을 벗어날 수 없을 것이라고 하는 단계까지 이르고 있다. 이 지역에는 풍납동토성·몽촌토성·삼성동토성·이성산성·남

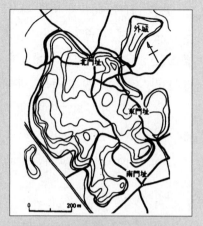

그림 Ⅴ-1-11 夢村土城 平面圖

한산성들이 있는데(그림 Ⅴ-1-10), 이 가운데 몽촌토성과 풍납동토성이 가장 많이 조사되어 학계에 널리 알려져 있다. 위치와 규모, 출토유물의 성격으로 미루어 보아 이 두 성이 백제가 처음 정착한 하남위례성일 가능성이 높다고 하는 의견으로 집약되고 있다.

(가) 夢村土城

몽촌토성은 강동구 방이동 표고 44.8m의 낮은 구릉에 자연지세를 이용하여 주로 판축기법에 의존해서 축조한 토성이다. 성은 남·북 길이 730m, 동·서 폭 540m, 전체 성 둘레는 2,285m이다. 성의 외벽은 구릉의 경사면을 깎아내어 급경사의 段을 만들고, 두 번째 段에 木柵을 설치했는데 이 급경사의 단은 성벽 정상부에서 기저부까지 2~3회 되풀이 되다가 濠(垓字)로 연결되어 있다(그림 Ⅴ-1-11). 동북쪽으로 270m 뻗어 나가 부설된 外城은

그 높이가 11~38m로서 초축 당시는 지금보다 3~4m 높았던 것으로 추측되며, 북측 경사면에는 本城의 외벽과 같이 인공을 가했고, 정상부에는 목책을 설치했다. 5차에 걸친 발굴조사로 집자리 13기, 저장공 29기 등의 백제시대 유구와 벼루·와당·마구·말뼈 등이 출토되었으며, 西晉時代(265~316)의 灰釉錢文陶器片 등이 출토되어 이 성이 3세기 말까지 올라갈 수 있으며, 중심연대는 3~5세기경으로 추정하고 있다[17].

(나) 風納洞土城

風納洞土城은 서울 江東區 風納洞에 위치하고 있는데 앞서 언급한 夢村土城 동북쪽 약 2㎞ 떨어진 곳에 있다. 성의 둘레는 1,500m, 남벽 300m, 북벽 200m, 서벽 250m가 남아있어 현존한 길이는 2,250m에 달하며, 한강유역에 있는 백제성지 가운데 가장 규모가 크고 장방형에 가까운 토성이다. 동벽에는 4개의 문지가 있었던 것으로 알려져 있다.

'66년도의 조사보고서에 의하면 "이 城은 내부에서 나오는 토기편의 量이나 기타 건축관계 유물의 성격으로 미루어 보아 방어용 성이라고 하지만 평시에는 많은 일반민이 살고 있었던 半民半軍的 邑城이었다고 생각된다"고 기술하고 있다. 이 토성의 정확한 初創年代는 알 수 없지만 그것이 위례성과 거의 동시에

---

17) ① 拙稿, 1984, 「百濟初期城址」, 『百濟城址研究』, 東國大學校大學院.
　② 서울대학교박물관, 1988, 『夢村土城』, 199~201쪽.
　③ 崔夢龍, 1988, 「夢村土城과 河南慰禮城」, 『百濟研究』 19, 忠南大學校百濟研究所, 7~8쪽.
　④ 朴淳發, 1989, 『漢江流域 百濟土器의 變遷과 夢村土城의 性格에 대한 一考察』, 서울대학교대학원 석사학위논문, 202쪽.

축조된 초기 것임은 틀림이 없다고 한다.

비교적 원형을 보존하고 있었다고 생각되는 북쪽의 경우 정상에서 약 2m 내려간 위치에서 1단의 넓은 단을 만들었고, 거기서부터는 경사를 줄여서 기부를 만들고 있으며, 성벽 기저부에서의 폭은 30m 가량이다. 그리고 단면에서 보면 돌은 거의 없고 고운 모래뿐인데 그것을 얇은 층으로 한층한층 다져서 쌓아 올라가고 있다[18].

초기 漢城百濟(~475)시대 도성에는 東明王廟(溫祚 元年), 大壇(溫祚 20), 王宮(溫祚 43), 南壇(多婁王 2), 南堂(古爾王 28), 宮西에 射臺(比流王 17) 등의 시설이 있었음을 『三國史記』는 전하고 있으나 당시 도성으로 비정되고 있는 몽촌토성이나 풍납동토성 주변에서는 그 유적을 찾아 볼 수 없다. 백제는 초기부터 四部[19]의 행정조직으로 다스린 듯하다. 近肖古王 24년에는 고구려의 남침에 대비하여 서울을 '漢山'으로 옮겼다고 하는데 이 한산을 지금의 南漢山城으로 필자는 비정한 바 있다. 辰斯王 7년(391)에는 궁실을 중수하여 연못을 파고 산을 만드는 조경사업[20]

---

18) ① 金元龍, 1967, 『風納里包含層調査報告』서울대학교 고고인류학총서 제3책, 6~7쪽.
   ② 東潮·田中俊明, 1989, 『韓國の古代遺蹟』(百濟 伽耶篇), 中央公論社, 71~73쪽.
   ③ 車勇杰, 1993, 「漢城時代 百濟의 建國과 漢江流域 百濟城郭」, 『제1회 百濟史定立을 위한 學術세미나, 제1부 百濟의 建國과 漢城時代』, 百濟文化開發研究院, 76~77쪽.
19) 『三國史記』23 溫祚王 31年 秋八月 '加置東西二郡'이 기록으로 미루어 보면 南北部가 먼저 설치 되고 東西2部가 추가 설치된 것으로 생각된다.
20) 李殷昌, 1992, 「百濟園林史研究」, 『百濟論叢』 3, 百濟文化開發研究院, 219쪽.

을 한 후 새와 화초를 길렀다고 하는 바 이때 다시 천도한 것으로 추정된다. 阿莘王은 枕流王의 원자로 '漢城別宮'에서 태어났다고 하는 기록으로 미루어 보아 한성별궁은 한산 즉, 남한산성이나 그 부근에 별궁이 있었을 것으로 추정된다.

위에서 한강유역에 있는 성지 가운데 河南慰禮城으로 비정되고 있는 몽촌토성과 풍납동토성 및 별궁의 위치문제들을 예로 들어 살펴 보았다. 몽촌토성은 자연구릉을 이용해서 축조한 토성인 반면에 풍납동토성은 한강변 평지에 축조한 장방형토성이다. 고구려 도성인 경우 고구려의 발상지 오녀산성이나 위나암성은 모두 산상에 축조하고 있으며, 평시의 도성은 국내성처럼 평지에 축조하고 있는 것이 특징이다. 풍납동토성의 경우 배후에 산성이 없고, 한강을 끼고 있어 방어상 취약점을 지니고 있다. 그리고 풍납동토성이 내성으로서의 王城인 경우 외곽성이 없으며, 성 안에서 王宮址와 官衙 등의 유적이 조사 되지 않고 있다. 반면에 몽촌토성은 비록 험준하지는 않지만 산릉을 끼고 있고, 또 현재까지의 조사에서 성내에서 왕궁지도 조사된 바 없어 고구려 도성과 같이 배후에 산성을 두고 성 앞의 평지에 王宮을 배치했었을 가능성이 높음을 시사해 주고 있다. 더욱이 몽촌토성 동북쪽에 있는 외성은 산성 앞에 평지도성을 배치했을 가능성을 시사해 주는 자료라고 할 수 있다.

2) 熊津城

『三國史記』卷 26 百濟本紀 文周王條에는 475년에 백제가 고구려 장수왕의 침공으로 성이 함락되고 蓋鹵王이 살해되자 아들 文周가 서울을 웅진으로 옮겼다고 기술되어 있다. 熊津城은 백제가 하남위례성에서 천도한 후 泗沘(扶餘)로 다시 천도할 때까지 4대 63년 동안 중흥을 도모했던 곳으로서, 현재 공주시 산성동 표고 110m의 구릉에 위치하고 있다. 일명 '公山城'이라 불리우기도 한다.

성은 남쪽이 높고 북쪽이 낮은 능선을 따라 축조했는데 보고서에 의하면 둘레가 2,660m[21]의 전형적인 포곡식산성으로서 토성이 735m, 석성이 1,925m이다(이 책 51쪽, 그림 Ⅰ-2-1). (이 책 57쪽, 그림 Ⅰ-2-2)는 공주대학교 박물관에서 토성의 연결부분을 조사한 그림인데, 외성과 내성의 연결부분을 조사한 것이다. 그 결과 성은 내성과 외성의 이중구조를 지니고 있고, 초축시기는 백제시대로 추정하고 있으며, 4지점에서는 初築城 위에 고려말~조선초기의 보수가 있었던 것으로 파악하고 있다[22]. 그러나 이 보고서에서는 토성과 석성의 2중 복합식산성을 왜 축조하였는지 아직 밝히지 못하고 있으며, 성 전체가 같은 시기에 축조되었는지도 아직 밝히지 못하고 있다.

내성 건물지 발굴조사에서는 東城王 22년에 "臨流閣을 宮의 동쪽에 지으니 높이가 5丈이 되었다"고 하는데 이 건물지를 鎭南樓와 동문지 중간지대에서 확인하였고, 蓮池도 조사 보고된 바 있다[23].

---

21) 拙稿, 1980,「百濟熊津城과 泗沘城研究」,『百濟研究』11, 忠南大學校 百濟研究所, 172쪽. 이 보고서에서 필자는 土城 390m, 石城 1,810m 총 2,200m 보고한 바 있다. 그러나 공주대학교의 발굴조사보고서(安承周, 1982,『公山城』, 公州師範大學百濟文化研究所, 27쪽)에는 土城 735m, 石城 1,925m 등 총길이 2,660m로 기술되어 있다.
22) 安承周, 註 21)의 前揭書, 89쪽.
23) 安承周・李南奭, 1987,『公山城 推定王宮址調查報告』, 公州師範大學 博物館.

도성에서 가장 중요한 것은 왕궁지의 위치인데, 조사보고서에 따르면 추정왕궁지는 현 공산성 운동장 雙樹亭 앞 광장으로 추정하고 있다. 이 추정왕궁지에서는 정면 6칸, 측면 4칸의 남향을 하고 있는 제1건물지와 정면 5칸, 측면 2칸의 서향을 하고 있는 제2건물지가 확인되었는데 瓦家는 아니었던 것으로 알려져 있다. 또한 3.1×1.45×0.6m의 木槨庫와 上面徑 7.3m 底邊徑 4.78m 높이 3m의 연못도 조사되었다. 이들은 모두 백제시대 것으로서, 보고서에서는 건물지를 백제 웅진시대(475~518) 왕궁지로 추정하고 있다24).

위의 자료를 가지고 살펴보면 다음과 같은 결론을 얻어 낼 수 있다.

첫째로 웅진성(공산성)은 백제시대에 축조된 산성이며, 외형상 토성과 석성의 이중구조를 가지고 있다. 다만 현재로서는 이중으로 축조한 목적과 시기가 아직 밝혀져 있지 않은 단계이다.

둘째로 문헌에 나오는 임류각이 실제 조사에서도 확인되었으며, 연지의 발굴조사로 이 산성이 園林25)의 역할도 했었음을 시사해 주고 있다.

셋째로 왕궁지의 위치문제이다. 조사보고서에서는 정면 6칸, 측면 4칸의 제1건물지와, 정면 5칸, 측면 2칸의 제2건물지를 가지고 왕궁지로 추정하고 있는데 2동의 건물로 어떻게 63년 동안 정사를 집행했을 수 있었겠는가 의문이 간다. 내전과 정청 등이 구비되어야 할터인데 2동의 건물로써는 빈약하기 때문이다. 그렇지만 궁전지가 전혀 아니라고 부인하는 것은 아니다. 유사시에

---

24) 安承周·李南奭, 註 23)의 前揭書, 26~32쪽.
25) 李殷昌, 註 19)의 前揭文 참조.

籠城할 궁전역활도 했을 것이고 園林의 역할도 했을 가능성이 있으므로 왕궁과 관련된 것만은 틀림이 없을 것이다. 다만 평상시의 왕궁지는 성 밖의 전면에서 찾아보는 것이 타당하다고 필자는 사료된다. 고구려 초기의 왕도에서나 후기 왕도에서도 왕궁은 한결같이 산성 앞에 위치하고 있고, 백제 초기 도성지로 비정하고 있는 몽촌토성도 같은 조건이다. 이에 대해 沈水의 우려를 내세워 城內 王宮址說을 지지하는 주장도 있으나26), 후술한 사비도성에서도 왕궁지의 위치를 산성 앞에서 확인할 수 있어 간접적으로 시사해 주는 바가 있다.

웅진성의 보조시설에 대해서는 동쪽 봉우리에 테메식산성을 축조해서 방위에 만전을 기했음을 알 수 있겠고, 서쪽에도 같은 식의 토성이 있었음을 필자는 지적한 바 있다. 도성을 어떤 식으로 통치했는지에 대해서는 현재까지의 조사로서는 밝혀져 있지 않다.

3) 泗沘都城 – 王宮址 · 羅城 · 扶蘇山城 · 靑馬山城

『三國史記』卷 26 聖王 16년조에 의하면 왕은 泗沘(일명 所夫里)로 서울을 옮기고 국호를 南夫餘라 하였다 전한다. 이것이 지금 扶餘邑을 중심으로 해서 있는 성지들이다. 백제 사비도성은 왕이 거주하던 王宮址(內城)와 거주민을 보호하기 위해서 築造한 羅城(外城), 그리고 王宮 배후에 築造한 扶蘇山城 및 靑馬山城으로 구성되어 있다. 삼국의 도성 가운데 가장 많은 발굴조사가 이루어지고 있어 그 자료도 풍부하다. 그 내용을 차례로 약술하여

---

26) 兪元載, 1993,「百濟熊津城研究」,『國史館論叢』45, 국사편찬위원회, 88쪽.

보기로 하며, 본고에서는 이것을 일괄하여 사비도성이라 부르고
자 한다(그림 Ⅰ-3-2 참조).

(가) 王宮址

도성에서 가장 중요한 곳은 권력의 중심이라 할 수 있는 왕이
거주하는 王宮이다. 百濟初期 漢城時代 王宮址와 中期 熊津時代
王宮址의 정확한 위치를 밝혀내지 못하고 있는 것과 마찬가지로
泗沘都城 안에 있었을 王宮址의 정확한 위치를 밝혀내지 못하고
있는 실정이다. 그러나 그 동안의 조사로 어느 정도 윤곽이 드러
난 것을 밝히고자 한다.

그 동안의 조사결과 사비도성의 왕궁지가 부소산성 남문지 바
로 앞에 위치하고 있는 현 扶餘文化財硏究所(전 부여박물관) 부
근일 것이라고 하는 것은 잘 알려진 사실이다. 忠南大學校 博物
館에서 발굴조사한 결과 부여문화재연구소 앞 광장에서 백제시
대의 瓦製排水口와 깊이 1.2m의 石築연못을 확인했고, 백제유물
도 다수 수습한 바 있다. '87~'90년도에 이르는 조사에서는 동서
25m, 폭 9~10m의 교차하는 백제시대 도로와 우물터·石築排水
路·축대 건물터의 기단부분이 발굴 조사되어 사비도성내의 시
설물 가운데 가장 중요한 지역임을 확인하게 되었다[27].

---

27) ① 拙稿, 1993, 「百濟泗沘都城再齣」, 『國史館論叢』 45, 國史編纂委員
    會, 117~9쪽.
  ② 忠南大學校博物館, 1982, 『扶餘百濟王宮址發掘調查槪報』.
  ③   , 1987, 『扶餘百濟蓮池遺蹟發掘調查-指導委員
    會會談資料』.
  ④   , 1988, 『扶餘官北里推定百濟王宮址發掘調查-
    指導委員會會談資料』.
  ⑤ 尹武炳, 1988, 『'88 扶餘官北里遺蹟(推定王宮址)發掘調查槪報-指

(나) 羅城

　사비도성 외곽을 이루고 있는 토성이 백제시대 羅城이다. 동쪽 나성은 扶蘇山城 東門址 북편쪽에서 시작하여 동쪽으로 青山城을 지나 石木里 – 陵山里 – 鹽倉里의 錦江까지 이어지고 있다. 능산리는 백제고분군이 밀집되어 있는 지역으로 그 아래에는 부여에서 논산으로 통하는 국도가 있고 최근 나성과 백제고분군 사이에 있는 논에서 백제시대 金銅香爐[28]가 출토되었으며, 국도 서편에서는 9.5m의 나성 동문지를 확인한 바 있다. 나성이 잘 남아있는 곳은 상변 4m, 높이 5.2m, 저변 13m 정도인데 토성은 단순히 盛土技法에 의존해서 축조한 부분도 있으며, 판축한 부분도 있고 炭化木層도 있다.

　나성 안에는 사방에 연못이 있어서 성안에서 배출하는 流水를 일단 貯水시킨 후 강으로 흘러 들어가게 처리하고 있다. 이것은 유수를 저수해서 濠의 역할을 기대했던 것으로 판단되며, 그 대표적인 것이 宮南池이다. 궁남지는 武王 35년(634)에 만들어 졌는데 遊樂의 장소인 한편 城濠의 역할도 했을 것으로 보이며, 도성 부근에는 大王浦 · 望海樓 등 遊樂施設이 있었다[29].

　『周書』百濟傳에 의하면 都下(都城內)에는 萬家가 있었는데, 上部 · 前部 · 中部 · 下部 · 後部의 五部制로 통치했다고 전하며,

---

　　導委員會會談資料』, 13~28쪽.

⑥ _____, 1994, 「百濟王都 泗沘城研究」, 『學術院 論文集, 人文 · 社會科學篇』第 33冊. 이 논문은 본고 조판 중에 입수하여 인용하지 못하였다.

28) 申光燮, 1994, 『扶餘 陵山里 百濟建物址와 金銅龍鳳蓬萊山香爐』, 백제문화학술세미나.

29) 拙稿, 註 27) – ①의 前揭文, 103~6쪽.

『隨書』百濟傳에는 畿內에 五部가 있었고 部에는 五巷이 있어서 士人들이 이곳에 살았다고 한다. 이를 뒷받침해 주는 자료로는 左·中·上乙瓦를 비롯해서 '前部銘의 표석이 출토된 바 있다. 이 五部制가 자연부락 단위로 형성되었는지 條坊制로 이루어졌었는지는 아직 밝혀지지 않고 있다[30].

(다) 扶蘇山城

부여읍 배후에는 표고 110m의 부소산이 있고, 이 산에는 토축에 의존해서 축성한 산성을 현지 지명에 따라 扶蘇山城이라 부르고 있다.

부소산성 남쪽 토루는 표고 70~80m의 능선을 따라서 축성하였고, 북쪽은 北門址와 수구가 있었을 것으로 추정되는 표고 10m의 평지를 따라 쌓았는데 성의 둘레는 2,200m이다. 따라서 지세는 남쪽이 높고 북쪽이 낮아 공주 熊津城과 같은 지형이다.

부소산성에는 세칭 '軍倉址'가 있는데 군창지를 중심에 두고 남쪽은 표고 70m, 북쪽은 표고 80~90m의 등고선을 따라서 테메식산성을 축조하고 있는 바 그 둘레는 1,400m이다. 문지는 남쪽에 2개소, 북쪽에 1개소가 부설되어 있는데 동쪽 잘려진 곳이 있어 이것이 문지로 확인될 경우 모두 4개소의 문지가 있는 셈이다. 성에는 보통 4개소의 문지를 부설하는 것이 통례이므로 어느 때인가는 이 산성만으로도 독자적으로 운영되었을 가능성이 있다. 또 하나의 테메식산성은 서쪽에 있는 泗沘樓를 둘러싼 것으로 그 둘레는 약 700m이다. 성의 남쪽과 서쪽에 있는 두 개의 테메식산성의 외곽을 연결해서 축성한 것이 포곡식산성이다. 테

---

30) 拙稿, 註 27)-①의 前揭文, 117~9쪽.

메식산성에 포곡식산성을 증축해서 복합식산성이 형성된 것으로 보고 되었다. 그러나 '94년도 軍倉址 소재 테메식산성 토루를 발굴조사해 본 결과 조선시대 자기편이 출토되어 테메식산성은 조선시대에 補築[31]되었음을 시사해 주고 있다. 따라서 백제산성의 신유형으로 알려져 있는 복합식산성의 구조는 현 단계로서는 재검토해야 할 것으로 생각된다. '91년도 조사에서 동문지 외곽을 형성하고 있는 土壘조사에서 '大通(527~528) 印刻銘瓦가 출토되어 백제가 서울을 熊津으로부터 泗沘로 천도하기 이전에 축성한 것으로 알려졌다. 부소산성에는 동·서·북 3개소에 각각 1개소, 남쪽에 2개소의 문지가 부설되어 도합 5개소의 문지가 있다.

'81년도에는 2차에 걸쳐 세칭 군창지 소재 테메식산성 안에 있는 건물터를 발굴조사한 결과 북쪽의 건물터에서는 炭化麥이 출토되고, 남쪽 건물터에서는 팥, 동쪽 건물터에서는 철제 열쇠와 토기 등이 출토되어 이들 4개소의 건물터는 군창지였을 것으로 보고 있다. 또 '93년도 조사에서는 통일신라시대의 유구가 확인되어 이 산성은 백제시대부터 통일신라시대 그리고 조선시대까지 계속해서 사용된 山城임이 밝혀지고 있다[32].

(라) 靑馬山城

靑馬山城은 부여읍 능산리에 위치하고 있다. 이 산성은 동쪽 나성에 인접해서 축조된 가장 큰 백제시대의 포곡식 석축산성이다. 성의 둘레는 6.5km이다. 서쪽 성벽일부는 높이 4~5m, 폭

---

31) 扶餘文化財硏究所, 1994, 『'94 扶餘 扶蘇山城發掘調査 – 指導委員會 資料』.
32) 拙稿, 註 26) – ①의 前揭文, 93~101쪽.

3~4m 정도이다. 이 성안에는 濠가 있었고, 성벽은 기초부분에 가까워질수록 잡석을 많이 넣고 축조하였다. 지형이 서쪽으로 낮기 때문에 水口와 城門이 이 부근에 배치되었을 것으로 추정된다.

이 산성은 백제 사비도성과 밀접한 관계가 있는 산성으로 판단된다. 아마도 유사시에 官·軍·民이 이 성에 들어와 대적할 목적으로 축성된 산성으로 판단된다. 현재까지 정밀조사가 이루어지지 않은 산성이다[33].

4. 新羅 都城

1) 金城 · 月城 · 條坊制 · 山城

(가) 金城

『三國史記』卷 1 赫居世 21년조에 왕은 "궁성을 築造하여 金城이라 불렀다"고 한다. 이것이 史書에 보이는 王城에 대한 최초의 기록이며, 그 연대는 B.C. 37년경임을 알 수 있고 그 규모는 1,023보라고 하므로 매우 작았던 것으로 추측된다. 현재 金城의 존재에 대해서는 많은 견해가 제시되고 있다.

첫째, 『三國史記』 및 『東京雜記』[34]의 기록에 근거해 月城의 서북쪽 내지는 閼川부근으로 보는 견해가 있으며[35],

---

33) 拙稿, 註 26)-①의 前揭文, 106~7쪽.
34) 『東京雜記』卷 1 城郭條.
35) ① 金秉模, 1984, 「都市計劃」, 『歷史都市 慶州』, 悦和堂, 128쪽.
② 李元根, 1980, 『三國時代城郭硏究』, 단국대학교박사학위논문, 350~1쪽.

둘째, 金城은 왕의 거처에 대하여 사용된 보통명사적인 명칭이거나 月城을 의미하는 것으로 보는 견해가 있고[36],

셋째, 경주평야의 남쪽에서 구하는 것으로 현 校洞 근처로 비정하는 견해도 있다[37]. 이와 같은 문제는 앞으로의 고고학적 연구성과에 의해 밝혀질 수 있을 것으로 기대한다. 다만 문헌자료에 근거를 두고 생각해 본다면 月城과 다른 金城의 존재를 고려해 볼 수 있다. 금성 안에는 逸聖尼師今 5년(138)에 설치한 政事堂이 있어 정치의 중심이 되었으며, 사방에는 성문이 갖추어져 있었음을 전한다. 성벽은 아마도 흙으로 築造되었을 것으로 생각되지만 구체적인 것은 알 수 없다.

(나) 月城

금성이 축조된 후 130년이 경과한 婆娑尼師今 22년(101)에 月城이 축조[38]되었다고 한다. 月城이 위치하고 있는 곳은 행정구역으로 경주시 인왕동에 위치하고 있으며, 사적 16호로 지정되어 있다. 지리적으로는 인왕동과 교동을 흐르는 문천 북안의 자연구릉에 적심토축으로 축조하였다. 그 형태가 반월형을 하고 있어 '반월성'이라고 불려지고도 있으며, 또한 '在城[39]'이라고도 부른

---

36) ① 尹武炳, 1972, 「歷史의 都市 慶州의 保存에 대한 調査」, 『文化財의 科學的 保存에 대한 硏究』, 科學技術處, 127～8쪽.
   ② 朴方龍, 1985, 「都城 城址」, 『韓國史論』 15, 국사편찬위원회, 337쪽.

37) ① 藤島亥治郎, 1930, 「朝鮮建築史論」 基一, 『建築雜誌』, 12쪽.
   ② 李鍾旭, 1980, 『新羅上代王位繼承硏究』, 57～9쪽.

38) 『三國史記』 卷1 新羅本紀 婆娑尼娑今 22년조. 그런데 성벽 서남부 아래층에서 3세기의 것으로 추정되는 토기류가 출토되어 월성의 축조를 그 이후로 보는 견해도 있다. (東潮・田中俊明, 1988, 『韓國의 古代遺蹟』 新羅篇, 中央公論社, 235～7쪽.)

39) 月城에서 '在城銘 瓦當'이 출토되었다.(朝鮮總督府, 1917, 『朝鮮古蹟

다. 규모는 동·서 너비 900m, 남·북 길이 260m 정도이며, 성벽의 총 길이는 1,841m이다. 성안의 면적은 183,600㎡(55,600평)이다[40]. 현재 성 안에는 石氷庫와 慶州昔氏 시조를 모시는 '崇信殿'이 있다.

월성은 1915년부터 수차례에 걸쳐 단면이 조사되었는데 이곳에서 토기편 鐵滓骨製具 등이 출토 되었다[41]. 그리고 동북문지 동벽 성벽의 45㎝ 아래 횡단면에서는 자연석렬이 산재하고 있어 축성할 때 보강재로 자연석괴를 사용하였음을 알 수 있다[42]. 그리고 1985년도에는 월성주변의 발굴을 통하여 추정 동문지와 안압지 사이에 築石에 의한 濠(垓字)시설이 있었음이 확인되었다[43]. 성안의 시설물로는 문지들을 비롯해서 宮殿址·橋樑址·연못터 등이 있었던 것으로 알려져 있다.

(다) 條坊制

신라는 왕성을 중심으로 條坊制가 실시되고 있었음을 기록을 통해서 알 수 있다. 즉, 『三國史記』 慈悲麻立干 12년(469)조에 "京都의 坊里 이름을 정하였다"고 하였으니 늦어도 자비마립간 12년에는 조방제가 실시되고 있음을 알 수 있다. 이러한 점은 照知麻立干 9년(487)에 취해진 郵驛의 설치 및 官道의 수리와 같은 왕도의 정비사업에서도 간접적으로 시사해 주고 있다. 신라의 왕

圖譜』 5, 652쪽)

40) 閔德植, 1970, 「新羅의 慶州 月城考」, 『東方學志』 66, 3~4쪽.

41) 有光敎一, 1953, 「慶州月城 大邱達城의 城壁下의 遺跡について」, 『朝鮮學報』 14, 490~7쪽.

42) 張慶浩, 1984, 「統一新羅時代의 宮殿建築」, 『考古美術』 162·163, 41~3쪽.

43) 文化財研究所, 1985, 『月城垓字試掘調査報告書』.

도는 照知麻立干 10년(488) 월성으로의 移居를 전후해서 일차적으로 정비되었을 가능성이 있다. 왕도의 정비는 360坊 35里(55里)라고 하는 조방제로 완비되었다(그림 Ⅴ-1-12 참조)[44]. 條坊은 시가지를 縱橫으로 관통하는 도로로 구획되었으며, 1개의 규모는 동·서 약 160m, 남·북 약 140m(또는 160m)의 方眼形[45]을 이루고 있었다고 한다.

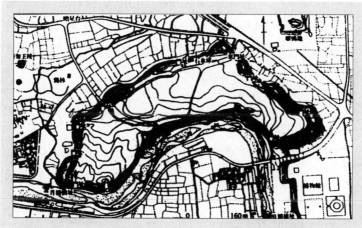

그림 Ⅴ-1-12 新羅王京 35坊 復原圖(尹武炳 案)

<hr>

44) 『三國史記』雜志3 地理1 및 『三國遺事』卷1 辰韓條. 이와 관련하여 1,360坊 55里를 인정하는 견해(藤島亥治郞, 註 37)-①의 前揭文, 91~106쪽, 閔德植, 1986, 「新羅王京의 都市設計와 運營에 관한 고찰」, 『白山學報』33, 15~6쪽)과 王都의 지역구분은 坊, 王畿지역의 행정구획이 里라고 하는 견해(李鍾旭, 1990, 「新羅下代의 骨品制와 王京人의 住居」, 『新羅文化』7, 177~9쪽)등이 있어 앞으로의 연구성과를 기대한다.

45) 尹武炳, 1987, 「新羅王京의 坊制」, 『斗溪李丙燾博士九旬紀念韓國史學論叢』, 知識産業社.

(라) 山城

신라에는 도시를 둘러싸고 있는 나성이 없는 반면에 王都 외곽에는 山城을 築造해서 천연의 요새를 이루게 하여 나성의 역할을 하게 하고 있다. 신라에서의 구체적인 축성기록은 婆娑尼師今 8년(87) 加召·馬頭 2城의 築造를 시작으로 계속해서 축성기록이 나오고 있다. 현재 新羅의 서울이었던 慶州주변에는 王都인 경주를 수호하기 위해서 明活山城·南山新城·西兄山城·北兄山城 등을 축조 배치해 놓고 있다(그림 Ⅴ-1-13 참조). 고구려와 백제도성을 수호하기 위해서 축조한 나성의 기능과 다분히 같은 성격을 지닌 산성이라고 할 수 있다.

① 明活山城

慶州市 普門洞·千軍洞에 위치하고 있는 明活山을 둘러싸고 축조된 산성이다. 명활산은 표고 252m의 북쪽 봉우리와 표고

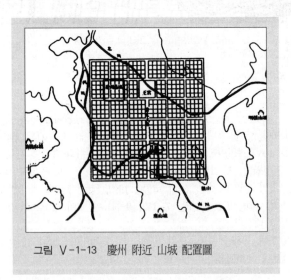

그림 Ⅴ-1-13 慶州 附近 山城 配置圖

269m의 남쪽 봉우리로 되어 있는데 明活山城은 이들 두 봉우리를 둘러싸고 있다. 성벽은 석성과 토성으로 구성되어 있는데 석성은 북쪽 봉우리와 그 서쪽에 있는 장군봉을 감싼 포곡식이며, 길이는 약 4.5㎞이다. 토성은 붕괴가 심하여 성벽은 그 동쪽과 동남면 일부에서만 확인되고 있으며, 총 둘레는 약 3.6㎞로 추정되고 있다. 석성 내에는 문지 7개소, 수구지 4개소가 있고, 건물지로 보이는 垈地가 6개소 있다. 그러나 초석이 확인되는 곳은 1개소 뿐이며, 그 외는 와편과 토기편만이 발견되고 있다46). 이 명활산성은 慈悲麻立干 18년(475)부터 照知麻立干 10년(488)까지 13년간 왕의 거성으로서 역할을 하기도 하였다47). 축조시기는 『三國史記』 新羅本紀 實聖尼師今 4년(405)에 倭가 이 성을 공격하고 있는 기록으로 보아 그 이전에 이미 築造되었을 가능성이 있다. 그러나 이곳에서 '辛未年'干支名이 보이는 明活山城 作城碑가 발견되어 석축으로 축성된 것은 眞興王 12년인 551년으로 보려는 견해도 있다48).

② 南山新城

궁이 월성으로 옮겨지면서 가장 중요한 역할을 한 것이 南山城이었을 것이다. 南山(표고 468m)은 경주시 남쪽에 위치하고 있

---

46) 朴方龍, 1985, 「都城 城址」, 『韓國史論』 15, 國史編纂委員會, 366쪽.
47) 『三國史記』卷3 新羅本紀 慈悲麻立干 18년조 및 同書 照知麻立干 10년조.
48) ① 朴方龍, 1988, 「明活山城作城碑의 檢討」, 『美術資料』 41.
　　② 朴方龍, 1992, 「新羅王都의 守備」, 『新羅文化』 9, 27쪽.
　　③ 東潮·田中俊明, 1988, 『韓國古代遺蹟』 新羅編, 中央公論社, 269～70쪽.

으며, 佛國淨土로 불리워질 만큼 신라시대의 불적이 밀집되어 있는 곳이기도 하다. 성벽은 돌로 쌓았으며, 주봉인 蟹目嶺을 중심으로 둘러싼 포곡식산성으로서 총 둘레는 3.7km이다.

『三國史記』新羅本紀에 의하면 眞平王 13년(591)에 축조하였다고 하는 기록이 처음으로 보이고 있으며[49], 文武王 19년(679)에 크게 수축하였다고 한다. 시설물로는 建物址·門址·望臺址·水口址 등을 비롯하여 성내에 큰 창고지 3개가 남아 있다. 창고의 건립에 대해서는 『三國史記』와 『三國遺事』에도 그 기록이 보이고 있어 남산성의 역할이 매우 중요하였음을 알 수 있게 한다[50]. 창고지에서는 많은 탄화미가 발견되어 식량을 저장하였던 것으로 추정되고 있다. 특히 이 산성에서는 남산신성비편이 다수 발견되어 성의 축조 내용을 전하고 있다[51].

③ 西兄山城

경주시 西岳洞 仙桃山(표고 380m)에 위치하고 있으며, 성벽은 석축으로 되어 있다. 테메식산성이며, 성벽의 둘레는 총 2.9km에 달한다. 『三國史記』신라본기 진평왕 15년(539)조에 의하면 명활산성과 함께 개축하였다고 하여 이미 그 이전에 축조되었음을 알 수 있다. 서형산성은 왕경 서쪽을 방비하기 위해 축조한 것으

---

49) 『三國史記』卷4 新羅本紀 眞平王 13년조.
50) 『三國史記』卷6 新羅本紀 文武王 3년조 및 『三國遺事』卷2 紀異2 文虎王 法敏條.
51) 碑文의 내용을 보면 3년 이내에 허물어질 경우 罪를 받을 것을 서약하고, 공사 담당자들의 官職과 人名, 出身部名, 담당한성벽의 길이 등을 기록하고 있다(秦弘燮, 1964, 「南山新城碑의 綜合的 考察」, 『歷史學報』26 및 東潮·田中俊明, 註 48)-③ 전게서, 278쪽).

로 백제의 침입으로부터 王京을 보호하기 위한 것이다. 성내의 시설물은 거의 찾아볼 수 없으며, 단지 동쪽의 평탄지에서 삼국시대 와편 토기편 등이 보이고 있다. 특히 성 안에는 거대한 마애삼존불(보물 제62호)이 있기도 하다.

④ 北兄山城

경주에서 포항방면으로 국도를 따라 가면 북형산에 이르게 된다. 행정구역으로는 경주시 江東里에 위치하고 있다. 성의 축조가 문무왕 13년(673)으로 알려져 있어 나당전쟁이 한창이던 시기이므로 당과의 전쟁을 대비해 축조된 것으로 추측된다. 성의 둘레는 약 750m의 토성이다. 그러나 삼국시대 기와편들이 출토되고 있어 문무왕 13년 이전부터 사용되고 있었을 가능성이 있다. 시설물로는 문지 건물지·연못터 등이 남아 있다. 특히 북형산은 中祀를 지내던 곳이기도 하였으며 현재 玉蓮寺가 있다.

⑤ 富山城

경주군 乾川邑 서편 표고 729.5m의 富山(五峯山)에 축조된 부산성은 총 둘레가 약 7.5㎞, 성내 면적은 약 100만평에 달하는 대규모의 산성이며, 석재로 夾築한 포곡식산성이다. 성벽은 대부분 파괴되었다. 시설물로는 문지 4개소, 건물지 6개소, 우물·연못지·暗門址·雉城 등이 있다. 문무왕 3년(663)에 축조되었다고 하며, 유물로는 기와편과 토기편을 비롯해서 고려 조선시대의 유물들도 출토되고 있다. 또한 부산성은 『三國遺事』孝昭王代 竹旨郎條에 得烏谷이 倉直으로 부역하였던 곳으로 알려져 있다.

5. 伽倻의 城郭

『三國志』魏志 東夷傳에 "辰韓에는 城柵이 있으며 …… 弁辰 또한 城郭이 있다."고 기록하고 있다. 이것으로 미루어 보아 가야의 전신이었다고 알려진 '弁辰'에 일찍부터 성곽이 존재하고 있었음을 알 수 있다. 그런데 변진의 후신인 가야는 멸망할 때까지 고대국가의 성립을 이루지 못하고 소국의 연합단계에서 신라에게 병합되고 말았다(532~562). 따라서 가야의 도성을 중심으로 한 성곽은 그 유적을 찾아보기 어려운 실정이다. 다만 이제까지 가야시대의 것으로 알려진 왕궁지와 산성을 중심으로 살펴보고자 한다.

1) 왕궁지

현재 가야시대의 도성지로 조사보고된 유적은 없다. 다만 가야소국들의 왕궁지로 전해지고 있는 곳이 있을 뿐이다. 먼저 김해의 鳳凰洞宮址 및 駕洛古都宮址로 알려진 곳이 있으며, 대가야의 근거지로 알려진 고령에도 主山山城 동쪽 기슭에 왕궁지가 있었던 것으로 전하고 있을 뿐이다.

2) 산성

(가) 高靈 主山山城(耳山山城)

대가야는 지금 경북 고령지방에 위치하고 있었던 것으로 알려져 있다. 대가야시대 왕궁지 위치는 아직까지 정확하게 알려져 있지 않으나 고령읍 서쪽에 있는 표고 311.8m의 주산 동쪽 기슭이 가장 유력한 후보지로 알려져 있다. 지금 대가야 전시관이 있는 부분에 해당된다.

표고 311.8m의 주산에 산성이 축조되어 있는데, 성은 2개의 내성과 1개의 외성으로 구성된 복합식 산성의 성격을 가지고 있다. 제1내성은 산정부를 2단으로 쌓은 석축산성이며, 제2내성은 그 서남쪽 봉우리에 토축으로 축성하고 있다. 외성은 2개의 내성을 연결해서 토축과 석축으로 축조하였으며 그 둘레는 700m이다. 그 주변에는 지산동 고분 등 가야시대 고분이 분포되어 있다.

(나) 金海 盆山城

분산성은 김해읍 어방동 분산에 위치하고 있는데, 낙동강 하류에 형성된 넓은 평야를 한눈에 내려다 볼 수 있는 요지에 축성되어 있다. 이 곳은 수로왕이 가락국을 세웠다고 전하는 중심 근거지이다.

성은 둘레 약 900m의 석축산성으로 타원형을 이룬 퇴메식산성이다. 성벽의 높이는 3∼4m이다. 산성 앞에 왕궁지가 있었던 것으로 전하고 있으며, 산성 서쪽에는 수로왕후 허씨능과 龜旨峯이 위치하고 있다.

6. 맺음말

① 이상으로 『삼국사기』에 기록되어 있는 도성축조 내지 천도기록과 고고학적 조사자료를 비교검토하는데 초점을 맞추어 보았다. 그 결과 현재까지 문헌에 나타난 고구려의 건국과 도성축조 시기를 같은 시기로 합리화시켜보려는 단계에 머무르고 있

음을 알 수 있다. 고구려의 경우 문헌상 桓仁에서 국내성으로의 천도와 평양성으로의 천도 그리고 평양 장안성으로의 천도기록에 부합되는 성곽이 실존하고 있음을 확인할 수 있으나, 천도 연대에 대한 고고학적 증거자료는 확보하고 있지 못한 단계이다. 백제의 경우 『삼국사기』에 기재된 하남위례성을 지금의 몽촌토성이나 풍납토성으로 집약해 볼 수 있는데, 필자는 몽촌토성에 그 비중을 더 두고 있다. 이는 방형인 풍납토성이 漢代의 영향을 받은 평지성곽으로 추정되는 반면에 몽촌토성은 자연구릉을 배경으로 축성된 토성이라는 점에 그 근거를 두고 있다. 고구려식 도성이나 백제 웅진·사비 양시대의 도성도 이와 같은 유형이기 때문이다. 그런 경우 몽촌토성이다. 풍납동토성의 축조 상한 연대가 3세기 후반이기 때문에 『삼국사기』에 기술되어 있는 B.C.17년의 백제 온조왕 건국연대는 재검토를 필요로 한다.

신라의 경우 『三國史記』의 기록대로 金城과 月城의 축조를 검토해 볼 때 금성의 위치는 미상이나, 월성의 존재는 확실하다. 그러나 고구려 백제와 마찬가지로 건국 시기와 관련된 결정적인 고고학적 자료를 확보하지 못하고 있는 단계이다.

가야의 경우는 문헌이나 성지조사가 삼국에 비해 심도있게 조사되어 있지 않은 상태이므로 명쾌한 대답을 내릴 수 없다. 다만, 산성을 배경으로 도성축조를 시도한 것만은 확실하다(표 Ⅴ-1-1. 三國時代 城郭築造 기록표 참조)

② 다음으로는 고고학적 조사자료를 통해 삼국의 도성을 비교 검토해 보겠다. 뒤에 첨부된 (표 Ⅴ-1-2)를 참고해 보면, 신라의 월성만이 구릉에 왕궁을 조성했을 뿐 고구려 백제 가야의

왕궁은 평지에 조성된 것을 알 수 있고, 고구려의 산성과 평양 장안성은 모두 석축이며, 백제는 토축에 의존해서 축성하고 있다. 신라는 토석혼축이며, 가야계는 석축산성으로 되어 있다. 고구려 국내성과 안학궁성은 축조기법과 방형성곽인 점이 유사하고, 성문은 방향은 다르나 숫자는 같다. 고구려의 산성은 위나암성이 약 7㎞ 대성산성이 7.2㎞로 규모가 비슷하다. 평양 장안성은 23㎞, 백제의 경우 사비도성은 약 8㎞, 부여 청마산성이 6.5㎞, 신라의 월성은 약 1.8㎞, 명활산성은 석성이 4.5㎞, 토성이 3.6㎞이며 가야계는 1㎞ 미만이다. 이것으로 미루어 보아 고구려도성이나 산성의 규모가 백제·신라 보다 월등하게 큰 것을 알 수 있다. 지형에 따라서 축성을 했기 때문에 형태는 일정하지 않은 것이 특징이며, 성문도 일정하게 부설하지 않고 있음을 알 수 있다.

③ 삼국의 도성축조 발달과정과 그 연대를 살펴 보겠다. B.C.37년경 부여계인 주몽집단이 처음 정착한 곳은 산하가 험고한 卒本川地域으로서 이에 비정되는 곳은 五女山城과 下古城子古城이다. 이것은 고구려가 처음 비옥한 들판을 낀 산악지대에 근거를 두고 있었음을 시사해 주는 것이다. 그들은 국력의 신장으로 건국 후 불과 40년만인 A.D.3(유리왕 22)년에 평지인 국내성으로 옮기고 위나암성을 축조하였다. 석축의 방형인 국내성은 漢代 성지를 고구려가 점유 사용한 것이며, 평지도성과 산성이 결합되는 고구려식 도성이다. "太寧 4年"의 연호가 새겨진 와당의 출현은 이 국내성의 중심년대가 A.D.323~325(고구려 미천왕 14~16)년 경으로 볼 수 있는 근거자료가 된다. 고구려는 이곳에 정도한지 424년만인 427(장수왕 15)년에 평양으로 천도하여 방형

의 안학궁과 배후의 대성산성을 한 조로 하는 도성체제를 계승하고 있다. 안학궁이 청암리토성과 연계되어 있다는 주장도 있으나, 배후의 산성을 배치하는 고구려와 백제계 더 나아가서 가야계 성제로 미루어 보아 대성산성과 안항국이 결합된 성곽체제였을 것으로 본다. 외곽의 나성체제로 발달하지 못한 채 140년만인 567(평원왕 28)년에 평양 장안성으로 천도하니 지금의 평양에 있는 도성지이다. 역시 산성과 평지성을 결합한 도성형태를 갖추고 있고 나성과 조방제도가 이 시기에 이르러 완성을 보고 있다. 따라서 고구려의 도성체제는 6세기 후반에 이르러서야 완성되었다고 볼 수 있다.

B.C.17년경 백제를 건국했다고 전해지는 온조집단은 고구려계 유민으로 그들이 처음 정착한 곳은 하남위례성이다. 필자는 앞서 하남위례성지로서 몽촌토성에 비중을 둔 바 있다. 산성을 배경으로 하는 고구려식 도성체제와 같은 유형을 하고 있는데 초점을 두고 생각해 본 견해이다. 그러나 이 성지는 3세기 후반까지 연대가 내려오므로 백제건국시기도 사료와는 달리 하강시켜 보아야 하는 부담을 지니고 있다. 이 문제는 앞으로의 연구과제로 남겨 놓고자 한다. 엄밀하게 따지면 고구려초기 도성축조와 건국시기를 동시기로 볼만한 결정적인 단서도 아직 확보하지 못하고 있는 것이 현재 실정이다.

최근 몽촌토성과 같은 지역에 있는 風納洞土城의 일부가 발굴조사되어 백제 왕성지로서의 주목을 받고 있다. 앞으로의 조사결과에 따라 몽촌토성과 더불어 백제 초기 도성지 여부가 판가름날 것으로 기대한다(이형구 2002).

475년 백제 문무왕이 천도한 웅진성은 천도연대가 확실하지만 축조연대는 미상이다. 이 성은 사비로 천도할 때까지 63년동안 중심적으로 사용된 성곽임에는 틀림이 없다. 역시 배후에 산성을 두고 도성을 형성했으리라고 하는 짐작이 갈 뿐이며 좌우에 보조 산성이 있는 것만은 확실하나 나성의 단계까지 발전하지 못하였다.

528년(성왕 16년)에 성왕이 천도한 사비성은 현재 부여읍 배후에 있는 부소산성에 해당되는데, 현지 지명에 따라 부소산성이라고 불리우고 있다. 발굴조사 결과 '大通'명 와당이 출토되어 528~529(성왕 5~6)년에 이 산성이 조성되었음을 시사해주고 있다. 따라서 천도이전에 축성되었음을 알 수 있다. 이후 나성이 축조되고 5방제도를 도입하여 도성체제를 이루었다고 판단된다. 배후의 산성과 5방제도의 도입 등으로 도성 형성을 기도하고 있는데 사비도성의 모체는 고구려식 도성유형에서 그 뿌리를 찾아 볼 수 있을 것 같다. 한편 중국 남조 건강성의 영향을 받은 점도 있다고 하는 주장과 함께 건강성에 있는 지명인 "弄"의 지명이 문헌에 전하고 있어 그 영향도 있었음을 짐작할 수 있다. 백제도성의 완성은 부소산성이 축조되기 시작하였다고 생각되는 528년부터 조성되기 시작하여 聖王·威德王·武王代에 걸쳐 이루어진 것으로 생각된다. 이는 무왕 31년의 사비궁전 중수와 35년 왕흥사 준공과 궁남지 축조등의 기록에 근거하여 이 시기에 도성체제가 완비되었다고 생각하는 것이다.

신라의 金城은 赫居世王 21(B.C. 37)년에 축조된 것으로 전해지지만 그 위치는 미상이다. 금성이 축조된지 120여년이 지난 A.D.101년에 월성이 축조되었는데 이는 현재 경주 仁旺洞에 있는 토성이다. 이 성벽의 길이는 1841m이며, 궁전지 문지·교량지와 濠 등의 시설이 있었던 것으로 알려져 있다. 그런데 축조연대를 확정지을 만한 고고학적 자료는 현재 3세기 초로 나오고 있어 역시 문제가 있다.

도성 내 조방제의 실시는 자비왕 12(469)년에 이루어졌는데 360방 35리(5리)의 조방제였고, 그 규모는 동서 160m, 남북 140m의 방안형이었다고 한다.

신라는 도성을 수호하는 나성이 없는 반면에 사방에 산성을 축조하여 도성방위를 시도하였다. 동쪽 명활산성의 초축연대는 5세기 후반(475)이고, 도성 남쪽 남산신성의 초축연대는 6세기 말(591)이다. 또한 도성 서쪽 서형산성은 6세기 중반(539)이며, 같은 방향의 부산성은 663년에 축조되었으며, 도성 동북쪽의 북형산성은 초축연대를 알려주는 결정적인 단서가 되는 고고학적 자료가 아직 발견되지 않고 있다. 도성정비의 결정적인 연대도 문헌으로 전해지는 5세기 후반이요, 나성역할을 하는 주변 산성의 배치는 5세기 후반부터 시작되어 7세기 후반까지 완성되었음을 알 수 있다.

가야의 왕궁지와 산성에 대한 조사는 삼국의 문헌자료나 조사에 비해서 훨씬 영세한 편이다. 삼국유사 가락국기에는 수로왕이 A.D.42년에 나라를 세웠다고 하는데 지금의 김해 봉황동 궁지와 가락고도궁지 및 배후에 있는 분산성이 그 근거지로 알려져 있고, 主山山城(耳山山城)을 배경으로 해서 고령에 도읍한 것으로 알려진 대가야가 있다. 이들은 모두 산성과 왕궁이 결합된 초기 단계를 벗어나지 못하고 6세기 중반 신라에 병합되고 말았다. 즉, 가야는 도성체제가 발달하지 못한 채 신라에 병합되었던 것으로 보인다. 산성과 왕궁의 배치체제는 고구려와 백제의 도성체제에서 영향을 받은 것으로 보인다.

④ 삼국의 왕궁지 문제를 보면, 고구려 초기 卒本城(五女山城。下古城子古城)과 국내성 안에 있었을 왕궁지의 정확한 위치는 아직까지 고고학적으로 밝혀지지 못하고 있다. 평양성의 왕궁지는 안학궁지로 알려져 있을 뿐 평양 장안성의 왕궁지도 밝혀져 있지 않다.

백제 초기 하남위례성으로 비정되고 있는 몽촌토성이나 풍납동토성 이후의 웅진성 사비도성의 왕궁지도 모두 밝혀져 있지 않은 단계이다. 필자는 산성 앞에 왕궁을 배치하였으리라고 주장한 바 있다.

신라의 경우는 금성의 위치조차 정확하게 알고 있지 못하여, 월성 안에 있었을 왕궁지도 정확하게 규명하지 못하고 있다. 가야의 경우도 이와 동일한 실정이다.

고구려의 경우 압록강과 대동강을 남쪽에 끼고 도성을 조성한 반면에 백제는 한강과 금강을 북쪽에 끼고 왕도를 조영하고 있다. 한편 가야는 낙동강을 끼고 왕도를 조영하고 있는 반면에 신라는 강 주변이 아닌 분지의 구릉에 도성이 조영되어 있는 것이 특징이다.

⑤ 삼국의 도성통치체제는 고구려의 경우 초기에는 五部五方制로 통치했던 것으로 문헌에 전하고 있으나, 고고학적 증거자료는 없다. 후기 평양성인 안학궁을 중심으로 한 통치체제도 묘연한 상태이며, 평양 장안성에는 고구려식 도성체제에 중국식 조방제를 실시했던 것으로 알려졌을 뿐 역시 직접적인 증거자료는

확보되어 있지 못하다.

백제 초기의 하남위례성은 동서남북의 4부로 분할해 통치한 것으로 알려져 있으나 위례성으로 비정되고 있는 몽촌토성이나 풍납동토성, 그리고 다른 성지 조사에서 이를 뒷받침할 만한 고고학적 증거가 발견되지 않은 상태이며, 웅진성의 경우도 이와 비슷한 실정이다. 한편 사비도성은 고구려 초기와 백제 초기의 5방제도와 같이 5부5방제도로 통치되었다고 문헌에 기록되어 있는데, 五部銘 와편이 수습되어 5부제도의 실시를 뒷받침해 주고 있다.

신라는 앞서 언급한 바와 같이 도성에 나성이 축조되어 있지 않은 관계로 도성내의 경계를 명확하게 구분하기 어려우며, 469 (자비왕 1) 년 왕도에 처음으로 방리제가 실시되었는데, 그것은 360방 35리(55리)로 비교적 도성체제를 갖추고 있었다.

가야의 경우는 문헌과 자료가 더욱 영세하여 그 통치체제를 현재로서는 알기 어렵다. 신라의 경우 초기 도성의 통치체제는 알 수 없으며, 5세기 중반에 조방제로 통치했음이 문헌에 기록되어 있다.

한편 삼국도성의 공통된 점은 園林의 조성과 別宮, 離宮 등을 보유하고 있었다는 사실이다.

이상의 자료를 종합적으로 검토해 볼 때 고구려·백제·가야의 도성체제가 그 궤도를 같이하고 있는 것 같으며, 신라의 도성체제는 독자적인 구상에서 성립된 후 중국의 조방제를 도입한 듯 하다. 고구려의 경우 국내성·안학궁지·장안성 등이 중국 漢代이후 당 장안성의 도성체제를 수용하여 고구려화 한 것으로 판단된다. 이 맥락이 백제로 계승되지만, 백제는 이에 그치지 않고 南朝의 도성체제도 수용하였다.

끝으로 삼국시대 도성축조의 특성과 문제점을 지적해 두고자 한다. 고구려의 도성은 평지도성과 산성을 끼고 있는 특수성을 지니고 있다는 점이다. 이에 대해서 『周書』 고려전에는 "平壤城은 東西가 六里인데 浿水에 임하고 있다. 城에는 유사시에 대비해서 물자를 비축해 두고 있으며, 왕은 이곳에 살지 않고 그 밑에 저택이 있다"고 하여 평양성에 대한 특성이 잘 설명되어 있다. 평지도성과 산성을 결합하고 있는 고구려도성은 평지도성으로 일관하고 있는 중국 도성과는 그 성격이 다르다고 하는 점이다. 그리고 이 특성은 삼국이 모두 동일하지만 신라의 경우는 구릉에 왕궁을 두고 있어 고구려·백제와 또다른 특성을 지니고 있다.

이제까지 문헌과 고고학적 자료를 근거로 해서 삼국(가야 일부 포함)의 도성을 살펴보았지만, 삼국 모두 아직까지 고고학적 조사가 초보적인 단계에 머무르고 있다. 특히 문헌의 축성기록을 뒷받침해 줄만한 고고학적 조사자료가 미흡하다. 현재까지의 고고학적 조사로서는 삼국의 건국시기를 3세기 경까지 내려봐야 하는 부담을 안고 있다. 특히 백제산성의 신유형으로 알려진 복합식산성의 구조가 발굴 조사결과 현 단계로서는 그 일부가 통일신라시대와 조선시대에 축성한 것으로 드러나 지표조사 보고만으로는 그 한계를 드러냈다고 볼 수 있다. 따라서 삼국의 도성지 연구는 앞으로의 활발한 조사연구에 달려 있다.(2001. 12)

표 Ⅴ-1-1 삼국시대 성곽축조기록 일람표

① 高句麗(『三國史記』高句麗本紀)

왕 명	연 대	내 용
桓仁城		
東明王 元年	B.C.37	未遑作宮室 但結廬于沸流水上居之 國號高句麗因以高爲氏
		與朱蒙至紇升骨城遂居焉號曰高句麗 因以氏焉(『魏書』)
4年	B.C.34	秋七月營作城郭宮室于沸流谷忽本西城山上而建都焉(『好太王碑』)
集安 國內城 山城子山城		
琉璃王 22년	A.D.3	秋都國內城(『三國史記』地理志)
東川王 21년	247	春二月 王以丸都城經亂 不可復都 築平壤城 移民及廟社
故國原王 12년	342	春二月 修葺丸都城 又築國內城
故國原王 13년	343	秋七月 移居平壤東黃城
長壽王 15년	427	仍在國內
平壤城(大城山城과 安鶴宮), 長安城		
長壽王 15년	427	秋都平壤
陽原王 8년	552	築長安城
平原王 28년	586	移都長安城
寶藏王 27년	668	秋九月 李勣拔平壤

② 百濟(『三國史記』百濟本紀)

왕 명	연 대	내 용
溫祚王 원년	B.C.18	都河南慰禮城 沸流不聽 分其民 歸彌鄒忽以居之 沸流以彌鄒土濕水鹹
		秋七月 就漢山下立柵 移慰禮城民戶
13년	6	九月 立城闕
41년	A.D.2	二月 發漢水東北諸部落人年十五歲以上 修營慰禮城
蓋婁王 5년	132	春二月 築北漢山城
肖古王 23년	188	春二月 築射臺於宮西
比流王 17년	320	秋八月 築射臺於宮西
近肖古王 26년	371	移都漢山
辰斯王 7년	391	春正月 重修宮室 穿池造山 以養奇禽異卉
阿莘王 원년	392	枕流王之元子 初生於漢城別宮
蓋鹵王 21년	475	秋九月 蒸土築城 卽於其內作宮室樓閣臺射
文周王 원년	475	冬十月 移都於熊津
東城王 5년	483	王以獵出至漢山城
8년	486	秋七月 重修宮室
11년	489	宴群臣於南堂
22년	500	春 起臨流閣於宮東 高五丈 又穿池養奇禽
		五月 王與左右宴臨流閣 終夜極歡
聖王 4년	526	冬十月 修葺熊津城
16년	538	春 移都於泗沘[一名所夫里] 國號南扶餘
武王 6년	605	春二月 築角山城
31년	630	春二月 重修泗沘宮 王幸熊津城
義慈王 15년	655	春二月 修太子宮極侈麗 立望海亭於王宮南
20년	660	春二月 王都井水血色
		於是 王及太子孝與諸城皆降

③ 新羅(『三國史記』新羅本紀)

왕 명	연 대	내 용
赫居世居西干 21	B.C.37	築京城 號曰金城
26	32	春正月 營宮室於金城
南解次次雄 원년	A.D.4	秋七月 築浪兵至 圍金城數重
儒理尼師今 33년	56	夏四月 龍見金城井
脫解尼師今 원년	57	望楊山下瓠公宅 以爲吉地 設詭計 以取而居地 其地後爲月城
9년	65	春三月 王夜聞 金城西始林樹間 有鷄鳴聲 遲明遣瓠始視之…仍
		名閼智 以其出於金櫝姓金氏
		改始林名鷄林 因以爲國號
婆娑尼師今 22년	101	春二月 築城名月城 秋七月 王移居月城
逸聖尼師今 5년	138	春二月 置政事堂於金城
10년	143	春二月 修葺宮室
伐休尼師今 13년	196	春二月 重修宮室
沾解尼師今 5년	251	春正月 始聽政於南堂
味鄒尼師今 7년	268	春夏 會群臣於南堂
15년	276	春二月 臣僚請改作宮室 上重勞人不從
儒禮尼師今 14년	297	春正月 伊西古國來攻金城
基臨尼師今 10년	307	復國號新羅
奈勿麻立干 38년	393	夏五月 倭人來圍金城 五日不解 … 殺獲甚衆
訥祇麻立干 15년	431	夏四月 倭兵來侵東邊 圍明活城 無功而退
28년	444	夏四月 倭兵圍金城十日 糧盡乃歸
慈悲麻立干 18년	475	春正月 王移居明活城
照知麻立干 10년	488	春正月 王移居月城
12년	490	春二月 重築鄙羅城
18년	496	三月 重修宮室
智證麻立干 4년	503	多十月 新羅國號 … 未定尊號 …謹上號新羅國王
5년	504	夏四月 制喪服法 頒行
10년	509	春正月 置京都東市
眞興王 15년	554	秋七月 修築明活城
眞平王 15년	591	秋七月 築南山城 周二千八百五十四步
15년	593	秋七月 改築明活城 周三千步 西兄山城 周二千步
眞德王 6년	652	春三月 王宮南門無故自毁
太宗武烈王 7년	660	秋七月 九日 唐羅軍 圍義慈都城 進於所夫里之原
		十三日 義慈率左右 夜遁走 保熊津城
8년	661	春二月 百濟殘賊 乃功泗沘城
文武王 3년	663	春正月 作長倉於南山新城 築富山城
13년	673	二月 增築西兄山城 九月 築國原城[古亂長城] 北兄山城 召文城
		耳山城 首若州走壤城[一名 迭巖城] 達含郡主岑城 居烈州萬興
		寺山城 插良州骨爭峴城
14년	674	二月 宮內穿池 造山種花草 養珍禽奇獸
19년	679	二月 略耽羅國 重修宮闕 頗極壯麗
		秋八月 創造東宮…四天王寺成 增築南山城
20년	680	夏五月 伽倻郡置金官小京
孝昭王 6년	697	秋七月 宴群臣於臨海殿
景德王 7년	748	秋八月 太后移居永明新宮 始置貞察一員續正百官
11년	752	秋八月 置東宮衙官
19년	760	二月 宮中穿大池 又於宮南蚊川之上 起月淨 春陽二橋
惠恭王 5년	769	春三月 宴群臣於臨海殿
16년	780	二月 伊飡金志貞叛聚衆圍犯宮闕
哀莊王 5년	804	秋七月 重修臨海殿 新作東宮萬壽房
憲德王 3년	811	夏四月 始御平議殿聽政

왕 명	연 대	내 용
6년	814	春三月 宴群臣於崇禮殿 極樂王鼓琴
興德王 9년	834	秋九月 王行西兄山下大閱 御武平門觀射
文聖王 9년	847	春二月 重修平議 臨海二殿
憲安王 4년	860	秋九月 王會群臣於臨海殿
景文王 7년	867	春正月 重修臨海殿
8년	868	秋八月 重修朝元殿
11년	871	春正月 王命有司 改造黃龍寺塔 二月 重修月上樓
13년	873	秋九月 黃龍寺塔成 九層 高二十二丈
14년	874	春正月 重修月正堂
憲康王 7년	881	春三月 宴群臣於臨海殿 酒酣上鼓琴 左右各進歌詞極歡而罷
眞聖王 11년	897	多十二月 王薨於此宮
景哀王 4년	927	多十一月 甄萱掩入王京 王與妃奔入後宮

出 典

成周鐸, 1994,「韓國의 古代 都城」,『東洋 都市史 속의 서울』, 서울시정개발연구
　　　원, 38~83쪽.

表 V-1-2 三國時代 都城址와 關聯山城 比較 一覽表

구분	고구려							백제					신라			대가야	기타
성명	五女山城	下古城子古城	國內城	尉那巖城	平壤城安鶴宮址	大成山城	平壤長安城	夢村土城	風納洞土城	熊津城	泗沘城	青馬山城	月城	明活山城	南山新城	主山城	金山城
지형	800m고지 험준	평지	평지	676m고지	평지	274m고지	평지와 구릉	구릉	평지	구릉	표고 110m 구릉	구릉		표고 252m, 269m	표고 468m	표고 311.8m	
길이(m)	남북1000m 동서300m	둘레600m 높이2m	둘레2686m	둘레6951m	622m	7218m	23000m	2285m	2250m	2660m	2200m	6500m	1841m	석성4500m 토성3600m	3700m	700m	900m
형태	장방형		방형	자연능선 대지축조	방향	부정형	북쪽이 높고 남쪽이 넓은 배열	부정형 오각형	타원형 부정식	부정형 원형	부정식	포곡식	반월형	포곡식	포곡식	복합식 산성	남북으로 긴 타원형
문지	3		6	5	6	20	16	3(서문?)	동너 4개	4	5	미상	9	7	2		
재료	석축	판축	토축위에 석축	석축	토성	석축	석축	토축	토축	토축 석축	토축	석축	토석 혼축	토축과 석축	석축	내성석축 외성토축	석축
기타	天池 석기 도자기 철기	壕 기와와 와당 石鏃 숫돌 도자기	大廳 4年명 와당	연못 구덩이 고분	東西南北中宮 五宮址	연못지 170개, 건물지, 창고지, 장대지	북성 중성 내성 외성	270m의 외성	青銅鐎斗 2점 신사 및 신석기 대토기편	토축의 테미식과 석축의 포곡식이 결합된 이중구조	大通銘 와당, 약 6.3km의 나성		호, 주변에 산성배치	자비마립간 18년(475)에 조축 시작하여 14년만에 완공하였다 고도 함	진평왕 13년(591)에 조축, 건물지, 건고지, 3개소, 탑하미, 남산신성비	이중구조의 복합성으로 고분지, 대가야 유적지, 왕궁지 마상, 백제계산성으로 추정·분묘 유물 수습할 수 있음	낙동강 하류

新羅 三年山城 調査報告

1. 머리말

본고는 1976년 백제연구 제7집에 발표한「新羅 三年山城 研究」를 요약한 내용이다. 본문에는 三年山城 축조의 역사적 배경과 三年山城을 중심으로 한 역사지리적 고찰까지 수록했으나 본고에서는 이를 삭제하고 실측조사 내용만 수록하였다.

조사내용은 三年山城의 위치와 규모 및 구조와 출토유물 등 주로 고고학적 조사내용만 수록하였다.

2. 三年山城 실측조사

1) 三年山城 名稱의 由來

제문헌에 나타나 있는 '三年山城'에 대한 역사적 사료를 고찰하여 보면 다음과 같다.

① 『三國史記』卷 第三 新羅本紀 第三 慈悲麻立干 13年條, 築三年山城, 三年者 自興役始終三年 訖功故名之.

② 同上 炤知麻立干 8年 春正月條, 拜伊湌實竹爲將軍, 徵一善界丁夫三千, 改築三年屈山二城.

③ 『朝鮮王朝實錄』成宗 23年 11月 戊寅條, 御書講講訖右承旨曹偉啓曰諸邑山城在平時, 雖若無所用, 有事變可以避亂, 忠淸道報恩郡縣有山城, 名曰三年城, 新羅·百濟以此爲城, 諺傳三年築城故以爲名……

④ 『世宗實錄地理志』卷149 忠淸道 報恩縣條, 烏項山石城, 在縣東五里, 周回一千二百二十步險阻內有泉六, 冬夏不渴有軍食.

⑤ 『新增東國輿地勝覽』卷16 報恩 古跡條, 烏項山城 在縣東 五里, 卽 三年山城地, 築之三年訖功故名, 石築周三千六百九十九尺, 高十八尺, 內有五丼, 今半頹圮.

⑥ 『文獻備考』上記 內容과 同

⑦ 『輿地圖書』(上) 忠淸道 報恩條 上同

위의 사료에서 알 수 있는 바와 같이 '三年山城'의 위치는 보은에서 동쪽으로 5리되는 곳에 있고 그 축조연대는 신라 자비왕 13년(A.D. 470)이며, 그후 16년뒤인 炤知麻立干 8年(A.D. 486)에 '一善郡壯丁 三千名'으로 이 성을 개축하였음을 알 수 있다. 그동안 필자에 의해 조사보고 된 30여 개의 산성들이 있으나1), 이와 같이 정확한 연대가 正史 내지는 기타 문헌에 언급되어 있는 것은 오직 이 삼년산성 뿐이므로 그 사적 가치가 지대함은 재언할 필요가 없다.

1-1) 拙稿, 1975, 「大田附近古代城址考」,『百濟研究』제5집, 충남대학교 백제연구소.

-2) ___, 1976, 「百濟山城研究」,『百濟研究』제6집, 충남대학교 백제연구소.

이 삼년산성에 대한 명칭의 유래를 고찰해 보면, 자비왕 13년에 3년간에 걸쳐 이 성을 축조하였기 때문에 삼년산성이라고 명명하게 되었으며, 그 후 16년 뒤인 소지왕 8년에 개축할 당시에도 이미 '三年城'이라고 호칭하고 있었음을 알 수 있다. 그런데 『世宗實錄地理志』에는 '烏項山石城'이라고 기록되어 있고, 성종 때 조위가 왕에게 계진한 가운데는 '三年城'이라고 삼국시대 명칭대로 사용되었으며 『新增輿地勝覽』에는 '烏頂山城'이라고 기록되어 있다. 산성이 소재한 산명이 烏項山이기 때문에 『世宗實錄地理志』에는 '오항산성'이라고 한 듯 한데, 『新增輿地勝覽』이나 기타 문헌에는 오정산성으로 異記되어 내려오기 시작해서 현지의 안내판에도 '오정산성'으로 기록하고 있는 듯하다. 그러나 현지 산명이 '烏項山'인지 '烏頂山'인지 현지 주민들조차 잘 모르고 있어서 현지 지명을 따라서 '烏項山城'이나 '烏頂山城'이라고 하는 것 보다는 신라시대부터 호칭되어온 명칭대로 '삼년산성'으로 호칭하는 것이 합리적이다. 또한 국가에서 문화재로 지정된 사적지 명칭도 三年山城을 사용하고 있기 때문에 본고에서는 '三年山城'으로 호칭하고자 한다. 이 삼년산성의 명칭으로 말미암아 이곳 보은지방이 삼국시대에는 三年郡, 三年山郡[2]으로 불리운 듯하다.

2) 城의 槪況

현 보은읍에서 동쪽으로 약 2㎞ 떨어진 漁岩里와 城舟里 사이에 위치하고 있는 이 산성은 표고 약 325m의 고지 위에 축성되어 있다(사진 V-2-1). 표고 325m라고 하지만 원래 보은군 자

---

2) 『三國史記』地理志 ― 尙州 良州 三年郡條.

사진 Ⅴ-2-1 三年山城 全景(西北→)

체가 고지에 위치하고 있기 때문에 산성까지 올라가는데는 평지에 입지한 구릉상에 있는 것 같은 착각이 든다. 아무리 높은 곳에 있는 산성이라 하더라도, 정상부에 상당한 평면이 있어야 하고 다음에는 물이 있어야 하며, 그외에 평야에서 멀리 떨어져 있어서는 안되는 것이 산성축조의 3대 조건이라고 할 수 있다[3]. 그런데 삼년산성안에는 현재도 논이 약 4천평, 밭이 약 3천평의 넓은 대지가 있다. 뿐만 아니라 1년 내내 마르지 않는 샘물이 『新增輿地勝覽』에 있는 기록대로 5개소나 있는 것이 확인되었으며, 30~40리에 달하는 보은분지는 많은 식량을 생산할 수 있어 인문 지리적으로 대단히 중요한 요지라고 할 수 있다. 신라가 고구려와 백제로 통하는 길목에 있는 이곳 보은은 상주까지 120리, 영동까지 120리, 옥천까지 80리, 대전까지 옥천으로 돌아가거나, 회인을 통해 가면 120리, 청주까지 120리의 사방으로 통하는 교통의 중심지에 위치하고 있다. 역사・지리적으로도 그 비중이 막중함을 알 수 있어 고대 羅・濟, 羅・麗間의 쟁점으로 되어 있는 것도 당연한 일이라 하겠다. 이 삼년산성이 위치한 오항산은 현 보은읍을 서쪽으로 내려다 볼 수 있는 위치에 있고, 산성은 오항산 능선을 따라서 축조된 관계로 정면이 서

---

3) 森浩一, 1976, 「朝鮮式 山城を めぐつて」, 『日本の なかの朝鮮文化』
　　제29호.

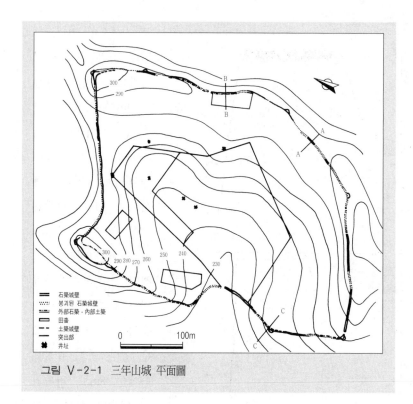

그림 Ⅴ-2-1 三年山城 平面圖

향으로 되어 있다. 소위 포곡식으로 축조된 이 성의 윤곽은 (그림 Ⅴ-2-1)에서 볼 수 있는 바와 같이 대강 부채꼴 모양으로 되어 있다. 그런데 능선을 따라서 축조한 관계로 북쪽 성벽의 선과 출입문이 있는 서쪽 성벽의 통과선은 바깥쪽으로 완만한 곡선을 이루고 있다.

城周는 『世宗實錄地理志』에는 '一千二百二十步'로 되어 있고 『新增東國輿地勝覽』에는 '三千六百十九尺 高十八尺'으로 기록되어 있으며, 『全國遺蹟日錄』[4]에는 성주 1.618m, 높이10m, 폭 8m

---

4) 文化公報部, 1971, 『全國遺蹟目錄』 忠淸北道 報恩郡條.

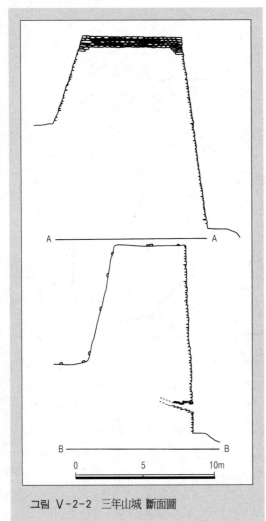

그림 Ⅴ-2-2 三年山城 斷面圖

로 기록되어 있다. 그런데 이번 조사때 실측하여 본 결과 城周는 1.680m였으며, (그림 Ⅴ-2-1)의 A-A지점과 B-B지점은 높이 13m∼20m로 축성되어 있다. 서쪽과 북쪽 성벽은 약 10m로 되어 있어서 자연적인 지리를 이용하였기 때문에 일률적으로 동일하지 않음을 알 수 있다. 폭도 유적목록에는 8m로 기록되어 있으나 실제로 실측하여 본 결과 (그림 Ⅴ-2-2)의 A-A, B-B의 단면도에서 알 수 있는 바와 같이 A-A지점은 7m, B-B지점은 5m로 되어 있어서 역시 일정하지 않았다.

한편 城周에 대하여 『世宗實錄地理志』에는 1,220보로 『新增東國輿地勝覽』에는 3,699척으로 기록되어 있다. 당시 어떤 척도를 사용하였는지 알기 어렵지만, 후자의 문헌에 기록된 척도는 최초의 실측치인 1680m와 비교해 볼 때 포백척을 사용하지 않았을까 추정된다. 布白尺은 1尺이 46cm 정도로서[5] 이것으로 城周 3,699尺를 나누면 약 1700m로 산출되어, 실측 城周와는 불과 20m의 차이가 난다. 이것은 일제시대 측량하였던 1,618m도 현재와는 60m 차이가 나므로 거의 정확하게 맞는 것으로 보아도 좋을 것 같다. 특히 서쪽 성벽 일부는 완전히 붕괴되어서 2~3년 전에 개축하였기 때문에 그 정도의 오차는 인정하지 않을 수 없을 것 같다. 한편 一步는 周尺으로 六尺이요 약 1.23m이므로 『世宗實錄地理志』에 기록되어 있는 1,220보를 환산하여 보면 성주는 1500m가 된다. 이 길이는 최근 측량한 성벽둘레 1,680m와 약 180m의 차이가 나지만 이는 원시적인 측정에서 발생한 차이로 보아도 좋을 것이다. 이와 같이 삼년산성의 城周가 과거에도 현재와 같은 1,680m라고 한다면 이 산성은 오항산의 자연능선을 따라가면서 포곡형으로 축조되어 있기 때문에 원래 규모보다 다시 확대한다는 것이 매우 어려운 지리적인 조건을 갖고 있다. 즉 삼년산성은 후대에 이르기까지 수축은 하였을 지라도 확장공사는 도저히 불가능한 입지적 조건을 갖고 있으므로, 현재의 산성이 A.D. 470년 자비왕때 축조된 것으로 보아도 틀림없을 것 같다.

3) 三年山城의 構造

삼년산성의 석재는 주민 이야기(성내에 있는 報恩寺 주지 趙雄濟氏)에 의하면 보은 남쪽에 있는 炭釜面에서 운반하여 축성하였다고 전해져 내려온다고 하며, 현재도 이러한 석재를 탄부면

---

5) 李弘稙 編, 1992, 『國史大事典』, 1337쪽. 經國大典 工典 度量衡條.

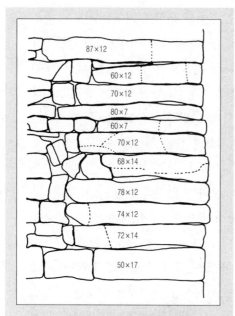

그림 Ⅴ-2-3 三年山城 C部分 城壁 一部 斷面圖

에서 많이 볼 수 있어 그 전언이 틀림없는 것 같다고 일러준다. 석재는 자연할석으로서 납작하게 '구들장'처럼 결을 따라 떼 사용하였다. 그 크기는 (그림 Ⅴ-2-3의 단면도에서 볼 수 있는 바와 같이 대략 50×17, 72×14, 74×12, 78×12, 68×14, 70×12, 60×7, 70×12, 60×12, 87×12cm)로, 일정하지 않지만 두께는 대개 납작납작한 것이 동일하였다(그림 Ⅴ-2-3, 사진 Ⅴ-2-2·3). 이와 같은 '구들장'처럼 납작납작하게 생긴 석재를 사용한 산성은 대전부근에 있는 鷄足山城[6]을 들 수 있다. 그렇다면 신라의 삼년산성과 백제시대에 축조된 것으로 알려진 계족산성은 어떠한 연관성이 있으며, 석재가 또한 유사한 일본 대마도의 '金田城'은 어떤 관련이 있을까 매우 중요한 자료가 되리라고 생각된다.

이와 같이 '구들장'처럼 생긴 석재를 삼년산성에서는 한 층을 가로 쌓고, 한 층은 새로 쌓아서 마치 井字式으로 그것도 토사를 전혀 섞지 않는 순수한 석재들만으로 쌓아올린 것이 이 성의 특

---

6) 成周鐸, 註 1)의 전게문.

사진 Ⅴ-2-2 1975년 三年山城 북
쪽 성벽에서의 필자

사진 Ⅴ-2-4 三年山城 城壁 基礎
部 모습

사진 Ⅴ-2-3 三年山城 城壁 築造
斷面 모습

징이라 할 수 있다. 이와 같은 축조방법은 서문지 입구의 붕괴된 부분에서 뚜렷하게 확인할 수 있었으며, 그 밖의 붕괴된 부분들도 거의 이러한 형태로 축조되어 있었다. 이와 같이 井字式으로 축조하였기 때문에 성이 견고하였음은 물론이요, 수직으로 13m~20m까지 축성할 수 있었던 것으로 생각된다. 이와 같은 형식의 축조법은 이제까지 조사된 산성에서는 전혀 찾아 볼 수 없는 독특한 것으로서 신라축성법의 특수성이라고 지적할 수 있다. 계족산성은 석재는 같은 형태라고 할 수 있으나, 축성법은 평범한 작은 모쌓기로 축조된 것이 相異하다고 하겠다.

성이 크고 높이가 높아서 웅장하기 때문에 이의 하중을 유지하기 위해 성의 네 모서리 기초부분을 특별히 계단식(사진 Ⅴ- 2-4)으로 四重이나 축조한 것은 이미 그 중력을 추산하였던 것으로서 고도로 발달된 신라인의 축성술을 알 수 있다. 처음에는 성이 붕괴되어 내려 앉아서 이와 같이 보이지 않았는가 의심도 하여 보았는데, 남쪽 성벽의 가장 높은 부분에도 이와 같은 계단식 기초를 확인할 수 있어 기초 구조임을 확인하였다. 성벽은 지세를 이용하여 능선을 따라서 축조하였는데, 동부와 서부는 內托外築만 하였으며, 남부와 북부는 능선의 자연지세가 낮아진 관계로 內外夾築으로 축성하였다. 동부와 서부는 내탁외축을 하여 협축한 부분만큼 견고하지 못하므로 內隍을 만든 흔적을 엿볼 수 있는데, 이는 아군에게는 유리한 통로로 이용하고 적에게는 넘어오기 곤란하도록 시설을 만들어 놓은 것으로 생각된다.

4) 水口

삼년산성이 위치하고 있는 지형이 서향을 하고 있으면서, 또 서쪽으로 경사져 있기 때문에 자연히 서쪽에 수구가 있었을 것으로 추정된다. 그러나 현재는 성벽조차도 완전히 붕괴되어, 3년 전에 새로 축조된 형편이기 때문에 수구가 있었는지 조차 알 수 없게 되어 있다. 그런데 다행스럽게도 동쪽 성벽의 하부에는 지상으로부터 약 1m 높이, 그리고 성벽위에서는 아래로 약 11.5.m 되는 곳에 65×45cm의 수구가 현존하고 있다(사진 Ⅴ-2-5·6).

사진 V-2-5 三年山城 東壁과 水口

사진 V-2-6 三年山城 東壁 水口 構造

　(그림 V-2-4)에서 볼 수 있는 바와 같이 수구의 좌측벽은 약간 무너져서 알 수 없게 되어 있으나, 우측은 완전하게 잔존하고 있어 원형을 알아 볼 수 있다. 그 개구부 형태는 水口 외부에서는 약간 변형되었으나, 내부는 오각형과 닮은 구조가 뚜렷하게 남아 있다. 그리고 수구 前端에는 한 개의 석재를 약 10cm정도 성벽 밖으로 돌출시켜 놓았기 때문에 '물받이'가 되어서 성벽에 물이 떨어지지 않고 성벽 밖으로 물이 떨어지도록 고안되어 있다. 높이 65cm의 수구에는 성인이 도저히 출입할 수 없게 되어 있으나, 만약을 위하여 내부바닥을 층계식으로 차츰 경사지게 축조하였다. 또 상부를 삼각형으로 축조한 것은 무거운 성벽의 하중을 지탱할 수 있도록 세심하게 고려하여 이루어 졌음을 말해 주고 있다.

　이곳 회인중학교 2학년에 재학중인 학생의 말에 의하면 현재 자신은 커서 못들어 가지만 수년전 초등학교 시절에 들어가 보았더니 32층의 계단으로 되어 있었고, 맨 안쪽에는 물이 나는 듯 질퍽질퍽하더라는 것이다. 그러나 현재 성 내부쪽은 토사로 파묻혀 있어서 이 수구의 입구는 찾을 수 없었다.

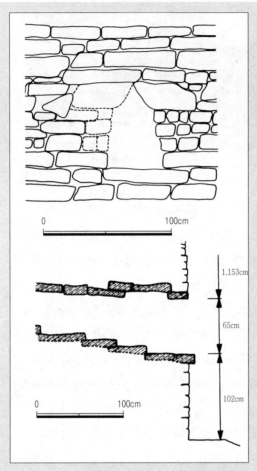

그림 Ⅴ-2-4 三年山城 東城壁 水口 立面·斷面圖

백제산성으로 추정되는 沃川 소재 城峙山城에서도 이와 같은 수구가 있으나 규모로나 구조가 훨씬 이에 미치지 못한다. 또 일본 구주에 있는 'おつぼ山 神籠石山城'에서도 수구가 완전하게 남아 있으나 역시 규모와 구조면에 있어서 이에 훨씬 미치지 못하여 신라 축성술의 우수한 일면을 잘 드러내 주고 있다.

5) 門址

① 西門址 : 성내 지형이 서향되어 있기 때문에 城舟里에서 올라가는 현 통로에 正門격의 서문이 축조되어 있었을 것으로 생각된다(사진 Ⅴ-2-7). 서문지에는 문초석이 현재도 통로 입구 좌편에 놓여 있는데, 화강암으로 된 이 초석은 그 위에 돌이 무너져 내려 쌓이고 나무 뿌리까지 덮여 있기 때문에 그 형

태를 알 수 없으나, 문초석인 것만은 틀림없다. 이번에 성벽을 보수 및 개축할 때에 좌편에 있는 또 하나의 문초석은 공사 당시 새로 만든 성벽 밑에 묻혔다고 한다(관리자 趙雄濟氏의 말).

사진 Ⅴ-2-7 三年山城 西門址(西南→)

② 東門址 : 동문지는 현재 서문에서 직접 悟倉里로 통하는 동쪽 길목에 있는데, 완전히 무너져서 통로만 남아 있을 뿐 초석조차 남아 있지 않다. 그러나 이들 동서로 통하는 양문이 삼년산성의 主門이었을 것으로 생각된다. 특히 東門을 통해 본거지인 상주나 수도 경주와 통하였을 것으로 추정되므로 이 산성의 주요한 문의 하나로 생각된다.

③ 南門址와 北門址 : 동서 양문지에 비해 이들은 분명하지 않다. 그러나 성벽의 서남모서리에서 동쪽으로 약 20m떨어진 곳에 석재를 양쪽으로 둘러쌓은 남문지의 형적이 희미하게나마 있었다. 또 북문지는 현재 북벽 중앙에 통로로 되어 있으나 지형상으로 보아 북문도 역시 남문과 같이 내외 출입을 목적으로 한 성문이 아니고, 성벽에 오르기 위한 통로에 불과하였던 것으로 생각된다.

6) 突出部

사진 Ⅴ-2-8 　三年山城 東北 모서리 突出部
(北→)

사진 Ⅴ-2-9 　三年山城 西城壁 突出部 모습

(그림 Ⅴ-2-1)에서 볼 수 있는 바와 같이, 삼년산성에는 7개소의 돌출부가 있다(사진 Ⅴ-2-8). 대략 둘레가 25m, 현재 높이 8.3m의 이 돌출부는 일정한 거리에 축조한 것이 아니고, 지형상 적이 접근하기 쉬운 산릉선과 연결되어 있는 곳에 축조한 것이 특색이다. 제일 형태가 잘 남아 있고, 그 사용목적이 명백하게 보이는 것은 서쪽 정문지 남쪽에 축조된 돌출부이다(사진 Ⅴ-2-9). 이것은 급경사된 산릉으로 말미암아 성벽이 붕괴되기 쉬우므로 돌출부를 축조하여 성벽을 튼튼하게 만들려는 목적을 겸하

고 있는 것이 분명하며, 다시 그 산릉으로 적이 올라올 수 있는 취약점을 보강하기 위한 것이 둘째 목적인 것 같다. 이러한 돌출부는 조선시대 성곽에서 말하는 소위 '雉城'과 같은 역할을 하였던 것이 아닌가 생각된다. 『華城 城役儀軌』[7]에 의하면 꿩처럼 자기 몸을 감추고 적의 동정을 살피고 공격하는 의미에서 치성이라 하며, 치성 위에 屋樓를 가설한 것을 舖手라고 한다. 또 상부에서 弩手가 활을 쏠수 있게 한 곳을 弩臺라 하고, 내부가 공간을 이루고 외부를 벽돌로 쌓은 것은 墩이라고 하는데, 아마 이 돌출부는 이러한 목적으로 축조된 것으로 생각된다. 이번에 이곳을 같이 조사한 鏡山 猛 선생(일본 구주 역사박물관장)은 渡邊正氣가 발표한 내용을 이용하여[8] '見張' 즉, 監視哨가 분명하다고 말하였다. 渡邊씨의 논문에는 사진이나 실측도가 없어서 비교검토가 불가능하지만 일고의 여지가 있는 견해라고 하겠다. 그러나 성내 서북 모서리에 장대지가 있음에도 불구하고 그 바로 밑에 돌출부를 축조한 것으로 보아서 감시 목적 이외에 축성의 보완과 취약점의 보강 등 다목적인 의도에서 구축된 것이 아닌가 생각된다. 이와 같은 '돌출부'가 있는 것이 신라축성법의 독특한 일면으로 생각되는데, 이와 비슷한 반원형의 축대가 대전 동부에 있는 葛峴城에서도 볼 수 있어서 좋은 비교자료가 된다[9].

갈현성의 반원형 돌출부 축성은 삼년산성의 반원형 돌출부 축성과 유사한데 갈현성의 경우는 문지 바로 옆에 축조되어 있어

---

7) 水原文化財保全會 1965, 『華城城役儀軌』, 雉城圖條.
 "雉能藏身善伺故取是象也, 上架以屋者謂之舖, 上伏弩手曰弩臺, 空心而弩者謂之墩".
8) 『考古學ジャーナル』, 1976년 1월 게재.
9) 成周鐸, 註 1)의 전게문.

甕城의 원초적인 형태로 판단되기도 한다. 이것도 물론 삼년산성과 마찬가지로 상부가 전부 붕괴되어 무슨 목적으로 축조하였는지 판단하기 어려우나, 삼년산성의 '돌출부'와 유사한 축성으로 비교 검토하는데 좋은 자료가 되리라고 믿는다.

7) 出土遺物

① 瓦(그림 V-2-5) : 瓦片은 평와만 출토되고 있는데, 대개 다섯 종류로 구분된다. 태토는 대단히 조잡한 편이며, 선조문이 있는 와편은 좀 얇고 소성도도 약간 낮다. 국화문이 시문된 평와편과 격자 및 사선문이 들어있는 평와편이 가장 많이 출토되는데, 태토는 조잡하고 두꺼우며 회갈색이다. 질감으로 보아 전자가 후자보다 연대가 오래될 것 같으며 후자는 흔히 고려시대 것으로 추정되는 평와편들이었다. 선조문와는 대전부근에 있는 城北里山城에서도 출토된 일이 있다.

② 土器(그림 V-2-6) : 토기편은 백제산성으로 추정되는 대전부근의 산성에서와 같이 그 종류가 다양하게 출토된다. 이들 중 선조파상문이 들어있는 토기편은 태토도 정선되고 소성도도 대단히 높아 보이는 경질이었으며, 右上에 보인는 견부와 경부에 침선문이 들어있는 토기는 얇고 경질이었으나 태토는 조잡하였다. 중앙에 보이는 점선문 토기편은 신라토기로 알려져 있는 토기인데 경질이고 얇으며 태토는 정선되었고 흑색이다. 이와 같은 토기편은 전술한 성북리산성에서도 한 점이 발견되었는데 이에 대한 토기분류를 어떻게 하여야 할 것인가 고려되어야 할 것이다. 기타 토기편은 圈線이 들어 있는 격자문인데 역시 얇고 정선된 흑갈색 토기편이다. 또한 이곳에서 발견된 높이 9.5cm, 구경

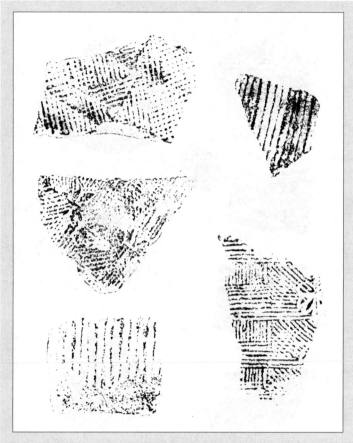

그림 Ⅴ-2-5 三年山城 出土 瓦片 拓本

11.1cm, 저경 8cm의 高杯 한 점을 성내 報恩寺에서 보관하고 있
다.

　③ 磁器 : 자기편도 밭에서 많이 출토된다. 고려청자편이 가
장 많으며, 백자는 租質이고 시대가 내려오는 것이 많이 출토되
고 있어 이 산성이 5세기 후반부터 고려시대와 조선시대에 걸쳐

그림 V-2-6 三年山城 出土 土器片 拓本

사용되어 내려 왔음을 간접적으로 시사하여 주고 있다.

8) 其 他

① 將臺址 : 장대지로 볼 수 있는 곳은 성내 동·서·북의 모서리 부분에 있으나 가장 뚜렷한 臺址는 서북부 모퉁이에 있는

高臺라고 할 수 있다. 너비 7~80m나 되는 이 장대지는 포곡식으로 되어 있는 이 산성의 가장 높은 곳에 위치하고 있으며, 이 장소는 서쪽으로 보은들판을 일목요연하게 감시할 수 있는 곳이다.

② 建物址 : 현재 보은사가 있는 곳을 중심으로 하여 경작되고 있는 논밭에 건물을 세웠던 것으로 추정된다. 그 넓이는 약 3천평 정도 된다고 하는데 현재도 이곳에서는 삼국시대 토기편, 와편을 비롯하여 고려와 조선시대의 자기편들이 많이 출토되고 있다. 동·서·남방의 성벽 아래에도 건물지로 추정되는 넓고 편평한 곳이 있으며, 그곳에서 토기편과 와편들이 많이 나오고 있다. 『世宗實錄地理志』에도 '有軍倉'이라고 기록되어 있어 이 장소들이 軍倉址내지는 건물지였다고 추정된다.

③ 井址 : 해발 300m 이상의 고지대인데도 불구하고 성내에는 (그림 Ⅴ-2-1)에 나타난 바와 같이 5개소의 井址를 확인 할 수 있다. 축성하는데 가장 중요한 입지적 조건 중의 하나가 水源을 확보할 수 있느냐 없느냐에 달려 있는데 아마 그러한 조건이 좋기 때문에 이곳에 축성하게 되었을 것으로 생각이 된다. 『世宗實錄地理志』에는 '冬夏不渴'의 '샘'이 6개소가 있었다고 기록되어 있으며, 『新增東國輿地勝覽』에는 '內有五井'이라 하여 5개소가 있는 것으로 기록되어 있다. 여기서 나는 물은 수질이 좋고 수량이 풍부하여 논밭의 관개용수로 현재도 사용되고 있다.

④ 기타 : 서문지로 들어가서 바로 왼편에 암벽이 있는데 여기에 金生 친필로 전해 내려오는 '玉筆', '峨眉池', '有似巖' 등이 새겨져 있다(그림 Ⅴ-2-7). 同一人 필적이며, 달필이다. 石刻도 깊이 새겨져 있다.

그림 V-2-7　三年山城內 岩刻(蛾眉池와 有似巖)

3. 맺음말

이상 삼년산성에 대한 조사내용을 요약하면 다음과 같다.

① 삼년산성의 둘레는 1,680m의 포곡식 산성이다. 석재는 납작하고 긴석재를 井字式으로 축성하여 견고함을 도모했으며, 그러므로 해서 13~20m 높이의 성벽을 축조했을 것으로 판단된다. 높이 13~20m의 성벽을 축조하기 위해 요소에는 기초를 단단하게 하기 위한 기단석을 축조하고 있으며, 雉城으로 판단되는 突出部 7개소가 부설되어 있다. 문지는 동서남북 4개소에 부설되어 있는 것으로 보이는데, 동서문지가 主門이었을 것으로 판단된다. 동쪽에 부설된 水口가 특이하다. 신라 특유의 水口설치 방식으로

간주된다. 성안에는 6개소의 우물지, 장대지, 건물지가 확인되었고 삼국시대 토기편과 조선시대 자기편까지 폭 넓게 수습할 수 있다. 蛾眉池 등 巖刻 글씨가 있다.

② 자비왕 13년(A.D. 470)에 신라가 보은에 삼년산성을 축조한 목적은 한성지방에 자리잡고 있었던 백제가 자주 娘城(청주지방?)과 와산성(보은지방?)을 비롯하여 서변에서 침략하여 들어오므로 신라는 이를 저지하고 나아가서 북진정책을 감행하려는 의도에서 축조한 것으로 보인다. 또한 고구려의 죽령지방 침략을 간접적으로 저지하는데 그 목적이 있었던 것 같다.

③ 삼년산성의 구조적인 면을 조사하여 본 결과 삼년산성은 지형상 여건이 후대에 수축을 하였지마는 확장공사는 불가능한 조건을 하고 있다. 그러므로 자비왕 13년(A.D. 470)에 축조 하고 照知王 8년(A.D. 486)에 개축하였다고 하는 기록대로 현재까지 전하여 내려온 것으로 판단된다.

出 典

成周鐸, 1976, 「新羅 三年山城 研究」, 『百濟研究』第7輯, 忠南大學校 百濟研究所, 131~160쪽.

百濟城址硏究

제 1편 都 城

1. 百濟河南慰禮城
2. 百濟熊津城. 『百濟의 中央과 地方』, 백제연구 제 8회 국제학술대회, 1996
3. 百濟 泗沘都城. 『百濟硏究』 28, 충남대 백제연구소, 1998.

제 2편 山 城

1. 成周鐸, 1973, 「助川城의 位置에 對하여」, 『百濟硏究』 第4輯, 忠南大學校 百濟硏究所, 101～116쪽.
2. 成周鐸, 1975, 「百濟山城硏究 – 黃山城을 중심으로 – 」, 『百濟硏究』 第6輯, 忠南大學校 百濟硏究所, 71～104쪽.
3. 成周鐸, 1991, 「百濟 所比浦縣城址(一名 德津山城) 調査報告」, 『百濟硏究』 第22輯, 忠南大學校 百濟硏究所, 111～124쪽.

제 3편 歷史地理

1. 成周鐸, 1987, 「馬韓·初期百濟史에 대한 歷史地理的 管見」, 『馬韓百濟硏究』 第10輯, 圓光大學校 馬韓百濟文化硏究所, 153～166쪽.
2. 成周鐸·車勇杰, 1987, 「百濟 未谷縣과 昧谷山城의 歷史地理的 管見」, 『三佛金元龍敎授 停年退任記念論叢』, 一志社, 597～610쪽.
3. 成周鐸, 1990, 「百濟 炭峴 小考」, 『百濟論叢』 2, 百濟文化開發硏究院, 11 ～48쪽.

제 4편   城址比較研究

1. 成周鐸, 1989,「韓·中 古代 都城築造에 관한 比較史的 考察」,『百濟研究』第20輯, 忠南大學校 百濟研究所, 131~150쪽.
2. 成周鐸·車勇杰, 1993,「韓·日 古代 城門礎石 初探」,『古文化論叢』第30輯(中), 九州古文化研究會, 731~746쪽.
3. 成周鐸, 1993,「太宰府城郭と百濟泗沘都城との比較考察」,『考古學ジャーナル』369, 25~30쪽.

제 5편   기타

1. 成周鐸, 1994,「韓國의 古代 都城」,『東洋 都市史 속의 서울』, 서울시정개발연구원, 38~83쪽.
2. 成周鐸, 1976,「新羅 三年山城 研究」,『百濟研究』第7輯, 忠南大學校 百濟研究所, 131~160쪽.

성주탁

1929년 생
충남 연기 출생
충남대학교 문리과 대학 졸
동국대학교 대학원 석·박사 과정 수료, 문학박사
충남대학교 교수 역임(1994. 8. 정년퇴임)
충남대학교 백제연구소장 역임
충남대학교 박물관장 역임
현 충남대학교 명예교수

논문 | 백제성지연구 등 30여 편
저서 | 蛇山城 공저(1994)
번역 | 중국도성발달사(1993)

百濟城址研究

초판인쇄 | 2002년 12월 25일
초판발행 | 2002년 12월 30일
발행인 | 김선경
지은이 | 성주탁

발행처 | 도서출판 서경문화사
　　　　　서울 종로구 동숭동 199 – 15(105호)
전화 | 743 – 8203, 8205
팩스 | 743 – 8210
등록년월일 | 1994년 3월 8일
제 1 – 1664호

ISBN | 89 – 86931 – 49 – 4　　93900
정가 | 22,000원